Stephan. Fragment einer Leidenschaft

MännerschwarmVerlag

Rudolf Hanslian

Stephan

Fragment einer Leidenschaft

Roman

mit einem Geleitwort von
Johann Jakob Daume

und einem Nachwort von
Detlef Grumbach

Männerschwarm Verlag
Hamburg 2018

Bibliografische Information der Deutschen Bibliothek
Die Deutsche Bibliothek verzeichnet die Publikation
in der Deutschen Nationalbibliografie; detaillierte
bibliografische Daten sind im Internet über
http://dnb.ddb.de abrufbar.

Rudolf Hanslian
Stephan. Fragment einer Leidenschaft
mit einem Geleitwort von Jakob Johann Daume und
einem Nachwort von Detlef Grumbach

© Männerschwarm Verlag, Hamburg 2018
Salzgeber Buchverlage GmbH und
Johann Jakob Daume

Umschlaggestaltung: Carsten Kudlik, Bremen,
unter Verwendung eines Fotos von photocase.de
Druck: CPI Leck, Deutschland

1. Auflage 2018

ISBN Printausgabe: 978-3-86300-258-9
ISBN E-Book: 978-3-86300-266-4

Salzgeber Buchverlage GmbH
Prinzessinnenstraße 29 – 10969 Berlin
www.salzgeber-buchverlage.de – www.maennerschwarm.de

Geleitwort

Auch Bücher haben ihre Schicksale. Mögen die Götter diesem Buche, dessen einziges Manuskript sie bereits zweimal vor dem Flammentode bewahrt haben, weiterhin ein freundliches Geschick bereiten!
Rudolf Hanslian in seinem Tagebuch, 14. Juni 1944

Dass der Roman «Stephan. Fragment einer Leidenschaft» fast achtzig Jahre nachdem er verfasst wurde nun als Buch erscheinen kann, ist einem Zufall zu verdanken. Vielleicht ist aber auch noch der Wille seines Autors wirksam gewesen, dem seine Veröffentlichung von größter Bedeutung war.

Dr. Rudolf Hanslian war weder Nationalsozialist noch leistete er aktiven Widerstand gegen das Regime. Als überzeugter Patriot hatte er anfangs noch Verständnis für die Politik der NSDAP. Durch seine Verurteilung nach § 175 StGB im Jahr 1937 und dann durch den aussichtslos geführten Krieg wurde er zu ihrem erklärten Gegner. Diese Entwicklung beschreibt er in seinen Tagebüchern und im Roman. Nachdem Hanslian das Manuskript seines Romans einige Jahre im Safe bei der Deutschen Bank versteckt hielt, nahm er es 1944, nach zweimaliger Ausbombung, mit auf seiner Flucht ins Brandenburgische Drossen und bereitete es für eine Veröffentlichung vor. Hanslian sah das Kriegsende nahen und glaubte, sein Buch nach der

Niederlage der Nationalsozialisten veröffentlichen zu können. Dies glückte nicht und er vermachte das Manuskript seinem Neffen Martin, meinem Großvater, der in der DDR Pfarrer war.

Als vor einigen Jahren das Haus meiner Großeltern zwangsversteigert wurde, konnte ich noch einige Erbstücke vor einem ungewissen Ende bewahren. Die Altpapiertonne stand schon offen, als ich einen Hefter aus einem der Kartons griff und ihn näher in Augenschein nahm: Es handelte sich um eines der Tagebücher Hanslians. Ich blätterte und las, stieß darauf, dass es auch diesen Roman, sein «wildestes Pferd im Stall», wie er ihn nannte, geben musste. Bangend suchte ich weiter und hielt schließlich ein in Packpapier eingeschlagenes Paket in den Händen – «bestimmt für meinen Neffen Martin Minke, von deinem Onkel Rolf».

Auch wenn das Buch heute in einer anderen Art gelesen wird und eine andere Wirkung entfaltet als ursprünglich beabsichtigt, wirft es ein Licht auf einen facettenreichen Menschen und hilft dabei, ihn in seiner Zeit nicht nur in schwarz oder weiß zu sehen. Es erfüllt mich mit Freude, dass ich dazu beitragen konnte, den Willen Rudolf Hanslians zur Veröffentlichung des Romans doch noch Wirklichkeit werden zu lassen.

Johann Jakob Daume
Berlin, August 2018

Erdichten aber heißt, viele Menschen und deren Schicksale in einer Zeitspanne zu wenigen Menschen unter einem großen Geschick umzuformen, auf dass sie das Sterbliche überdauern und bleiben als ein Sinnbild und Gleichnis des menschlichen Herzens, das Himmel sein kann oder Hölle.
Nach Nietzsche

Begonnen im Juni 1940, beendet im Februar 1941, also geschrieben während der großen Konjunktion des Jupiters mit dem Saturn

in Goldegg im Pongau, Krimml im Pinzgau und Berlin.

Hier sind nun die Worte, die so wild
Wie ein Lavastrom, der dem Ätna entquillt,
Hervorgestürzt aus dem tiefsten Gemüt
Und rings viel blitzende Funken versprüht.
Nun liegen sie stumm und Toten gleich,
Nun starren sie kalt und nebelbleich –
Doch aufs Neue die alte Glut sie belebt,
Wenn der Liebe Geist einst über sie schwebt.
Heinrich Heine
vertont von Robert Schumann

Die Erzählung des Doktors beruht auf Tatsachen, über die wahrheitsgetreu berichtet wird. Bezüglich der Rahmenerzählung gilt grundsätzlich das, was Goethe einmal über seine reifste Prosa «Die Wahlverwandtschaften» gesagt hat: «Kein Strich ist in diesem Buche so, wie er erlebt wurde, doch auch kein Strich, der nicht erlebt wurde.»

Der Verfasser

1. Denkwürdige Begegnung

In früher Morgenstunde eines Junitages des bewegten Jahres 1940 entstieg der Doktor Rolf Rainer dem restlos belegten Schlafwagenzuge, den er am Abend zuvor im heißen Berlin unlustig und missgestimmt betreten hatte, und atmete, befreit von der bedrückenden Enge, die frische Luft Münchens in tiefen Zügen ein. Nachdem er seinen Handkoffer einem der wenigen Gepäckträger überantwortet, wandte er sich in der ihn stets etwas altväterlich anmutenden Bahnhofshalle nach links und erreichte mit wenigen Schritten das Hotel, in dem er sich als ein seit vielen Jahren häufiger und somit wohlbekannter Gast nach kurzen Aufnahmeformalitäten bald mit seinem Koffer in einem ihm vertrauten Zimmer des zweiten Stocks vereint sah. Er vervollkommnete unverzüglich die nur flüchtige Morgentoilette, zu der ihn eine Stunde zuvor die Beengung des Schlafwagens genötigt, wechselte die Kleidung und erschien kurz danach in der kleidsamen, luftigen Tracht des Gebirglers, die ihn für die bayerische Metropole unauffällig, wenn nicht gar ihr zugehörig erscheinen ließ, in dem geräumigen Frühstückssaal des Erdgeschosses, wo er an einem unbesetzten Tische seinen Platz einnahm.

Ein Blick aus dem Fenster belehrte ihn, dass ein sonniger Tag zu erwarten stand. So beeilte sich der Doktor mit der Einnahme seiner durch die vorgeschriebene und hier auch peinlich verlangte Abgabe von Essmarken aller Art beschnittenen und somit etwas frugalen Mahlzeit und verließ nach ihrer Beendigung sofort das Hotel in östlicher Richtung. Eine Zigarre rauchend, schlenderte er über Karlstor, Neuhauser - und Kaufinger Straße allmählich dem Marienplatz zu.

Der sonst so lebhafte Straßenverkehr des «Etappenhauptortes der Bergsteigergilde» - wie Rainer in Erinnerung an seine Kriegsjahre München zu nennen liebte - war recht spärlich. Das männliche Element zwischen zwanzig und dreißig Jahren fehlte nahezu völlig und trat lediglich als uniformierter Waffenträger des nationalsozialistischen Deutschlands in Erscheinung. Auch die weibliche Jugend war rar, denn auch sie, die sonst in ihren bunten Trachten das Straßenbild farbig belebte, war zum großen Teil «erfasst» und gemeinnütziger Arbeit zugeführt worden, die sie einer zwanglosen sommerlichen Erholung in den Bergen fern hielt. So erschien dem schreitenden Betrachter das Bild des ersehnten Münchens, dieser Stadt von Anmut und schwer vergessbarem Zauber, von der er sich auch in diesem Jahr als Auftakt zu seiner Ferienreise gleichzeitig Entspannung und Anregung und im weiteren Verlauf einer wohltuenden Einwirkung Geborgenheit und Frohsinn versprochen hatte, ausgesprochen dürftig und schal.

Diese erste Enttäuschung auf seiner Ferienreise traf den Doktor Rainer schwer; sie war nicht geeignet, den Missmut in seinem Inneren, der ihn bereits bei der Abreise befallen hatte, zu beseitigen. Stark beeindruckt, ja bedrückt durch den Krieg, in den sein geliebtes Deutschland erneut geraten war, hatte er sich erst nach längerem inneren Widerstreben zu dieser Reise entschließen können und suchte sich nun immer wieder mit der Frage auseinanderzusetzen, ob er wohl richtig gehandelt habe. Eine solche Zwiespältigkeit im Inneren war seinem Wesen fremd und ungewohnt, und während er am Marienplatz in die Dienerstraße einbog, versuchte er im Weitergehen die unerwünschte Unsicherheit seines Gefühls zu analysieren, ohne jedoch zu irgendeinem anderen Ergebnis als zu dem einer verstärkten inneren Unlust zu gelangen.

So erreichte er allmählich Residenzstraße und Max-Joseph-Platz, der ihm den Blick auf Nationaltheater und Maximilianstraße hinunter bis zum Maximilianeum freigab. Leicht entspannt begrüßte er das ihm wohlvertraute, ansprechende Bild und stellte mit besonderer Befriedigung eine durchaus geglückte farbige Erneuerung des Giebelbildes über der von acht korinthischen Säulen getragenen Vorhalle des Theaters sowie eine gleichartige Auffrischung im hallenartigen Flügelbau der benachbarten Hauptpost fest, wobei ihn namentlich das gut wiedergegebene pompejanische Rot um die Rossebändigergruppen anzog und einen blitzschnellen Gedankenflug zu einer Ruinenstadt am blauen Meer und zu einem rauchenden Berg auslöste, eine Regung, die er insofern begrüßte, als ihm ihre Verwirklichung unter den obwaltenden beengenden Verhältnissen unausführbar, aber gerade darum reizvoll, ja abenteuerlich erschien.

«Abenteuerlich?» – hatte dieses Wort für ihn nicht von jeher einen lockenden Klang gehabt, und war er ihm nicht immer wieder in allen Stadien seines wechselvollen, arbeitsreichen Lebens verfallen? – Was war denn schließlich auch diesmal seine trotz aller Unschlüssigkeit und Bedenken letzten Endes doch vorhandene Reiselust, sein Bergfieber anderes als abenteuerliche Regung? Die Lust am Abenteuer war zweifellos ein Produkt des Blutes und keineswegs nur ein Vorrecht der Jugend. Jedenfalls konnte er mit zunehmenden Jahren – im Frühjahr hatte er seinen 50. Geburtstag begangen – keinerlei Abnahme dieser Neigung bei sich verspüren, allerdings wohl dank seiner vortrefflichen Konstitution, die er sich trotz vier Kriegsjahren an der Front und klimatischer Beeinflussungen verschiedener strapaziöser Zonen zu erhalten verstanden hatte. In jedem Falle beruhte das Wort «abenteuerlich», wenn man es zutreffend charakterisieren wollte, auf zwei Voraussetzungen: es traf zu auf eine «ungewöhnlich spannende» und gleichzeitig «gefahrvolle» Situation, aber fehlte hier nicht zur eindeutigen Begriffsbestimmung noch ein drittes Wort, das eigentliche Charakteristikum für eine solche prekäre Lage? –

Der schrille Klingelton eines Radfahrers, der von rechts kommend einbog und wenige Schritte vor dem grübelnden Spaziergänger die Perusastraße herabrollte, klang auf. Unmittelbar vor sich erblickte der Doktor zwei schöngeformte braune Schenkel und Knie, zwei gleichgetönte, sehnige Arme und darüber das lachende Gesicht eines etwa 18-jährigen jungen Mannes, von dem er im Fluge nur zwei strahlend blaue Augen unter blondem Haarbusch erkennen konnte. Auch des Doktors Züge entspannten sich bei dem ihn nur kurz streifenden schalkhaften Blick des Jünglings zu einem Lächeln, und während er in den dunklen Gang des «Franziskaner Bräus» eintrat, fiel ihm jetzt auch das bisher vergeblich gesuchte charakteristische Beiwort für die Definition «abenteuerlich» ein: es lautete «abseitig». – Während seines Mittagmahles, dessen allzu frühzeitige Einnahme bei den bereits recht begrenzten Vorräten der Speisehäuser dem Reisenden geraten schien, entwarf dieser das weitere Programm seines nur eintägigen Münchener Aufenthaltes und entschloss sich in Anbetracht der mangelhaften Nachtruhe im Schlafwagen zu einer Siesta in seinem Hotelzimmer und anschließender Jause im Hofgarten. Ein Spaziergang im Englischen Garten, wo er die Bombeneinschläge der englischen Flieger, die in der vergangenen Nacht München heimgesucht hatten, besichtigen würde, sollte ein weiterer Programmpunkt sein, und über den Abend würde er noch befinden. Irgendetwas Besonderes kam hierfür kaum in Frage, da seine morgige Weiterreise ein frühes Aufstehen verlangte. Somit ein Tag ohne Emotionen und Sensationen, ohne Beschwingtheit und Beeindruckung, angemessen der persönlichen Einstellung zur gesamten Situation, sagte sich der Doktor, als er das Mahl beendet hatte. Die aufkeimende Regung eines Vorwurfs, dass diesmal eine stille Huldigung vor dem Ägina-Fries in der Glyptothek unterbleiben würde, fand ihre schnelle Beschwichtigung in der Überlegung, dass dieser unersetzliche Schatz Münchens sicherlich abtransportiert oder aber in anderer Weise der Wirkung feindlicher Fliegerangriffe entzogen und somit auch nicht zu besichtigen sei. Demnach stand der Durchführung des nüchternen Tagesprogramms nichts im Wege, und wir können seine Abwicklung getrost unserem Reisenden selbst überlassen, ohne ihn dabei auf Schritt und Tritt zu begleiten. Zu verzeichnen wäre lediglich ein Kopfschütteln des Doktors bei seiner Besichtigung der kleinen Sprengtrichter britischer Fliegerbomben am Chinesischen Pavillon. Die herumstehenden Münchener nannten diese Einschläge geringschätzig «Löcher», und ein Halbwüchsiger äußerte sich sachverständig dahin, dass «unsere» Fliegerbomben hundertmal größere Löcher machten. Auf die Rückfrage eines gesetzten Bürgers mit Ordensschnalle und Spitzbauch, an welcher Front er denn diese seine Erfahrungen gemacht hätte, antwortete der Bengel «Im Kino» und löste mit diesem Eingeständnis helles Gelächter im Publikum und sichtliches Missfallen bei dem Weltkriegsteilnehmer aus. Äußerlich völlig unbeteiligt hatte Rainer dies alles mitangehört und war nach dem bereits verzeichneten Kopfschütteln, das nicht erkennen ließ, ob es den Bombentrichtern oder der beigewohnten Erörterung galt, wortlos gegangen. Die heiße Nachmittagssonne legte ihm nunmehr den Gedanken nahe, den hereinbrechenden Abend mit einem kühlen Trunke im Hofbräuhaus zu begrüßen.

Die unteren Räume des berühmten Bräus, die Doktor Rainer zunächst betrat, boten das altgewohnte Bild regen Zuspruchs. Zwar waren Fremde nur spärlich zu entdecken, aber die Einheimischen schienen ihrem breiten, behaglichen Gehaben nach nicht gewillt, sich in dem ergiebigen Genuss schäumender Maße, die von umfangreichen Kellnerinnen hurtig und vehement herangeschleppt wurden, durch die Kriegsereignisse irgendwie stören zu lassen. Alle Bänke waren vollbesetzt, und erst nach längerem Umherirren fand der Doktor schließlich Platz an einem Tische unter der offenen Vorhalle des Hofes und ließ sich dort mit kurzem Gruß nieder. Auf die ungezwungenen Gepflogenheiten dieser Gaststätte eingehend, sah er sich bald von seinen Tischgenossen, rundschädligen Bürgern von gedrungenem, kurvenreichem Habitus, ins Gespräch gezogen und fesselte schließlich deren Aufmerksamkeit durch Erzählung seiner Erlebnisse an gleicher Stelle vor nunmehr 26 Jahren, also im Jahre 1914, beim Ausbruch des Weltkrieges. Anschaulich schilderte er die damalige erhebende Stimmung im Hofbräuhaus und schloss mit einer Wiedergabe seines Erlebnisses im «Kaffee Fahrig», dessen Fensterscheiben und Inneneinrichtung in jener denkwürdigen Nacht der kochenden oder vielmehr – wie er mit leisem Sarkasmus äußerte – schäumenden Münchener Volkswut zum Opfer fielen.

Die Stimmung am Tisch wurde zusehends angeregter, und unverzüglich zogen die Tischgenossen Vergleiche mit der augenblicklichen Einstellung der Münchener zum neuen Kriege, wobei man sich zwar mit einer gebotenen Vorsicht äußerte, immerhin aber nach dem dritten und vierten Maß deutlich erkennen ließ, dass man keinesfalls mit allem einverstanden wäre. Der Doktor, der grundsätzlich derartige nutzlose und somit überflüssige Erörterungen zwischen Unbekannten mied, dachte bereits an einen schnellen Aufbruch. Schon willens sich zu erheben, wurde er im Blickfeld plötzlich durch das Erscheinen eines jungen Menschen gefesselt, der quer über den Hof auf den soeben an seinem Tisch freigewordenen Platz zustrebte.

Die Erscheinung des Jünglings bot dem ungeschulten Auge nichts Auffallendes oder Ungewöhnliches. Eine gutgewachsene, biegsame Gestalt in landesüblicher Tracht, gebräuntes Gesicht und nackte braune Oberschenkel sind Attribute vieler junger Bergsteiger, die damit in München keinerlei Sonderbeachtung oder gar Bewunderung erwecken können. Das, was den Doktor auf den ersten Blick fesselte, war eine diskrete Note in der Kleidung des Herannahenden, die von ausgesuchtem Geschmack zeugte und verriet, dass der Betreffende aus gutem Hause stammte und wohl auch nicht an der Isar beheimatet war. So begrüßte es Rainer mit innerer Zustimmung, als der junge Mensch tatsächlich seinen Tisch erwählte und mit kurzem «Verlaub» ihm gegenüber Platz nahm.

War der Doktor Rainer bisher nur von dem Gesamteindruck einer anmutig jugendlichen, gut angezogenen Erscheinung gefesselt worden, so stellte er jetzt mit Erstaunen fest, dass der ihm Gegenübersitzende von einer geradezu klassischen Schönheit war, die überdies, bewusst oder unbewusst, durch die kleidsame Tracht auf das Vorteilhafteste herausgehoben wurde. Dem Doktor fiel ein, dass Affinitäten auf den ersten Blick ihren Ursprung im Unterbewusstsein haben und durch unbewusstes Erfassen bestimmter äußerer Formen ausgelöst werden. Gewohnt zu analysieren, stellte er sich die Frage, worin wohl die Schönheit seines Gegenübers begründet sei, und bemühte sich verstohlen, Einzelheiten ins Auge zu fassen. Dieses Bemühen, das unauffällig geschehen musste, wurde ihm insofern erleichtert, als der Schöne, auf dem Ecksitz der Bank thronend, seinen Blick dem Leben und Treiben auf dem Hofe zuwandte, somit dem Schauenden sein Profil bot und dadurch eine vorsichtige Musterung wohl erlaubte.

Der Jüngling trug den Kragen seines weißgrauen, rotgestreiften Sporthemdes offen und ließ so ein Stück seines gebräunten Halsansatzes sehen. Aus dem Ausschnitt wuchs ein schlanker, gleichfarbiger Hals empor, den ein länglicher, nach hinten sich verjüngender Kopf krönte. Die griechisch geschnittene Nase sprang geradlinig hervor und wurzelte zwischen schmalen, über dunklen, etwas versonnen blickenden Augen schöngewölbten Brauen. Der Bronzeton der Gesichtsfarbe nahm nach den Wangen zu eine pfirsichfarbene Röte an und verriet dadurch eine gesunde Durchblutung der Gesichtshaut. Die zarte Verhaltenheit der Gesichtszüge wirkte überaus anmutsvoll und zeugte, wie der Blick der Augen, von Intelligenz. Eine zierliche Kinnpartie beendete das ovale Gesicht, Mund und Ohren waren auffallend klein, die schön geschwungenen Lippen etwas dünn. Über der klaren Jünglingsstirn lag, seitlich gescheitelt und natürlich gelockt, volles schwarzes Haar, dessen eine Locke zum Herabsinken neigte. Das ganze Antlitz verriet Zielbewusstsein und innere Geschlossenheit, das Kriterium und Geheimnis der reinen Selbstbewahrung.

Mit schwingendem Wohllaut in der Stimme, deren Klang den Beobachter aufhorchen ließ, bestellte der neue Gast bei der Kellnerin Bier und ließ hierbei eine Reihe schneeweißer, ebenmäßig geformter Zähne sehen. Die schmale, gebräunte Hand trug einen Siegelring mit Wappen in grünem Stein, augenscheinlich ein Familienerbstück, das die Vermutung nahe legte, dass der Jüngling einem alten Geschlecht entstammte und womöglich adeliger Herkunft war. Die Kleidung war betont hellfarbig und hob den Bronzeton der Haut besonders hervor: ein Jankerl aus weißem Lodenstoff mit sparsamer Verzierung und rotabgesetzten Taschen, eine kurze gamslederne Hose von gelbgrauer Farbe und gleichfarbige Hosenträger, weiße Zwirnstrümpfe mit erhabenem Muster und braune Halbschuhe mit Doppelsohlen, sogenannte «Haferl», dazu schließlich ein Hut von feinstem gelben Velours, wie es schien, mit geflochtenem Lederband, den der Jüngling bereits beim Niedersetzen leicht ins Genick geschoben hatte, sodass die glatte Stirn unbeschattet blieb.

Die ungezwungene Haltung des Sitzenden erinnerte den verstohlen Musternden an eines der größten Kunstwerke der Antike, an den ausruhenden Hermes des Lysippos. Auch hier war das rechte Bein gestreckt, das linke angezogen. Das schmale knabenhafte Knie zeigte in der Beugung eine schöne Rundung, von ihr stieg gleichmäßig anschwellend der wohlproportioniert lange, braune Oberschenkel empor, bis er in der Deckung der Lederhose verschwand. Auch die fest geformten Waden, die in makelloser Linie zu den schlanken Fesseln und kleinen Füßen verliefen, waren durch die Strümpfe dem Blick entzogen, ohne jedoch dadurch ihre schöne Form dem kundigen Auge zu verheimlichen. Insgesamt ergab die Prüfung ein harmonisch unterteiltes, in allen Einzelheiten ansprechendes Bild unberührter männlicher Jugend in passendem Rahmen, und mit innerer Bewegung, ja Beglückung nahm der Doktor dieses Ergebnis seiner Musterung zur Kenntnis.

Der Schöne, der bisher ohne jede Anteilnahme an seinen Tischgefährten dem Treiben im Hofe seine Aufmerksamkeit zugewandt hatte, begann jetzt plötzlich beim Auftauchen eines bekannten Münchener Originals, dessen Tagesarbeit ausschließlich im Leeren von Bierneigen aus verlassenen Maßkrügen bestand, zu lächeln und nannte, seinem Gegenüber halbzugewandt, den Namen dieses Genießers. So entwickelt sich allmählich ein Gespräch, das, vom Doktor geschickt gelenkt, nach und nach aus der Atmosphäre tastender Vorsicht und Reserviertheit zu einer Annäherung beider Teile führte. Dem scharfen Beobachter, wie dies der Doktor war, entging nicht, dass in dem offenen, klaren Mienenspiel des Jünglings ein Zug von Verschlossenheit, ja von Unlust zur Mitteilsamkeit lag, der zwar im Augenblick des Gesprächs zurückgedrängt wurde, danach aber immer wieder in Erscheinung trat. Geistige Schwerfälligkeit, Befangenheit oder gar Blasiertheit konnten hierfür kaum die Ursachen sein, dafür erschien der Betreffende zu intelligent, womöglich aber basierte diese innere Verdrossenheit auf einem gewissen Unbefriedigtsein, wie es leicht bei jungen Menschen durch äußere oder innere Unstimmigkeiten hervorgerufen werden kann, sich aber gerade hier mit dem harmonischen Äußeren des Jünglings nur schwer vereinbaren ließ.

«Mit der besonderen Rührung, die uns Schönheit und Jugend in vermuteter schwieriger Lebenslage erweckt –», diese Worte fielen dem Doktor jetzt plötzlich ein. Wo nur hatte er sie gelesen? – In Eile tasteten die Gedanken rückwärts. Plötzlich stockte ihr Lauf. Ja, so war es! Ein Olympier zeugte sie einst in ähnlicher Lage wie der seinigen hier in München. Im Frühjahr 1864 hatte sie Richard Wagner beim Betrachten eines Bildes des jungen Königs Ludwig II.

formuliert und von der «unsäglichen Anmut dieser unbegreiflich seelenvollen Züge» geschwärmt. Und danach geschah das Wunder: der mädchenhafte Jüngling im Hermelin und der körperlich bereits verfallende Magier wurden nach griechischem Vorbilde Freunde, der blühend schöne Achtzehnjährige dem zweiundfünfzigjährigen Graukopf «Welt, Weib und Kind». – Unwahrscheinlich, grotesk, unmöglich und doch letzten Endes göttlich! Die Schönheit des Geistes besiegte die körperliche Schönheit. –

Der Doktor unterbrach seinen Gedankenflug und fädelte den inzwischen abgerissenen Faden des Gesprächs geschickt wieder ein. Im Laufe der weiteren Unterhaltung erfuhr er nach und nach die näheren Lebensumstände und schließlich auch den Namen seines Gegenübers.

Stephan von Valén entstammte einem rheinischen Adelsgeschlecht, dessen einer Zweig, der gräfliche, Grund und Boden in Deutschland und Österreich besaß und in seiner Geschlechterfolge verschiedentlich hohe Würdenträger für die katholische Kirche gestellt hatte. Sein Großvater, ein Mann mit ausgesprochen technischer Begabung, hatte bereits in seiner Jugend Deutschland den Rücken gekehrt und sich nach Studien in Paris als Herr de Valén in Luxemburg niedergelassen, wo er seinem Sohne, Stephans Vater, ein größeres industrielles Werk hinterließ, in dem bereits die beiden älteren Brüder Stephans tätig waren. Stephan als jüngster Spross war nach München gesandt worden, um seiner Neigung entsprechend Chemie – Doktor Rainer presste die Lippen zusammen – zu studieren. Trotz seiner Jugend – er war gerade 21 Jahre alt geworden – hatte er sein anorganisches Verbandsexamen bereits im vorigen Semester bestanden und arbeitete jetzt auf das organische hin, um alsdann mit seiner Doktorarbeit zu beginnen.

Hier unterbrach ihn der Doktor mit der Frage, ob ihm ein gewisser Krapp aus Luxemburg, mit dem er vor etwa dreißig Jahren in Leipzig studiert habe, bekannt sei? Der Student bejahte dies freudig und berichtete, dass der Betreffende seit vielen Jahren wohlbestallter und angesehener Professor der Handelswissenschaften in seiner Vaterstadt sei.

Es ist eine alte Erfahrungstatsache, dass zwischen zwei fremden

Menschen der auftauchende Name eines Dritten, der beiden bekannt, blitzschnell eine Brücke schlägt, die noch vorhandene Hemmungen überwindet. Plötzlich ist eine Plattform gefunden, auf der man sich frei bewegen kann. So fühlte sich auch der junge Student durch den gemeinsamen Bekannten heimatlich berührt und lebte förmlich im Gespräch auf, während sich der Doktor innerlich beglückwünschte, dass ihm ausgerechnet der längst vergessene, reichlich unbedeutende gute Krapp als einziger Luxemburger, den er kannte, rechtzeitig eingefallen war. Zumindest würde er jetzt durch die neugewonnene, fesselnde Bekanntschaft um einen langweiligen Abend herum kommen und so unterbreitete er im weiteren Fluss des Gesprächs seinem Gegenüber den Vorschlag, mit ihm zusammen irgendwo, jedenfalls nicht hier, zu Abend zu essen.

Er hatte nicht geahnt, dass er den jungen Menschen durch diese harmlose Anregung in die tödlichste Verlegenheit stürzen sollte. Stephan fühlte sich bereits unbewusst zu der neuen Bekanntschaft hingezogen und wünschte sich im Augenblick nichts besseres, als mit diesem interessanten Manne noch einige Zeit zu plaudern. Infolge des Krieges war jedoch sein Wechsel von Zuhaus bereits seit zwei Monaten rückständig, und so musste er sich finanziell außerordentlich einschränken und auf Pump in der Mensa leben. Ein solches Eingeständnis dem Fremden gegenüber erschien ihm einfach untragbar. So schwieg er zu dem Vorschlage zunächst ratlos, konnte aber nicht verhindern, dass er blutrot im Gesicht wurde.

Naturgemäß entging dem Doktor die Wirkung seiner Anregung auf den Betreffenden nicht, unmöglich aber vermochte er den Zusammenhang zu erkennen. Er wollte jedenfalls den jungen Mann nicht verlieren, so entschloss er sich zu einem Gewaltstreich.

«Haben Sie keine Zeit oder kein Geld?», fragte er burschikos.

«Erstere schon», stotterte Stephan und gestand dann doch zögernd und verlegen seine prekäre Lage ein.

«Lieber, junger Freund», sagte der Doktor mit beruhigendem Lachen, «wenn Sie alle die gewichtigen und gelehrten Herren, die als Studenten bei normalen Zeitläuften kein Geld gehabt haben, auf einem Haufen sehen würden, so gewöhnten Sie sich die Befangenheit und das Erröten in einer solchen Situation ein für alle Mal ab. Dass

Sie es noch können, spricht nur für Sie. Im Übrigen hätte ich Sie sowieso eingeladen.»

«Nein, das kann ich unmöglich annehmen, ich kenne Sie ja gar nicht!», protestierte Stephan.

«Nun, dieser Einwand ziert zwar ein junges Mädchen, aber doch wohl kaum einen Studenten. Setzen Sie einfach voraus, dass wir uns schon längere Zeit kennen, damit wird jeder Grund zu einer Ablehnung hinfällig. Denn hätte uns der Zufall schon einmal – beispielsweise im Speisewagen eines D-Zuges – zusammengeführt, so fühlten wir uns heute bei unserem neuen Treffen als alte Bekannte. Also ich bitte Sie: ‹Kränkeln› Sie nicht ‹der angeborenen Farbe der Entschließung des Gedankens Blässe› an und lassen Sie uns kurz entschlossen ‹zum lecker bereiteten Mahle› schreiten. – Haben Sie wenigstens Fleischmarken? Na also, das ist ja prächtig! – Resi, zahlen!» –

Bevor Stephan mit seiner Entschließung ins Reine kommen konnte, hatte der Doktor bereits bezahlt und sich erhoben. Stephan fühlte zwar eine merkwürdige Befangenheit in sich, gab aber durch sein Verhalten dem Doktor keinen Grund, an seinem nunmehrigen Einverständnis zu zweifeln. So brachen sie gemeinsam auf und erreichten nach viertelstündigem Anmarsch, während dem sich Rainer durch Nennung seines Namens dem neuen Bekannten kurz vorstellte, die dem jungen Studenten bisher noch unbekannten Schwarzwälder Weinstuben, wo sie einen gerade freigewordenen Tisch beschlagnahmen konnten. Der gehaltvolle Wein und das schmackhaft zubereitete Essen, bestehend aus Seezunge nach französischer Art, Wild und Nachtisch (und dies alles markenfrei!) mundeten vortrefflich, und Stephan atmete mit immer größerem Behagen die Atmosphäre dieser Gaststätte, zu deren äußeren Rahmen ihm allerdings die alpine Tracht, insbesondere die Lederhose, nicht so ganz passend erschien. Da sich aber sein Begleiter in der gleichen Aufmachung völlig ungezwungen und selbstverständlich an dieser Stätte gab und vor seinem blitzenden Einglas, das er zum Studium der hier noch immer reichhaltigen Weinkarte benötigte, jede gönnerhafte Anmaßung des Oberkellners bereits im Versuch verkümmerte, verlor auch Stephan jede Befangenheit und kam dem Milieu und der Sicherheit seines Tischgenossen immer näher. Und mit dem zunehmenden Behagen des Gastes wuchs auch sichtlich die Stimmung des Doktors, und seine munter witzige, oft sarkastische Art, die verschiedene durch den Krieg hervorgerufene Unzulänglichkeiten und Grotesken beleuchtete und dabei schlagartig reife Erfahrung und vielseitiges Wissen aufblitzen ließ, empfand Stephan geradezu als Offenbarung. Somit erwies sich der Doktor als ein vorbildlicher Gastgeber nicht nur bezüglich materieller Bewirtung, sondern auch, was seltener und nicht weniger genussvoll ist, als Gastgeber des Gesprächs, wobei er jedoch ständig bemüht blieb, auch den Gast voll zu Worte kommen zu lassen. So unterbrach er auch jetzt seine Ausführungen:

«Sie wollten etwas sagen, Herr von Valén?» –

«Ich wollte fragen», äußerte dieser etwas zögernd und nach Worten suchend, «wie Sie über die weitere Entwicklung im Großen denken?»

«Sie meinen, ob Deutschland diesen Krieg gewinnen wird?», präzisierte der Doktor die Fragestellung. «Das möchte ich wohl glauben, und zwar weniger, weil alle Truppengattungen vorzüglich sind, als vielmehr, weil eine Überlegenheit der Waffen und Kampfmethoden zur Zeit besteht, die der Gegner so bald nicht einholen wird. Aber der ausschlaggebende Faktor in diesem Ringen ist doch letzten Endes der deutsche Geistesarbeiter, den man im nationalsozialistischen Deutschland recht schlecht behandelt. Aus alledem ergibt sich jedenfalls eine zwingende Forderung, die man wohl auch oben erkannt hat, nämlich die, dass dieser Krieg möglichst schnell gewonnen werden muss.»

«Ja aber –», wandte der Zuhörer ein, «Italien zögert doch noch immer mit seinem Eingreifen?»

«Italien wird eingreifen. – Sie wissen ja nicht, ob nicht dieses Zögern von Deutschland ausdrücklich gewünscht wird. Wir Außenstehenden kennen freilich die Zusammenhänge nicht, aber nehmen wir doch einmal an, Italien erlitte einen Rückschlag – es hat ja die ganze britische und französische Mittelmeerflotte gegen sich –, so würde dies womöglich sofortige Hilfeleistung von unserer Seite und somit Kräfteabzug bedingen. Im Übrigen kenne ich die italienische Wehrmacht aus eigener Anschauung und habe im Jahre 1937 von ihrer Luftwaffe und Kriegsmarine sowie von ihren Spezialtruppen so ausgezeichnete Eindrücke gewonnen, dass man sie mir in Berlin nahezu verübelt hat.»

«Und wie denken Sie über Hitler?», forschte der junge Student weiter.

«Lieber Valén –», sagte der Doktor in leisem Frageton, «sind Sie sich eigentlich selbst über Ihre verfängliche Fragestellung klar, namentlich in Ihrer Eigenschaft als Ausländer und Gast dieses Landes? – Könnte ich nicht annehmen, dass Sie ein Agent Provocateur, ja geradezu ein Spion sind, der in mir ein taugliches Objekt für Spionage – so wurde ich einmal in einem polnischen Geheimbericht bezeichnet – wittert? – Aber werden Sie nicht ängstlich, ich weiß, Sie sind es nicht, und auch Ihre Frage will ich Ihnen jetzt beantworten: Man mag über Hitler im In- und Ausland denken, wie man will, man mag ihn hassen oder lieben, eines steht meinem Empfinden nach unzweifelhaft fest, nämlich, dass er kein Epigone ist und Intuition besitzt. Ob ihm schließlich Erfolg oder Untergang bestimmt sein wird, ändert nichts an dieser Tatsache. Erreicht er seine Ziele, so wird er auch unter den späteren Geschlechtern – denken Sie an Napoleon – Verehrer und Bewunderer haben und jedenfalls von diesen unter die großen Männer der Geschichte gezählt werden.»

«Das kann ich nie und nimmer glauben!», begehrte Stephan auf.

«Das nehme ich Ihnen auch gar nicht übel», erwiderte Rainer gelassen. «Aber meine Anschauung gründet sich nicht auf induktiver, sondern deduktiver Folgerung. Die Geschichte lehrt uns, dass der Erfolg in allen Ewigkeiten sichtbar bleibt. Was er an Opfern gekostet, was man gewagt hat, seinen Mitmenschen zuzumuten und aufzubürden, verschwindet erfahrungsgemäß aus dem Gedächtnis der nachkommenden Generationen völlig. Nur der Glanz bleibt, und hier fragt kaum einer danach, ob er echt oder falsch ist. Entscheidend ist lediglich der Tenor, in dem die Geschichtsbücher für die heranwachsende Jugend geschrieben werden. Aber wie gesagt, der Erfolg muss da sein, und vor ihm steht auch in diesem Falle noch immer das große Fragezeichen.»

«Auch ein hundertprozentiger Erfolg würde die Morde, die Misshandlungen, die Verbrechen, die in Hitlers Namen oder gar auf seinen direkten Befehl hin an der Menschheit begangen worden sind,

niemals auslöschen können», wandte der junge Mensch in steigender Erregung ein. «Oder sind Sie hier anderer Ansicht?»
«‹Die öffentliche Meinung der ganzen Welt›, so sagte mir kürzlich eine bekannter deutscher Gelehrter wörtlich, ‹lehnt derartig Handlungen ab›, auch ich tue dies. Aber was ist heute schon die öffentliche Meinung? – ‹Eine käufliche Dirne›, sagen Sie? – Das war sie schon immer! – Heute ist sie lediglich ein Wechselbalg, eine von der staatlichen Propaganda gleichgeschalteter Presse, überwachtem Radio und Kino der Mehrheit des Volkes künstlich aufoktroyierte Anschauung. – ‹Die meisten Menschen haben nun einmal keine eigene Meinung, sie muss daher von außen in sie hineingepresst werden wie das Schmieröl in die Maschine›, lehrt der spanische Philosoph Ortega y Gasset. Und was ist Mehrheit? – Unser Nationaldichter Schiller hat sie vortrefflich gekennzeichnet, wenn er sagt:

‹Was ist die Mehrheit? Mehrheit ist der Unsinn,
Verstand ist stets bei wenigen nur gewesen.›

– Jedoch wollen wir uns wirklich diesen schönen Abend mit politischen Zitaten und Diskussionen verkümmern? – Als ich so alt wie Sie war, galt es in der guten Gesellschaft für geistlos und taktlos von Politik zu sprechen. Jetzt heißt es seit Jahren: Das ganze deutsche Volk muss politisch werden, was ihm ja auch, stramm ausgerichtet in nur einer Richtung, vorbildlich gelungen ist, und nun muss ich zu meiner Überraschung feststellen, dass selbst Luxemburg von der Politik angekränkelt zu sein scheint, und zwar gleich in einer so temperamentvollen Form, dass ich sie als beinah unvorsichtig empfunden habe.»
«Verzeihen Sie mir bitte meine Unbeherrschtheit, Herr Doktor», bat Stephan mit schwachem Erröten über die leise Zurechtweisung. «Es ist nun schon der zweite Fehler, den ich mir in der kurzen Zeit unserer Unterhaltung geleistet habe, aber ich möchte glauben, dass ich von Ihnen nicht gänzlich missverstanden werde.»
«Aber nein doch, Herr von Valén, Sie sind offen und meinen es ehrlich, das ist das Wesentliche, und im Übrigen gehen ja unsere Ansichten auch nicht so weit auseinander, als es Ihnen im Augenblick erscheinen mag. Ihre Einstellung dürfte mehr subjektiv, die

meinige mehr objektiv sein. Aber ich denke, wir wechseln jetzt den Gesprächsstoff. Es ist ja geradezu eine Seuche in unserer Zeit, dass jede Unterhaltung über jedes Thema immer und immer wieder in das politische Fahrwasser gerät.» –

Ihr Gespräch wurde sowieso in diesem Augenblick durch den Eintritt neuer Gäste unterbrochen, die hart an ihnen vorüberschritten und am benachbarten Tisch, der gerade frei wurde, Platz nahmen, augenscheinlich ein Münchener Ehepaar nebst Tochter. Die letztere, ein zierlich blondes Geschöpf in duftiger Kleidung, war auffallend hübsch und machte einen sittsam erzogenen Eindruck.

«Gefällt Sie Ihnen nicht?», fragte Rainer leise seinen Tischgenossen, der sich nach kurzem Blick gleichmütig abgewandt hatte.

«Ja doch – sehr hübsch», lautete die etwas kühle Entgegnung.

«Sie haben wohl ihr Herz bereits in Luxemburg verloren und somit in ihm keinen Platz mehr für die Münchener Schönen?»

«Mein Herz ist noch frei», entgegnete Stephan etwas betont, «und ich fühle bisher auch keine Neigung, mich für den heiligen Ehestand, für den ich ja auch noch viel zu jung bin, irgendwie zu binden. Wenn ich richtig vermute, haben Sie dies auch nicht getan, jedenfalls tragen Sie keinen Ring.»

«Jedenfalls» – der Doktor übernahm das Wort, als er einen Blick vom Nebentisch aufgefangen hatte – «nimmt die junge Dame entschieden mehr Anteil an Ihnen als Sie an ihr. Und was mich betrifft, so haben Sie richtig gefolgert: Auch ich bin unverheiratet und ‹fühlte bisher auch keine Neigung, mich für den heiligen Ehestand irgendwie zu binden.›»

«Sie haben ja auch noch Zeit dazu», meinte Stephan überhöflich, «auch könnte ich mir Sie als Ehemann nicht recht vorstellen, jedenfalls gehören Sie nicht zu den ‹geborenen Ehemännern›.»

«Zu den ‹Ungeborenen› ebenso wenig! – Zwar behauptet der Pessimist Schopenhauer von der Ehe, ‹man verdoppelt seine Pflichten und halbiert seine Rechte›, aber jedes Ding im Leben hat nun einmal seine zwei Seiten, und mein Lehrer, ein berühmter Gelehrter, erhellte das Eheproblem einmal ebenso schlagartig wie witzig, als er zu mir sagte: ‹Heiraten Sie oder heiraten Sie nicht, lieber Freund, Sie werden letzten Endes beides bereuen.›» –

Stephan lachte verschiedentlich bei dieser unbeschwerten, amüsanten Unterhaltung, die sich noch einige Zeit zwischen ihnen fortspann, fröhlich auf und wurde dafür wiederholt vom Nachbartisch her durch bezaubernde Blicke aus blauen Augen belohnt, die umso mehr an Häufigkeit und Intensität zunahmen, je weniger sie auf der Gegenseite Beachtung fanden.

«Verzeihen Sie, Herr Doktor», sagte Stephan plötzlich, «wie denken Sie darüber, wollen wir nicht noch einen kleinen Bummel durch das verdunkelte München machen? Wir haben Mondschein, und das Stadtbild ist reizvoll bei dieser Beleuchtung. Natürlich soll es nur ein Vorschlag von mir sein –?»

«Ein vortrefflicher Vorschlag!», bestätigte Rainer bereitwillig. «Unsere Neigungen stimmen ja verblüffend überein, denn auch ich liebe abendliche Spaziergänge durch leere Straßen und Gassen. Ich könnte Sie nach Hause begleiten und dann zurückfahren. In welcher Richtung wohnen Sie?»

«In der Nähe des Deutschen Museums, vor der Isarbrücke», antwortete Stephan.

«Also dann auf zum Lustwandel, aber Sie müssen mich führen!», rief der Doktor aufgeräumt und winkte den Kellner herbei.

Als sie die Straße betreten hatten, erwies sich der von Stephan angekündigte Mondschein lediglich als ein matter Schimmer, der gerade noch gestattete, die nähere Umgebung zu erkennen. Stephan schob, dazu aufgefordert, bereitwillig den Arm in den seines Begleiters und bedankte sich jetzt herzlich für die «fantastische» Einladung und die genussvolle Unterhaltung. So vereint bummelten sie durch die halbdunkle Stadt in lebhaftem Gedankenaustausch, der von wechselseitiger Herzlichkeit zeugte, über den Marienplatz der Isar zu.

Der Doktor erzählte von den Schönheiten Südosteuropas, vom Schwarzen Meer, das meist grün sei, vom blauen Bosporus und von den Mauerresten Trojas, von der klaren Silberluft der griechischen Landschaft, der es zum großen Teil zu verdanken sei, dass die griechischen Bildhauer «wirklich sehen» gelernt hätten, er sprach von den Inseln Kreta, Rhodos und Korfu, jede an sich eine Perle, ein Juwel in der besonderen Eigenart ihrer Naturschönheiten und ihrer Bewohner. In fesselnder Schilderung umriss er mit knappen Worten das Stimmungshafte des dort Erlebten sowie das Seelische des Geschauten, und Stephan verspürte aus dem Klange seiner Stimme, mit welcher Wonne er dort geweilt haben musste. Als sie sich dem Isartor näherten, sprang der Doktor im Gespräch plötzlich auf sein nächstes Reiseziel über, das Pinzgautal, das er bereits seit drei Jahren jeden Sommer aufsuchte und in dessen Endstation Krimml, nur noch wenige Kilometer Luftlinie von der neuen italienischen Grenze entfernt, er sein Standquartier für Touren und Hochtouren in den Monaten Juli und August zu nehmen pflegte. Plastisch schilderte er die schöne Lage des Ortes, die Annehmlichkeit des Aufenthaltes, die genussvollen Spaziergänge und prächtigen Bergtouren, die sich von dort aus unternehmen ließen und dem Schauenden immer wieder eine Fülle ungeahnter Schönheiten offenbarten. Er sang geradezu das Epos jener Berge in der Venediger- und Reichenspitzgruppe, die er erstiegen, und jener Übergänge, die er dort in den verschiedensten Varianten unternommen hatte.

Stephan, der bereits zu wiederholten Malen die oberbayerische Bergwelt aufgesucht hatte, stimmte in das hohe Lob der Berge grundsätzlich ein und bekannte ferner, dass er lediglich infolge Fehlens eines ihm zusagenden Begleiters auf größere Bergtouren bisher verzichtet habe, denn er schlösse sich nun einmal außerordentlich schwer an einen Menschen an. Dem zu erwartenden Hinweis des Doktors, dass ihn dieses letztere Bekenntnis etwas überrasche, begegnete er mit der Behauptung, dass er heute von sich selbst «überrascht» sei. Aber er empfinde gefühlsmäßig – und dies sei ihm ja auch nahegelegt –, dass sie sich beide schon lange kennten oder schon einmal gekannt und sich jetzt nur erneut getroffen hätten. –

Überraschend kurz erschien ihnen unter diesen Gesprächen der Weg zur Isarbrücke, die plötzlich im silbernen Schein vor ihnen auftauchte. Der Mond hatte sich besonnen, war höher gestiegen und ergoss sein mildes Licht über das Flusstal. Stephan bog vor der ersten Brücke nach links ab und führte seinen Begleiter eine steinerne Treppe hinab zu den Isaranlagen, die jedoch einen freien Blick auf die Isar noch nicht gestatteten, da Bäume mit lang herabhängenden Zweigen die Aussicht nahmen. So schritten sie weiter und erreichten eine Bank mit – freier Aussicht auf den Fluss.

«Mit wenigen Schritten bin ich bereits zu Haus, wollen wir uns hier noch einen Augenblick niedersetzen?», schlug Stephan vor.

Schweigend nahmen sie Platz. Der Doktor ließ das mondbeschienene Bild einige Zeit auf sich wirken: Unter ihnen die silberne Isar, links die umnachteten Dächer des Maximilianeum, rechts die dunklen Bäume mit den tief herabhängenden Zweigen, alles dies vereinte sich im Mondenschimmer zu einer ungewöhnlichen, ja exotisch anmutenden Landschaft. Gedankenvoll wandte er sich ab und blickte auf seinen ebenfalls in Schauen versunkenen Begleiter. Wiederum entzückte ihn die entspannte Haltung des Sitzenden. Das magische Licht hob die klassische Linie seines Profils und den Umriss der Gestalt geradezu unwirklich schön hervor, sodass der Jüngling in dem zauberhaften Rahmen der Umgebung mehr einem jungen Gotte in halkyonischem Glanz als einem Erdgeborenen glich.

Obwohl Stephan die Augen des Doktors auf sich ruhen fühlte, veränderte er seine Blickrichtung nicht, sondern sah mit schmalen, zusammengepressten Lippen weiterhin starr geradeaus. Der Doktor unterbrach die Stille:

«Eine anakreontische Landschaft», stellte er fest.

«Inwiefern anakreontisch?», fragte Stephan.

«Kennen Sie nicht Anakreons Dichtung ‹Ruheplatz› in der Übertragung von Mörike?

›Hier im Schatten, o Bathyllos,
Setze dich! Der schöne Baum lässt
Ringsum seine zarten Haare
Bis zum jüngsten Zweige beben.

Neben ihm mit sanfte Murmeln
Rinnt der Quell und lockt so lieblich. –
Wer kann solches Ruheplätzchen
Sehen und vorübergehn?›»

«Ja, es stimmt auffallend», bestätigte Stephan sinnend. «Und wer war Bathyllos?», fragte er plötzlich.

«Anakreons junger Freund.»

«Sein Liebling also?!», ergänzte Stephan nicht ohne Schärfe in der Betonung dieses Wortes.

«Das wohl auch –», entgegnete Rainer und führte dann sachlich aus: Bathyll gehörte zur Knabengesellschaft am samischen Hofe und wurde infolge seiner Schönheit von Anakreon dichterisch verherrlicht. Polykrates nahm dies übel und schnitt dem Bathyll die vom Dichter besungenen Locken ab.

«Auf dem Gymnasium haben wir weder von Bathyll noch von seinen Locken etwas zu hören bekommen», bemerkte Stephan mit leisem Lachen im Ton.

«Auch in meiner Prima blieb uns gerade diese Episode durchaus vorenthalten.»

«Und was geschah weiter mit dem bisher blondgelockten, nunmehr kahlgeschorenen Bathyllos?», fragte Stephan, den Gesprächsstoff dehnend.

«Irrtum, Stephan», widersprach der Doktor lebhaft. «Bathylls Haare waren nicht blond, sondern schwarz. – ‹Dunkel schattend nach dem Grunde› besingt sie Anakreon, und der deutsche Grieche Graf Platen dichtete in Redondilien an seinen Freund Adrast:

‹Und dein Haar, das dunkel wallt
Gleich dem samischen Bathylle –›

– Also kein weißer, blonder Ephebe, wie Sie augenscheinlich annehmen, war Bathyll, sondern ein sonnengebräunter Jüngling mit schwarzen Augen und Augenbrauen ‹dunkler als des Drachen Farbe›» –

«Ich gewinne allmählich den Eindruck», meinte Stephan unter leichtem Absinken seiner melodischen Stimme, «dass Sie sich recht eingehend mit Bathyll und seinem Schicksal beschäftigt haben.»

«Beschäftigt?», griff Doktor Rainer das Wort auf, «ja gewiss! Die Beschäftigung mit dem Schönen in jeder Form ist göttlich, und Sokrates lehrt: ‹Was schön ist, ist auch gut – und was gut ist, ist auch schön.› Zwar ist Schönheit nichts weiter als ein Schein, der auf den unsichtbaren Wellen der Harmonie an uns herangetragen wird, aber ohne ihn verliert unser Dasein jeden verklärenden Glanz und jede erhabene Freude. Dabei ist Schönheit überall und immer, denn die Geburtsstunde des Phönix ist unbestimmt, zu jeder Zeit und an jedem Ort kann er sich mit rauschendem Flügelschlag aus seiner

Asche verjüngt erheben. – Nur ihn sehen muss man gelernt haben, Stephan, sehen!» –

Der Doktor verstummte plötzlich, da ihm einfiel, dass nicht Bathyll, sondern ein anderer Liebling Anakreons – «Smerdis» mit Namen – auf diese Art seiner Locken beraubt worden war. Bei den zahlreichen Liebschaften des knabenfreudigen Sängers konnte solcher Irrtum einem schon einmal unterlaufen, aber es war doch wohl zweckmäßiger, ihn im Augenblick nicht zu korrigieren.

Das Gespräch brach somit ab, und wortlos blickten beide wieder geradeaus in die schweigende nächtliche Landschaft. Schritte klangen in der Stille auf und näherten sich. Ein Soldat und ein Mädchen gingen eng verschlungen an ihnen vorüber und nahmen schließlich auf einer entfernt liegenden Bank Platz.

Der Doktor sah erneut auf Stephan, dessen Augen noch immer in träumerischer Versunkenheit in die Weite gingen.

«Woran denken Sie wohl, Stephan?», fragte er nach einiger Zeit halblaut mit guter Stimme.

«An Ihre morgige Abreise», lautete die leise gegebene Antwort.

«Soll ich noch bleiben?»

«Nein!», sagte Stephan hart.

«Und wann besuchen Sie mich in Krimml?» –

Ein langes Schweigen trat ein. Nahezu unerträglich wurde die Gefühlsspanne, die zwischen beiden hin und her wogte. Endlich antwortete Stephan mit belegter Stimme:

«In vier Wochen beginnen die Ferien –.»

«So wollen wir jetzt scheiden», sagte Doktor Rainer tief aufatmend, «und zwar in dem beiderseitigen Bewusstsein, dass wir uns alles gesagt haben, wenn wir uns auch tatsächlich nichts gesagt haben. Aber ein Unterpfand Ihres Kommens fordere ich von Ihnen, und ich weiß, Sie werden es mir nicht abschlagen.»

Mit diesen Worten schlang er seinen Arm um Stephans Nacken und zog dessen Kopf sanft und allmählich an sich heran. Stephan wandte ihm sein Gesicht voll zu, nachtschwarz glänzten seine Augen, seine schmalen Lippen öffneten sich, sie blühten gleichsam auf und vereinigten sich dann mit denen des Doktors zu einem Kusse.

2. Analysen und Vorsätze

Der schrille Ton des Weckers riss Stephan aus tiefem, traumlosem Schlummer. Noch schlaftrunken taumelte er aus seinem Bett und stellte das rasende Läutewerk ab. Der Uhrzeiger verkündete die siebente Morgenstunde der neueingeführten Sommerzeit. Er zog den Fenstervorhang zurück und ließ die Frühsonne in das Zimmer scheinen. Mit nacktem Oberkörper begann er die Morgentoilette. Ein Blick in den großen Spiegel belehrte ihn, dass er frisch und wohl aussah. Vom Waschtisch nahm er den großen Badeschwamm, riss sich die dünne Hose seines Schlafanzuges von den Hüften und begann mit der gewohnten kalten Morgenwaschung, die er in Ermangelung eines Badezimmers unter Zuhilfenahme eines Waschbeckens und Eimers virtuos durchführte und bei der er nur wenige Wasserspritzer im Zimmer verteilte. Nachdem er sich durch kräftiges Reiben mit dem Frottiertuche getrocknet und erwärmt hatte, musterte er seinen geröteten Körper im Spiegel. Der tiefe Bronzeton seiner festgespannten, völlig haarlosen Brust, deren sanfte Schwellungen von blassroten Blüten gekrönt wurden, der rundlich schlanken, nur im Oberteil schwach muskulösen Arme, der breiten, zu harmonischen Rundungen allmählich abfallenden Schultern, des flachen strammen Unterleibes bis zum Nabel sowie der unteren Partien, der Schenkel, Knie und Waden, wurde in der Körpermitte durch eine auffallend helle Zone unterbrochen. Unterhalb der Taille herab bis zum Oberteil der Schenkel, etwa 20 cm über dem Knie, war der Körper in seinem ursprünglichen Farbton erhalten geblieben; die schlanke Hüftpartie mit allen ihren Teilen schimmerte rosig weiß und setzte sich somit scharf von dem Dunkelbraun des übrigen Köpers ab. Der etwas merkwürdige Anblick, Folgeerscheinung des Tragens einer Badehose im Freien bei häufigen Sonnenbädern, wirkte jeweilig auf Stephan so komisch, dass er immer wieder darüber lachen, sich gleichzeitig aber auch ärgern musste und sich heute sogar die Frage vorlegte, was wohl der Schönheitssinn der Antike zu einer solchen Scheckigkeit eines Jünglingskörpers – der Name «Bathyllos» zuckte auf – gesagt haben würde?

Ein Klopfen an der Tür, das ihm das Nahen des Frühstücks ankündigte, zwang ihn zur beschleunigten Beendigung seiner Toilette. Während er frühstückte, beschäftigten sich seine Gedanken nunmehr ausschließlich mit den Geschehnissen des vergangenen Abends. Die gehobene Stimmung beim Aufstehen verblasste allmählich und wurde, je mehr er den verflossenen Ereignissen nachsann, gedämpfter. Bei ihrer nüchternen Betrachtung am hellen Morgen traten Skrupel und Bedenken auf, die ihn in der Stimmung des gestrigen Abends nicht befallen hatten.

Stephan machte sich jetzt den Vorwurf, gestern entschieden zu weit gegangen zu sein. Schon die Annahme einer Einladung eines völlig Fremden ließ sich wohl kaum mit seiner Ethik, seinem Charakter und seiner Kinderstube in Einklang bringen. Aber auch das Vorgehen des Fremden erschien ihm heute in einem anderen, wenig günstigen Lichte. Freilich war es bei dem einen Abschiedskuss geblieben, und hier war er überrascht und geradezu genötigt worden. Auch hatte sich der Doktor danach sofort erhoben und mit herzlichen Worten und festem Händedruck verabschiedet, aber seine Anschrift hatte er ihm unter dem Versprechen baldigen Schreibens noch abgefordert, während er seine Person, abgesehen von jener kurzen Namensnennung, weiter völlig im Dunkel ließ. War er, Stephan, hier nicht doch, wenn wohl auch nicht an einen Unwürdigen, so doch aber an einen Menschen geraten, der sich aus launischem Einfall oder auch nur Langeweile in ein merkwürdiges Spiel eingelassen hatte? Denn ein merkwürdiges Spiel – darüber gab es keinen Zweifel – war es zwischen ihnen beiden gewesen, und Stephan war sich auch darüber klar, dass er wacker mitgespielt hatte. In Worten und Handlungen hatte er dazu beigetragen, eine verfängliche Situation heraufzubeschwören, und der Doktor war ihm nur allzu bereit und allzu verständnisvoll gefolgt, um dann mit jenem Finale jeden Zweifel an einem Irrtum auszuschließen. Und danach – jetzt fiel es Stephan wieder ein – hatte der Doktor noch etwas sehr Hübsches gesagt, was eigentlich der ganzen Situation den Stachel nahm. Wie war es doch? – Er sagte: «Dieser Abend war für mich ein ästhetischer Genuss.» Hatte er damit nicht das Ganze geläutert, auf ein höheres Piedestal gehoben, und enthielt dieses Urteil nicht Lob und Dank für Stephan, der ihm diesen Abend beschert hatte? –

Stephans Blick fiel auf die Uhr, und überrascht stellte der Student fest, dass es inzwischen höchste Zeit für das Morgenkolleg geworden war. Gewaltsam riss er sich aus seinen Gedankengängen und wandte sich den Forderungen des Tages zu. Aber bereits auf der Straße verfiel er erneut in gleiche Grübeleien, und als er auf dem Marienplatz ein Nachgehen seiner Armbanduhr konstatiert und so die Gewissheit gewonnen hatte, dass er doch zu spät kommen würde, entschloss er sich, die Vorlesung einem Spaziergang im Englischen Garten zu opfern, um noch einmal dort in Ruhe die Dinge überdenken zu können.

Trotz seiner Jugend besaß Stephan bereits die Fähigkeit, scharf und logisch zu denken. Natürliche Intelligenz, gute Beobachtungsgabe und Unvoreingenommenheit waren weitere Vorzüge seiner Geisteshaltung, deren er sich erfreuen durfte. In charakterlicher Erziehung schätzte er vor allem Offenheit an anderen und an sich selbst. Wie er bereits dem Doktor verraten hatte, schloss er sich nur schwer an einen anderen Menschen an. Geschah es aber, so tat er es mit rückhaltlosem Vertrauen und vergalt es mit unbedingter Treue. Enttäuschungen waren ihm bisher trotz fehlender Menschenkenntnis erspart geblieben, weil er, abgesehen von Jugendfreundschaften, außerhalb des Familienkreises noch keinen Menschen gefunden hatte, der ihm eines solch bedingungslosen Vertrauens würdig erschienen wäre und der vor allem seine volle Zuneigung zu erwecken verstanden hätte. Erst die Bekanntschaft des gestrigen Abends hatte in ihm allmählich die Erkenntnis heranreifen lassen, dass er hier womöglich eine Ergänzung seiner Persönlichkeit, einen wirklichen Freund, gefunden haben könnte.

Denn was war geschehen? Er, der zurückhaltende Stephan, war von einem völlig fremden älteren Manne schlechthin bezaubert worden und hatte diesem schließlich Gefühle entgegengebracht, die man zumindest als Zuneigung, wenn nicht als noch stärkere Gemütswallung bezeichnen musste. Bis gestern hätte er es für absurd gehalten, einer solchen Regung überhaupt fähig zu sein, sei es einem weiblichen, sei es einem männlichen Wesen gegenüber; die Augen hübscher Mädchen hatten ihn bisher ebenso wenig gefesselt, wie wohlgewachsene männliche Jugend seine Aufmerksamkeit zu erregen vermocht hatte. Erstaunlicherweise erschien da plötzlich ein Unbekannter, der sicherlich stattlich aussah und zweifelsohne geistig bedeutend war, und entfachte durch das eigentümliche Fluidum seiner Persönlichkeit in ihm geradezu einen Sturm völlig neuer Empfindungen. Aber damit nicht genug, noch ein zweites Wunder geschah. Die gleiche Gefühlsregung griff auch auf den Fremdling über, sodass die plötzlich aufkeimende höchst merkwürdige Neigung Stephans Erwiderung fand, denn dass dieses auch wirklich der Fall war, wurde Stephan bei seiner Überlegung immer klarer. Fürwahr ein höchst sonderbares Zusammenspiel der Natur, so meinte Stephan, über das nachzudenken sich lohnt.

Setze ich nun den glücklichsten Fall voraus, folgerte er, dass die Neigungen auf beiden Seiten gleich stark und beständig sind, dass keinerlei anderweitige Bindungen auf der Gegenseite bestehen und dass schließlich die äußeren Umstände ein engeres Zusammensein gestatten, so gerate ich zwangsläufig in eine völlig unmögliche Lage hinein. Ich weiß von der Jünglingsliebe der alten Griechen, die meinem Partner geläufig zu sein scheint, ich weiß aber auch, dass sie die heutige Gesellschaftsmoral als unmännlich, verwerflich und strafbar verurteilt. Wie dem auch sei, jedenfalls kann ich mir unmöglich vorstellen, dass ich mich in einer derartigen Situation zurecht finden und mich körperlich folgsam verhalten würde bei Forderungen, gegen die mein Geist Einspruch erheben müsste. Somit komme ich zu der Schlussfolgerung, dass das Abenteuer meiner gestrigen Bekanntschaft schleunigst beendet werden muss. Sollte der gute Doktor also wirklich schreiben, so werde ich ihm mit einigen höflichen Worten absagen. Aber Halt – vielleicht stimmt die Voraussetzung nicht! Wie liegen die Dinge, wenn ich die Haltung des Doktors verkenne, ihm Absichten unterschiebe, die ihm völlig fern liegen? Man soll nicht immer nur hässliche Beweggründe bei seinen Mitmenschen vermuten! Womöglich nimmt der Doktor an mir nur ein platonisches oder, wie er sagt, ästhetisches Interesse und erstrebt lediglich eine geistige Annäherung. Ja, ich möchte beinahe annehmen, dass dies bei ihm der Fall ist, und dagegen wäre ja auch nichts einzuwenden. Warum sollte der Doktor an einem hübschen Jungen, wie an mir, kein ästhetisches Wohlgefallen haben, und warum soll ich ihm und schließlich auch mir diese Freude versagen? Er würde in den Bergen bald Ersatz finden, ich aber nicht. Also nur keine Voreiligkeit, Stephan, die Entscheidung, wie du hier zu handeln haben wirst, steht noch dahin, sie liegt zunächst einmal bei dem hoffentlich bald eintreffenden Brief und seinem Inhalt. –

Nachdem sich Stephan zu dieser Einsicht durchgerungen hatte, brach er seinen Morgenspaziergang ab und wandte seine Schritte dem chemischen Laboratorium zu, wobei er mit innerer Befriedigung feststellte, dass sich seine Stimmung ganz merklich gehoben hatte.

***

Während sich Stephan bemühte, über sein künftiges Verhältnis zu dem neugewonnenen Freunde ins Reine zu kommen, sah sich dieser bereits, und zwar zu seiner eigenen Überraschung, am Ufer des Zeller Sees. Unerwarteterweise wurde nämlich der Wiener Schnellzug nicht fahrplanmäßig über Salzburg, sondern über Wörgl geleitet, und der Doktor, der sehr frühzeitig am Bahnhof erschienen war, benutzte diese günstige Fahrgelegenheit umso lieber, als sie auch mit dem Vorzuge eines völlig leeren Abteils zweiter Klasse verbunden war. So konnte er sich ungestört der genussvollen Fahrt, die ihn über Kufstein, Kitzbühel und Sankt Johann, vorbei an den Gebirgsstöcken des Wilden Kaisers, der Leoganger Steinberge und des Steinernen Meeres führte, hingeben.

Aber er achtete kaum auf die reizvollen Bilder der Landschaft, als sie tatsächlich an seinem Fenster vorüberglitten. Die Ereignisse des Münchener Abends hatten auch auf ihn einen allzu nachhaltigen Eindruck ausgeübt, und so hegte er nur den einzigen Wunsch, sich völlig ungestört in diese Erinnerung versenken zu dürfen. Zunächst stellte er fest, dass alle Zweifel und aller Missmut in seinem Inneren ausgelöscht waren und er sich jetzt wirklich über seinen Entschluss zur Reise freute, ja geradezu beglückwünschte. Dieser völlige Stimmungsumschwung beruhte einzig und allein auf dem krassen Zufall, der einen Jüngling, leuchtend wie Apoll, in seinen Gesichtskreis gezaubert hatte. Oder war es doch sehr viel mehr als ein Zufall, war es womöglich eine Schicksalsfügung, ein Geschenk der Götter an ihn? – Wie sagte doch Hölderlin im «Tod des Empedokles»?

> «Oft sagt ich's Euch: Es würde Nacht und kalt
> auf Erden, und in Not verzehrte sich
> die Seele, sendeten zuweilen nicht
> die guten Götter solche Jünglinge,
> der Menschen welkend Leben zu erfrischen ...»

Aber Stephans Bekanntschaft hatte ihn nicht nur im Sinne der hohen Schönheit in Fesseln geschlagen, nein nicht nur das, sondern der junge Mensch war ihm bereits in den wenigen Stunden des Zusammenseins innerlich so nahe gerückt, hatte ihn so erfüllt, dass er neben dem freudigen, ja beseligenden Gefühl für ihn gleichzeitig ein geradezu schmerzliches über die derzeitige Trennung empfand. Und völlig den Selbstbetrachtungen Stephans, die dieser zu etwa gleicher Zeit anstellte, folgend, fragte sich Doktor Rainer, wie ein solcher Überschwang des Gefühls überhaupt möglich sei und wie die Kräfte beschaffen sein müssten, die einen derartigen Sturm im Inneren entfesseln können. Unzweifelhaft, so meditierte er, handelt es sich hier um ein seltenes Naturschauspiel, um das spontane Auftreten einer Anziehungskraft zwischen zwei Individuen von geradezu kosmischem Ausmaße, für die somit landesübliche Begriffe wie Sympathie, Zuneigung und Liebe keine zulänglichen Ausdrucksformen sind. Selbst die Überschwänglichkeit der Dichter, die Anschaulichkeit eines ausdrucksfähigen Virgils –

«Erst sieht, bewundert, dann betrachtet man
Und fällt in Hoffnung und zuletzt in Liebe» –

bleibt hierfür unzureichend. Wer von einem solchen Strom erfasst wird, kann ihm nicht entgegen schwimmen, sondern wird von ihm entführt, ja mitgerissen, wobei ihm günstigenfalls sein kühler Verstand eine Verlangsamung des Zeitmaßes gestattet. Auch das Geschlecht der so Betroffenen spielt hierbei gar keine Rolle, und es ist bezeichnend, dass auch dies die großen Dichter und Denker erkannt und betont, häufig sogar die Freundschaft über die Liebe gestellt haben. «Frage ich mich nun, ob auch Stephan von einem solchen Strudel erfasst worden ist, so glaube ich dies bejahen zu dürfen. Immerhin besteht die Möglichkeit, dass er sich täuscht beziehungsweise über die Stärke des Gefühls sich noch nicht völlig im Klaren ist. In diesem Falle erscheint es mir als das Gegebene, ihm Zeit zur Besinnung zu lassen, somit das Tempo der Entwicklung zu verlangsamen. Ich werde ihm also erst nach Ablauf einer ganzen Woche schreiben und ihn dann vor die Entscheidung stellen. Aber ich hoffe und glaube heute schon zu wissen, wie sie ausfallen wird.»

Vorstehende Überlegungen hatten den Doktor Rainer so intensiv beschäftigt, dass er sich erst zurechtfinden musste, als sein erwachter Blick auf das bewegte, blaugrüne Wasser des Zeller Sees fiel. Völlig in seine Gedankengänge versponnen, war er am Bahnhof von Zell am See ausgestiegen, hatte rein mechanisch sein Handgepäck zur Aufbewahrung gegeben und war dann zum See geschlendert, wo er sich, immer noch geistig abwesend, schließlich auf eine Bank gesetzt hatte. Jetzt endlich, beim Anblick des ihm vertrauten reizvollen Bildes, kam ihm die Gegenwart wieder zum Bewusstsein und äußerte sich gleichzeitig in der höchst prosaischen Form eines Hungergefühls. Der Doktor erhob sich, griff zum Stock und schlug den Weg über die Seepromenade ein, um zum Zentrum des Ortes zu gelangen, wo ihm eine alt-renommierte Speisewirtschaft seit Jahren bekannt und in guter Erinnerung geblieben war.

Für die Gegenwart wieder empfänglich, betrachtete der Doktor jetzt das Leben und Treiben auf dem Uferwege und stellte fest, dass, abgesehen von einigen Militärurlaubern und Müttern mit Kinderwagen – augenscheinlich Insassen eines Mütterheimes –, keinerlei Fremde in Zell am See festzustellen waren. Der ganze Ort, in früheren Jahren eine Perle unter den Sommerfrischen des Salzburger Landes, machte einen derart trostlosen ernüchternden Eindruck, dass der Schauende nur den Wunsch nach schleuniger Weiterreise in sich verspürte. Noch mehr verstärkten sich Unlust und Ablehnung beim Anblick der verödeten Straßen und leeren Gasträume des Wirtshauses, in dem er sein Mittagmahl einnahm. Das Essen war unzureichend und überdies lieblos zubereitet, und die Kellnerin, dem Doktor aus früheren Jahren bekannt, erschöpfte sich in bewegten Klagen über die derzeitigen unglaublichen Zustände, an denen sie vertraulich ein gerütteltes Maß von Schuld den Hotelbesitzern und Gastwirten zuschob. Der Doktor tröstete sie zwar, während er die Mahlzeit mit noch trinkbarem Tiroler Roten herunterspülte, verzichtete jedoch auf den Nachtisch, da ihm hierfür unter den obwaltenden Umständen das «Kaffee Feinschmeck» immer noch geeigneter erschien. Tatsächlich erhielt er auch dort noch guten Kaffee und wohlschmeckenden Kuchen und konnte so, einigermaßen gesättigt, den Nachmittagszug der Pinzgauer Lokalbahn besteigen, die ihn an zahlreichen Haltestellen vorbei in zweieinhalbstündiger Fahrt zur Endstation Krimml entführte, wo bereits sein großes Gepäck der Auslösung harrte.

Nur kurz war die Autofahrt, die ihn zu seinem Gasthaus in Oberkrimml brachte. Hier erwarteten ihn ein überaus herzliches Willkommen, sein gewohntes, mit Alpenrosen- und Enziansträußen geschmücktes Zimmer sowie eine inzwischen eingelaufene umfangreiche Post. Er aß schnell zu Abend und begab sich frühzeitig zur Ruhe. –

Was ist ein Vorsatz? – Im übertragenen Sinne eine Willensfassung des Betreffenden bezüglich seiner künftigen Haltung in einer bestimmten Sache. Ob diese Haltung aktiv oder passiv sein soll, ob sie also eine Handlung oder Unterlassung betrifft, ist gleichgültig, wesentlich allein bleibt die Willensstärke, die nunmehr die Aufgabe hat, der beschlossenen Haltung die erforderliche Konsequenz zu erteilen.

Auch der Doktor hatte bekanntlich einen Vorsatz gefasst. Er war mit sich übereingekommen, erst nach einer vollen Woche an Stephan zu schreiben, das heißt also, er hatte sich zu einer zunächst passiven Haltung entschlossen. Zweifellos basierte der Vorsatz zur Unterlassung auf einer wohlüberlegten inneren Berechtigung, denn er sollte ja das Tempo einer fraglichen Entwicklung verlangsamen, also Stephan für seine Entschließung genügende Zeit lassen. Er war vom kühlen Verstande diktiert, er war aber auch ethisch und moralisch gerechtfertigt und damit für ihn unumstößlich.

Das einzig Bedauerliche an ihm blieb somit nur, dass er überhaupt gefasst worden war. Zwar ließen Arbeit und Eingewöhnung des ersten Aufenthaltstages in Krimml ein solches Bedenken noch nicht so recht aufkommen, aber als die rosenfingerige Eos des zweiten Morgens heraufstieg, sah sie bereits den Doktor in schwerem Zweifel an der Unfehlbarkeit des gefassten Vorsatzes. Noch einmal gelang es dem kühlen Verstand, Herr der Situation zu bleiben und den Schwankenden zu einem ablenkenden Tagesausflug in das Krimmler Achetal zu verlocken, aber am dritten Morgen, der trübe heraufdämmerte, war die Schlacht für ihn bereits verloren. Denn als Frau Sonne endlich das Wolkenmeer durchbrach, fand sie den Doktor schreibend auf seinem Balkon, und wie sie die Anschrift des Briefes gelesen hatte, empfahl sie sich diskret hinter einer dicken Wolke.

***

Was ist schon ein Tag, wenn man ihn im Rhythmus der gewohnten Arbeit, die man liebt, und unter den gleichbleibenden Bedingungen eines Alltags verlebt? Steigert man die Arbeitsleistung, so vergeht die Zeit noch schneller, und selbst vier Wochen bis zum Ferienbeginn können verfliegen, warum also nicht mehrere Tage, in denen man auf eine wichtige Entscheidung, beispielsweise auf einen Brief wartet. Stephan hatte sich hemmungslos in die Arbeit gestürzt und verließ das Laboratorium nur, um seine Mahlzeiten in der Mensa einzunehmen. Am Abend sank er todmüde ins Bett.

Die Spannung im Inneren blieb trotzdem erhalten. Nun waren bereits vier Tage seit der Abreise des Doktors ohne Lebenszeichen von ihm vergangen. Für einen kurzen Kartengruß, der seine Ankunft in Krimml meldete, hätte er doch wohl Zeit finden können.

Der fünfte Tag war ein Samstag, an dem nachmittags das Laboratorium geschlossen blieb. Gewohnheitsgemäß verbrachte Stephan diesen freien Nachmittag an den Ufern des Starnberger Sees und entschloss sich, dies auch heute zu tun. So eilte er nach dem Mittagessen sofort nach Haus, um sich umzukleiden und nach etwa eingetroffener Post zu sehen, und musste dort enttäuscht feststellen, dass wiederum keine Nachricht vorlag. Bereits im Begriff, das Haus zu verlassen, stieß er jedoch auf den Postboten, der ihm einen Brief überreichte. Ein hastiger Blick belehrte den erregten Empfänger, dass der Poststempel «Krimml im Pinzgau» lautete. Eine Blutwelle schoss ihm bei dieser Erkenntnis ins Gesicht, und seine Hand zitterte merklich, als er tiefaufatmend das ersehnte Schreiben uneröffnet in die Brusttasche barg.

Seinen Weg fortsetzend, der ihn zur nächsten Haltestelle der elektrischen Bahn führen sollte, empfand er ein Gefühl unbeschreiblichen Wirrwarrs in seinem Kopf. Er war sich völlig im Unklaren, was er von dem schicksalsschweren Briefe letzten Endes erhoffen oder befürchten sollte, und hätte ihn ein Unbeteiligter gefragt, wie er sich seinen Inhalt wünsche, so wäre er ratlos ihm die Antwort schuldig geblieben. Einerseits brannte ihm das Schreiben in der Tasche, andererseits fürchtete er, von seinem Inhalt enttäuscht zu werden, und suchte Zeit zur Fassung zu gewinnen, um diese Enttäuschung ertragen zu können. In seiner in den letzten Tagen gesteigerten Sensibilität fühlte er klar voraus, dass auch nur eine Nuance zu viel oder zu wenig in diesem Schreiben alles bodenlos verderben könnte. Schon bei dem Gedanken, einen Liebesbrief, ein Geständnis erhalten zu haben, schauderte ihn, und eine nüchterne Sachlichkeit würde ihn maßlos enttäuschen. Ratlos in der Verwirrung seiner Gefühle stand er an der Haltestelle und ließ Straßenbahn für Straßenbahn zum Hauptbahnhof passieren, ohne sich zum Einsteigen entschließen zu können. Was wollte er denn nun eigentlich? Sollte er fahren oder nicht? –

Allmählich begann Stephan doch aus dem Strudel seiner Gefühle aufzutauchen und sammelte seine wirren Gedanken vor dem Schaufenster einer Buchhandlung. Bin ich denn völlig blöd, schalt er sich, ich benehme mich ja wie ein hysterisches Frauenzimmer. Was würde der Doktor von mir denken, wenn er die Wirkung seines noch uneröffneten Briefes auf mich erführe? Jetzt fahre ich also nach Starnberg und dort erst lese ich den Brief. – Stephan kannte am Starnberger See eine abgelegene Uferstelle, die nur mit dem Boote erreichbar und an der er ungestört baden und sich sonnen konnte. Zwar würde er noch über eine Stunde seine Erwartung zügeln müssen, aber die erhabene Stille und Entrücktheit seines Lieblingsplatzes erschien ihm plötzlich allein würdig für die andachtsvolle Lektüre dieses Briefes, dessen Bedrohlichkeit vor einer inneren Stimme immer mehr zusammenschrumpfte.

Aber was ist schon ein Vorsatz? – Der Zug nach Starnberg war auffallend leer, und als Stephan in einem nur wenig besetzten Kupee einen Eckplatz erwischt hatte und sich unbeobachtet fühlte, schmolz der Vorsatz, in merkwürdiger Übereinstimmung mit einem ähnlichen Vorgange an einem andern Platze, dahin. Denn kaum war der Zug im Anrollen, als auch schon Stephan fiebernd den Brief aus der Tasche zog, ihn öffnete und seinen Inhalt mit den Augen verschlang.

Der Doktor schrieb:

«Krimml, am Ende des Junimonds 1940

Mein lieber Freund und Kollege!

Meinen fest gefassten Entschluss, Ihnen erst nach einer Woche zu schreiben, um Ihnen genügend Zeit zum Nachdenken zu lassen, habe ich aufgegeben, da es mir einfach nicht möglich war, diesen Vorsatz durchzuhalten. Ich selbst empfinde dieses Verhalten von mir als inkonsequent, aber der Wunsch nach einer Brücke zu Ihnen ist stärker.

Denn ich erkenne immer mehr in unserem merkwürdigen Zusammentreffen eine Schicksalsfügung, die mit einer unvorstellbaren Geschwindigkeit ein unzerreißbares Band zwischen uns gewoben hat. Und zwar handelt es sich bei dem seltsamen Vorgange nicht um einen spontanen Gefühlsausbruch – für den wir beide als geistige Naturen nicht geschaffen sind –, sondern um eine restlose elementare Verbundenheit.

Nachdem dies einmal so ist, hat es gar keinen Zweck, sich dagegen zur Wehr setzen zu wollen, sondern es bleibt uns allein der ehrfurchtsvolle Dank an die Vorsehung, dass sie es so gefügt hat. In Glucks ‹Orpheus› heißt es:

‹Mit Freuden den Willen
Der Götter erfüllen,
Vor ihnen sich beugen
Und dulden und schweigen,
Beglücket den Mann.›

Ich möchte glauben, lieber Stephan, dass wir beide ‹mit Freuden dulden und schweigen› werden. –

Damit habe ich schon ausgesprochen, dass ich auch Sie von ähnlichen Gefühlen beherrscht zu sein wähne, und meine noch einzige Befürchtung geht dahin, dass Sie womöglich bei Ihrer großen Jugend die Dinge verzerrt sehen könnten. Glauben Sie mir auf mein Ehrenwort hin, lieber Stephan, dass ich immer nur Ihr treuer Freund und Weggenosse sein will und dass jetzt und in Zukunft alles das, was Ihren Empfindungen nicht entspricht, zwischen uns niemals in Frage kommen wird.

Das, was ich von Ihnen erwarte, ist das Gleiche, was ich Ihnen entgegenbringe, nämlich unerschütterliches Vertrauen und unverbrüchliche Treue, fürwahr zwei Gaben der Freundschaft, die sie unüberwindlich machen.

Bei einer so gewaltigen Gefühlsbeseelung bleibt die Vernunft im Hintergrunde, aber sie flüstert Ihnen von dort aus zu: ‹Was weißt du denn von diesem neuen Freunde? – du kennst ihn ja gar nicht!› – Da hier tatsächlich infolge unserer spontanen, nur kurzen Begegnung eine Lücke klafft, habe ich, um sie zu schließen, Ihnen sofort den Vorschlag für ein längeres ungestörtes Zusammensein unterbreitet und Sie nach Krimml gebeten. Sie haben Ihr Kommen mit

Ferienbeginn, also in vier Wochen, zugesagt. Ich bin nun der Meinung, dass Sie, unbeschadet Ihres Studiums, vierzehn Tage früher im Labor Schluss machen könnten, und verpflichte mich hiermit, die etwaigen dadurch bei Ihnen entstandenen Wissenslücken, wenn auch nicht durch praktische, so doch aber durch theoretische Belehrungen hier in Krimml auszufüllen. Jetzt werden Sie in Ihrem Chemikerstolz lachen, aber Sie lachen zu früh, lieber Freund! Denn zu den vielen Überraschungen, mit denen uns die Vorsehung nun plötzlich überschüttet, gehört auch die erfreuliche Tatsache, dass wir beide der gleichen Fakultas angehören, dass also auch ich Chemie studiert habe und darin promoviert bin. Da Sie aber an dem bewussten Abend politische Gesprächsthemen bevorzugten – Für was haben Sie mich eigentlich gehalten? – wollte ich mich nicht dekuvrieren, um mir womöglich die schönen Stunden mit Ihnen durch Fachsimpeln noch mehr zu beschneiden, und schwieg mich aus. Jetzt aber muss ich als älterer Kollege sprechen und erkläre Ihnen hiermit, dass es völlig belanglos für Ihr Studium ist, ob Sie noch in diesem Semester einige Methyl- oder Äthylgruppen in den Kern einführen oder noch einen Ester spalten. Viel wichtiger dagegen ist es für Sie, dass Sie Ihren künftigen Mentor, also mich, nicht auf sich warten lassen.

Somit erhoffe ich Ihr volles Einverständnis zu meinem nachstehenden wohlüberlegten Vorschlage: Mein heutiger Brief erreicht Sie spätestens am Samstag. Die sich anschließende Woche bleibt Ihnen zur Beendigung Ihrer Arbeiten und zu Reisevorbereitungen. Am Sonntag darauf reisen Sie mit dem Morgenzuge 8 Uhr 25 nach Zell am See, wo Sie mittags 12 Uhr 43 ankommen werden. Ich bin bereits, von Krimml kommend, um 7 Uhr 40 eingetroffen und werde Sie somit am Bahnhof erwarten. Gemeinsam werden wir dann unsere Weiterreise am Nachmittag oder Abend antreten. Sollte Sie – was ich von Ihnen nicht erwarte – der Positivismus meiner Vorschläge stören, so erbitte ich Ihre verständnisvolle Einsicht dafür, dass ich nun einmal zu jenen Menschen gehöre, die alle Dinge lediglich vom Wirklichkeitsstandpunkte aus beurteilen und danach unverzüglich zu handeln pflegen. Verstehen Sie und verzeihen Sie somit meine Betriebsamkeit, die auch in den nachstehenden praktischen Hinweisen für Sie zum Ausdruck kommt:

1.) Ihr Zimmer ist vom übernächsten Sonntag an bestellt,
2.) die Bergausrüstung ist vollständig mitzubringen,
3.) die finanzielle Regelung Ihres Aufenthaltes überlassen Sie bitte vorschussweise mir, 4.) ich erwarte von Ihnen umgehend ein Telegramm mit dem Worte ‹Einverstanden›.

Ich glaube, lieber Stephan, dass dieser Brief alles das, was Sie zunächst wissen müssen, in sich schließt; lesen Sie ihn mit der gleichen Freude, mit der ich ihn geschrieben habe, und seien Sie bis zu unserem baldigen Wiedersehen herzlichst gegrüßt

von Ihrem getreuen

Dr. Rainer»

Ein Strom von Glück durchflutete Stephan beim Lesen dieses Briefes, der trotz aller Verhaltenheit gefühlsmäßig mit einer verblüffenden Konsequenz Zeile für Zeile jede Frage, die Stephans Inneres bewegt und beunruhigt hatte, anschnitt und jeweilig die erhoffte Antwort gab. Stephan war jedenfalls durch seinen Inhalt auf das tiefste getroffen, und seine Augen schimmerten feucht, als er das Schreiben zusammenfaltete und sorgfältig in seiner Brusttasche barg. Alle seine Bedenken und Befürchtungen waren zerstoben und alle seine sich selbst uneingestandenen Wünsche in überreichem Maße in Erfüllung gegangen. Das Gefühl unendlicher Dankbarkeit gegenüber der Vorsehung quoll in ihm auf. Allein schon in dem Gedanken an die allernächste Zukunft wurde er rein irrsinnig vor Freude und hätte am liebsten laut herausgeschrien. Unter welch völlig anders gestalteten Verhältnissen würde er nun seine Ferien verbringen dürfen. So hätte er infolge des Krieges fern der Heimat diese langen Wochen einsam, kärglich und freudeleer in München verdämmert, und wie ganz anders war das jetzt! – Endlich hatte er das gefunden, was er sich eigentlich schon seit Jahren im Unterbewusstsein gewünscht hatte, einen zielbewussten Freund und Mentor, der ihn verstand und ihm die Schönheit der Welt erschloss. Und jetzt im Gefühl der bevorstehenden Erfüllung dieses Wunsches empfand der junge Mensch geradezu greifbar, wie sehr er doch einer solchen Ergänzung bedurfte und wie sehr er sie entbehrt hatte, ja, dass er bereits auf dem Wege war, zu vereinsamen und seelisch zu verkümmern. Ein gütiges Geschick hatte ihn davor bewahrt und ihm, bevorzugt vor tausend anderen, noch rechtzeitig die Hand gereicht.

Hier bedurfte es überhaupt keiner Überlegung, hier galt es lediglich, diese Hand zu fassen. Zwar drängte es ihn, diesen Brief erst noch einmal zu lesen, und zwar, wie er sich vorgenommen hatte, an seinem Lieblingsplatz, hingestreckt in schaukelndem Boot, aber zwingender erschien die sofortige Erfüllung der vom Doktor erhobenen Forderung bezüglich telegrafischer Betätigung seines Einverständnisses. Von diesem Gedanken nunmehr ausschließlich beherrscht, rannte Stephan nach Einlaufen des Zuges in Starnberg spornstreichs zum Postamt und schrieb dort nach kurzem Nachsinnen auf ein Telegrammformular folgende Worte:

«Doktor Rainer

Krimml im Pinzgau

Einverstanden! Bin pünktlich an befohlenem Ort

Dank und Gruß

Stephan»

Noch einmal überflog er das Geschriebene und dann setzte er nachträglich als Ausdruck und gleichzeitig Bekenntnis innerer Verbundenheit mit leise zitternder Hand vor seinen Namen noch das Wörtchen «Ihr».

3. Stephan trifft ein

Die beiden Wetterecken Krimmls, Nord und West, hatten sich wieder einmal darüber gestritten, wer von beiden den großen Herrn Venediger am meisten ärgern könnte, und trugen nun täglich diesen Wettstreit mit erheblichem Allotria aus. Die Nordwetterseite sammelte ihr Wolkenmeer um die Gipfelspitzen der Kitzbühler Alpen und führte diese Streitmacht, geschlossen als dicke weiße Wetterballen, gegen die Nordflanke der Venedigergruppe. Ihre Kollegin im Westen schlug eine andere Taktik ein: Sie legte den Wert weniger auf Quantität als auf Qualität und alarmierte so in ihrem Hoheitsgebiete der Zillertaler Alpen höchst bedrohlich aussehende rabenschwarze Wetterwolken und setzte sie angriffslustig auf die Ostflanke des Venedigermassivs an. Der hohe Gipfel, seit Urzeiten mit diesen Flegeleien vertraut, resignierte schweigend, höchstens dass er sich hier und da ein wenig schüttelte, um etwas Schneelast loszuwerden, aber Frau Sonne war empört. War das wohl eine Art, die letzte Zeitspanne vor dem Jakobustage, von dem an bekanntlich der Westwind dem Venediger überhaupt nichts mehr zu sagen hat, sich derartig aufzuspielen? – Glühend vor Zorn ob dieser Unbotmäßigkeit sandte sie ihre heißen Julistrahlen auf das Wolkenmeer im Krimmler Tal herab, aber nur vereinzelt und schwer gebeugt gelang denen der Durchbruch durch die viele hundert Meter dicke Nebelschicht. Ja, sie wurden «gebeugt», und die wenigen Sommergäste Krimmls, die den Vorgang im Kosmos nicht verstanden, klagten, dass die Sonne «stäche», und verkannten somit den tapferen Durchbruch der ultraroten Wärmestrahlen völlig.

Wollen wir uns kürzer über den ganzen Vorgang äußern, so können wir auch sagen: es regnete in Krimml und zwar täglich mit kurzen Intervallen, in denen eben die Sonne «stach». Wenn die «Herkommer» – das sind im Sprachgebrauch der Krimmler Autochthonen die Gäste, die von weit her, beispielsweise aus dem Altreich kommen – die Krimmler fragten – und das taten sie stündlich –, woher denn nun in diesem Jahr das viele schlechte Wetter käme, so antworteten die Krimmler, das käme vom Kriege, wo doch so viel geschossen würde. Nun wussten die Herkommer zwar Bescheid, aber ärgern taten sie sich deshalb doch.

Der einzige Kurgast, der das nicht tat, war der Doktor. Die glänzende Stimmung, die Stephans Telegramm in ihm erzeugt hatte, war unzerstörbar. Das Rauschen des Regens, der nachts an die Fensterscheiben schlug, das Knattern der von nahen Höhen herabrollenden Felsbrocken und das dichte Nebelmeer, das am frühen Morgen um den Balkon wogte, erzeugten in ihm lediglich ein Gefühl der Genugtuung bei dem Gedanken, dass jedenfalls diese Schlechtwetterperiode Stephan erspart bliebe. Im Übrigen hatte er, der Wartende, ja Zeit und ließ sich daher nicht wie andere Gäste von trügerischen Sonnenstrahlen zu irgendwelchen Exkursionen oder Bergbesteigungen verlocken, von denen man ja doch nur völlig durchnässt und unbefriedigt zurückkehrte.

Immerhin wollen acht Regentage überstanden sein, namentlich wenn sie Spannung und Erwartung dehnen. Verkürzen lassen sie sich durch Arbeit. Eine solche Betätigung konnte für den Doktor unter den gegebenen Verhältnissen nur im Schreiben bestehen, und das Nächstliegende war wohl, etwas zu schreiben, das sich mit dem Gegenstand der Erwartung angenehm verknüpfen ließ, sodass die Arbeit reizvoll erschien. Von diesem Gedanken ausgehend entschloss sich der Doktor, die Geschichte seiner Freundschaft mit Stephan unter den frischen Eindruck des jeweiligen Geschehens aufzuzeichnen, und zwar nicht in Form eines Tagebuches, sondern einer Erzählung oder richtiger eines Tatsachenberichts, dessen Ablauf ja nicht der Fantasie des Erzählenden überlassen bleibt, sondern von der Wirklichkeit diktiert wird und hier überdies noch völlig im Dunkel künftiger Entwicklung lag. Zwar dürfte die Arbeit an sich wohl wertlos sein, Stephan würde sich später jedoch einmal darüber freuen und durch sie eine Erinnerung an seine Jugend besitzen. Und wenn Maler und Bildhauer in gleicher Lage die Anmut ihres jungen Freundes mit Pinsel oder Meißel verewigt haben, warum sollte er es nicht mit der Feder tun? Zwar kann das Wort die sinnliche Schönheit nur preisen, aber nicht wiedergeben, wohl aber vermag es die Schönheit der Seele festzuhalten, was dem Pinsel und dem Meißel meist versagt ist. Und übertrifft nicht die Kunst des Schreibens alle anderen künstlerischen Betätigungen? War es nicht die Erkenntnis eines Leonardo da Vinci, die da lautete: «Je weniger Widerstand das Material leistet, an dem gearbeitet wird, um so edler die Kunst; danach also der Maler höherstehend als der Bildhauer, der Bildhauer besser als der Architekt, der Dichter aber vornehmer als der Maler –»?

Sei dem wie ihm wolle, jedenfalls galt es keine Zeit zu verlieren, wenn die Begegnung in München mit ihren ersten Auswirkungen noch zu Papier gebracht werden sollte, bevor mit Stephans Ankunft ein neues Kapitel begann. Kurz entschlossen rückte der Doktor Tisch und Stuhl auf der Veranda in die zweckentsprechende Beleuchtung, entfaltete Papier und begann unverzüglich mit seiner Arbeit. Je weiter sie fortschritt, umso mehr wurde er selbst von ihr gefesselt. Noch nie hatte er die Lust des Schreibens, die Wonne am Wort so stark empfunden, wie hier, wo es galt, das Abbild dieses Jünglings von so einmalig persönlichem Reize aus seinen körperlichen und seelischen Vorzügen heraus geistig zu gestalten. Bar aller Hilfsmittel seiner wohlgeordneten reichhaltigen Bibliothek in Berlin, die neben fachwissenschaftlichem Schrifttum nicht weniger reiche Schätze schöngeistiger Literatur aufwies, sah sich der Autor hier völlig auf eigene Produktion gestellt und auf sein gutes Gedächtnis angewiesen, also gezwungen, ohne jedes Vorbild aus nichts etwas zu schaffen. Fürwahr eine Aufgabe, des Schweißes der Edlen wert!

Aber von Eros beflügelt, floss sie ihm mühelos aus der Feder. Wenn er etwas vermisste, so war es ein Bild Stephans auf dem Schreibtisch. So musste er sich die Züge des Freundes immer wieder aus der Erinnerung zurückrufen. Zweifel blieben nicht aus, ob er wohl richtig sah und sinngemäß folgerte. Er schüttelte sie ab: «Minima non curat praetor! – Im Wesentlichen stimmt jedenfalls das Bild!»

Infolge dieser intensiven Beschäftigung rückte das Wochenende in einer für den Doktor erstaunlich kurzen Zeit heran.

Am Samstag trat ein Witterungsumschwung zum Besseren ein und so gab er in gehobener Stimmung die Anweisung, ihn Sonntag früh um 4 Uhr zu wecken, damit er den Morgenzug nach Zell pünktlich erreichte. Zwar waren die frühen Morgenstunden des Sonntags noch dicht vernebelt, aber nach der etwa einstündigen Eisenbahnfahrt bis Mittersill stieg die Sonne in vollem Glanze empor, sodass der Doktor jetzt die erst mittägliche Ankunft Stephans bedauerte, weil sich hierdurch der plötzlich auftauchende Gedanke an eine Fahrt auf die Schmittenhöhe für heute nicht mehr verwirklichen lassen würde.

Kurz vor 8 Uhr lief der Zug in Zell am See ein, und, erlöst von der qualvollen Enge des vollbesetzten Kupees, drängte sich der Doktor ins Freie. Im gleichen Augenblick, als den Bahnsteig betrat, sah er einen schlanken, bildhübschen Jüngling in gefälliger Bergsteigertracht, der eine verblüffende Ähnlichkeit mit Stephan hatte, raschen Schrittes auf sich zukommen. Der Doktor glaubte zunächst tatsächlich an eine Sinnestäuschung, hervorgerufen durch die unausgesetzte Beschäftigung mit dem Ersehnten, aber dieses Bild von einem Jungen baute sich vor ihm in voller Größe und strammer Haltung auf und meldete mit strahlendem Blick und lachendem Munde:

«Zur Stelle, Herr Doktor!»

Die Wirkung dieser Überraschung war so frappant, so überwältigend, dass der Doktor nur die banalen Worte stammeln konnte:

«Stephan! Junge! – Wo kommst du denn schon her!?»

«Aber, Herr Doktor», antwortete Stephan mit überzeugendem Tonfall in seiner melodischen Stimme, «es hätte sich doch nicht geschickt, wenn Sie mich jungen Dachs und Kollegen vom Zuge abgeholt hätten. Ich weiß doch, was sich gehört, und da bin ich bereits gestern Nachmittag von München abgefahren und habe in Zell genächtigt, um pünktlich bei Ihrer Ankunft zur Stelle zu sein.»

«Ich bin vor lauter Überraschung noch völlig benommen», gestand Rainer.

«Ja und dann», fuhr Stephan eifrig fort, «hatte ich keine ruhige Minute mehr. Mir brannte das Feuer unter den Sohlen, und ich musste einfach so handeln. Sind Sie mir nun ob dieses plötzlichen Überfalls böse?»

«Mein lieber Junge – du gestattest wohl, dass ich dich jetzt so nenne und auch das brüderliche du fernerhin beibehalte, das aus der Überraschung und seelischen Erschütterung des Wiedersehens so spontan geboren wurde – wir werden es noch heute besiegeln –, muss ich dir wirklich erst sagen, wie sehr du mich erfreut hast? Jede Stunde unseres Zusammenseins empfinde ich als ein Göttergeschenk, und die vier heute durch deine Initiative gewonnenen Stunden können wir wohl nicht besser ausnutzen, als dass wir sofort auf die Schmittenhöhe fahren und dort im Anblick der ewigen Berge unseren Freundschaftsbund besiegeln. Bist du also zur Fahrt mit mir auf den hohen Olympos bereit, so antworte laut und vernehmlich mit Ja.»

«Ja!», schrie Stephan und leiser fügte er hinzu: «Ich kann mir wirklich nichts Schöneres denken. Und wenn mir jetzt noch ein Wunsch erfüllt würde, wäre ich so glücklich wie die Unsterblichen und damit des Olympos auch würdig.»

«Und dieser Wunsch wäre?»

Stephans rechte Schulter, deren zutrauliche Berührung Rainer beim langsamen Verlassen des Bahnhofs fühlte, schmiegte sich noch näher heran.

«Dass auch ich jetzt schon ‹du› sagen darf. Ich weiß, die Forderung ist reichlich kühn, aber vielleicht ist mir mein hoher Mentor infolge meines pünktlichen Erscheinens gnädig gesinnt?»

Er drückte sanft den Arm des Freundes.

«Eine Freundschaft ist wie die Ehe auf Gleichberechtigung beider Partner aufgebaut», dozierte dieser lächelnd, «du könntest dir also dieses Recht einfach nehmen. Da du nun aber formell den Antrag gestellt hast, sei er hiermit auch formell genehmigt.»

«Und wie darf ich dich jetzt anreden?», fragte Stephan, «ich kenne nicht einmal deinen Vornamen.»

«Kurz und bündig ‹Rolf›!»

Dann haben wir ja beide den gleichen Vornamen», stellte Stephan lachen fest.

«Wieso?», fragte Rainer erstaunt.

«Ja, ich heiße Raoul, Stephan, Hubertus. Und Raoul ist die französische Form für Rudolf.»
«Na also schön, dann heiße ich weiter Rolf und du heißt Rölfchen.»
«Nein, keinesfalls!», opponierte Stephan. «Wenn wir schon den gleichen Beruf haben, so müssen wir uns doch wenigstens durch unsere Namen voneinander unterscheiden. Das gibt ja sonst den tollsten Wirrwarr! – Also nenne mich Stephan, ja?»
«Wie wäre es denn mit ‹Steffi›?»
«Nein!», lachte Stephan, «das klingt nach Mädchen, und ich bin ein Junge.»
«Um Gottes willen! Das war mir im Augenblick entfallen», rief Rainer mit komisch gespieltem Entsetzen. «Also bleiben wir schon bei deinem bisherigen Rufnamen ‹Stephan›, damit es nur ja kein Durcheinander gibt!» –

Während sie so in unbeschwertem Wortgetändel dem Marktplatz zuschritten, wurden sie sich des Glücksgefühls, nunmehr auf lange Ferienzeit vereint zu sein, mehr und mehr bewusst. Diese anschwellende Erkenntnis ließ ihre Herzen immer höher schlagen und erzeugte geradezu einen Glücksrausch in ihrem Inneren. Beide fühlten in sich die wundersame Feierlichkeit vollkommener Harmonie. Wie verzaubert schritten die durch die Straßen und mussten sich immer wieder durch gegenseitige freudestrahlende Blicke und zarte Berührungen davon überzeugen, dass sie der Wirklichkeit und nicht einem Traume unterlagen. Auch die Umgebung – Häuser und Himmel, Berge und See – sprach freundlich zu ihnen, winkte und grüßte, lockte und lächelte. So konnte der Doktor es einfach nicht verstehen, bei seinem erst kürzlich erfolgten Hiersein Zell geradezu scheußlich gefunden zu haben, und Stephan war schlechthin von allem, was sich seinem Auge bot, begeistert. Sogar die im Reisebüro erteilte Auskunft, dass Kraftwagen zur Talstation der Schmittenhöhenbahn «heuer leider nicht» führen, wurde mit einem Lächeln quittiert; man würde dann eben zu Fuß dahin gelangen.

Sie beeilten sich mit dem Anmarsch und schwebten bereits nach dreißig Minuten im Wagen der Seilbahn dem Gipfel zu. Ein den See umfassender Rundblick öffnete sich zu ihren Füßen. Wiesen und Wälder schrumpften zusammen, und Berggipfel stiegen in ihrem

Blickfeld auf. Der Wagen hielt, und nach wenigen Schritten standen sie auf dem 1.968 m hohen Hauptgipfel der Schmittenhöhe.

Der berühmte Rundblick von dem freistehende Gipfel war dem Doktor schon vor dem Weltkriege bekannt, dennoch hatte er ihn auch in späteren Jahren immer wieder aufgesucht und begrüßte ihn heute mit ganz besonderer Wiedersehensfreude. Stephans Fuß betrat zum ersten Mal die Schmittenhöhe, und mit staunender Bewunderung erfasste der Blick des Neulings die zahlreichen Gipfel der Tauernkette, die einigermaßen klar in Sicht war, sodass ihm sein Begleiter wenigstens die markantesten Spitzen, wie Kitzsteinhorn, Wiesbachhorn und wenige Minuten lang auch den Großglockner und Großvenediger, zeigen konnte.

«Wenn du dich hier sattgesehen hast», sagte der Doktor, «wollen wir eine Gipfelpromenade zum nördlichen Aussichtspunkt unternehmen, auch von dort gibt es mancherlei zu sehen.»

Stephan erklärte sich sofort dazu bereit, und so wanderten sie zum Nordgipfel hinüber, der völlig menschenleer war. Mit erneutem Staunen betrachtete Stephan die Gipfelwelt, die sich von hier aus seinen Augen bot. Die Aussicht war klarer als die vom Hauptgipfel, und so konnte ihm der Doktor nahezu alle Spitzen der Loferer und Leoganger Steinberge, des Steinernen Meeres und des Tennengebirges, den Hochkönig und den Dachstein nennen unter wiederholtem lebhaften Bedauern, dass er sein Zeissglas zu Hause gelassen hätte.

Mit weitgeöffneten, leuchtenden Augen blickte Stephan in die Ferne.

«Wie schön, Rolf, o wie schön!», stammelten seine Lippen.

Der Doktor ergriff Stephans Hand und verschlang dessen Arm in den seinigen.

Und nun, Stephan, verstehst du wohl auch die herrlichen Verse, die ich dir jetzt zurufe:

›Auf denn, nicht träge denn!
Strebend und hoffend hinan!
Weit, hoch, herrlich der Blick
rings ins Leben hinein!
Von Gebirg zum Gebirg

schwebet der ewige Geist
ewigen Lebens ahndevoll!›»

«Ja, ich verstehe sie – ich verstehe sie jetzt», beteuerte Stephan leise. Mit erfüllten Herzen nahmen sie im Grase Platz. Des Doktors Arm umfing leicht Stephans Schulter, sanft zog er den Jungen an sich, und dieser bot ihm mit leisem Lächeln des Einverständnisses seine noch straffen, unverbrauchten Lippen. So wurde die fehlende Begrüßung nachgeholt und mit einem zweiten Kuss die geschlossene Bruderschaft besiegelt. Offenherzig gestand Stephan, dass er nie geglaubt habe, eines solchen Glücksgefühls überhaupt fähig zu sein und dass er sich jetzt wirklich den unsterblichen Göttern gleich fühle. –

Nur schwer rissen sie sich von diesem Platze los und lenkten ihre Schritte zum Hotel Schmittenhöhe zurück, wo sie ihr Mittagmahl mit einem guten Tropfen würzten und nunmehr auch formell Brüderschaft tranken.

«Ist das nicht komisch mit uns», meinte Stephan, «grundsätzlich trinkt man doch zuerst Brüderschaft, dann küsst man sich, und erst danach sagt man ‹du› zueinander? Bei uns war die Reihenfolge der Zeremonie ganz durcheinander geraten.»

«Jetzt, wo du mir dies mit deiner glasklaren Logik darlegst, finde ich unser Verhalten auch beunruhigend anormal», bestätigte der Doktor.

«Rolf, du bist schrecklich!», klagte Stephan mit komisch verzweifeltem Blick zur Decke.

«Das nimmst du sofort zurück!», forderte der Doktor in gespieltem Zorn, «oder ich –».

Bevor er jedoch seine Drohung präzisieren konnte, wurde der Speisesaal von Neuangekommenen mit reichlichem Getöse gefüllt. Einige bekannte Gesichter verrieten, dass es sich um eine Filmgesellschaft handelte.

«Darauf habe ich gerade gewartet», verkündete der Doktor, «kommt der Berg nicht zum Film, kommt der Film zum Berg! – Auf, Knabe, lass uns türmen, sonst werden wir hier noch in die Komparserie eingereiht und du wirst womöglich entdeckt!»

Stephan, im Begriff zu erwidern, besann sich plötzlich anders und führte schweigend sein Glas an die Lippen, während der Doktor unverzüglich die Kellnerin herbeiwinkte und dadurch Stephans Rückzug nicht bemerkte.

Noch einmal umfasste ihr Abschiedsblick die Gipfelkette der Tauern, die gleichsam lockend herübergrüßte, dann fuhren sie zu Tale und fanden noch genügend Zeit, im Kaffee «Feinschmeck» zu jausen, bevor sie den Nachmittagszug nach Krimml bestiegen.

Niemals war Doktor Rainer die bereits viele Male absolvierte Fahrt so kurzweilig wie diesmal erschienen. Stephan erhielt einen Fensterplatz, und sein Begleiter, der sich neben ihn auf die schmale Bank klemmte, empfand mit Wonne die körperliche Nähe des Freundes. Das Gespräch zwischen ihnen wandte sich nunmehr ernsthaften Dingen zu. Stephan berichtete von seinen letzthin abgeschlossenen Laboratoriumsversuchen, der Doktor warf hier und da kurze Bemerkungen ein und wünschte verschiedene Aufklärungen, die zu seiner Befriedigung Stephan glatt geben konnte. So verging ihnen die Fahrt im Fluge, und bald durchfuhr der Zug, immer dem Lauf der Salzach folgend, das Oberpinzgautal mit seinen Stationen Habach, Neukirchen, Rosental und Wald, alles Orte, die nach Erläuterung des Doktors Ausgangspunkte ihrer künftigen Bergfahrten und Spaziergänge sein würden. Jetzt machte der Zug unter lebhaftem Gepfeife der ehrwürdigen Lokomotive eine scharfe Schwenkung, brauste unter ungeheurer Dampfentwicklung, die augenscheinlich die übliche Verspätung verschleiern sollte, auf die Endstation Krimml los und hielt nun endgültig. Portier und Auto des Hotels waren zur Stelle, Koffer, Rucksack, Pickel Stephans wurden ausgelöst, und bereits nach 15 Minuten Autofahrt sah sich Stephan vor einem großen, dreistöckigen Gebäude, der Dependance des Gasthauses, angelangt. In seinem weiten Treppenhaus altösterreichischer Bauart begrüßte ein älteres Stubenmädchen – die Marie, wie Stephan erfuhr – die Angekommenen freudig und geleitete sie zum ersten Stockwerk hinauf, wo Stephan neben dem Zimmer des Doktors einquartiert wurde.

«Große Abendtoilette erübrigt sich hier, sagte der Doktor sich verabschiedend. «Beeile dich also möglichst, damit wir bald speisen können, und hole mich in etwa zehn Minuten ab.» –

Stephan, allein gelassen, musterte sein Zimmer, das mit seinen bunt gestrichenen Wänden, dem weißen Fußboden, dem geräumigen Bett und dem übrigen Mobiliar einen gediegenen und zugleich anheimelnden Eindruck machte. Ein großer Strauß tiefroter Alpenrosen, dessen Spender er unschwer erriet, bot ihm den Willkommengruß der Berge. Besonders erfreute ihn die Entdeckung, dass eine Glastür auf einen seinem Zimmer zugehörigen, mit Tisch, Stuhl und Liegestuhl ausgestatteten Balkon führte, den er sofort betrat und von dem aus er einen wundervollen Blick auf die Höhen im Westen und seitlich auch auf den Krimmler Wasserfall hatte. Er ließ sich jedoch nicht allzu viel Zeit zur weiteren Betrachtung, sondern beeilte sich mit der Toilette, betrat den Flur und klopfte schon nach wenigen Minuten an die benachbarte Zimmertür.

Das Zimmer des Doktors, durch eine dicke Steinwand von Stephans Zimmer getrennt, entsprach in seiner Einrichtung dem letzteren, war jedoch etwas größer, und da es ein Eckzimmer war, lag der dazu gehörige Balkon nicht nach Westen, sondern nach Süden. Von ihm aus war der Blick auf die Gebirgswelt noch umfassender, und als Stephan die Aussicht prüfte, sah er zu seinen Füßen ein von grünem Rasen umfasstes Schwimmbassin, das ziemlich geräumig war und von einem Gebirgsbach gespeist wurde.

«Baden kann man also auch? Hier fehlt es aber auch an nichts!», jubelte Stephan bei dieser Entdeckung.

«Du kannst sogar in Badehose und Bademantel direkt von deinem Zimmer zum Bad gehen. Hoffentlich hast du an Badesachen gedacht?»

«Aber natürlich, ich habe alles mit», beteuerte Stephan. Sie verließen die Dependance und gingen die nur wenigen Schritte zum Hauptgebäude hinüber, wo sie über eine vorgebaute Veranda zum Eingang des großen Speisesaals gelangten. Doktor Rainer hatte einen Ecktisch am Fenster rechts des Eingangs, von dem aus sich der geräumige Saal, in dem jedoch nur etwa zehn Tische besetzt waren, bequem überblicken ließ. Ihr Eintritt wurde kaum beachtet; alle Gäste, meist ältere Leute von angenehmer Bedeutungslosigkeit – wie Rainer seinem Begleiter zuraunte –, hatten augenscheinlich mit sich selbst genug zu tun, nur mit den beiden Nachbartischen wechselte der Doktor einen kurzen, förmlichen Gruß.

Sie ließen sich nieder, und eine junge Kellnerin in kleidsamer Landestracht erkundigte sich unverzüglich nach ihren Wünschen.

«Das war Gerda», bemerkte der Doktor erläuternd zu Stephan, nachdem sich das Mädchen wieder entfernt hatte. «Meine alte Freundin, die Kathi, ist leider infolge Unglücksfalls in diesem Jahre nicht erschienen und muss aussetzen. Ich vermisse sie recht.»

«Unglücksfall?», fragte Stephan mit leisem Bedauern im Ton, «wie ist denn das geschehen?»

«Das weiß ich leider nicht so genau. – Immerhin ist es ein strammer Junge, was die Tragik mindert.»

Stephan verbiss sich das Lachen. «Wer ist denn der Autor?», fragte er witzig.

«La recherche de la paternité est interdite», antwortete der Doktor, «jedenfalls war es ein männliches Wesen.»

«So genau wollte ich es nun wieder nicht wissen», parierte Stephan übermütig, «oder sollten Herr Doktor selbst sich bemüht haben?»

«Du gibst ja reichlich an, Bursche, und wenn du nun etwa aus diesem deinem Mentor kühn unterschobenen Verhalten die Folgerung ziehen solltest, hier auf Freiwild ungestraft pirschen zu dürfen, so warne ich dich vor den harten Fäusten der Krimmler Jungen.»

«Lieber Rolf», entgegnete Stephan lächelnd, «du weißt bereits von mir, dass ich für solche Eskapaden keinerlei Neigung besitze.»

«Aber mir traust du sie augenscheinlich zu?» –

Stephan vermochte nur kurz mit dem Kopf zu verneinen, da das Gespräch durch ein neues Erscheinen der Kellnerin unterbrochen wurde, die das Abendessen servierte. Es gab kalten Aufschnitt mit gemischtem Salat und Bratkartoffeln, dazu hatte der Doktor einen weißen Wachauer bestellt. Das Essen war schmackhaft und in Anbetracht der Rationierung der Lebensmittel als geradezu reichlich anzusprechen.

«Wir wollen traditionsgemäß nach dem Abendessen noch einen Bummel machen», schlug der Doktor gegen Ende der Mahlzeit vor, «und zwar zum dritten Fall, dem Dativ.»

«Wieso Dativ?», fragte Stephan. «Ach so – dann heißt also der zweite Wasserfall Krimmls der Genitiv und der oberste der Nominativ. Sind diese Namen hier gebräuchlich?»

«Das gerade nicht, aber naheliegend. – Wie denkst du über frische Erdbeeren als Nachtisch? – Also ja, Gerda!»

Innerhalb dreißig Minuten war das Abendessen beendet, und Stephan lief noch einmal nach oben, um Hüte und Stöcke zu holen. Mit wenigen Schritten erreichten sie bereits den Mittelpunkt des Ortes, die Kirche, und bogen dann links in die Hauptstraße Oberkrimmls ein, die zunächst über freies Feld, danach an verschiedenen Gasthöfen vorbei in leicht ansteigenden und abfallenden Serpentinen zum Wasserfall führt. Der wunderschöne und bequeme Weg, der prächtige Blicke auf den Talabschluss mit seinen bewaldeten Höhen und dem in drei Stufen herabstürzenden Fall freigab, war zu dieser Stunde von Kurgästen und Einheimischen leicht belebt, und Doktor Rainer wurde verschiedentlich begrüßt, so auch von zwei Berliner Damen, deren flüchtige Bekanntschaft er kürzlich auf einer Bergpartie gemacht hatte. Er konnte nicht umhin, einige Worte mit ihnen zu wechseln, und wenn er auch nicht seinen Begleiter förmlich vorstellte, da dies hier nicht üblich war, so sah er sich doch zu der Erklärung genötigt, dass sein «Neffe» aus München eingetroffen sei, was die späten Mädchen überaus huldvoll zur Kenntnis nahmen.

«Jetzt sind wir auch noch miteinander verwandt», flüsterte dieser Neffe, als sie wieder allein waren.

«Na – als mein Fräulein Braut konnte ich dich ja nicht gut präsentieren», meinte Rainer.

Stephan schwieg etwas betroffen, und der Doktor, der seine Verstimmung sofort bemerkte, lenkte begütigend ein:

«Lieber Junge, sei bitte nicht verletzt. Würde ich die Wahrheit sagen, dass du mein junger Freund bist, wäre bei der heutigen Einstellung die Situation für uns bestimmt schwierig. Niemand würde uns eine ideale Kameradschaft glauben, und die Zungen hätten etwas zu hecheln. Hüllen wir uns also in den Mantel der trauten Verwandtschaft! Auch im Hotel bist du als mein Neffe gemeldet, sage also hier und da ‹Onkel Rolf› zu mir, es macht einen guten Eindruck. Vergiss aber nicht im vertraulichen Gespräch mit mir den Respektstitel wieder wegzulassen.»

«Jawohl, lieber Onkel!», sagte Stephan, bereits wieder versöhnt, und drückte des Doktors Arm.

Der Weg senkte sich und führte durch schönen Tannenwald an starrenden Felsen vorbei zum Fuße des untersten Falls, den man in seiner vollen Größe von einem lichten, mit Bänken versehenen Platze aus betrachten konnte. Dort setzten sie sich nieder und ließen das Schauspiel der herabstürzenden Wassermassen eine Zeit lang auf sich wirken.

«Das Haus, das du dort oben siehst, ist Schönangerl am Genitiv», erläuterte der Doktor. «Wir werden morgen Nachmittag dort oben jausen und danach auch noch dem ersten Fall unseren Besuch abstatten. Der Vormittag bleibt dir somit zum Auspacken und Einräumen. Ist es dir so recht?»

«Wie du befiehlst, teurer Onkel!», antwortete Stephan prompt.

«Jetzt wirst du auch noch frech, na warte!», drohte der Doktor und versetzte dem sich gerade erhebenden einen Klaps auf die gestrammte Lederhose.

«Kaum hat man sich mit dem neuen Onkel abgefunden, so wird man auch schon von ihm gezüchtigt. Oh, wäre ich doch nie gekommen!», wehklagte Stephan.

«Hier nimm mein Taschentuch! – ‹Tränen, vom Freund getrocknet, an seiner Brust vergossen› –»

«Das ist ‹Don Juan› – Liebst du diese Arie?»

«Sehr!», antwortete der Doktor.

«Ja, sie ist wundervoll. Die Musik Mozarts klingt für mich stets wie eine unerhört neue, genial geformte Seelensprache, die mich immer wieder überwältigt», verkündigte Stephan mit leuchtenden Augen.

«Das hast du ja ausgezeichnet gesagt, und ich schließe aus deinen Worten, dass du in hohem Maß musikalisch bist. – Spielst du auch ein Instrument?»

«Ja, – Klavier», antwortete Stephan etwas zögernd, «aber ich habe es in letzter Zeit infolge meines Studiums vernachlässigt, auch fehlte mir die Anregung. Aber vielleicht nehme ich es später einmal wieder auf.»

«Tue das ja. Die Musik ist Trösterin in vielen grauen Stunden. – Aber deinem Urteil über Mozart stimme ich voll und ganz zu. Welch eine Beglückung liegt doch in seinen Melodien! Man kann sie immer wieder hören, und stets wirken sie – wie du sagst – neu. Goethe, der in seinen Urteilen den Nagel auf den Kopf trifft, sagt von ihnen: ‹In allen Werken Mozarts liegt eine zeugende Kraft, die von Geschlecht zu Geschlecht fortwirkt …› – Zweifelsohne wäre unsere heutige Welt ohne Mozart noch sehr viel trostloser, man sollte sich daher jeden Tag wenigstens ein Stück von ihm anhören.»

«Ich habe mir zuweilen die etwas merkwürdige Frage vorgelegt», gestand Stephan, «was würde Mozart wohl dazu sagen, wenn ihm heute seine Klavierkompositionen auf einem modernen Konzertflügel vorgespielt würden?»

«Oder gar Beethoven?», ergänzte der Doktor, von dem Einfall Stephans sichtlich überrascht. «Soweit ich weiß, reichte der Umfang des Klaviers zu Mozarts Zeit nur vom Kontra-E zum viergestrichenen F; infolgedessen ist er auch in diesen Grenzen geblieben. Wie aber war es wohl mit Beethoven?»

«Das weiß ich auch nicht genau», gestand Stephan. «Meiner Erinnerung nach sind aber um 1780, also zehn Jahre nach Beethovens Geburt und elf Jahre vor Mozarts Tode, große technische Verbesserungen am Klavier vorgenommen worden, ob aber gleich bis zum heutigen Umfang, also vom Doppelkontra-A bis zum fünfgestrichenen C, ist mir unbekannt.»

Sie versuchten sich weiter in der Beleuchtung der Frage, bei der Stephan ein seinen Begleiter überraschendes Wissen auf musikalischem Gebiete verriet, und erörterten schließlich auch die Möglichkeit, ob und wieweit die Kompositionen der beiden Großen die technische Fortentwicklung des Klavierbaus gefördert habe, wie dies ja von Johann Sebastian Bach bekannt ist, bis die sinkenden Schatten, zum Aufbruch mahnend, das sie fesselnde Gespräch beendeten. Den Heimweg nahmen sie durch das Achenwaldtal, das zu der späten Stunde völlig einsam war. Stephan hatte seinen Arm in den des Doktors geschoben und dessen Hand ergriffen.

«Gefällt dir Krimml?», fragte der Doktor mit zärtlichem Händedruck.

«Ja, es ist unsagbar schön hier!»

«Hoffentlich gestattet das Wetter, dir noch weitere Schönheiten zu erschließen, aber – es ist in diesem Jahre reichlich unbeständig», äußerte der Doktor mit leiser Besorgnis in der Stimme.

«Sorge dich nicht, Rolf!», beruhigte Stephan. «Ich bin mit allem zufrieden, wenn du dabei bist. Was hätte ich schon in München bei schönstem Sonnenschein gehabt? – Einsamkeit, Missmut und Langeweile. Jetzt bin ich froh und wunschlos und kann dir von meinem Frohsinn sogar noch etwas abgeben, wenn du ihn benötigen solltest.»

«Du bist ein lieber Junge – und jetzt bekomme ich noch den Begrüßungskuss für Krimml von dir!»

«Wenn du wie bisher für jeden Kuss von mir einen anderen Ort verlangst, werden wir noch viel herumreisen müssen», konstatierte Stephan mit Lachen.

«Man soll ja auch mit solchen Huldbeweisen sparsam umgehen», mahnte der Doktor.

«Du meinst, man stumpft andernfalls dagegen ab?»

«Das wohl nicht, aber es wird zur Manie, zur Seuche –»

«– zum Laster», ergänzte Stephan und rezitiert dann:

«Warum küssen sich die Menschen?
Warum immer nur die Jungen?
Warum diese meist im Frühling?»

«Ach ja – der gute, heute auch fast vergessene Joseph Victor von Scheffel», sagte der Doktor mit leiser Wehmut. – «Als ich so alt wie du war, studierte ich in Basel und wanderte in meiner Freizeit häufig auf Scheffels Spuren am Oberrhein. Ein blutjunger deutscher Buchhändler, der damals in Basel konditionierte, war mein Weggenosse. Da er um jedes hübsche Mädchen wie ein verliebter Kater herumstrich, hatte ich ihn ‹Hidigeigei› getauft. Oben auf dem Felsensitz am Waldsee bei Säckingen, wo Scheffel oft geweilt hat, lasen wir seinen ‹Trompeter› und schwelgten in empfindsamer Romantik.»

«Habt Ihr Euch auch geküsst?»

«Das wohl auch –», antwortete Rainer versonnen.

«Dann will ich es auch tun», sagt Stephan, schlang seinen Arm um den Nacken des Freundes und küsste ihn auf den Mund.

Schweigend setzten sie ihren Weg fort und überschritten auf einem Holzsteg die schäumende Ache. Dann stieg der Weg an und führte sie nach wenigen Minuten vor ihr Haus.

Sie trennten sich mit Handschlag auf dem Flur.

«Gute Nacht, Stephan!», wünschte der Doktor. «Du wirst müde sein nach dem langen und reichlich bewegten Tag. – Um 7 Uhr erhältst du warmes Wasser und um 7 Uhr 30 das Frühstück, das du bei schönem Wetter auf dem Balkon einnehmen kannst. Von 8 Uhr an erteile ich dir Audienz. – Schlafe recht wohl, lieber Junge!»

4. Schönangerl

Ein leises Klopfen an der Tür weckte Stephan aus dem tiefen Schlafe der Jugend. Er hatte in dem wundervollen Bett prachtvoll geschlafen und war noch ganz benommen.

«Das warme Wasser, Herr Baron!», meldete eine weibliche Stimme jenseits der Türe.

Stephan sprang mit beiden Beinen zugleich aus dem Bett, schlüpfte in die Morgenschuhe und eilte zur Tür, die er vorsichtig öffnete. Der dienstbare Geist war bereits verschwunden, aber eine große Kanne mit warmem Wasser wartete auf der Schwelle. Stephan entführte sie, verschloss erneut die Tür und zog zunächst einmal das Verdunkelungsrollo in die Höhe, um nach dem Wetter zu sehen. Dichter Morgennebel wogte vor dem Fenster und verbarg jede Aussicht. Nicht gerade erfreulich und vielversprechend, sagte sich Stephan und begann mit der Morgentoilette.

Nach dreißig Minuten erscholl erneutes Klopfen. Stephan, noch beim Rasieren, warf den Morgenrock über und öffnete. Marie brachte mit freundlichem Morgengruß das Frühstück und bat um Weisung, wohin sie es setzen sollte.

Stephan warf hilflose Blicke auf die im Zimmer herrschende Unordnung, da er gestern und heute seine Habe überall verstreut hatte, und fand schließlich den erlösenden Ausweg in der Erklärung, auf dem Balkon frühstücken zu wollen.

Trotz der herrschenden Morgenkühle führte er diesen heroischen Entschluss auch wirklich durch. In seinen buntfarbigen Bademantel gehüllt und mit einem noch farbenfroheren Seidentuch um den Hals, empfand er die auf dem windgeschützten Balkon herrschende Temperatur als durchaus erträglich und atmete in tiefen Zügen die köstliche Luft ein.

Während er sich mit vollem Genuss dem Frühstück, dessen Glanzpunkt ein gekochtes, frisches Ei war, hingab, spielte sich vor seinen Augen ein wunderbares Naturschauspiel ab: Der Nebel kam in Bewegung. Seine weißen Schwaden lösten sich in Form von Ballen und Fetzen auf, brandeten gegen Bergwände, wirbelten empor und zogen, vom Südwind entführt, ab. Das Grün der Talflanken und des Talgrundes verwandelte sich allmählich in eine Vielfalt unterschiedlich abgestufter Flecken: dunkelgrün leuchteten die Tannen, hellgrün die Felder, buntfarbig der Blumenflor der Gärten. Leise rauschte der Wind in den Zweigen der Arven vor dem Hauptgebäude und spielte mit den Blättern der verschiedenen Laubbäume in unmittelbarer Nähe des Balkons. Schon spiegelte sich das Licht neugeborener Sonnenstrahlen in den glitzernden Perlen des taufrischen Grases. Die Berge wurden zusehends entschleiert, traten immer klarer hervor und zeigten schließlich in ihren obersten Regionen einen weißen Belag, der – wie Stephan doch richtig vermutete – als Neuschnee zu identifizieren war. Und nun brach die Sonne strahlend durch und ließ ihre wärmende Kraft hier in über tausend Meter Höhe vehement in Erscheinung treten.

Beeindruckt von diesem Temperaturanstieg, entschloss sich Stephan zu einer leichten, sommerlichen Kleidung. So entnahm er dem Koffer eine kurze, weiße Leinenhose, sogenannte Shorts, die wie die Lederhose Knie und einen Teil der Oberschenkel unbedeckt ließ, ein gelbseidenes Hemd mit kurzen Ärmeln und eine kurzgeschnittene Baumwolljacke von lebhaftem Muster in blau-gelben Farben, deren Auffälligkeit dadurch gemildert wurde, dass sie ihm, wie er wusste, besonders gut stand. Da seine Armbanduhr inzwischen die achte Stunde anzeigte, beeilte er sich mit dem Ankleiden, zog weiße Strümpfe und braune Halbschuhe an und eilte hinüber zum Doktor.

Er traf ihn bereits beim Schreiben.

«Welch ein Glanz in meiner Hütte!», begrüßte ihn dieser aufstehend, «Junge, du siehst ja aus ‹Schön wie der Tag und reizend wie der Morgen›!»

«Guten Morgen, Onkel Rolf! Hast du gut geschlafen?», fragte Stephan, etwas verlegen und doch sichtlich erfreut über das seinem Aussehen gespendete Lob.

«Das leider nicht, teurer Neffe! – Immerhin war es mir ein beruhigendes Gefühl, dich wohlgeborgen neben mir zu wissen. Aber mit dem Schlaf ist es bei mir in den letzten Jahren recht schlecht bestellt, jedoch hoffe ich, es wird sich jetzt allmählich bessern. – So, und nun lass dich einmal näher beaugenscheinigen. – Donnerwetter! Wenn man dich so sieht, gleichst du einem Prinzen aus Grimms Märchenschatz, der alle Herzen höher schlagen lässt.»

«Meinst du, dass ich hier so gehen kann?», fragte Stephan etwas bänglich und errötete leicht, als ihn der Doktor mit spaßhaft forschendem Blick von allen Seiten musterte.

«Warum solltest du nicht», klang seine beruhigende Versicherung. «Du siehst geschmackvoll und dezent aus, was man von der Damenwelt hier nicht immer behaupten kann. Erst vor wenigen Tagen traf ich im Krimmler Achetal ein solche Krone der Schöpfung in einem zweiteiligen Kostüm, das lediglich in einem kurzen Badehöschen und einem ausgewachsenen Büstenhalter bestand, – c'était tout – außer Schlangenhautschuhen und farbigem Kopftuch. Sie fand sich jedenfalls zur Gebirgswelt passend angezogen, und ihr Begleiter schien gleicher Ansicht zu sein. – Ich legte mir ernsthaft die Frage vor: Warum läuft diese Dame unter bewusster Zurschaustellung ihrer körperlichen Reize hier so herum? – Will sie durch ihre kaum verhüllte Nacktheit Männer anlocken? – Sie hat je bereits einen, und den müsste eine solche Tendenz doch wohl verdrießen. Da er aber augenscheinlich einverstanden, bleibt als einziges Motiv für seine Einstellung der Mannesstolz, der seinen reizvollen Besitz anderen vor Augen führen will. – Eine hübsche Ethik!

Ich glaube, Rolf, du urteilst hier zu hart und siehst den Vorgang nur von der hässlichen Seite», wandte Stephan ein. «Warum soll dieser Mann den extravaganten Aufzug seiner Begleiterin nicht deshalb gestatten, weil er sich selbst damit einen Genuss bereitet? Ich kann mir vorstellen, dass er den Akt seiner Frau oder Freundin eben liebt und dass er ihn in der Natur, in der Bewegung vor Augen haben will. Sei doch einmal ganz ehrlich zu dir selbst und gestatte auch mir, ganz offen zu sprechen! – Ich weiß, du liebst den Jünglingskörper mehr als den des Mädchens, und ich weiß auch, dass ich gerade gewachsen bin, und schließlich weiß ich, dass du mich gern hast. Würdest du dich nicht an meinem Anblick erfreuen, wenn ich ähnlich dieser Dame – sagen wir, nur mit der Badehose bekleidet – neben dir in dieser herrlichen Natur wandern würde, wo du meine Bewegungen beim Schreiten, das Spiel meiner Muskeln, die Bräune meiner Haut im Sonnenglast ständig vor Augen hättest? – Ich müsste mich schon sehr in dir getäuscht haben, wenn deine in Griechenland für klassische Formen männlicher Jugend geschulten Augen hier gleichgültig blicken würden! Und letzten Endes – ich gehe noch einen Schritt weiter und widerlege dich völlig – freut auch dich der Besitz, dass ich zu dir gehöre, wenn es dir allerdings andererseits sicherlich unangenehm wäre, sofern andere mich so an deiner Seite sehen würden.»

Der Doktor hatte den Deduktionen Stephans, die dieser in warmem, aber entschiedenem Tone vorbrachte, zunächst leicht belustigt, dann erstaunt und schließlich sehr ernsthaft zugehört. Er sah seinen entschlossenen Gesichtsausdruck, die geröteten Wangen, die klaren Augen und erkannte hinter den Worten den tiefen Ernst und das Streben nach reinster Wahrheit, die ihnen zu Grunde lagen. So erwiderte er nach kurzer Sammlung:

«Ich weiß, dass du klug bist, dass du Offenheit schätzt und dass du als geborener Forscher allen Dingen auf den Grund gehen willst. – Trotzdem siehst du mich überrascht. Ich muss aus deinen Worten folgern, dass du bereite viel über gewisse Dinge nachgedacht hast, die nur uns beide betreffen.»

«Nein, das habe ich eben nicht», entgegnete Stephan etwas heftig, «sondern ich habe mich rein spontan geäußert und bin selbst darüber erstaunt, wie schnell ich mich in meine Rolle, die ich erst seit kurzem spiele, hineinfinde. Ich gestehe offen, dass ich gestern durch deine Bemerkung – du weißt, was ich meine – etwas verletzt, ja beunruhigt war und dass ich heute bereits, am nüchternen Morgen, anders darüber denke. Ich staune über mich selbst, aber die Sache ist wohl die, dass du lediglich in mir etwas geweckt hast, was bereits in mir vorhanden war, also nur schlummerte und früher oder später doch in Erscheinung getreten wäre. Schließlich, Rolf, bin ich ein erwachsener Mensch, der die Verantwortung für sich in sich trägt, und kein siebzehnjähriger Ephebe, der in leidenschaftlicher Verehrung für seinen Mentor glüht und gleichzeitig seine unruhige Scham eines seelischen und körperlichen Verlangens ihm scheu und angstvoll verbirgt. Und so gestehe ich dir ganz offen: darüber, dass du überhaupt ein solches Gefühl in mir erweckt hast, bin ich weder traurig noch ungehalten. Was weiß ich denn, in welche Hände ich schließlich geraten wäre? – In bessere bestimmt nicht.»

«Lieber Stephan, du hast meine schriftliche ehrenwörtliche Verpflichtung in den Händen, dass ich niemals deinen Empfindungen irgendwie zu nahe treten werde, und wenn es gestern geschehen ist, so tat ich es unüberlegt.»

«Halt, lieber Rolf, jetzt weichst du aus und ‹kränkelst der angeborenen Farbe der Entschließung des Gedankens Blässe an›! – du siehst, ich bin ein gelehriger Schüler, der das ihm einmal Gesagte auch wirklich behält. – Aber nachdem du gestern meine Stellung zu dir klar umrissen hast, soll es dabei bleiben, bis der Rat der Götter es anders mit uns bestimmt. Jedenfalls darf ich jetzt, ohne aus dem Rahmen zu fallen, als ‹Braut› einen Morgenkuss von dir kühn verlangen. Ich bitte also darum!»

«Gegen deine zwingende Logik ist nicht aufzukommen», konstatierte der Doktor lächelnd und zog seinen Jungen an sich. «Und jetzt verschwinde, du geküsster Philosoph, bis zum Mittagessen, packe dich und deine Sachen aus und richte dich häuslich ein. Wenn du dabei noch Zeit erübrigen solltest, kannst du auch baden. Wir essen um 12 Uhr 30 und gehen anschließend nach Schönangerl zur Jause.»

Stephan hatte bereits die Hand an der Türklinke, als ihn Rainer noch einmal zurückrief.

«Was ist das wohl für ein Vogel, teurer Neffe?», fragte er, auf zwei lange Federn zeigend, die gekreuzt an der Wand neben zwei Karten ziemlich versteckt befestigt waren.

Interessiert betrachtete sie Stephan. Ihre Länge betrug etwa ein

Viertel Meter, sie waren schwarz und zeigten nur am oberen Ende einzelne weiße Flecke.

«Dieser Vogel – ist – ein – Auerhahn!», antwortete er auf gut Glück.

«Falsch geraten, sondern – ein – Steinadler», korrigierte der Doktor. «Die Federn stammen aus dem Raurisertal, wo noch viele Adler horsten. – Hier nimm die eine für deinen Hut!»

«Oh, da freue ich mich aber wirklich! – Einen solchen Hutschmuck hab ich mir schon immer gewünscht. Herzlichen Dank, lieber Onkel Rolf!»

Stephan nahm die Feder in Empfang, trat vor den Spiegel und steckte sie in seinen vollen Haarschopf. In der betont würdevollen Haltung eines Indianerhäuptlings stolzierte er ab durch die Mitte, und der Doktor sah ihm lachend nach, bis sich die Tür hinter ihm geschlossen hatte.

Nachdenklich schritt er dann zum Fenster und blickte hinaus. Eine Melodie aus «Orpheus» stieg in ihm auf, und halblaut sprach er den dazu gehörigen Text vor sich hin:

> «Götter, groß sind Eure Gaben,
> Die mit heißem Dank ich erkenne.
> Doch der Schmerz, der sie begleitet,
> Lastet allzu schwer auf mir.»

Gedankenvoll nahm er auf dem Balkon Platz und versenkte sich erneut in seine Arbeit. –

Auch Stephan beschäftigte sich in seinem Zimmer nebenan mit der gleichen Oper, ohne dass sein Zimmernachbar von dieser Kenntnis etwas ahnte, obwohl er ihn selbst darauf gestoßen hatte. Stephan sang nämlich mit gedämpfter Stimme, jedoch in scharfer Akzentuierung:

> «Mit Freuden den Willen
> Der Götter erfüllen,
> Vor ihnen sich beugen
> Und dulden und schweigen
> Beglücket den Mann.»

Ein schelmisches Lächeln überflog seine Züge bei der Rückerinnerung, wie er sich damals in München schleunigst nach Erhalt jenes Briefes, in dem diese Verse standen, den Klavierauszug zu Glucks «Orpheus» besorgt und die Arie eingeprägt hatte, um damit den Doktor bei passender Gelegenheit zu überraschen. Während er auspackte und einräumte, erfüllte ihn die Melodie immer mehr, sodass er schließlich ganz laut sang, dann aber plötzlich mit scheuem Blick zur Wand innehielt und sich auf den Mund schlug.

Nach etwa einer Stunde war die Arbeit beendet, und Stephan beschloss, nunmehr zu baden. Schnell entkleidete er sich, zog Badehose und Bademantel an und rannte in Morgenschuhen hinunter zum Schwimmbad, das noch unbesucht war. Auf dem Sprungbrett stehend, erblickte er über sich den Doktor auf dem Balkon bei der Arbeit.

«Hallo, Onkel Rolf!», schrie er hinauf und stürzte sich, als der Doktor aufblickte, mit einem exakten Kopfsprung in die Tiefe. Der Doktor, der Stephans blühenden Körper zum ersten Mal, wenn auch nur einen Augenblick lang, erblickt hatte, empfand den brennenden Wunsch, ihn in der Nähe betrachten zu dürfen. Schon willens, sich ebenfalls zum Bade auszukleiden und hinunter zu gehen, verspürte er plötzlich Hemmungen. Es ist wohl richtiger, ich störe ihn nicht, sagte er sich und wandte seine Aufmerksamkeit wieder der Arbeit zu.

«Onkel Rolf, kommst du denn nicht runter?», rief Stephan, der sich inzwischen im Bassin getummelt hatte und erneut auf dem Sprungbrett erschien.

«Nein!», antwortete Rainer, «ich habe noch zu tun, auch ist es bald Mittag. Halte dich nicht zu lange im Bade auf!»

Der Doktor versuchte weiter zu schreiben, empfand aber plötzlich ein Unlustgefühl und legte die Feder weg. Stephans Anblick hatte ihn erregt und aus seinen Gedankengängen gerissen. Schon die vorhin stattgehabte Auseinandersetzung hatte ihm gezeigt, dass das Tempo der Entwicklung ihrer freundschaftlichen Zuneigung erheblich zugenommen hatte und Wege einschlug, die er noch nicht betreten wollte. Keinesfalls durfte er den Lauf der Dinge zwischen ihnen beschleunigen, und somit musste er jeder Versuchung, die ihn von diesem Vorsatz abzubringen geeignet erschien, aus dem Wege gehen. Die Entscheidung lag einzig und allein bei Stephan, der sich seines Erachtens über seine Gefühle zu ihm noch nicht völlig im Klaren war. Völlig unbeeinflusst, von selbst musste der Jüngere kommen und fordern, dann, aber auch nur dann, brauchte er, der Ältere, sich keinen Vorwurf zu machen und konnte das Göttergeschenk annehmen. Ein Schurkenstreich, ja ein Verbrechen würde es sein, einen jungen, unverbrauchten Menschen zu umgarnen und zu verführen, um lediglich einen kurzen Rausch der Leidenschaft einzutauschen. Dafür war ihm der Junge und schließlich auch er sich selbst zu schade. – Wie sagt doch der alternde Goethe?

«Ich bin zu alt, um nur zu spielen,
Zu jung, um ohne Wunsch zu sein.»

Ja, er hatte den heißen Wunsch, Stephan voll und ganz zu besitzen, denn er liebte ihn mit allen Fasern seines Herzens, aber er war auch zum Verzicht bereit, wenn er erkennen sollte, dass Stephans Neigung nicht eindeutig, sondern ein Selbstbetrug der Jugend war. Hundertprozentig überzeugt, dass ein solcher hier nicht vorlag, war er noch nicht. Bereits in der kurzen Zeit ihres Beisammenseins glaubte er eine deutliche Zwiespältigkeit in Stephans Wesen erkannt zu haben, die ihm zu denken gab. In der einen Blickrichtung sah er einen für seine Jahre vielseitig gebildeten und gesetzten Jüngling, einen zielbewussten Jäger der Wissenschaft, überaus gewandt und betont selbständig in seinem Denken und Handeln, in der andern Richtung einen gefühlvollen, mädchenhaft anschmiegsamen, liebebedürftigen Jungen, dessen zur Schau getragene Geschlossenheit lediglich Fassade war. Welche von beiden Seelen in Stephans Brust war nun wohl die dominierende – bisher hatte zweifellos die männliche in seinem Inneren geherrscht und die weibliche geschlummert. Jetzt plötzlich war jene erwacht, und so entstand die große Frage, ob diese Erweckung richtig oder falsch, gut oder böse, nur durch den Augenblick bedingt oder unabänderlich war? – Bevor dies nicht geklärt, musste er, der Ältere und Erfahrenere, weise Zurückhaltung üben, musste weiterhin dulden und schweigen, wie es der Wille der Götter befahl. Freilich darüber gab es gar keinen Zweifel: Stephan war seine letzte Hoffnung in diesem Leben; schwand sie, so würde er einsam und freudlos seine Tage beschließen. Aber auch das durfte der Junge, wie so manches andere, zunächst nicht wissen, da ihn eine solche Kenntnis bei seiner Charakterveranlagung womöglich in positivem Sinne beeinflussen würde; sich aber hier gefühlvoller Regung als Hilfsmittel bedienen zu wollen, wäre unvornehm und auch verfehlt. –

Ein Klopfen an der Tür riss den Doktor aus seinen ernsten Erwägungen. Stephan trat springlebendig ein:

«Ach, Rolf, war das schön, ich fühle mich wie neugeboren! Du hast bestimmt etwas versäumt!»

«Das habe ich allerdings, liebster Junge, aber ich werde es hoffentlich nachholen», versicherte der Doktor lächelnd, «und nun komm zum Essen!»

***

«Ich möchte glauben, dass sich das Wetter halten wird», meinte Doktor Rainer und ließ prüfend seine Blicke über Krimml, das mit seiner Kirche und den wenigen Häusern im Sonnenschein zu ihren Füßen lag, zu den nördlichen Höhen schweifen, als sie am Nachmittage des gleichen Tages in Schönangerl am «Genitiv» Kaffee tranken und dazu Heidelbeerkuchen aßen.

«Dann könnten wir doch morgen unsere erste Bergtour unternehmen», drängte Stephan.

«Ja, wenn du bereits in Form bist?» –

«Ich fühle mich pudelwohl!», versicherte Stephan eifrig.

«Sei dir aber bewusst, dass die Berge in diesem Jahre schwierig sind. Es liegt viel Schnee oben, und mit Wettereinbrüchen ist immer zu rechnen», wandte der Doktor ein.

«Ja, das musst du wissen, ich bin zu unerfahren, aber ich verspreche dir, ein folgsamer und gelehriger Schüler zu sein. Gesund bin ich, und Mut habe ich auch.»

«Bist du denn auch schwindelfrei?», fragte Rainer.

«Ich glaube, ja!»

Des Doktors Augen blickten prüfend in das strahlende Gesicht Stephans. «Gut», sagte er nach kurzer Überlegung, «dann gehen wir also morgen über die Rainbachscharte zur Zittauer Hütte und von dort über die Rosskarscharte zur Richter Hütte. Sollte es das Wetter erlauben, wirst du von dort deinen ersten Dreitausender, die Richterspitze, besteigen. Gib doch mal die Karte 1:100 000, die du eingesteckt hast – Danke schön! – hier kannst du die Tour verfolgen. Wir gehen also nicht in die Venedigergruppe, sondern in die Reichenspitzgruppe, die schon zu den Zillertaler Alpen zählt.»

«Ist die Tour wohl schwierig?», wollte Stephan wissen.

«Nach der Karte bestimmt nicht. Ich habe sie noch nicht gemacht und kenne nur die Zittauer Hütte. Aufpassen muss man jedenfalls und mit Überraschungen soll man immer rechnen, auch bei einfachen Bergfahrten.»

Während sie noch die Karten studierten, erschienen zwei junge Bergsteiger, augenscheinlich Angehörige einer höheren Schule, und nahmen am Nachbartisch Platz. Beide sahen mit ihren offenen Jungengesichtern sympathisch aus und machten einen wohlerzogenen, bescheidenen Eindruck. Der Doktor musterte ihre Bergausrüstung und frug, wo sie hin wollten?

«Zur Warnsdorfer und morgen zur Kürsinger», antwortete der Größere von beiden bereitwillig.

«Und wer führt Euch?»

«Wir gehen ohne Führer», lautete die Antwort.

«Na, dann seid nur schön vorsichtig in der Türkischen Zeltstadt, damit Ihr nicht in eine Gletscherspalte fallt.»

«Ist es da so gefährlich?», fragte der Kleinere bereits etwas ängstlich.

«Ihr habt weder Pickel noch Seil und müsst riskieren, in des Teufels Küche zu kommen, was die Sache nicht wert ist. Nehmt Euch also in der Warnsdorfer einen Führer und lasst Euch von ihm über den Gletscher bringen. Ich kenne die Verhältnisse da sehr genau und rate Euch ganz entschieden ab, den Übergang allein zu machen.»

Die Worte des Doktors und wohl noch mehr das Ehrenzeichen des Deutschen Alpenvereins an seiner Jacke, das dem Abzeichen der autorisierten Bergführer ähnelte, verfehlten nicht ihre Wirkung auf die beiden Anfänger, die, wie so viele Neulinge in den Bergen, sich weniger aus Überheblichkeit als aus Unkenntnis zu hohe Ziele gesteckt hatten. Der Doktor erläuterte ihnen noch anhand der Karte den Abfall des Obersulzbachkees und erklärte ihnen, warum der Gletscher hier so zerrissen und somit gefährlich sei. Die Jungens bedankten sich vielmals und setzten ihren Aufstieg fort.

«Werde ich diesen Gletscher wohl auch einmal betreten?», fragte Stephan.

«Aber bestimmt», versicherte ihm Rainer, «denn erst von dort bekommst du den Großvenediger in seiner vollen Pracht und Größe zu Gesicht.»

«Hast du den Übergang schon öfters gemacht?»

«Dreimal und allerhand dabei erlebt. Das erste Mal bin ich in die Türkische Zeltstadt geraten und war heilfroh, als ich glücklich wieder heraus war. – Ach, du lieber Gott!», unterbrach er sich, «da kommen ja die beiden Berlinerinnen, auf die habe ich gewartet. Jetzt, Stephan, stähle dein Herz, damit es nicht von so viel Reizen auf einmal bricht!»

Die Mienen der beiden späten Mädchen – addiert mochten sie an sechzig Lenze heranreichen – verklärten sich, als sie die beiden Herren erblickten. Eilends kamen sie näher.

«Können wir denn nicht türmen?», murmelte Stephan mit Verzweiflung im Blick.

«Lass mich nur machen», beruhigte ihn der Doktor und erhob sich, um die Damen zu begrüßen.

«Je später der Nachmittag, umso schöner die Gäste», sagte er zu den Ankommenden, die etwas außer Atem einpassierten.

«Ist es nicht merkwürdig, dass wir uns immer auf Bergeshöhen begegnen?», zwitscherte die Blonde, deren lichte Haarfarbe auf einen beträchtlichen Verbrauch von Wasserstoffsuperoxyd schließen ließ.

«Merkwürdig und somit bemerkenswert, durchaus Ihrer Ansicht, meine Gnädige, und immer wieder auf einem neuen Gipfel beziehungsweise hier wohl richtiger Erhöhung. Entschieden haben die Damen gleich mir und meinem Neffen einen ausgesprochenen Zug nach oben. Leider geht dieser lobenswerte Drang bei meinem Neffen so weit, dass er absolut noch heute den Nominativ absolvieren will und mich daher zwingt, Ihr traute Gesellschaft im Augenblick nicht so lange genießen zu können, wie ich es wohl möchte.»

«Oh, die Herren wollen noch zum ersten Wasserfall aufsteigen», mischte sich die Schwarze und Jüngere in das Gespräch und warf Stephan einen bezaubernden Blick zu. «Wie wäre es, Erika, wenn wir sie begleiteten, vorausgesetzt, dass es den Herren recht ist?»

«Eine vortreffliche Idee», lobte der Doktor, bevor Erika zu Worte kam, «die auch meinen Neffen sicherlich begeistern wird. Er gestand mir kürzlich, dass er namentlich für reifere und somit kluge Frauen eine ausgesprochene Schwäche habe. Sagtest du nicht Faible, Stephan? Somit bleibt für mich lediglich die Besorgnis, dass Sie, meine Damen, bei unserem sofortigen Aufbruch um Ihre wohlverdiente Jause kommen würden, was ich umso weniger verantworten kann, da Sie mir einen erhitzten Eindruck machen. Verweilen Sie also geruhsam hier, Verehrteste, bis wir zurückkehren, um dann ihre beglückende Gesellschaft beim gemeinsamen Abstieg noch länger genießen zu können. Ich hoffe, Sie werden uns diesbezüglich keinen Korb geben. Somit auf baldiges Wiedersehen!»

Bevor irgendein Einspruch oder neuer Vorschlag seitens der Damen erfolgen konnte, hatte sich der Doktor bereits mit den letzteren Worten verabschiedet, und Stephan war seinem Beispiel blindlings gefolgt. In großartiger Haltung verschwanden sie und überließen den etwas verdutzten Damen ihren Tisch.

«Na, sehr ritterlich war unser Verhalten nicht», konstatierte der Doktor.

«Und gezahlt haben wir auch nicht», ergänzte Stephan lachend.

«Das erledigen wir auf dem Rückwege oder morgen früh im Vorübergehen. Auch den Nominativ können wir uns in seinem oberen Teil für heute schenken, da wir morgen ja doch bis zur Schettbrücke hinauf müssen. Aber bis zu seinem Fuße wollen wir diesen schönen bequemen Weg hier noch verfolgen und uns dort ein wenig ins Grüne setzen.»

Nach viertelstündiger Wanderung ohne jede Steigung wählten sie abseits des Weges einen lauschigen Platz an der rauschenden Ache, von dem aus sie die herabstürzenden Wassermassen des ersten Falls betrachten konnten.

«Müssen wir die beiden Damen nachher wirklich abholen?», fragte Stephan in klagendem Ton.

Der Doktor lachte bei dem wehen Tonfall der Frage laut auf und rezitierte dann belehrend:

› ‹Was Höflichkeit versprochen,
Darauf ist nicht zu hoffen,
Sie machet keine Pflicht,
Ihr Band, das bindet nicht!›

Dies dichtete der erkenntnisreiche Friedrich von Logau schon vor dreihundert Jahren.»

«Zwar möchte ich nicht annehmen, dass unsere Damen den Dichter und seine Verse noch aus ihrer Jugendzeit kennen», meinte Stephan witzig, «umso mehr bin ich aber dafür, die Nutzanwendung aus ihnen zu ziehen.»

«Augenscheinlich legst du also keinen gesteigerten Wert auf die Fortsetzung dieser Bekanntschaft», stellte der Doktor fest.

«Ich lege nur Wert darauf, mit dir ungestört zusammen zu sein», betonte Stephan, «und trauere jeder einzelnen, insbesondere durch Fadaisen mir geraubten Minute nach.»

«Wie ungalant, Stephan, die sinnigen Gespräche mit den Damen so zu bezeichnen!», schalt der Doktor lachend. «Aber sage mal ganz ehrlich – bin ich dir denn wirklich so viel wert, dass du keine anderen Götter oder Göttinnen neben mir dulden willst?»

«Jawohl, das bist du!»

«Täuschest du dich auch nicht in diesem Gefühl?», forschte der Doktor weiter mit leisem Zweifel im Ton.

«Nein, bestimmt nicht!»

«Stephan, prüfe dich noch einmal in Ruhe. Einen Irrtum darf es hier nicht geben, dazu ist die Sache zu ernst. Als du heute Morgen badetest, fiel mir ein Bekenntnis Goethes ein, es lautet:

‹Ich bin zu alt, um nur zu spielen,
ZU jung, um ohne Wunsch zu sein.›

– Verstehst du mich? Wir sind jetzt zwei Tage zusammen. Mein Entschluss wurde schon am ersten Abend unserer Bekanntschaft in

München geboren, er war kein Trugschluss, er steht unerschütterlich, aber das ist hier belanglos, denn du hast das Leben noch vor dir und musst wissen, was du willst.»

Ich weiß genau, was ich will, und fühle, was ich muss!», entgegnete Stephan mit Festigkeit.

Der Doktor schüttelte den Kopf: «Bedenke doch, Stephan, nach kaum 48 Stunden glaubst du dich einer solchen schwerwiegenden Entscheidung sicher zu sein. Gefühle wollen reifen!»

«Echte Gefühle brauchen keine Zeit zum Reifen, lieber Rolf, und so ist auch nicht die Zeitspanne unseres Zusammenseins für mich das Entscheidende, sondern, so wie bei dir, ein früher zurückliegender Augenblick, den ich zeitlich nicht genau angeben kann – war es nach Empfang deines Briefes? War es bei unserem Wiedersehen in Zell am See? Oder war es doch schon am Abend unserer ersten Bekanntschaft in München? – Ich weiß es nicht. Dafür aber weiß ich, dass in einem dieser Augenblicke irgendetwas mich verändert, erschlossen, mein Inneres blitzartig erhellt hat, was mir allerdinge nicht sofort, sondern erst allmählich aus dem Unterbewusstsein erkennbar wurde. Ich kann dir diesen inneren Vorgang nicht so recht schildern, aber ich glaube mich zu erinnern, etwas Ähnliches bei dem Franzosen Stendhal gelesen zu haben ...»

«Ja, ich weiß, was du meinst – ‹die magische Sekunde›, auf die auch spätere Schriftsteller zurückgegriffen haben. – Aber trotzdem und trotz deines offenen Bekenntnisses des Gefühls bitte ich dich herzlich, dir noch einige Tage – sagen wir eine Woche – Bedenkzeit zu lassen, bevor du dich entscheidest. Lass uns zunächst gemeinsam der Berge Schönheiten in uns aufnehmen. Wenn du diese Wunderwelt hier erschaut hast, wird dein Empfinden geläutert und deine Urteilskraft gestählt sein. Ist dann dein Wollen noch das gleiche, so haben die Götter gesprochen und unseren Bund gesegnet. Bist du einverstanden?»

«Da du es so willst, muss ich mich wohl fügen, aber glaube nur nicht, lieber Rolf, dass ich nicht schon heute weiß, was ich will. Meine Sorge ist allein die, ob ich dir auf die Dauer genügen werde und allen deinen Erwartungen und Wünschen immer gerecht zu werden vermag. Das ist es, was ich mir noch überlegen muss.»

«Aber Stephan, ich bitte dich –»

«Meine Bedenken gleichen durchaus den deinigen. Jeder von uns ist von seiner Zuneigung zu dem anderen felsenfest überzeugt und zweifelt lediglich die Entschließung des anderen an. – Oder ist es nicht so?»

«Ja, eigentlich hast du recht –»

«Nun siehst du! – ‹Eine Freundschaft ist wie die Ehe auf Gleichberechtigung beider Partner aufgebaut›, lernte ich gestern. Da du an meiner Entschlussfähigkeit Zweifel hegst, musst du dir das Gleiche von mir auch gefallen lassen.»

«Auch die zwingendste Logik kann über das Ziel hinausschießen.»

«Die Möglichkeit, dass ich dich enttäuschen könnte, besteht jedenfalls», beharrte Stephan.

«Ach du bist ja rein verdreht und siehst Gespenster, wo keine sind!», rief der Doktor halb belustigt, halb ärgerlich, nahm den Zweifelnden in den Arm und gab ihm einen herzhaften Kuss. – «Und nun komm! Wir drücken uns gewandt, wenn auch unhöflich, an Schönangerl vorbei und steigen in beschleunigtem Tempo zu Tale. Nachdem wir uns zur morgigen Tour entschlossen, wollen wir noch heute Abend die Rucksäcke packen – ich werde dir dabei helfen, damit du nur das unbedingt Erforderliche mitschleppst –, denn um 6 Uhr 30 müssen wir aus den Federn, wenn wir um 7 Uhr 30 abmarschieren wollen. Somit jetzt Aufbruch, lieber Junge!»

Der Abstieg vollzog sich tatsächlich in einem Rekordtempo, bei dem die wiederholten Belehrungen des Mentors, wie ‹Immer lose Kniegelenke, Stephan, schön in die Knie fallen lassen, nicht so steif, so wird es richtig – achte einmal darauf, wie die Eingeborenen den Berg hinuntergehen.› von wirklichem Nutzen für den Schüler waren und von ihm schnell übernommen wurden.

Mit großem Appetit speisten sie im Hotel zu Abend und erörterten dabei in gehobener Stimmung die morgige Bergtour, die der Doktor – wie er dies bereits bemerkt – infolge verschiedener Zufälligkeiten bisher noch nicht unternommen hatte. Nach beendetem Abendessen gingen sie unverzüglich daran, gemeinsam auf dem Zimmer des Doktors die Rucksäcke zu packen. Stephan erschien dazu mit einem Berg von Sachen über dem Arm.

«Ziehen wir die Gamsledernen oder die Breeches an?», wollte er zunächst wissen.

«Schwere Wahl bei einer solchen Tour», antwortete der Doktor. «Unter 2.000 Meter bevorzuge ich die Ersteren, darüber hinaus die Letzteren. Also seien wir mal kühn und wählen wir die Ledernen! Aber packe lange Strümpfe in den Rucksack, ferner wollenes Unterhemd, Strickjacke mit langen Ärmeln, Wollhandschuhe und Lodenmantel und ziehe eine wollene und keine seidene Kniehose an. Mit alldem können wir notfalls die allzu leichte Bekleidung etwas vervollständigen. So – alles andere, was du herbeigeschleppt hast, bleibt zurück!»

«Soll ich nicht die Badehose mitnehmen?», fragte Stephan.

«Ein Exemplar dieses Attributs christlicher Körperscham habe ich immer im Rucksack. Wenn die Sonne auf Schneefelder und Gletscher brennt – vergiss Schutzbrille und Hautcreme nicht! – ist sie willkommenes Bekleidungsstück, und bei großer Hitze kann man auch in den höher gelegenen Gebirgsseen baden.»

«So, das alles hätte ich», meldete Stephan, «und was brauche ich noch?»

«Packe die Leica ein und hier den Kognak – ich fülle meine Flasche mit Rotwein. Tee gibt es ja leider nicht. Das wäre wohl alles? – Steigeisen? – Nein, die bleiben diesmal zu Hause, auch auf das Mitnehmen von Proviant können wir verzichten, da beide Hütten bewirtschaftet sind und wir morgen im Krimmler Tauernhaus zu Mittag essen werden. – Na, schwer ist dein Rucksack ja wirklich nicht!»

5. Richterspitze und Opernarien

Die frühen Morgenstunden des folgenden Tages brachten einen klarblauen Himmel von einer Treue, die gar keinen Zweifel an ihrer Beständigkeit aufkommen ließ. Die beiden Bergsteiger hatten sich pünktlich zur vorgenommenen Zeit erhoben und waren dank der noch am vorhergehenden Abend getroffenen Vorbereitungen nach einer Stunde startbereit. Den Rucksack auf dem Buckel und den Eispickel in der Rechten klirrten sie in ihren Nagelschuhen ab.

Der Morgen war wunderschön und die Stimmung der beiden Freunde bei ihrem ersten gemeinsamen Aufbruch ins Ungewisse entsprechend wolkenlos. Der Stephan seit gestern bekannte, von der Alpenvereinssektion Warnsdorf bequem angelegte und mit vielen Aussichtspunkten auf die Wasserfälle versehene Promenadensteig aufwärts bis Schönangerl lag im Schatten und wurde trotz der ungewohnten Rucksackbelastung ohne Schweißtropfen absolviert. Der sich nun anschließende Aufstieg am Nominativ hinauf bis zur Schettbrücke, der unverzüglich nach Begleichung der gestern in Schönangerl gemachten Zechschulden in Angriff genommen wurde, war schon etwas steiler, der Doktor mäßigte jedoch das Tempo seines Steigens nicht, und so standen sie bereits um 8 Uhr 30 oben auf der Brücke, die über den höchsten Fall führt, und ließen ihre Blicke über Krimml und seine nördlich gelegenen Höhen schweifen.

Nunmehr verlief der Weg durch das Krimmler Achetal, das die Grenze zwischen Zillertaler Alpen und Venedigergruppe bildet, nahezu eben und wurde somit zum reinen «Lustwandel», wie Stephan mit schalkhaftem Seitenblick auf seinen Begleiter sich zu bemerken erlaubte. Zunächst umsäumten Felstrümmer, Bewachsungen und steilabfallende Wände das von der weißschäumend wildbrausenden Ache durchtobte Hochtal und nahmen jede Fernsicht, bald aber änderte sich der Charakter der Landschaft völlig: Fels und Baum schwanden, und weite, grüne Matten, von einer ruhig dahingleitenden, blaugrünen Ache durchflossen, boten sich dem Blick. Aus der Ferne grüßten verheißungsvoll einzelne hohe Bergspitzen herüber, deren Namen Doktor Rainer nannte.

Stephan musste in jugendfroher Laune seinen Gefühlen Ausdruck verleihen: «Rolf, das ist ja einfach zum Weinen schön, dass wir beide hier in 1.600 Meter Höhe dieses liebliche, eben verlaufende Tal auf seinen weichen Sandwegen am dahingleitenden Fluss mühelos durchwandern, die bunte Flora betrachten und die würzige Luft einatmen dürfen. Von mir aus könnte es noch stundenlang so weiter gehen. Bist du nicht auch der Meinung?»

«Wenn wir zur Warnsdorfer Hütte wollten, hättest du diesen ‹mühelosen› Genuss noch länger», entgegnete der Doktor, «so aber biegen wir diesmal beim Tauernhaus ab und steigen unter dem Motto ‹Die Götter haben den Schweiß vor die Tugend gesetzt› immerhin 1.100 Meter hinauf bis zur Rainbachscharte. Aber sei getrost, auch dies wird dir gefallen! Die Frage ist nur: Hält das Wetter?»

«Zweifelst du daran?», fragte Stephan.

«Ich traue ihm nicht recht. Sieh mal rückwärts, was sich da im Norden alles zusammenbraut! Kein Bergführer geht auf den Venediger, wenn die Gipfel der Kitzbühler Alpen nicht zu sehen sind.»

«Es wäre ja wirklich bedauerlich, wenn gleich unsere erste gemeinsame Bergtour ins Wasser fiele, aber vielleicht haben wir doch noch Glück!»

«Wir wollen es hoffen, jedenfalls ist von Aufgeben noch keine Rede, aber in Gefahr will ich dich keinesfalls bringen. Wir müssen eben die weitere Entwicklung abwarten.» –

In gleichmäßigem Marschtempo setzten sie ihren Weg fort und erreichten gegen 11 Uhr das schön gelegene Krimmler Tauernhaus, wo sie Einkehr hielten, um ein etwas frühzeitiges Mittagmahl einzunehmen. Der riesige Bernhardinerhund «Barry», der den Doktor seit

Jahren kannte, begrüßte ihn freudig, sonst aber ließ sich niemand blicken, und erst nach längerem Klingeln erschien ein weibliches Wesen – ein neues Gesicht, wie der Doktor feststellte –, das offensichtlich unlustig ein unzulängliches Essen servierte.

«Das Essen in diesem Hause war früher stets vortrefflich und die Bedienung vorbildlich, mein Fräulein», sagte der Doktor beim Aufbruch, «Heil Hitler!» –

Sie verließen jetzt das Achetal und bogen in das unmittelbar am Tauernhaus einmündende Rainbachtal, das in westlicher Richtung verläuft, ein. Der gut angelegte Weg zur Richterhütte führte zunächst, mäßig ansteigend, durch Wald aufwärts und gab bereits hier und da Ausblicke auf Berggipfel im Süden und Westen frei. Nach etwa 30 Minuten erreichten sie die Abzweigung zur Zittauer Hütte. Das Wetter war nach wie vor zweifelhaft, trotzdem entschloss sich der Doktor, das ursprüngliche Programm beizubehalten und den Übergang über die Rainbachscharte zur Zittauer wenigstens zu versuchen.

«Im schlimmsten Falle kehren wir zu dieser Weggabelung zurück und gehen dann zur Richterhütte», sagte er zu Stephan, dem die Unternehmungslust aus den Augen schaute, mit denen er den schmalen, verlockend nach oben strebenden Pfad musterte.

«Werden wir auf diesem Wege zur Zittauer wohl Touristen begegnen?», wollte er wissen.

«Voraussichtlich keinem Menschen bei diesem unsicheren Wetter», antwortete der Doktor, «aber warum fragst du, fürchtest du dich allein mit mir in der Bergeinsamkeit?»

«Du merkst aber auch alles!», versicherte Stephan fröhlich. «Ich jedoch möchte nur mein Hemd ausziehen und mit bloßem Oberkörper klettern, wenn du einverstanden bist.»

«Tue das, aber ich fürchte, die Freude wird nicht lange dauern, und du wirst bald nach sämtlichen Wollsachen Verlangen tragen.» –

Stephan zog sein Hemd über den Kopf und verstaute es im Rucksack. In seiner luftigen Tracht, bestehend nur noch aus Lederhose, kurzen Wollsocken, Schuhen und Hut, fühlte er sich leicht beschwingt und kletterte dem Doktor, der inzwischen in gleichmäßig ruhigem Bergsteigertempo angestiegen war, behände nach.

Die Bäume schwanden, und Latschen traten an ihre Stelle. Blühende Rhododendronbüsche leuchteten in brennendem Rot, und das flammende Gelb großblumiger Arnika wurde allmählich von dem strahlenden Blau des Enzians verdrängt. Nach einer Stunde erreichten sie einen von drei Seiten eingeschlossenen Kessel, der von einem Bächlein durchsprudelt und von Alpenrosen blutrot gefärbt war.

Pittoresk aufwachsende Felsen, deren Spalten gleichfalls blühende Büsche entwuchsen, verliehen der lieblichen Mulde einen besonders anziehenden Reiz.

«Wie denkst du über eine kurze Atempause?», schlug Rainer vor.

«Schön wär's ja!», meinte Stephan, ein allzu viel gebrauchtes Schlagwort der Zeit zitierend, und warf seinen Rucksack.

«Zeig mal, ob dich die Riemen auf der nackten Haut gescheuert haben», forderte der Doktor fürsorglich und betrachtete Stephans Schultern und Rücken. «Nein, es ist nichts zu sehen, aber schön gewachsen ist mein Junge! Deine Schultern und dein Brustansatz sind herrlich geformt. – Jedoch willst du jetzt nicht wieder das Hemd anziehen, ich finde, es wird merklich kühler?»

«Ja, wenn du meinst», sagte Stephan gehorsam und öffnete den Rucksack, während sich der Doktor eine Zigarre anbrannte.

«Nachdem sie etwa zehn Minuten lang gerastet hatten, verfolgten sie den deutlich markierten Weg weiter und stiegen aus dem Kessel zur Höhe empor. Oben angelangt, erblickten sie vor sich die Dreitausender der nördlichen Reichenspitzgruppe – Gabelkopf, Wildgerlosspitze und Zillerspitze – und erkannten unter sich das Rainbachtal, beide Ausblicke jedoch durch Nebel verschleiert, der jetzt vom Norden her in immer dicker werdenden Ballen durch das Achetal heranflutete. Gleichzeitig begann es zu regnen.

Sie zogen Jacken und Mäntel an und setzten ihren Weg fort, der jetzt in über 2.000 Meter Höhe, parallel dem Rainbachtal, ziemlich eben verlief. Weiße und gelbe Berganemonen umsäumten ihn, und vereinzelt wurde der schrille Pfiff von Murmeltieren vernehmbar.

Erneut stieg der Weg an. Bei 2.400 Meter Höhe erreichten sie den Rainbachkarsee, den sie jedoch nur einen Augenblick lang zu Gesicht bekamen, denn der Nebel verdichtete sich weiter und der Regen verwandelte sich in Schnee.

«Von hier haben wir nur noch 300 Meter Steigung bis zur Scharte», erklärte der Doktor, die Karte studierend, «aber ich fürchte», setzte er hinzu, nachdem er sich umgeblickt hatte, «wir werden sie nicht erreichen.»

«Befürchtest du, dass wir nicht hinaufkommen werden?», fragte Stephan.

«Das weniger, aber wie soll ich bei dem verdammten Nebel den Einstieg zur Scharte finden? Ich mache den Übergang zum ersten Mal, sehe rein nichts, und Karte und Kompass genügen in diesem Dunst nicht. Wenn ich wenigstens ein Messtischblatt zum Kompass hätte oder auch nur eine Minute lang mein Glas gebrauchen könnte, um mich zu orientieren!»

«Wollen wir dann nicht lieber umkehren?», schlug Stephan vor.

Der Doktor sah auf die Uhr: «Nein, noch nicht – wir haben noch Zeit. Da wir nun einmal so weit sind, möchte ich doch noch nicht aufgeben.»

Sie überschritten Schneefelder und gerieten in ein immer dichteres Schneetreiben. Die Kälte nahm empfindlich zu, und Stephan fror erheblich an seinen nackten Beinen und bloßen Händen, sodass er seine Wollhandschuhe anzog. Der immer dichtere Schneedunst nahm bereits auf wenige Schritte jede Sicht, Weg und Markierung schneiten zu, und der Wind warf den gebückt Voranschreitenden große Schneeflocken ins Gesicht.

Nach etwa dreißig Minuten mühsamen Vorwärtskämpfens erreichten sie einen Felsblock, dessen überhängende Südflanke dem erfahrenen Auge des Doktors einen hinreichenden Schutz versprach.

«So, Stephan, hier bleiben wir zunächst und warten das Unwetter ab, es ist ja schon der reinste Schneesturm. Komm hier ganz herunter! Packe die Wollsachen aus, wir ziehen alles, was wir haben, an. – Herrgott! Du zitterst ja vor Kälte und siehst ganz elend aus. Schnell gib die kalten Händchen her und jetzt die Beinchen und nun die Sachen!» – Er zog ihm Jacke und Hemd vom Leibe und half ihm beim Anlegen der Wollsachen und langen Strümpfe, da Stephan mit seinen klammen Fingern nicht damit zu Rande kam. Anschließend kleidete er sich selber um, und nachdem sie sich beide durch einen kräftigen Schluck aus der Kognakflasche innerlich erwärmt hatten, rückten sie unter dem Felsen eng zusammen und warteten die weitere Entwicklung ab.

«Letzten Endes finde ich es hier ganz behaglich», meinte der Doktor, mit Behagen an seiner Zigarre ziehend.

Stephan sah auch schon wieder wohler aus. «Wenn ich nur nicht so schrecklich an den nassen Schenkeln fröre, wäre auch ich wunschlos», versicherte er, «aber so ist meine Lederhose klitschnass.»

«Denkst du, meine nicht?», entgegnete der Doktor lachend.

«Unsere Hosenwahl war diesmal verfehlt. Aber steh mal auf! So, jetzt schlagen wir das nasse Leder nach oben, den Rand der Unterhose auch, und nun reibe ich dich mit dem Handtuch trocken, und hier sind zwei frische Taschentücher, die binde ich dir mit Bindfaden über die eiskalten Schenkel. – Nun, ist es jetzt wenigstens etwas besser?»

«Ach, Rolf, du bist einfach rührend, und wenn es nicht so kalt wäre, würde ich mich entsprechend bei dir bedanken, aber womöglich frieren unsere Lippen zusammen.»

Sie rückten auf ihrem kalten, wenn auch wind- und schneegeschützten Platz wieder eng zusammen. Der Sturm ließ etwas nach, aber der Schnee rieselte unentwegt weiter, die lautlose Stille des Hochgebirges umgab die beiden Freunde.

Der Blick des Doktors musterte immer wieder das schräg vor ihm aufsteigende Schneefeld, auf dem links oben Geröll emporwuchs.

«Könnte ich dich wohl zehn Minuten lang hier allein lassen?», fragte er, «ich möchte doch noch dieses Schneefeld, über das der Weg zur Scharte führen muss, ein Stück erkunden.»

Stephan nickte zustimmend, und der Doktor betrat vorsichtig den Rand des Schneefeldes, brach jedoch sofort bis über die Knie ein. Schimpfend arbeitete er sich wieder heraus und verschwand im Schneetreiben. Stephan blieb allein zurück. –

Eine Viertelstunde dehnte sich. Der Zurückgebliebene lauschte, bereits leicht beunruhigt, auf jeden Laut, aber nichts war in der Einsamkeit vernehmbar. Plötzlich jedoch drangen Stimmen an sein Ohr und undeutlich umrissene Gestalten wurden im Schneegestöber sichtbar. Der Doktor, völlig beschneit, tauchte auf, und hinter ihm folgten ein Mann, der eine Frau stützte, sowie ein etwa zehnjähriger Junge. Vorsichtig näherten sie sich dem Felsen und erreichten ihn unter Umgehung der Einbruchsstelle.

«Gib bitte einmal den Rotwein aus meinem Rucksack!», forderte der Doktor ohne nähere Erklärung, füllte das Glas und ließ die augenscheinlich völlig erschöpfte Frau trinken.

«Ich habe diese Herrschaften, die ebenfalls zur Zittauer wollten, in einer uns ähnlichen Lage oben unter einem Felsen angetroffen», erläuterte er alsdann Stephan. «Wir warten noch fünf Minuten und steigen dann mit ihnen ab. Ist Ihnen schon wieder wohler, Madame?»

Die Frau lächelte dankbar und erklärte sich zum Abstieg bereit.

«Folgen Sie uns möglichst aufgeschlossen und, sobald Sie uns aus den Augen verlieren sollten oder nicht weiter wissen, rufen Sie laut!», ermahnte der Doktor beim Aufbruch.

Trotz Schnee und Nebel verlief der Abstieg glatt und verhältnismäßig schnell. Aus Schnee wurde Regen, und nach etwa zwei Stunden war die Wegegabelung im Rainbachtale ohne Zwischenfall wieder erreicht. Hier trennten sich die Schützlinge mit Danksagung und schlugen den Weg zum Tauernhaus ein, während sich die beiden Freunde zur kurzen Rast auf einem Baumstamm niederließen.

«Abgeschmiert san mer!», sagte der Doktor mit kurzem Lachlaut und schüttelte die Faust nach Nordwesten, «aber wir kommen schon wieder.»

«Wärest du weiter gegangen, wenn wir die Hilfsbedürftigen nicht angetroffen hätten?», wollte Stephan wissen.

«Nein, Stephan, ich gehe in die Berge, um das Schöne zu sehen und nicht, um etwas zu ‹machen›. Aber auch das Sehen in den Bergen will gelernt sein. Schau beispielsweise hier den herrlichen Arvenwald! Die Arve oder Zirbelkiefer ist mein Lieblingsbaum in den Alpen. Mutig klettert sie bis auf 2.500 Meter hinauf und steht dort, zerzaust von Stürmen und Lawinendruck, gleichsam als tapferer Vorposten der Vegetation. Bereits aus diesem Grunde erscheint sie mir liebenswert. Überdies gefällt mir ihre Form, ihr dunkles Grün, und schließlich sind ihre violetten bis zimtbraunen Zapfen, ‹Züchen› oder auch ‹Tschurtschen› genannt, – siehst du sie? – wohlschmeckend. Sie hängen, wie du bemerkst, sehr hoch und sind nicht leicht zu erlangen. Die Leute, die sie sammeln, heißen in der Landessprache ‹Züchner›.»

«Ich hätte liebend gern einen solchen Zweig mit Früchten, um ihn zu Hause auf meinen Balkon zu stellen», gestand Stephan und blickte mit verlangenden Augen auf die fruchtbeladenen Zweige, die hoch oben im Lufthauch schwangen.

«Du sollst ihn bekommen, aber lass uns auf dem Rückwege daran denken. Es ist jetzt viel zu nass, um auf einen Baum zu klettern und auch bei der Glätte der Stämme nicht ungefährlich. – Aber der Regen scheint nachzulassen, und so wollen wir es jetzt mit der Richterhütte versuchen.» –

Das Wetter klärte sich tatsächlich etwas auf, und wenn die beiden Bergsteiger auch nicht viel von der Schönheit des jetzt von ihnen durchwanderten Rainbachtales sahen, so schritten sie doch auf dem gut erhaltenen Wege vergnügt fürbass und erreichten nach etwa zwei Stunden verhältnismäßig trocken die in großartiger Gebirgslage nunmehr zum dritten Male erbaute Richterhütte. Zweimal bereits, im Winter 1896 und im März 1917, war sie – wie dies der Doktor unterwegs berichtete – das Opfer von Windlawinen geworden und erst im August 1929 wieder auferstanden. Auf einem 2.374 m hohen Felsen lag sie einsam am Talabschluss, umgeben von den Dreitausendern Schwarze Wand, Richterspitze, Zillerspitze, Reichenspitze, Gabelkopf.

Die Aufnahme in der Hütte war ausgesprochen herzlich, obgleich Doktor Rainer hier unbekannt war, und die geschäftige, in Krimml beheimatete Hüttenwirtin erklärte auf Anfrage, dass zwei einbettige Zimmer frei seien. So entschloss sich der Doktor zu bleiben, obgleich die Aussicht auf eine Gipfelbesteigung für den nächsten Morgen äußerst gering war. Zwar wurde es am Abend empfindlich kalt – was allgemein als günstiges Vorzeichen für die Wetterlage angesprochen wurde –, dafür aber war der Aufenthaltsraum, in dem die beiden Freunde einen Eckplatz am großen Tisch belegt hatten, herrlich geheizt und somit überaus behaglich.

Außer ihnen waren nur noch vier Touristen auf der Hütte: ein Brautpaar aus Salzburg – «sie» beeilte sich von ihrem «Verlobten» zu sprechen, obgleich das «Brautpaar» ein gemeinsames Zimmer innehatte – und ferner zwei ältere Männer einfachen Standes aus Wörgl, von denen der eine – wie er erzählte – im Weltkriege vier Jahre lang als Kaiserjäger an allen Fronten gekämpft hatte; sie beabsichtigten, am nächsten Morgen den Übergang über die Gamsscharte zur Plauener Hütte zu tätigen, um in die Zillertaler zu gelangen.

Das auf der Hütte gereichte Abendessen war ganz hervorragend; es gab schlechthin alles, was man in einer solchen Höhe erwarten und erhoffen durfte, und zwar in friedensmäßiger Zubereitung, und so wurde der Appetit der beiden Freunde, der infolge einer zehnstündigen Tour und eines schlechten Mittagessens erstaunlich war, durch eine gehaltvolle Erbssuppe mit Wursteinlage, ein sich anschließendes handtellergroßes Schnitzel in reinster Butterzubereitung und einen das Ganze abschließenden Kaiserschmarren, vor dessen Umfang selbst Stephan schließlich die Fahne senkte, voll und ganz befriedigt.

Nach eingenommener Mahlzeit traten sie noch einmal vor die Hütte und betrachteten erneut den halbkreisförmigen Talabschluss der Dreitausender, dessen Großartigkeit infolge unklarer Sicht nicht voll zur Geltung kam und einen ausgesprochen düsteren Charakter zur Schau trug, sodass er die beiden Schauenden nicht recht befriedigte. Überdies zwang sie ein eisiger Wind bereits nach kurzer Zeit in den Schutz der Hütte zurück, wo sie alsbald ihre Schlafstätten aufsuchten. Die fürsorgliche Wirtin hatte in Anbetracht der grimmigen Kälte, die durch die Holzwände in die unheizbaren Kammern drang, in jedes Bett einen heißen Ziegelstein gelegt, und Stephan hörte noch beim Einschlafen durch die dünne Wand hindurch, wie ihn der Doktor mit großem Krach hinaus expedierte.

Stephan schlief wie ein Murmeltier, während der Doktor vergeblich auf Schlummer hoffte und sich ruhelos in dem kalten, schmalen Bett von einer Seite auf die andere warf. Er kannte zur Genüge diese Eigenart, die ihn immer wieder auf Hütten überfiel, und fand sich damit ab, wenigstens gegen Morgen einige Stunden leichten Schlaf zu finden.

Bereits um 5 Uhr war er jedoch wieder wach, kleidete sich leise an, um seinen Zimmernachbar nicht zu wecken, und trat vor die Hütte. Eiskalt schlug ihm die Gletscherluft entgegen. Im grauenden Morgen erschien die Wetteraussicht noch immer zweifelhaft und nicht um einen Deut besser als am vorhergehenden Abend, immerhin waren die Gipfel der Dreitausender frei. Er trat in die Hütte zurück und traf im Speiseraum die beiden Wörgler bereits beim Frühstück an; sie erklärten, den Übergang jedenfalls versuchen zu wollen. Auch der Doktor bestellte seinen Morgenimbiss und vertiefte sich in die Karte, noch immer unschlüssig, ob er seinen Begleiter wecken sollte, als sich die Tür öffnete und dieser morgenfrisch strahlend auf dem Plane erschien.

«Guten Morgen, Onkel Rolf! Jetzt bist du baff über den Frühaufsteher?»

«Wer hat dich denn geweckt?», fragte Rainer höchst erstaunt.

«Du selbst, ich hörte dich aufstehen und habe gleich die Ohren gespitzt. – Aber wie ist es nun, gehen wir aufi?»

«Einem solchen Enthusiasmus kann man sich unmöglich verschließen – wir wollen es also versuchen.»

«Ach das ist ja herrlich!», verkündete Stephan mit freudestrahlenden Mienen und nahm auf der Holzbank neben dem Doktor Platz, ihn mit seiner Schulter dankbar berührend.

«Die Rucksäcke bleiben hier, da wir auf jeden Fall zu Mittag zurücksein werden», erläuterte der Doktor. «Jetzt aber wird zunächst einmal ausgiebig gefrühstückt, damit du für die Tour genügend gestärkt bist, denn unterwegs gibt es nichts. Lass dir also Zeit, teurer Neffe!» –

Sie frühstückten in behaglicher Ruhe und brachen schließlich erst um 7 Uhr auf, um nach Stephans Wunsch den Wörglern eine volle Stunde Vorsprung zu lassen; er wollte mit seinem Begleiter allein sein.

Der gutmarkierte Weg führte zwischen Rainbachkees und Keeskarkees über Felsen nicht übermäßig steil bergan. Einige Schneefelder waren zu überqueren, dann folgte erneut Fels, auf dem Stephan zu seiner Freude einen Edelweißstern fand, und schließlich gab es nur noch Schnee, der sich bis hinauf zur Gamsscharte erstreckte. Beim letzten Felsen stießen sie auf die Wörgler, die recht bedenklich die vor ihnen ansteigende Schneehalde musterten, da sie ohne Eispickel waren. Der Doktor übernahm die Führung, beorderte Stephan direkt hinter sich und ging das steile Schneefeld an. Nach vierzig Minuten schwerer Arbeit, bei der ihnen allen trotz grimmiger Kälte der Schweiß herunterlief, sahen sie sich mit der Gamsscharte auf gleicher Höhe. Es galt jetzt nur noch einen steil abfallenden Schneehang zu queren, der nicht ganz unbedenklich aussah. Wiederum trat der Doktor als erster die Stufen unter wiederholter Mahnung an Stephan, jeden Schritt mit dem Pickel zu sichern und gut nachzutreten, ohne auszubrechen, damit die ohne Sicherung folgenden Wörgler guten Stand fänden. Eine kleine, der Scharte vorgelagerte Schneewechte fiel unter dem Pickelschlag des Doktors und Punkt 9 Uhr war die Gamsscharte in 2.930 m Höhe erreicht. Die vier Bergsteiger krochen in die primitiv aus Steinen errichtete, türlose Unterstandshütte, in die ein großer Schneehaufen hineingeweht war, und rieben sich die von Frost erstarrten Hände.

Nachdem der Doktor seine wohlverdiente Zigarre in Brand gesetzt hatte, schlug er den Wörglern die gemeinsame Erkletterung der nur noch 130 m höheren Richterspitze vor. Die Pickel der Freunde und die Rucksäcke der Wörgler blieben zurück, und wiederum unter Führung des Doktors gingen sie alle vier den plattigen Felsen an. Auch hier erleichterte gute Markierung den Anstieg, jedoch war gleich nach dem Einstieg an einer etwas schwierigen Stelle die Eisenklammer ausgebrochen, sodass turnerische Fertigkeit zum Heraufgelangen erforderlich wurde. Stephan folgte dem Doktor entschlossen und gewandt, aber der eine Wörgler wollte nach seinem ersten misslungenen Versuch umkehren.

«Ein alter Kaiserjäger gibt nicht auf!», herrschte ihn der Doktor von oben herab an, «Sie werden doch nicht kurz vor dem erreichten Ziele schlapp machen wollen?»

Der energische Zuruf half, und nach zwanzig Minuten unschwieriger Kletterei standen sie alle vier am Gipfelkreuz, schüttelten sich erfreut die kalten Hände und trugen mit klammen Fingern ihre Namen in das Gipfelbuch ein – insofern ein feierlich gehobener Augenblick, als der eine Wörgler und Stephan zum ersten Male einen Dreitausender bezwungen hatten.

Aber Aussicht fehlte völlig. Vom Westen her, über Kuckelmooskees und Gerloskees, quollen dicke, weiße Nebelschwaden, ballten sich immer mehr zusammen, stiegen empor und ergossen sich bereits in milchigem Strome durch die Gamsscharte hinüber zum Rainbachkees.

«Wir haben Pech», konstatierte Doktor Rainer, das fesselnde Schauspiel betrachtend, «der Blick von hier oben soll bei klarer Sicht bezaubernd sein. Im Übrigen müssen wir uns wohl beeilen, denn es fängt schon an zu schneien.»

Nachdem noch schnell einige Gipfelaufnahmen getätigt worden waren, stiegen sie wieder zur Scharte hinab. Der Doktor wies den Wörglern noch den Weg zur Plauener Hütte, die sie kurze Zeit in einer Nebellücke zu ihren Füßen erspähen konnten, und mit herzlichem Händedruck trennte man sich.

In raschem Tempo stieg der Doktor ab, und Stephan biss die Zähne zusammen und hielt Schritt. Indem sie jetzt die Felsen mieden und die steilen Schneefelder abfuhren, kürzten sie den Weg erheblich ab. So kamen sie überraschend schnell herunter und betraten kurz nach 11 Uhr die Hütte.

Stephan war in gehobenster Stimmung und glühte vor innerem Stolz, als ihm die Wirtin sagte, dass sie auch ihn durch das Glas am Gipfelkreuz gesehen hätte. Zur Belohnung gäbe es heute Rehbraten zu Mittag.

Plötzlich rief der 17-jährige Sohn der Wirtin aus der Küche: «Sie kommen zurück!!»

«Wer?», schrie der Doktor.

«Die anderen!»

Stephan sprang zum Fenster.

«Weiß Gott! Unsere Begleiter!», rief er fassungslos, nachdem er durch das Glas geblickt hatte.

Nach einer Viertelstunde löste sich das Rätsel. Die Wörgler waren bereits bei Beginn des Abstiege von der Scharte an ein vereistes, steiles Schneefeld geraten, das sie ohne Pickel nicht überwinden konnten, zumal seine Ausdehnung im Nebel nicht festzustellen war. So hatten sie vernünftigerweise aufgegeben und waren umgekehrt.

Inzwischen trafen neue Gäste auf der Hütte ein, und der Doktor drängte sofort nach dem Mittagessen zum Aufbruch, da er nicht in großer Gesellschaft nach Krimml absteigen wollte, worin ihm Stephan lebhaft zustimmte. So zogen sie nach herzlicher Verabschiedung ab. Die Wörgler sandten ihnen Jodler nach, und die Wirtin winkte noch lange mit einem weißen Tuche, bis die Hütte ihrem Blick entschwunden war.

Stephan schob seinen Arm in den des Begleiters.

«Jetzt kann ich dir endlich danken für die herrliche Bergtour», sagte er zärtlich.

«War sie denn wirklich so schön?», fragte der Doktor zurück. «Du hast dich doch lediglich angestrengt und letzten Endes nichts gesehen.»

«Trotzdem war sie wundervoll!», entgegnete Stephan enthusiastisch, «ein unvergleichliches Erlebnis war sie, ich werde das Bild des brodelnden Nebels und der drohenden Felsen über den Gletschern ebenso wenig vergessen wie diese Luft von gläserner Reinheit und Frische!»

«‹Ein Hauch der Gletscherwelt bläst zwanzig Jahre aus dem Leben eines Mannes weg!›, behaupten die Bergsteiger. Aber sage einmal ehrlich: Hast du Angst gehabt?»

«Offen gestanden wurde mir bei der Durchquerung des steilen Schneefeldes etwas bänglich, und ich wäre schon lieber am Seil gewesen, aber du gingest so ruhig und sicher vor mir, dass ich diese Anwandlung schnell überwand.»

«Nun, die Richterspitze ist in den Augen des Alpinisten lediglich ein Spaziergang, trotzdem wirst du erkannt haben, dass auch bei einer solchen leichten Bergtour, die allerdings durch die besonderen Schneeverhältnisse in diesem Jahre etwas erschwert war, solch alter Berghase wie ich ganz nützlich sein kann», scherzte der Doktor.

«Wie kannst du nur so sprechen?», entgegnete Stephan unwillig, «erstens du und alt? – wenn man dich sieht, lächerlich –, und zweitens bist du mir nicht nur von ‹Nutzen›, sondern von einmaligem unschätzbarem Wert, oder zweifelst du einmal wieder wie gestern daran?»

«Sei bitte jetzt still!», unterbrach ihn der Doktor.

«Hörst du das Murmeltier pfeifen? Es muss ganz in der Nähe sein.» – Er nahm sein Glas und suchte sorgfältig die Felsen ab. – Da auf dem hellen, flachen Stein sitzt es und macht Männchen – ein alter

Bursche von hellbrauner Färbung. Hier nimm das Glas! – Hast du ihn?»

«Der sieht aber drollig aus», konstatierte Stephan.

«Lass uns hier noch etwas verweilen und ihn weiter beobachten.» Geräuschlos legten sie Pickel und Rucksäcke ab und nahmen auf einem Stein Platz. Stephan amüsierte sich köstlich über den drolligen Burschen, der längere Zeit unbekümmert in die Gegend pfiff, bis er schließlich verschwand.

«Hier hast du dein Glas zurück!», sagte Stephan und hängte es seinem Begleiter um den Hals. Plötzlich umarmte er ihn und setzte sich auf seine Knie. Schweigend küssten sie sich und blieben lange Zeit miteinander verschlungen. Stephan war sichtbar erregt, und seine Küsse waren heiß.

«Wollen wir jetzt weiter?», fragte er mit belegter Stimme.

«Ja, natürlich», antwortete der Doktor unbefangen, «aber gleich bis Schönangerl, wo wir jausen werden, das Tauernhaus sieht uns diesmal nicht.»

Sie schlugen ein geruhsames Tempo ein, um diesmal der Flora des Rainbachtales ihre Bewunderung nicht zu versagen. Im Arvenwald angelangt, erinnerte Stephan an die Mitnahme einiger Zweige mit Früchten.

«Kannst du denn gut klettern?», fragte der Doktor, mit seinem Zeissglase die einzelnen Bäume absuchend.

«Die Sache ist nicht ganz leicht!»

«Wie ein Eichhörnchen!», versicherte Stephan. «Klettern ist eine Jugendpassion von mir.»

«Alsdann versuche einmal dein Heil dort an diesem Stamme ganz links, aber sei schön vorsichtig – namentlich hier mit diesem Messer!»

Der Doktor gab Hilfestellung, und Stephan verschwand geschickt in dem nicht besonders schwierig zu erkletternden Baume, der an seiner Spitze schöne Früchte zeigte. Ein Jubelruf von oben verriet dem Doktor, dass der Raub glücken würde, und kurz danach flogen ihm auch zwei schöne Arvenzweige mit Fruchtzapfen vor die Füße.

Nachdem sie ihre Beute in die Rucksäcke verstaut hatten, setzten sie aufgeräumt ihren Weg fort und erreichten erneut das Krimmler

Achetal, in dem sie am vergangenen Tage nach Stephans begeistertem Urteil «gelustwandelt» waren.

«Ich schätze, dass ich dieses Tal heute wohl zum 25. Mal durchwandere», sagte der Doktor, «leider habe ich es mir nicht notiert, so kann ich das Jubiläum nicht mit Sicherheit begehen.»

«Und wann warst du zum ersten Mal hier?», fragte Stephan.

«Das erste Mal kam ich mit zwei jungen Schwaben von der Rudolfshütte hierher. Es waren zwei Brüder, nette Burschen, die sehr hübsch sangen. Es regnete, und die Bäche sprangen von den Felsen. Da stimmten sie folgendes Lied an, das ich bisher nicht kannte:

‹Wenn alle Brünnlein fließen,
Dann muss man trinken.
Wenn ich meinen Schatz nicht rufen kann,
Tu ich ihm winken.›

Ich singe dir die zweite Strophe vor:

‹Ja winken mit den Äugelein
Und treten mit dem Fuß.
's ist eine in der Stuben drin,
Die meine werden muss.
's ist eine in der Stuben drin,
Ja, ja, Stuben drin,
Die meine werden muss.›

Die anderen Strophen habe ich vergessen. Jedenfalls gefiel mir das Lied, nur fiel mir auf, dass es keinen eigentlichen Schlussvers hatte. Es gelang mir schnell, ihn zu schaffen, und so sang ich zur Freude der Jungen ihnen vor:

‹Und fragst du, wer das Lied erdacht,
So sag ich dir ins Ohr:
Der Eros sang's in lauer Nacht
Der kleinen Psyche vor.
Der Eros sang's in lauer Nacht
Ja, ja, Sommernacht
Der kleinen Psyche vor.›

Da meinen Gefährten der Vers gefiel, haben wir ihn, bis wir nach Krimml kamen, wohl ein dutzendmal gesungen und damit unser Marschtempo beschleunigt.»

«Dann will ich dir auch zur Verkürzung des Weges etwas vorsingen», sagte Stephan und begann plötzlich mit glockenreiner, virtuos geschulter Tenorstimme:

> «Kommt ein schlanker Bursch gegangen,
> Blond von Locken oder braun,
> Hell von Augen, rot von Wangen,
> Ei, nach dem kann man wohl schaun,
> Ei, nach dem, nach dem kann man wohl schaun!»

Doktor Rainer blieb stehen und blickte fassungslos Stephan an.

«Junge! Stephan! – Ich bin ja einfach erschlagen! Du singst ja unsagbar schön! Wo, um des Himmels Willen, hast du denn das gelernt?!»

Stephan antwortete nicht, sondern fasste den Doktor am Arm und zog ihn mit sich. Schelmisch ihn von der Seite anblickend, sang er im Gehen unbekümmert weiter:

> «Zwar schlägt man das Aug aufs Mieder
> Nach verschämter Mädchenart,
> Doch verstohlen hebt man's wieder,
> Wenn's das Herrlein nicht gewahrt.»

Der Doktor fragte nicht noch einmal, sondern lauschte beinah bestürzt dem vollendeten Vortrag dieser Arie, die Stephan in hinreißendem Tempo mit einer Bravour und mühelosen Höhe sang, um die ihn manche Operngröße beneiden würde. Er trällerte die Zwischenspiele und jubelte geradezu das Finale mit seiner Steigerung:

> «Seht das ist ein' hübsches Bräutchen
> Und der Bursch nicht minder schön!»

«Jetzt bist du überrascht?», sagte er lächelnd, nachdem er geendet hatte.

«Aber noch mehr ergriffen! – Weißt du, dass du eine lyrische Tenorstimme hast, die man in dieser Vollendung mit Gold aufwiegt?»

«Ja, das hat mir mein Gesangspädagoge, Professor Breda, gesagt. Er wollte mich durchaus für die Oper haben, aber ich habe mich doch für die Chemie entschieden.»

«Die Säuren des Labors werden das Metall deiner Stimme allmählich angreifen, lieber Kollege, und das wäre doch ein Jammer!», wandte der Doktor ein.

«Nein», entgegnete Stephan mit Nachdruck, «jetzt, wo wir uns kennen, bleibe ich noch lieber bei meinem Studium, das uns zusammenschmiedet. Ich will dir in jeder Beziehung und nach jeder Richtung hin ein vollwertiger Lebenskamerad sein und deine Interessen restlos teilen können. Bitte, sage ja!»

«Aber Stephan», begütigte der Doktor, «woher nähme ich wohl das Recht, von dir die Aufgabe eines Studiums, das du liebst, zu fordern? Ganz abgesehen davon, dass eine glanzvolle Bühnenlaufbahn deinerseits uns womöglich mit der Zeit entfremden würde.»

«Und der Film würde mich völlig mit Beschlag belegen.»

«Herrgott! Daran habe ich noch gar nicht gedacht! Junge, bei deiner Stimme und deinem Aussehen würdest du ja der zweite Allan Jones oder etwas Ähnliches auf der Leinwand, wenn man dich erst entdeckt hat.»

«Tatsächlich ist man von dieser Seite auch schon an mich herangetreten, als man unter den Studenten nach Filmnachwuchs fahndete», gestand Stephan. «Aber ich will nicht und mag nicht!»

«Überlege dir das reiflich, Stephan, womöglich hast du in zehn Jahren ein Vermögen verdient.»

«Das mir der Krieg wegsteuert, und dann stehe ich da und habe nichts Gescheites gelernt. – Nein, mein Entschluss ist felsenfest, ich bleibe meiner Wissenschaft treu!»

«Aber schön, herrlich schön», fuhr der Doktor begeistert fort, «ist deine musikalische Begabung, dieser bestrickende Wohllaut deiner Stimme, wahrlich ein Göttergeschenk, an dem ich mich nicht satthören kann.»

«Wirklich, Rolf?», fragte Stephan freudig. «Und wenn du einmal traurig bist, dann singe ich dir ein Lied, das du bestimmt liebst.» – Er blieb stehen, strich seine Locke aus der Stirn und setzte mit triumphaler Festlichkeit in scharfer Akzentuierung ein:

«Mit Freuden den Willen
Der Götter erfüllen,
Vor ihnen sich beugen
Und dulden und schweigen
Beglücket den Mann.» –

«Das kanntest du also auch schon, als ich es dir schrieb?», fragte der Doktor fassungslos.

«Nein, aber jetzt kann ich es, denn als du es in deinem Briefe anführtest, habe ich es sofort studiert.»

«Singe weiter», bat der Doktor, und mit tiefer Innigkeit sang Stephan:

«Soll süßes Entzücken
Dich wieder beglücken,
So hemme die Klage,
Die herrlichsten Tage
Erwarten dich dann!»

«Stephan», sagte der Doktor, «ich übertreibe nicht, aber mit dem Wohllaut deiner Stimme und mit deinem musikalischen Verständnis kannst du, wie Orpheus, Götter und Menschen, Tiere und Felsen betören. Bist du ein Mensch oder ein Gott, den der Olymp zu mir entsandt hat, um mich Sterblichen zu beglücken und für manches Erdenleid zu entschädigen? – Sage ehrlich, bist du wirklich Stephan von Valén oder bist du einer aus der Schar der Lieblinge des Zeus?»

«Ich bin Stephan von Valén, aber ich weiß jetzt, dass ich eine göttliche Mission zu erfüllen habe, nämlich die, dir im Leben als Freund zur Seite zu stehen. Als solcher habe ich dich zu lieben, dich mit allem, was ich besitze, zu erfreuen und dich notfalls zu trösten. Die Aufgabe wird nicht immer leicht für mich sein, aber ich sage dir noch einmal, dass ich sie mit Freuden erfüllen werde.»

Und machtvoll stimmte er zur Bekräftigung seiner Worte aus Mozarts «Titus» an:

«Fordere, befiehl! – Ich folge.
Lächele mir, wenn ich bebe.

> Du, dem ich einzig lebe,
> Alles gelob' ich dir!»

«Genug, Stephan!», befahl der Doktor mit bewegter Stimme.

«Ich danke dir für dein Versprechen. Aber auch du hast das Recht zu fordern und du wirst mich jederzeit zur Erfüllung berechtigter Forderungen und Wünsche bereitfinden.»

Sie beschleunigten nunmehr ihre Schritte, erreichten in überraschend kurzer Zeit die Schettbrücke und stiegen, sogar unter Verzicht der Jause in Schönangerl, in gleich schnellem Marschtempo unmittelbar nach Krimml ab. Beim Abendessen dichtete Stephan aus dem Stegreif:

> «Meine Beine sind hin,
> Meine Beine sind schwer,
> Ich fühle sie immer
> Und immer mehr!»

«Ein ‹gottbegnadeter› Dichter bist du auch noch», meinte der Doktor lächelnd. «Haben denn sämtliche Musen an deiner Wiege gestanden? Nun aber Schluss mit allen geistigen und körperlichen Rekorden! Morgen ist jedenfalls Ruhetag, und jetzt gehen wir schlafen!»

«Wann soll ich morgen früh erscheinen?», fragte Stephan, als sie zur Dependance hinübergingen.

«Schlafe so lange du willst!», lautete die beruhigende Antwort, «aber sage Marie gleich Bescheid, dass sie dich morgen früh nicht stört.»

Stephan begleitete den Doktor noch auf sein Zimmer und packte dort die Rucksäcke aus.

«Es war doch sehr weise, dass wir die Wollsachen eingepackt hatten», konstatierte er beim Entleeren und lachend setzte er beim weiteren Auspacken hinzu: Dafür aber haben wir Badehose, Schutzbrille und Sonnenbrandsalbe umso weniger benötigt.»

6. Spaziergang nach Bräuern

Ein zehnstündiger tiefer Schlaf ist für einen jungen, gesunden Organismus eine völlig ausreichende Entspannung, der sich auch bei festestem Vorsatz zum «ausschlafen» nichts mehr hinzufügen lässt. Auch Stephan machte diese Erfahrung, als er am nächsten Morgen die Augen aufschlug und durch einen Blick auf die Uhr feststellte, dass sie erst die achte Morgenstunde anzeigte. Er versuchte weiterzuschlafen, aber der Schlummer floh ihn. Deshalb sprang er aus dem Bett und zog das Rollo hoch. Zwar schmerzten Schenkel, Knie und Waden, aber sonst fühlte er sich völlig frisch und ausgeruht, und so klingelte er nach warmem Wasser.

«Ist mein Onkel schon auf?», fragte er bei halbgeöffneter Tür die Wasser bringende Marie.

«Jo, der Herr Doktor san scho beim Frühstück», lautete ihre Antwort.

«Dann bringen Sie mir bitte auch gleich das Frühstück.»

Stephan beendete seine Toilette und frühstückte anschließend in Ruhe auf dem Balkon, hier und da einen Blick auf die Touristenkarte der Venedigergruppe werfend. Er verfolgte noch einmal den rot eingezeichneten Weg der gestrigen Bergtour, versuchte in die Geheimnisse der Schichtlinien einzudringen und studierte dann an Hand der roten Sommermarkierungen die vielen anderen Möglichkeiten von Bergfahrten, die gerade diese Gebirgsgruppe in reichen Varianten bot, wobei sein Blick immer wieder zum Großvenedigergipfel mit seinen 3.674 Metern zurückkehrte. Schließlich faltete er die Karte zusammen und verließ mit ihr das Zimmer, um seinen üblichen Morgenbesuch abzustatten.

Auch Doktor Rainer hatte vorzüglich geschlafen und sah frisch und gebräunt aus. Aufgeräumt begrüßte er den eintretenden Stephan und fragte ihn sofort unter Hinweis auf die mitgebrachte Karte, ob er denn schon wieder los wolle?

«Das nicht», antwortete Stephan, «ich habe mich nur ganz allgemein orientiert. Aber – ob ich wohl den Venediger schaffen würde?»

«Ja, natürlich! Bei beständigem gutem Wetter ist er nicht schwierig. Akklimatisiere dich noch acht Tage, dann gehen wir ihn an mit Gebrüll.»

«Das wäre herrlich! – Und wie denkst du über heute?»

«Dass du dich ausruhst! – aber schließlich könnten wir auch gegen 4 Uhr durch das Achenwaldtal zu ‹Bräuern› jausen gehen. Der kaum einstündige Weg ist bequem und ohne jede Steigung. Hast du Lust?»

«Sehr schön –, dann gehe ich jetzt bis zum Mittagessen schwimmen, denn du willst ja doch ungestört arbeiten», erwiderte Stephan und verschwand. –

Nach dem Mittagmahl zog sich der Doktor erneut auf sein Zimmer zurück, um zu ruhen, eine Gepflogenheit, die er nach körperlichen Strapazen besonders liebte. Da er jedoch in der vergangenen Nacht ausgezeichnet geschlafen hatte, ließ diesmal der Schlummer auf sich warten. Dafür kreisten die Gedanken unaufhörlich um Stephan und immer wieder kehrten sie zu jenem Bilde zurück, wo dieser gestern die Locke aus der Stirn gestrichen und ihm in triumphaler Geste «Mit Freuden den Willen der Götter erfüllen» entgegengeschmettert hatte. Dieser Augenblick war für ihn mehr als eine Überraschung gewesen, er war eine Offenbarung, die hinüber in die Sphäre des Transzendenten griff. Ja, ein Wink des Schicksals, eine Botschaft der Götter war er, restlos überzeugend und jeden Zweifel besiegend. Stephan gehörte ihm nach göttlichem Gebot und überdies aus eigenem freien Willen, und so erschien es auch völlig sinnlos, dem Lauf der Dinge zwischen ihnen noch weiterhin Zügel anlegen zu wollen. Zwar würde er, der Ältere und Erfahrenere, keinesfalls von sich aus die Entwicklung beschleunigen und damit seinem Vorsatze einer einwöchigen Bedenkzeit wieder einmal untreu werden, aber sollte Stephan drängen, so wollte er nicht länger widerstehen, denn eine weitere Bestätigung von Stephans fester Entschlossenheit bedurfte es nach der gestrigen Offenbarung wirklich nicht mehr. – Eine Hemmung bestand allerdings: noch lag vieles Unausgesprochene zwischen ihnen, und eine vorherige Bereinigung war erwünscht, ja geboten, aber dieses Erfordernis war nicht in jedem beliebigen Augenblick erfüllbar, denn es verlangte passende Gelegenheit zu einer längeren, ungestörten Aussprache und es erforderte Stimmung für beide Teile, Geneigtheit für Erzähler und Zuhörer. Hoffentlich ergab sich bald die Möglichkeit zu dieser Erörterung. –

In diesem Gedanken schlummerte der Doktor doch schließlich ein, bis ihn Stephan verabredungsgemäß durch leises Klopfen an der Tür weckte. Sie brachen sofort auf, stiegen in das Achenwaldtal herab und schlenderten den herrlichen Waldweg abwärts.

«Während du schliefst, bin ich hier schon herumgestrolcht und auf dieser Bank hier rechts habe ich vorhin lange Zeit gesessen», berichtete Stephan.

«Hast du gelesen?», fragte der Doktor.

«Nein, ich habe über verschiedene Dinge nachgedacht, und ich möchte dich gern etwas fragen, was du mir nicht verübeln darfst – und zwar im Verfolg unseres ersten Gespräches in München. Du bist damals von der Politik als Unterhaltungsstoff scharf abgerückt, immerhin hast du in mir den Eindruck hinterlassen, dass du Hitler wenigstens bis zu einem gewissen Grade anerkennst. Jetzt sage mir einmal offen, wie verträgt sich deine griechische Neigung, die von jenem Manne grimmig verfolgt wird, mit deiner Sympathie für diesen Gegner? Hier muss doch ein Zwiespalt in dir vorhanden sein, der dich zur Unaufrichtigkeit, ja Unnatürlichkeit im Leben zwingt, wenn ich mir auch eine solche Halbheit bei dir gar nicht vorstellen kann?»

«Deine Frage ist lang, lieber Stephan, aber die Antwort darauf ist noch sehr viel umfangreicher und lässt sich nicht mit wenigen Sätzen abtun. Im Übrigen ermangelst du nicht einer taktvollen Schläue und verstehst es, Tadel durch Lob zu versüßen. ‹Verübeln› werde ich dir deine Frage bestimmt nicht, es ist Recht und Pflicht eines Freundes, Klarheit auch in Dingen herbeizuführen, die sonst unter dem Schleier konventioneller Zurückhaltung ängstlich verborgen gehalten werden, und ebenso wenig will ich dir mit Lebensweisheiten kommen etwa in der Form, dass kein Mensch imstande sei, vollkommen wahr zu leben, da er mit solchem Tun und Handeln für seine Umwelt einfach untragbar würde. – Nein, deine exakte Frage verlangt schon eine exakte Antwort, und die soll dir werden. Gehen wir nun aber an diese Beantwortung, so müssen wir den Stoff zunächst einmal unterteilen, als Chemiker dürfen wir schon sagen ‹analysieren›. Welchen Analysegang wir hierbei einschlagen, ist unwichtig, sofern wir nur rein sachlich vorgehen. So will ich zunächst einmal die Frage aufwerfen: Ist diese Einstellung Hitlers richtig und dient sie der Volkswohlfahrt?» – Erwartungsvoll blickte der Doktor Stephan an, aber dieser antwortete nicht, sondern hielt die Lippen fest geschlossen. So fuhr der Doktor fort:

«Jedenfalls ist Hitler völlig davon überzeugt, dass er diesen ‹sozial schuldbeladenen Eros›, diesen ‹Verstoß gegen das biologische Gewissen› zum Wohle der Volksgemeinschaft nachdrücklich bekämpfen müsse, da er andernfalls bei seinen Männer- und Jünglingsbünden erhebliche Ausmaße annehmen würde, wie dies ja auch Erfahrungen der ersten Jahre nach der Machtergreifung gezeigt haben. Hitler wünscht nicht und kann es auch von seinem Standpunkte aus nicht dulden, dass Kräfte unnütz vertan werden, die für die Volksvermehrung bestimmt sind, denn letztere ist nun einmal im staatsmännischen Sinne ein erheblicher Machtfaktor –»

Hier unterbrach Stephan aufbegehrend: «Jawohl, ein potentiel de guerre oder auch Kanonenfutter genannt!»

«– nicht nur für Deutschland, sondern auch für alle anderen Staaten», fuhr der Doktor unbeirrt fort. «Somit hätte Hitler also Recht. Sein Handeln in dieser Richtung ist von staatsmännischer Weisheit erfüllt und gilt dem Wohle von Millionen und Abermillionen seines Volkes. Was spielt da schon das Wohlergehen der wenigen Andersgearteten für eine Rolle? Im Wesentlichen ist es ja doch nur eine unnatürliche, widrige Kaste, und auf die einzelnen bedeutenden, ja schöpferischen Persönlichkeiten unter ihnen muss man eben verzichten, sie passen sowieso nicht in den Rahmen Nationalsozialismus –»

Stephan wollte schon wieder aufbegehren, aber eine beruhigende Handbewegung seines Begleiters gebot ihm Schweigen.

«Ich sagte: ‹sie passen nicht in den Rahmen› – Nun ist das schönste und klügste Buch, das die Welt über die Jünglingsliebe besitzt, Platons ‹Gastmahl›, das du sicherlich kennst? – Also ja! Dennoch lass mich noch einmal kurz die Handlung rekapitulieren. Im Jahre 416 vor Christo, also zur Zeit der höchsten Blüte des attischen Geistes, treffen sich einige der geistvollsten Köpfe Griechenlands, unter ihnen Sokrates, bei Agathon zu einem Gastmahle, und jeder von ihnen hält nun eine Lobrede auf den Gott Eros. Pausanias, einer der Gäste, führt unter anderem aus, dass die ‹Barbaren› die Liebe des Mannes zum Jüngling ‹um der Tyrannis willen› für hässlich hielten, und fährt dann fort: ‹und ich glaube auch, es fördert die Herrschenden nicht, wenn in den Untertanen große Gesinnung entsteht oder starke Freundschaft und Gemeinschaft, welche ja vor allem die Liebe zu erzeugen pflegt›. Nachdem er dann auf das tapfere Freundespaar Aristogeiton und Harmodius, die Tyrannenmörder, hingewiesen hat, folgert er: ‹Wo also bestimmt ist, die Hingabe des Geliebten an den Liebenden sei hässlich, da beruht dies auf der Schlechtigkeit der Bestimmenden, auf der Gewinnsucht der Herrschenden, auf der Feigheit der Beherrschten.› – Nun also, soweit wäre ja im nationalsozialistischen Deutschland alles ‹in schönster Ordnung›, leider aber stimmt die Rechnung seiner heutigen Machthaber nicht ganz und zwar zunächst qualitativ nicht, wie wir Chemiker sagen. Das Merkwürdige bei dieser Neigung ist nämlich, dass die ‹Unnatur› der gleichgeschlechtlichen Anziehung eine Naturschöpfung und somit natürlich ist, sie ist angeboren und nicht anerzogen oder angewöhnt, und die Natur weiß schließlich sehr genau, was sie tut. ‹Werden und Vergehen im Großen und im Kleinen› ist ihr oberstes Gesetz, aber sie regelt die Fortpflanzung wohlüberlegt und unterbindet sie auch, wenn sie dies für zweckmäßig hält. Sie will nun einmal kein gemächliches Zeugen von Generation zu Generation. Sobald ein Höhepunkt des Individuums erreicht, aber auch die Gefahr des absinkenden Lebensimpulses droht, gebietet sie kategorisch Halt. Und eines ihrer Unterbindungsmittel ist die gleichgeschlechtliche Anziehungskraft bei Mensch und Tier, bei Mann und Frau. Greift man nun hier ein und erzwingt man eine widernatürliche Fortpflanzung dieser gleichgeschlechtlich Gesinnten, so sind die Zeugungsprodukte dieser ‹Autoren› – wie du kürzlich so schön sagtest – überwiegend ebenso veranlagt und pflanzen sich nicht fort. Der naturgewollte Prozess des Aussterbens ist künstlich verlängert, aber nicht behoben, und alle davon Betroffenen sind weder lebensbejahend, noch vollwertig. Heute bereits kannst du junge Ehemänner und Väter sehen, denen ihre Veranlagung auf der Stirn geschrieben ist und die nunmehr zu einem zermürbenden Versteckspiel bereits im engsten Familienkreise gezwungen und tief unglücklich sind. Die Staatsführung hat sie geschickt in die Ehe hineinmanövriert, hier Zuckerbrot, da Peitsche, hier Steuerermäßigung und feste Anstellung in Partei und Staat, dort gesellschaftliche Ächtung, Konzentrationslager und Gefängnis, womöglich Zuchthaus, wenn der eine Partner unter 21 Jahren ist.» –

Der Doktor brach ab, da einige Fußgänger ihnen entgegenkamen, und fuhr, nachdem sie vorüber waren, unverzüglich fort:

«Was nun die quantitative Analyse betrifft, so hat man sich auch hier geirrt. Es handelt sich keineswegs um einen geringen Prozentsatz, sondern um recht beachtliche Zahlen. In jedem Menschen ist eine bisexuelle Veranlagung vorhanden, die sich mit zunehmendem Alter in der einen Richtung stärker, in der anderen schwächer, bisweilen auch in beiden gleich stark, entwickelt. Der normale Mann ist zu über 90 Prozent auf das weibliche Geschlecht abgestellt, fällt diese Zahl auf etwa 50 Prozent, so ist er bisexuell veranlagt, fällt sie weiter, so ist er homosexuell. Nehmen wir die geschätzte niedrigste Zahl der Homosexuellen mit 5 Prozent, die der Bisexuellen ebenfalls mit 5 Prozent an – tatsächlich sind beide Zahlen höher –, so kommen wir bei einem 80 Millionenvolk auf 4 Millionen Homosexuelle und auf die gleiche Zahl Bisexueller. Das ist zwar eine Minderzahl gegenüber den Normalgeschlechtlichen, aber doch eine gewaltige Zahl, die ein Volk, das alle Kräfte braucht, nicht vernachlässigen sollte. Es kommt hinzu, dass der größte Teil dieser Leute trotz mancher Fehler und Schwächen gute Arbeiter des Kopfes und der Hand sind, ja dass sogar der Prozentsatz der geistig Bedeutenden unter ihnen größer als bei den anderen ist. Heute sind sie alle, soweit sie sich nicht getarnt haben, ausgeschaltet von Partei und Staat und der Befähigung zum

Vorgesetzten verlustig erklärt. Sie gelten als ausgesprochene Staatsfeinde und sind als solche geächtet, wobei man keinerlei Unterschied macht, ob es sich um männlich oder weiblich eingestellte Homoeroten handelt. Wenn du dich der Rede des Aristophanes im ‹Gastmahl› erinnerst, wird dir dort sicherlich dessen völlig gegensätzliche Einschätzung der männlichen Homoeroten aufgefallen sein. Gerade sie werden von ihm als ‹mutig und männlich› gefeiert und als ‹hervorragend geeignete Träger des Staatswohls› bezeichnet. Aber trotz dieser grundsätzlichen Verkennung ihrer Vorzüge, trotz Ächtung und Ausschaltung findest du heute in Deutschland eine große Zahl von sachlich eingestellten Homoeroten, die den Nationalsozialismus nicht in Bausch und Bogen verurteilen, sondern auch Vorzüge in ihm sehen. Zu ihnen zähle auch ich mich, womit ich dir wohl meine ‹Zwiespältigkeit› genügend klargelegt habe.»

«Und die ‹Getarnten› befinden sich noch heute in hohen und höchsten Staats- und Parteistellen, was man jedenfalls im Auslande dokumentarisch weiß», behauptete Stephan.

«Und gerade hierin liegt die Gefahr», bekräftigte der Doktor. «Nicht, dass ihre Libido ein anderes Gefälle sucht, woraus ihnen kein vernünftiger Mensch einen Vorwurf machen wird – denn niemand kann dafür verantwortlich gemacht werden, mit welchen Eigenschaften ihn die vorangehenden Generationen aus dem Mutterleibe entlassen haben –, wohl aber, dass ihnen jetzt ihre hohe und verantwortliche Stellung die Möglichkeit gibt, ein sorgfältig getarntes Triebleben in anderen, höchst bedenklichen Richtungen abzureagieren. Solche Leute darf man keinesfalls als ‹hervorragend geeignete Träger des Staatswohls› bezeichnen, denn sie werden letzten Endes immer nur Katastrophen zeitigen.»

«Dann frage ich dich, Rolf, was hat das ganze Getue, diese blöde Verfolgung für einen Sinn und Zweck? – Ist das nicht ausgesprochene Heuchelei und bewusste Irreführung, nicht Vernichtung kultureller Faktoren und Zurücksinken in die Zeit finstersten Mittelalters?»

«Ich sagte bereits, lieber Stephan», wandte der Doktor sanft, aber doch korrigierend ein, «dass man gegen Naturgesetze angeht, und das erscheint mir noch weitaus bedenklicher als die Sünde gegen den Geist, worüber du dich ereiferst. – Im Übrigen lehrt ja die Geschichte an Dutzenden von Beispielen, dass man auf die Dauer nur herrschen kann, wenn man die Zufriedenheit des einzelnen nicht aus den Augen verliert, keine überflüssigen Reibungen schafft, nicht wertvolle Menschen aus belanglosen Gründen in den Schatten treibt, sondern vielmehr einen Ausgleich aller Spannungen im Volke herstellt. Der größte Feind der Autorität war von jeher die Überspannung. Nur das Nötigste tun, alles Erforderliche geschehen lassen und niemals den Boden des Rechts verlassen! Durch Befolgung dieser Grundsätze erwarben sich die Herrscher das Epitheton ornans ‹der Große›.»

«Augenscheinlich befolgt ‹Herr› Hitler jene Grundsätze bereits deshalb nicht, weil er auf den schmückende Beinamen keinen gesteigerten Wert legt», meinte Stephan sarkastisch, «‹Adolf der Große› klingt ja auch reichlich merkwürdig.»

«Auch ich glaube nicht, dass er als solcher in die Weltgeschichte eingehen wird», stimmte der Doktor zu. – «Aber wir nähern uns ‹Bräuern›, dort rechts der Wiese siehst du bereits sein Dach aufsteigen. Eine gehaltvolle Jause wird deine innere Erregung besänftigen, und so notwendig eine solche Erörterung zwischen uns auch ist, so muss ich doch klagen, dass sie uns diesmal von der Naturbetrachtung – schau nur einmal diese herrliche Blumenwiese! – völlig abgezogen hat.»

«Ja, Rolf, du hast schon Recht, trotzdem aber werde ich dich auf dem Rückweg doch noch verschiedene Dinge fragen müssen.»

«Aber natürlich, lieber Junge», sagte der Doktor lebhaft, «du hast jederzeit das Recht zu fragen, und ich habe die Pflicht zu antworten.»

«Auch umgekehrt gilt dies», bemerkte Stephan kurz.

«Schon gut, mein Junge, aber jetzt sollst du die Bräuerinnen kennenlernen, die Anna und die Ella. Es sind Schwestern, brave Mädchen und vortreffliche Wirtinnen. Im Frühjahr haben sie ein armes, uneheliches Kind großzügig angenommen, einen strammen Jungen – Siegmund heißt er auch noch –, den du mit Walkürenklängen im Ohr bewundern darfst, wenn du kinderlieb sein solltest.»

«Offen gestanden», sagte Stephan lachend, «habe ich nun gerade diese Neigung bei mir noch nicht feststellen können, denn bisher hat mich Kindergeschrei immer nur gestört. Aber ich werde taktvoll Interesse an dem Produkt bekunden und keinesfalls nach den Autoren fragen.»

Sie durchschritten den kleinen Vorgarten und erklommen die wenigen Holzstufen der vorgebauten Veranda, wo sie an einem Tische Platz nahmen. Anna erschien und begrüßte die Angekommenen herzlich. Sie war eine begeisterte Bergsteigerin und hatte sich das Jahr zuvor mit dem Doktor auf dem Venedigergipfel getroffen. Auch die stets in der Küche tätige Ella tauchte zur kurzen Begrüßung auf, und bald standen Kaffee, Kuchen, Butterbrote mit Schinkenspeck – eine Rarität zurzeit – und Enzian auf dem Tische.

Der Blick von der Veranda war nach drei Seiten hin frei. Vor ihnen lag Krimml mit dem Seekar-, Rosskar- und Steinkarkopf im Hintergrunde, im Norden waren Gernkogel und Wildkogel sichtbar und im Süden erblickten sie die zackigen Grate verschiedener Berge, die – wie dies der Doktor Stephan erläuterte – den einsamen Rinderkarsee umschlossen, eine wilde Gegend, in die kaum jemand hinkam und die auch er noch nicht aufgesucht hatte.

«Aber im Walde war doch ein Wegweiser zum Rinderkarsee», wandte Stephan ein.

«Das schon, aber ich möchte keinem ungeschulten Bergsteiger raten, diesen Aufstieg zu unternehmen. Ich habe mich genau informiert, der Weg ist sehr steil, und die Markierung hört bald auf.» –

Nach beendeter Jause wurde der gerade erwachte Siegmund besichtigt, und bald danach schied man unter Zusicherung baldigen Wiederkommens. Auf der Blumenwiese regte Stephan an, zwei Sträuße für die Zimmer zu pflücken, ein Gedanke, den der Doktor begrüßte und hilfreich unterstützte. Mit den farbenfrohen Kindern Floras in den Händen setzten sie ihren Rückweg in gemächlichem Tempo fort.

Der Doktor erwartete die angekündigte Wiederaufnahme des beim Anmarsch gepflogenen Gespräches, aber Stephan schwieg beharrlich und suchte augenscheinlich nach einer passenden Eröffnung. Die Wiese lag hinter ihnen, und der Wald hatte sie wieder in seinen Schutz aufgenommen. Der Doktor legte seinen Arm um Stephans schlanke Taille und zog ihn an sich.

«Wo drückt denn nun meinen Jungen der Schuh?», fragte er zärtlich.

«Sage einmal, Rolf», begann Stephan mit etwas belegter Stimme stockend, «was wird denn nun eigentlich bestraft?»

«Na, küssen darf ich dich jedenfalls», antwortete der Doktor lachend, die Verlegenheit Stephans überbrückend.

«Und was sonst noch?», forschte Stephan.

«Nichts weiter!», lautete die Antwort kategorisch. «Nach dem Wortlaut des neuen Paragraphen beziehungsweise Kommentars über widernatürliche Unzucht ist bereits die Berührung männlicher Attribute, auch über die Bekleidung, als Verführung anzusehen und somit strafbar.»

«Und wenn ich damit einverstanden bin oder dich gar dazu auffordere, dann ist es doch keine Verführung?»

«Im letzteren Fall verführst du mich und wirst straffällig, wenn ich es nicht billige und dich anzeige.»

«Wenn du es nicht billigst und mich anzeigst, kann ich doch unmöglich bestraft werden, da ja gar nichts Strafbares zwischen uns geschehen ist», beharrte Stephan.

«Auch der erfolglose Versuch einer Verführung wird heute bestraft.»

«Und wie war es früher?»

«Nach der Auslegung des Paragraphen stand allein die beischlafähnliche Handlung, und zwar nur ein ganz bestimmter Akt, unter Strafe, aber auch bei derartigen Fällen sah man, sofern es sich um Erwachsene handelte, in der Praxis von einer Strafverfolgung ab.»

«Und dieser bestimmte Akt war?» – fragte Stephan stockend.

«Die völlige Hingabe des Geliebten an den Liebenden in körperlicher Vereinigung nach griechischem Vorbilde», antwortete der Doktor fest.

«Ich bin im Bilde», sagte Stephan, «und warum taten die Griechen das?»

«Einmal, weil es ihnen gefiel, zum andern aber waren sie auch um eine ethische Begründung dieser Betätigungsform durchaus nicht in Verlegenheit. Zunächst entging ihnen nämlich die Schönheit gerade dieses Körperteiles beim Jüngling nicht. Nach ihrer Anschauung haben die Götter das weibliche Genital vernachlässigt, dafür aber die Glutäen, namentlich die des Jünglings, umso schöner gebildet, was sie sicherlich nicht getan hätten, wenn sie lediglich als Sitzorgane gedacht worden wären. Das Schöne ist aber Sehnsuchtsziel der Liebe, und Liebe heißt nichts anderes als Verlangen nach Schönheit in jeder Form. Aber damit nicht genug! Nach griechischer Auffassung ist das Sperma der Träger aller männlichen Tugenden. Fließt es in den Schoß des Weibes, so erzeugt es physischen Nachwuchs, ergießt es sich aber in den Körper eines Jünglings, so überträgt es alle spezifisch männlichen und edlen Eigenschaften des Liebenden auf den Geliebten. Nur bei einer solchen Anschauung wird ja auch jener Vorschlag des göttlichen Plato verständlich, der da lautete, den siegreichen Feldherrn und tapferen Helden des Schlachtfeldes mit dem schönsten Jüngling Griechenlands zu belohnen, auf dass er seine spezifischen Fähigkeiten und Tugenden auf diesen übertrage.»

«Wie kann ein so kluger Mann eine wissenschaftlich so unhaltbare These aufstellen?», wandte Stephan ein.

«Vielleicht war er doch klüger, als er dir heute erscheint, und wusste sehr wohl, dass es sich hier lediglich um eine geistige und nicht physische Befruchtung handeln würde, aber als echter, sinnesfreudiger Hellene wollte er das Nützliche mit dem Angenehmen verbunden sehen, denn schließlich sollte es ja auch eine Belohnung darstellen. Und so sagte er sich vermutlich, dass der ständige und intime Umgang des aufnahmefähigen Jünglings mit dem erfahrenen Feldherrn der beste Boden zur Überlieferung wirklicher Größe sei. – ‹Liebt ihr die Jünglinge so, dann werden sie wackere Männer›, zitiert Kallikratidas in Lukians ‹Erotes›.»

«‹Kallikratidas?› – Ich erinnere mich jetzt, das interessante Redeturnier zwischen ihm und Charikles bei Lukian gelesen zu haben», ergänzte Stephan. «Ganz durch Zufall fand ich das Buch auf einem Münchener Bücherwagen und erstand es für wenige Groschen. Es hat mich sehr gefesselt, aber ich entsinne mich auch, dass Charikles betont, welches Ungemach dem Verführten bereitet wird, der im Anfang nur Schmerz und Tränen und auch später keinerlei Freude und Genuss bei einer solchen Freundschaftsbezeigung empfindet, also mit andern Worten dem Feldherrn schlechthin geopfert wird.»

«Derartige Anschauungen findest du allerdings auch in der Antike häufig vertreten, nur haben sie den einen Fehler, dass sie nicht stimmen. In Wirklichkeit liegen die Dinge so, dass bei dem pädophilen Akt die gleiche Wechselseitigkeit des Genusses wie bei der Umarmung zwischen Frau und Mann vorhanden ist, was bei dem Empfangenden physisch auf einen Spalt in der Prostata, dem Uterus maskulinus, begründet sein dürfte. Es ist dies der letzte Rest der beim Weibe zu Eileitern gewordenen Müllerschen Gänge und eben bei gewissen jungen Männern sehr reizbar. – Verzeih mir diese brutale Offenheit, lieber Junge, aber schließlich weißt du als Naturwissenschaftler: ‹naturalia non sunt turpia›.»

Da Stephan schwieg, schritten sie wortlos weiter, bis sie zu einer Bank am Waldesrand gelangten.

«Ich möchte hier einmal die Sträuße ordnen, da ich andernfalls die Blumen verlieren könnte», schlug Stephan vor und setzte sich. Der Doktor zog Messer und Bindfaden aus der Tasche, reichte beides Stephan und nahm an seiner Seite Platz, die fortscheitende Entwicklung des Werkes seiner Hände verfolgend und dazu rezitierend:

«Die Auswahl einer Blumenflur
Mit weiser Wahl in einen Strauß gebunden –»

«Ich glaube, Rolf», sagte Stephan lachend, «dass es für dich keine Situation gibt, die du nicht in die klassisch geformte Amphora des Zitats kleiden könntest.»

«Diese Schwäche gebe ich gerne zu.»

«Und was haben deine früheren jungen Freunde zu dieser deiner Schwäche gesagt? Sicherlich hast du viele junge Freunde in deinem Leben gehabt?»

«Nein, nur einige», lautete die Antwort.

«Und wo sind sie jetzt?»

«In Amerika, in der Schweiz, auf dem Balkan, soweit sie nicht bereits im Kriege gefallen sind.»

«Und hast du zur Zeit einen Freund?», forschte Stephan weiter, ohne seinen Blick von der Arbeit zu erheben.

«Ja!», antwortete der Doktor mit fester Stimme.

«Und wo ist dieser?»

«Neben mir auf der Bank! – Und nun, liebster Junge, frage nicht weiter. Dieser Freund bleibt als letzter in diesem Leben untrennbar mit mir verbunden, denn er ist der beste, der klügste und der schönste, beauftragt von den Göttern, mich zu lieben, was ich seit gestern weiß und was alle meine früheren Zweifel und Bedenken endgültig ausgelöscht hat. Bist du jetzt endlich zufrieden, du Fragezeichen?»

Er zog ihn an sich und küsste ihn stürmisch.

«Ja – aber», sagte Stephan, noch immer bänglich, «ich bin doch noch gar nicht dein wirklicher Freund! – du hast mich ja noch nicht einmal richtig gesehen, nicht einmal beim Baden, vielleicht gefalle ich dir gar nicht?»

«Kommst du schon wieder mit der Möglichkeit der Enttäuschung?», zürnte der Doktor. «In einer anständigen Ehe zeigt sich die Braut auch erst in der Hochzeitsnacht.»

«Nein!», beharrte Stephan, «ich will nun mal, dass du mich vorher siehst. Es wäre mir unerträglich, wenn dein geschulter Schönheitssinn irgendwie durch meinen Akt gestört würde. In Griechenland boten sich die Jünglinge auch völlig nackt den Blicken ihrer Freier dar, sodass jeder Irrtum ausgeschlossen war. Ich habe einen Wunsch, den du mir unbedingt erfüllen musst, Rolf!»

«Und der wäre?»

«Wir besiegeln unseren Freundschaftsbund feierlich auf dem Gipfel des Großvenedigers, und von da an gehöre ich dir restlos. Aber morgen früh steigen wir in die Bergeinsamkeit empor, dort zeige ich mich dir in ureigener Gestalt, und du sollst dich dann endgültig entscheiden, ob du mich als Freund haben willst und ich mit dir auf den Venediger gehen soll.»

«Du bist ja der reinste Romantiker», sagte der Doktor lächelnd. «Zweifelsohne ist deine Idee hübsch und die Entschleierung des Jünglings in der Bergeinsamkeit neu und reizvoll. Ich fürchte nur, dass bei einer zu genauen Betrachtung des in anmutigem Naturzustand dargebotenen Jünglings der gute Vorsatz, auf den Venedigergipfel zu warten, auf beiden Seiten hinfällig werden könnte. Ich jedenfalls sehe jetzt schon unsere Venedigertour gefährdet, und zwar nicht in dem Bedenken, dass du mir nicht gefallen könntest, sondern in der Überzeugung, dass du mir nur zu sehr gefällst und meine

Standhaftigkeit besiegen und einen Vorsatz wieder einmal vereiteln könntest.»

«Jetzt sei aber vernünftig und ziehe meinen Plan nicht ins Lächerliche – aber du willst ja nur meine Bedenken zerstreuen. Ich stehe zu meinem Vorsatze, darauf kannst du dich felsenfest verlassen», erklärte Stephan mit Nachdruck und Entschlossenheit.

«Alsdann bin ich beruhigt, denn ohne dich könnte auch bei einer etwaigen Inkonsequenz nichts passieren. Du jedenfalls bist konsequent und opferst dein Knabentum erst nach erreichtem hohem Ziel. Jetzt aber frage ich dich: Hast du es denn auch bewahrt?»

«Ja», sagte Stephan mit leiser Trauer in der Stimme, wenn du eine kurze Schülerfreundschaft nicht rechnest, so habe ich weder einem Freunde noch einer Frau angehört, und ich werde nach dir auch keinem anderen Menschen mehr angehören.»

«Verzeih mir, liebster Junge, wenn ich dich durch meine Frage verletzt haben sollte», bat der Doktor ganz bestürzt.

«Es war dein gutes Recht zu fragen.»

«Trotzdem hätte ich es nicht tun sollen, jedenfalls nicht in dieser Form», entgegnete der Doktor. «Aber deine Wünsche werden erfüllt. Bereits morgen, sofern uns der Wettergott weiter günstig ist, steigen wir zum Rinderkarsee empor, wo in völliger Einsamkeit nur die Gämsen ihr Spiel treiben, und in einigen Tagen stehen wir beide auf dem Gipfel des Großvenedigers, das verspreche ich dir hiermit feierlich!»

«Ich danke dir, Rolf!», sagte Stephan mit feuchten Augen und drückte die ihm gereichte Hand. «Jetzt weiß ich auch, dass unserm Freundschaftsbunde nichts mehr entgegensteht und auch mein Bedenken, dass ich dir nicht gefallen könnte, ist erloschen, da ich dich voll und ganz erkannt habe. Ein Mensch wie du sucht nicht den schönen Körper des Jünglings, sondern die Schönheit seiner Seele; sie allein will er besitzen, um so den stolzen Bau einer festgefügten, unzerstörbaren Zusammengehörigkeit zweier Menschen zu errichten.»

«Bravo, Stephan, bravissimo!», rief der Doktor mit leuchtenden Augen. «Jetzt hast du wieder einmal dich selbst übertroffen und etwas sehr Kluges ausgesprochen. Die absolute Unerschütterlichkeit jenes höheren Prinzips des unzerstörbaren Zusammengehörens, von dem du soeben sprachst, beruht nämlich sehr viel weniger auf Gründen der sogenannten Liebe, sondern erwächst viel eher aus einer geistigen Übereinstimmung, die davon überzeugt ist, dass dieser Zusammenschluss unabänderlich ist und auch alle Nöte und Drangsale überdauern wird, an der die heutige Zeit und voraussichtlich auch die Zukunft so außerordentlich reich sind.»

«Darauf kannst du dich bei mir felsenfest verlassen, ebenso wie ich von dir weiß, dass du mich immer mit Liebe, Güte und Verständnis behandeln wirst. – Aber sei auch nicht ‹zu gut› zu mir, sondern strafe mich auch einmal, wenn ich es verdiene. Bitte, schüttele nicht den Kopf, hier und da brauche ich schon einmal eine harte Hand, die mir in der Jugend gefehlt hat, und ich würde dich für weich halten, wenn du vor dieser Konsequenz zurückschrecken solltest.»

«Aber Stephan, du willst doch damit nicht etwa sagen wollen, dass ich dich, meinen liebsten Jungen, schlagen soll?»

«Auch der klügste und schönste Knabe Griechenlands wurde von der Hand seines älteren Freundes gestraft, wenn er es verdiente, und nach Plutarchs Überlieferung wurde sogar der Ältere für die Verfehlung des Jüngeren bestraft. – Warum willst du also bei mir eine Ausnahme machen? Ich werde dich schon einmal durch meine Launen reizen, und dann musst du mir meine Ungezogenheit eben nachdrücklich austreiben.»

«Deine diesbezügliche Einstellung verrät, dass du dich zu der Schule der Stoiker bekennst, die ein sehr strenges Noviziat von ihren Lehrern erdulden mussten, wenn sie zum Philosophen von Profession aufrücken wollten. Auch Pythagoras hat sich bekanntlich größten Peinigungen unterwerfen müssen, um von den ägyptischen Priestern zu ihren Mysterien zugelassen zu werden. Der Grundgedanke bei allen diesen Kulten war der, den Jüngling dahin zu bringen, den Schmerz für kein Übel zu halten. Aber ich sehe absolut nicht ein, warum du das gerade lernen solltest.»

Stephan lachte fröhlich auf: «Ach, Rolf, du nimmst immer alles von der streng wissenschaftlichen Seite, während es bei mir lediglich ein launischer Einfall war, der dich etwas in Verlegenheit bringen sollte. Ich möchte auch einmal klassisch zitieren:

‹Denn, wo das Strenge mit dem Zarten,
Wo Hartes sich und Mildes paarten,
Da gibt es einen guten Klang.›»

«Nun, ich sehe», sagte der Doktor, «du hast deinen Schiller nicht nur gut behalten, sondern verstehst es sogar, seine unsterblichen Verse zu einer verblüffenden Beweisführung heranzuziehen. Aber das sage ich dir, Bürschchen, an meiner Härte und der dadurch hervorgerufenen Klangschöne darfst du keinen Zweifel hegen, denn, falls du es ernstlich darauf anlegen solltest, erhältst du eine derartige Tracht, dass ein solches Verlangen endgültig bei dir gestillt sein dürfte. – Und nun wollen wir das inhaltsreiche Gespräch beenden und dem morgigen Tage mit Freuden entgegensehen. Die Götter schenkten uns heute einen klarblauen Himmel, und die kleinen Abendwolken dort am Horizont werden ihn auch morgen nicht verschleiern.»

7. Rinderkarsee

Sie klommen mühsam die steilen Windungen des schmalen Jägerpfades über Felsgestein empor. Pflanzenwuchs aller Art, niedergebrochene Baumstämme und Astwerk sperrten den Weg und erschwerten das Verfolgen der nur noch schwach erhaltenen Markierung.

Bekleidung und Rucksackinhalt waren auf das Notwendigste beschränkt: auf dem Körper Hemd mit halben Ärmeln, Lederhose, kurze Socken und halbe Bergschuhe, im Rucksack die Jacke und der Proviant, da mit einer Verpflegung in der Einöde nicht zu rechnen war. So stieg es sich leicht trotz aller Steilheit und Unwegsamkeit, und sie gewannen im schattigen Walde schnell an Höhe.

Der nach rechts und links schweifende Blick sah verwitterte Felsblöcke, die auf freiliegendem knorrigem Wurzelwerk wuchteten. Herabgestürzt von den Höhen waren sie, hatten bei ihrer Talreise mitleidslos Stämme genickt oder entwurzelt, bis ihnen schließlich Halt geboten wurde und die Fäulnis sie immer tiefer in das Erdreich gezogen hatte.

Ein Wasserfall sperrte den Weg. In kühnem Balancieren über einen runden Baumstamm musste er überschritten werden, und nach anderthalb Stunden erreichten die in schnellem Tempo Emporsteigenden eine kleine, primitive Jagdhütte, die verträumt und verschlossen plötzlich vor ihren Blicken lag. Von hier aus verlief der kaum noch erkennbare Pfad in einer dicht überwachsenen Mulde, die immer steiler aufwärts führte. Die Wegzeichen wurden noch spärlicher, schließlich fehlten sie gänzlich, und ockergelbe Ornamente von auf

Steinen wuchernden Flechten versuchten mit rötlichem Schimmer die Wanderer über die einzuschlagende Richtung listig zu täuschen. Doktor Rainer zog die Karte zu Rate und informierte sich.

«Der Bach links kommt von Rinderkarsee», sagte er zu Stephan, der vor ihm kletterte, «steig also jetzt senkrecht nach oben zu der Lichtung empor, von dort werden wir uns links halten müssen. Rechts siehst du schon die Spitze des Gabelkopfs, zu dessen Füßen sich ein Kar erstreckt, das wir vermeiden wollen.»

Stephan klomm den weglosen Abhang empor, der Schweiß rann ihm aus allen Poren, aber er kam nicht weiter und blieb ermattet stehen.

«Ein verdammter Schinder!», stöhnte auch der Doktor, «lass mich jetzt vor!»

Sie kämpften unter wiederholten Atempausen weiter um jeden Schritt, brachen einige Male knietief in weiches Erdreich und vermorschte Baumreste ein und atmeten erleichtert auf, als sie nach etwa dreißig Minuten ein freies Plateau erreicht hatten, das ihnen nach weiterem Ansteigen endlich eine Orientierung im Gelände gestattete.

Vor ihnen ragte nicht übermäßig steil plattiger Fels empor, der in seinen sonnengeschützten Mulden Schneefelder zeigte, links von ihnen floss der Bach herab, und rechts lag das Krimmler Rinderkar zu ihren Füßen. Über das Ganze, eine entlegene, völlig einsame Gebirgswelt, schwebte ein Hauch von erhabenem Ernst und strenger Schwermut. Die Ungebrochenheit des Sonnenlichtes ließ die Farben der Landschaft grell hervortreten: das Elefantengrau der nackten Berge war in hellstes Grauweiß verwandelt, ihre vereinzelten rötlichen Flecke erschienen rostrot, die Schneefelder glitzerten in strahlendem Weiß.

Stephan griff nach seiner Schutzbrille. «Könnten wir wohl ein wenig rasten? Nur eine kurze Atempause, ich bin ziemlich erschöpft und schrecklich durstig!», klagte er.

«Siehst du dort links das Schneefeld? – Da finden wir Wasser und dort rasten wir», tröstete ihn sein Begleiter. «Wir wollen uns aber zuvor das Plateau hier genau einprägen, um den Einstieg zur Mulde wiederzufinden, denn die Markierung fehlt noch immer.»

Planmäßig suchte der Doktor mit seinem Zeissglase die Umgebung nach einem Wegzeichen ab. Plötzlich verharrte er in der Bewegung und stellte scharf auf einen bestimmten Punkt ein.
«Stephan, ganz leise! Dort sind Gämsen! Hier nimm das Glas, links vom Schneefeld zwei Geißen, kein Bock, beide hellbraun!»
Erwartungsvoll brachte Stephan das Glas vor die Augen und fand auch nach wenigen Augenblicken die unbekümmert äsenden Tiere, deren Verhalten trotz ihres immer wieder zu beobachtenden Sicherns deutlich zeigte, dass sie in ihrer Einsamkeit von Menschen kaum gestört wurden.

Unter Vermeidung jedes unnützen Geräusches bogen die beiden Bergsteiger nunmehr scharf nach links, überquerten erneut unwegsames Gelände und erreichten das ins Auge gefasste Schneefeld, unter dem ein dünnes Rinnsal eiskalten Wassers floss. Sie warfen die Rucksäcke ab und ließen zunächst einmal ihre Trinkbecher am Ausfluss der Quelle halb mit Wasser vollaufen. Der Doktor füllte mit Rotwein auf, und Stephan entlockte einer Zitrone ihren Saft. Mit mehreren Bechern dieses ihnen köstlich mundenden Gemisches stillten sie allmählich den brennenden Durst und gingen danach dazu über, die Hälfte des mitgeführten Proviants zu verzehren. Anschließend brannte sich der Doktor die übliche Zigarre an und überraschte seinen Weggenossen mit einer Schachtel Konfekt, eine rare Kostbarkeit, die er fürsorglich noch gestern Abend bei Frau Patterer in Krimml unter erheblichen Mühen losgeeist hatte. Stephan, der uneingestanden noch viel Hunger hatte, sich aber genötigt sah, mit seinem immerhin begrenzten Proviant hauszuhalten, war von dieser Gabe, die gerade im richtigen Augenblick vor sein Auge trat, einfach überwältigt. Glücklicherweise überwand er seine Fassungslosigkeit verhältnismäßig schnell und machte sich unverzüglich mit dem genussvollen Inhalt der Schachtel vertraut, während der Doktor seine Karte nach dem Kompass einrichtete und das Gelände studierte.

Der Fernblick von ihrem idyllischen Lagerplatz war begrenzt und gestattete nur freie Sicht nach Norden. Zu ihren Füßen lag das Pinzgautal. Dahinter erhoben sich Gernkogel, Gamskogel und Wildkogel, im Hintergrund grüßte der Große Rettenstein. Im Osten blickten die Gipfel von Akögel, Rabenkopf und Bärenkopf, im Westen Gabelkopf und Breitlahner Gabel aus geringer Höhe auf sie herab.

«Nur noch 200 Meter Steigung, Stephan», sagte der Doktor ermunternd, «und wir sind am See.»

«Aber natürlich», lautete die Antwort des noch mit vollen Backen Kauenden, «mit so viel Schokolade im Bauch mache ich auch noch 300 Meter spielend.»

Erfrischt und ausgeruht schulterten sie von neuem die Rucksäcke. Der Doktor musterte den vor ihnen aufsteigenden plattigen Felsen und ging ihn schließlich an einer ihm aussichtsreich dünkenden Stelle an. Aber bereits nach etwa zehn Minuten Kletterei gab er auf und stieg zurück.

«Wir müssen es mehr rechts versuchen», beantwortete er tiefatmend den fragenden Blick Stephans, der am Einstieg verblieben war.

Ein erneuter Anstiegsversuch über ein grünes Band wurde unternommen, und bald durfte Stephan folgen. Allmählich wurde die Kletterei leichter, im letzten Teil sogar sehr leicht. Sie überschritten eine Steinhalde, und plötzlich lag vor ihren Blicken das erstrebte Ziel – der Rinderkarsee.

In der Felseneinsamkeit, umschlossen von zackigen Bergspitzen, machte er mit seinem klaren Wasser auf die beiden Bergsteiger bereits bei seinem ersten Anblick einen tiefen Eindruck.

«Ach, hier ist es ja einfach herrlich!», rief Stephan enthusiastisch aus, «und das schöne, klare Wasser – hier werde ich baden!»

«Ganz hineinzugehen und zu schwimmen, davon rate ich dir entschieden ab; das Wasser ist zu kalt», warnte der Doktor. «Wohl aber kannst du dich bis zur Hüfte hineinsetzen und auch den Oberkörper waschen. Sei jedoch mit Rücken und Schultern etwas vorsichtig. Man holt sich allzu leicht in diesen über 2.000 Meter hohen Gebirgsseen die Bergsteigerkrankheit, das heißt neuralgische Schmerzen, und das ist ein solches Schwimmbad nicht wert. Zunächst aber wird noch einmal gefrühstückt, womit du sicherlich einverstanden bist.»

Sie nahmen am Seeufer auf den Steinen Platz und widmeten sich dem bescheidenen Rest der mitgeführten Essvorräte, von dem Stephan trotz seines heftigen Widerspruchs den Hauptanteil verzehren musste, während der Doktor sehr bald zur Zigarre überging. Nachdem auch der letzte Apfel und das letzte Konfekt verschwunden waren, entkleidete sich Stephan schnell und unauffällig und schritt, völlig nackt wie ein junger Gott, zum See hinunter.

Doktor Rainer hatte den Vorgang gar nicht bemerkt, da seine Augen sorgfältig mit dem Glase die einzelnen Berggipfel absuchten. Als er es absetzte, fiel sein Blick auf den Schreitenden. Die Rückenpartie Stephans war von einer makellosen Schönheit. An den wenig befleischten, kaum gekrümmten Nacken schlossen sich, wie Adlerflügel ausgespannt, die geraden, sanft abfallenden, breiten Schultern. Zwischen ihren flachen Blättern trat die Wirbelsäule kaum hervor. Die noch zarten, aber festen Hüften waren ohne jede Breite und verliefen geradlinig zu den strammen Schenkeln herab, deren hintere Wölbungen bereits kräftige Muskelansätze zeigten. Die beiden ovalen, in der vollen Pracht ihrer krummen Flächen hochgewölbten Hügel, auffällig abgesetzt von der übrigen Körperbräune in rosigem Weiß schimmernd, waren nicht weiblich träge, sondern unter der festen, straffgespannten Haut von jugendlichem Blut geschwellt. Sie erzitterten bei jeder Bewegung des Schreitenden und schienen sich durch gegenseitiges Berühren ständig zu liebkosen, wozu die Grübchen an beiden Seiten lächelten.

«Fürwahr ein Bild, das in diesem Rahmen festgehalten zu werden verdient», sagte Rainer halblaut zu sich selbst, zückte die Leica und machte schnell zwei Aufnahmen, bevor Stephan ins Wasser stieg. Dieses war völlig klar und ließ deutlich erkennen, dass ein schmaler Streifen am Uferrande eine nur geringe Tiefe aufwies. Der Grund war plattiger Fels, der, an verschiedenen Stellen erhöht, einen idealen Sitzplatz unter Wasser, dem Betreffenden etwa bis zur Hüfte reichend, bot; jedoch bereits wenige Meter vom Ufer entfernt senkte sich der felsige Grund plötzlich in die Tiefe.

Stephan ersah sofort seinen Vorteil und nahm unverzüglich auf einem der Felsensitze unter Wasser Platz. Unter Freudengeschrei besprengte er Brust und Gesicht mit dem kalten Wasser.

«Nun, wie ist es?», rief der Doktor von oben herunter.

«Wonnig, wonnig!», schrie Stephan zurück.

«Dann werde ich auch kommen», kündigte der Doktor an und begann sich zu entkleiden.

«Warte bitte noch!», rief Stephan herauf, «erst komme ich zu dir zur Musterung!»

Er sprang pudelnass aus dem Wasser, stieg behände das Ufer herauf und pflanzte sich mit einem Gesichtsausdruck, in dem sich leichte Verlegenheit mit Erwartung paarte, vor dem Freunde auf.

In tiefer Ergriffenheit betrachtete der Doktor den von blühender Wohlerschaffenheit strahlenden Jünglingskörper, dieses Geschenk der Götter, das sich jetzt hüllenlos im Sonnenglanz seinem freudentrunkenen Blicke bot: die herrlich gespannte Brust, den straffen Leib und die wohlproportionierten Gliedmaßen, die trotz ihrer schlanken Linienführung Fülle atmeten. Die mattglänzende, tiefgebräunte Haut war völlig haarlos, und nur am Schnittpunkte des Körpers wurden die männlichen Attribute von schwarzseidenen Locken umkränzt, die spärlich auch in den Achselhöhlen zu sehen waren. So gewann der Schauende den Eindruck, kein lebendes Wesen, sondern eine Bronzeplastik der Antike, von Meisterhand geformt, vor sich zu haben. Nur ein Praxiteles hätte diesen Körper, der jugendlicher erschien, als er wirklich war, in seiner vollen Schönheit nachbilden und ihm auch jenen geheimnisvollen Reiz des Jünglingsalters, das in unbestimmter Sehnsucht dahinträumt und der natürlichen Heiterkeit einen Zug süßen Sinnens beimischt, verleihen können. Wahrlich, die Götter hatten überreich gespendet, denn vor der strahlenden Herrlichkeit der Gestalt traten sogar die anmutsvollen Gesichtszüge des Jünglings in den Hintergrund. Hier war der Beweis, dass der Geist den Körper in seinen Linien beeinflusst und körperliche Schönheit ein Ausdruck der Innerlichkeit ist. Wie sagt doch der Dichter? «Es ist der Geist, der sich den Körper baut!» – Auf die Jugend bezogen, traf jedenfalls diese Erkenntnis zu, für das zunehmende Alter mochte dagegen die Lehre der Weisen gelten, die listig und widerspruchsvoll behauptet, dass die Schönheit der Seele erst dann beginne, wenn die Pracht des Körpers bereits verfällt. –

Stephans Augen drangen tief in die des Freundes, forschend und fragend, und zwangen seine abirrenden Gedanken zur Wirklichkeit zurück.

«Du bist ja noch viel, viel schöner, als ich dich mir erträumt hatte», gestand der Doktor in einem Tonfall, aus dem die ehrliche Bewunderung unverkennbar herausklang.

«Sieh mich nun aber auch genau an, denn eine spätere Reklamation ist ausgeschlossen», forderte Stephan mit naiver Drolligkeit und umarmte gleichzeitig hingebungsvoll trotz aller Nässe den Freund.

«So kann ich dich wirklich nicht sehen», konstatierte der Doktor lachend.

«Dafür aber fühlen.»

«Ach so – nach Goetheschem Rezept: ‹Sehe mit fühlendem Auge, fühle mit sehender Hand›»?, meinte der Doktor. – «Nun aber schleunigst fort mit dir, sonst gibt es doch noch einen Wortbruch! Kühle dich ab –, es bleibt nun mal bei unserem Übereinkommen und deinem festgefassten Vorsatze!»

Er gab ihm zur Bekräftigung einen schallenden Klaps auf die Kehrseite, und Stephan floh lachend mit einem roten Fleck auf dem linken Spiegel zum See hinunter, in dem er erneut seinen kühlen Platz unter Wasser einnahm. Auch der Doktor entkleidete sich nunmehr, stieg in den See und setzte sich auf eine benachbarte Klippe. Als Stephan ihn erblickte, erhob er sich sofort und setzte sich ihm auf den Schoß.

«Habe ich die Prüfung bestanden, Rolf?», fragte er, sich zärtlich anschmiegend.

«Summa cum laude!», antwortete der Doktor, den nassen, kalten Körper seines Jungen liebevoll umspannend. Was glaubtest du denn?»

«Wie das aber auch alles zwischen uns klappt!», lautete die überraschende Antwort.

«Wie meinst du das?»

«Nun ganz einfach, ich gefalle dir und du – gefällst mir. Sagt des nicht alles?»

«Somit steht also unserem Freundschaftsbunde nichts mehr im Wege», stellte der Doktor fest.

«Nichts!», bekräftigte Stephan.

«Somit auf zum Venediger!», rief der Doktor.

«Ja, auf zum Venediger! Und so bald wie möglich», forderte Stephan. –

Nach beendetem Bade zogen sie Socken und Schuhe an, da die

spitzen Steine am Ufer sie am Gehen behinderten, und liefen im Übrigen unbekleidet in der heißen Sonne, die sie schnell trocknete, das Seeufer entlang. In die strenge Stille des Gesteins war Pan Dionysos eingebrochen und beseelte mit seinem Hauch die im Sonnenglanz gleich den seligen Göttern Wandelnden. Den Doktor entzückten die geschmeidigen Bewegungen seines Jungen, und Stephans Augen glitten immer wieder auf die kraftvolle Gestalt des Freundes.

Schließlich beendete ein Machtwort des Doktors die Szene; er befahl Stephan, sich anzuziehen, mit der Begründung, dass der Abstieg ihnen ja noch bevorstände und dazu alle Kräfte erforderlich seien.

«Genügt nicht zum Abstieg die Badehose?», schlug Stephan vor.

«Ja, sie genügt, wenn auch die Rucksäcke etwas schwerer werden, fette dich aber gut ein.»

Sie streiften die Badehosen über, der Doktor setzte eine zweite Zigarre in Brand, während Stephan als schwacher Raucher die ihm gereichte Zigarette ablehnte.

«Lass mich die Rucksäcke packen, darauf verstehe ich mich jetzt vortrefflich», bat er und machte sich sofort an die Arbeit, indem er Lederhosen und Hemden kunstgerecht zusammenlegte und im Inneren der Behältnisse verschwinden ließ.

«Möchtest du mir jetzt nicht etwas vorsingen, wir haben noch Zeit?», regte der Doktor nach einem Blick auf die Uhr an, nachdem die Rucksäcke verschnürt waren.

«Aber gern, was willst du denn hören?», fragte Stephan.

«Am liebsten Mozart.»

«Also – ‹Cosi fan tutte›?»

«Ja, herrlich!», antwortete der Doktor und lehnte sich auf seinem Steinsitz gegen die Felswand erwartungsvoll zurück.

Stephan formte sich aus seinem buntseidenen Halstuch ein turbanartiges Gebilde, das aufgesetzt zu seinem schwarzen Haar, seiner umbragetönten Haut und roten Badehose vortrefflich passte und ihm geradezu eine exotische Note verlieh, die jedoch andererseits mit seinen Wollsocken und schwerbenagelten Halbschuhen kontrastierte und überdies einen harmonischen Zusammenklang zwischen lebendiger Staffage und Landschaft nicht recht aufkommen ließ. Aber dennoch wirkte Stephan in diesem etwas merkwürdigen

Aufzuge schlechthin bezaubernd. Lautenbegleitung markierend, begann er mit zarter Stimme das Andante cantabile:

> «Der Odem der Liebe
> Erquicket die Seele,
> Ein Labsal voll Süße
> So schmeichelnd und weich.»

Er sang die Tenorarie des Ferrando mit einer so beseelten Schönheit, dass sie sein Zuhörer im poetischen Sinne als «Aufbruch des Herzens zu Dank und Preisen, zu bejahender Hingabe an die Fülle des Lebens, zu inniger Versenkung und gläubigem Ausblick» empfinden musste und auch so empfand. Töne, Worte und Gestalt des Sängers verschmolzen zu einer beglückenden Harmonie, die zum Herzen ging und dort geradezu schmerzhaft wirkte.

Der Doktor unterdrückte diese innere Regung: «Ich erkenne, dass du nicht nur mit Worten, sondern auch mit Tönen schmeicheln kannst und ich wie Odysseus ihnen unterworfen bin. Aber jetzt bitte ich um etwas Heiteres, lieber Junge.»

Stephans Augen blitzten und übermütig begann er eine chanson populaire «La bergère et le chaton». Als er schelmisch geendet:

> «La pénitence est douce,
> Et ron ron ron petit patopon,
> La pénitence est douce –
> Nous recommencerons»,

schloss ihn der Doktor glückselig in die Arme.

«Nous nous embrasserons», sang er ihm übermütig nach. «Wenn hier Lorbeer wüchse, würde ich deine Stirn damit umkränzen. So viel Schönes auf einmal – deine Gestalt, der Wohllaut deiner Silberstimme und dies im Rahmen völlig abgeschlossener einzigartiger Natur – ist für einen Sterblichen beinahe zu viel. Um dies einmal zu erleben, lohnt sich schon ein ganzes Erdenwallen mit seinen Unzulänglichkeiten, seinen Plagen und Scheußlichkeiten. Die Götter haben mich sichtbar gesegnet, und mein Dankesgefühl für so viel Gnade ist unaussprechlich. Und nach ihnen danke ich dir, Stephan, der du mir alles schenkst, was du besitzt, deine Kunst, deinen Körper, deine Seele. Gott gebe mir die Kraft, dir dies alles zu lohnen!»

«Deine Worte machen mich wohl froh und glücklich, aber keineswegs stolz und übermütig», entgegnete Stephan bescheiden, «denn von dem, was du mir täglich und stündlich schenkst, war bisher noch niemals die Rede. Lass mich fortan meine innere Verbundenheit und meinen pflichtschuldigen Dank nicht mit Worten und Tönen, sondern durch Taten zum Ausdruck bringen. Dabei bleibt es mir noch immer freigestellt, dich mit meinem Gesange zu erfreuen, und so möchte ich dir jetzt noch ein Liedchen singen, dessen Worte und Tonsatz ich in einem kurz vor unserer Bekanntschaft erschienenen Büchlein fand. Die Melodie gefiel mir in ihrer Einfachheit so, dass ich mir auch den Text merkte, ohne allerdings zu ahnen, wie bald er für mich aktuelle Bedeutung haben sollte.»

«Aktuelle Bedeutung? – Da bin ich wirklich gespannt», versetzte der Doktor und nahm erwartungsvoll noch einmal Platz.

Leise begann Stephan:

> «Stehn vor den Leuten wir,
> Sagst du kein Wort zu mir;
> Bist dann so stolz und fern
> Und hast mich doch so gern –
> Ganz im Geheimen, ganz im Geheimen.

> Kommst du noch jede Nacht
> Zu mir im Traum ganz sacht,
> Legst deinen Arm um mich,
> Und ich, ich küsse dich –
> Ganz im Geheimen, ganz im Geheimen.

> Wenns auch im Traum nur ist,
> Dass du mein Liebster bist;
> Ach bleib im Traume mein,
> Und ich will glücklich sein –
> Ganz im Geheimen, ganz im Geheimen.»

Der Doktor sprang von seinem Sitze auf und schloss Stephan, der auch dieses einfache Liedchen mit beglückendem Wohllaut als Bekenntnis seines Inneren gesungen hatte, erneut in die Arme. «Das ist wirklich ein reizendes Liebeslied, das unserer derzeitigen Situation überraschend gerecht wird. – Nun, nach unserer Venedigerbesteigung wird dies alles anders, und du wirst dann auf Träume allein nicht mehr angewiesen sein.»

«Wenn es nur erst so weit wäre», klagte Stephan mit wehem Blick.

«Habe Geduld, Stephan, das läuft uns doch nicht weg! Vom Sittlichen zum Sinnlichen ist es nur ein Schritt und der wird oft allzu früh getan. Ist es nicht herrlich, zu wissen, dass wir das alles noch vor uns haben?»

«Das schon, aber – ich bin jung, und du glaubst nicht, was ich kämpfen muss, seitdem ich dich kenne.»

«Ja, Stephan, ich weiß – aber wollen wir schon wieder einmal einem Vorsatz untreu werden? – Nur noch wenige Tage ein solches Wetter wie heute, und du stehst auf dem Venedigergipfel.»

«Hätte ich doch nur nicht diesen Vorschlag gemacht!», klagte Stephan weiter.

«Nun Schluss!», befahl der Doktor nachdrücklich und setzte lächelnd hinzu:

‹So hemme die Klage,
Die herrlichsten Tage
Erwarten dich dann!›

Mit dieser Verheißung wollen wir jetzt von dieser Stätte, die uns so unendlich viel Schönes gegeben, die Zeuge unseres Glückes war, würdigen Abschied nehmen mit dem festen Versprechen, sie später einmal wieder aufzusuchen. In unseren Herzen bleibt sie uns als Heiligtum erhalten.»

Stephan blickte mit völlig veränderter Miene auf: «‹Heiligtum› sagst du? Dann sollte man aber auch den herrlichen See entsprechend taufen, denn ‹Rinderkarsee› klingt viel zu profan. – Ha, ich habe die Lösung!»

Er nahm einen Stein auf und schritt, den Doktor am Arm mit sich ziehend, zum Seeufer.

«Höret mich, Ihr Geister der Berge, des Wassers und der Luft!», rief er jubelnd in die Stille. «Dieser See, dessen glatten Spiegel jetzt mein Steinwurf vorübergehend zertrümmern wird, erhält einen neuen Namen. Tief im inneren Tibet, umrahmt von gewaltigen Bergen, liegt die Krone der Seen aller Länder, das größte Heiligtum der Hindus, beglückt mit einem Namen, der dem Ohre wie Sphärenmusik klingt. Du Juwel zu meinen Füßen hier, du Aschenbrödel unter den Alpenseen, unbekannt und kaum besucht, mit der hässlichen Bezeichnung ‹Rinderkarsee›, du sollst von dem dir dankbar verbundenen Stephan von Valén, dem du so viele Freuden gespendet hast, feierlich jetzt diesen schönen Namen empfangen, und so taufe ich dich hiermit: ‹Manasarovar›!»

In großem Bogen flog der Stein aus Stephans Hand in den See, und während die Wellenringe verebbten, schloss der Doktor lachend und lobend seinen übermütigen Jungen zum dritten Mal in die Arme.

«Das hast du ja mal wieder großartig gemacht! Woher kam dir nur plötzlich diese wunderhübsche Idee und woher die verblüffende Kenntnis von Land und Leuten des inneren Asiens?»

«Das ist ganz einfach», erklärte Stephan. «Als ich vor Jahr und Tag Sven Hedins ‹Transhimalaja› las, gefiel mir gerade die Schilderung jenes Sees mit seinem wohltönenden Namen, und so habe ich ihn eben behalten. Dass er mir aber gerade im entscheidenden Moment eingefallen ist, diese Behändigkeit des Geistes verdanke ich nun schon meinem teuren Freunde und Lehrer, dem bekanntlich im gegebenen Augenblick auch immer etwas Passendes einfällt und der diese Eigenart bereits auf seinen aufmerksamen Schüler übertragen hat.»

«So lass uns denn schnell noch einige Aufnahmen von dem Täufling machen, die uns an stillen Winterabenden nicht nur an die schöne Gegend, sondern auch an die Regsamkeit deines produktiven Gedächtnisses, das aus entlegensten Provinzen treffliche Analoga heranzuziehen weiß, an diesem Platze erinnern sollen.»

Unverzüglich gingen sie ans Werk, und nachdem zunächst die Landschaft in verschiedenen Fern- und Nahaufnahmen fixiert worden war, musste Stephan noch einmal ins Wasser, damit auch diese Episode im Bilde festgehalten war. Anschließend wurden die Rucksäcke geschultert, und als sie sich aufbruchsfertig noch einmal gegenseitig musterten, fingen sie beide laut an zu lachen. Die fettglänzenden, nur von farbiger Badehose unterbrochenen nackten Körper, die durch Schutzbrille und Hut mit Adlerfeder beschatteten Gesichter, diese Kombination des Unbekleideten mit Schuhen, Socken und Rucksack musste aber auch auf jeden Beschauer einen geradezu grotesken Eindruck hervorrufen und seine Lachlust herausfordern.

«Wir sehen aus wie Indianer auf dem Kriegspfad, und Kinder werden bei unserem Auftauchen vor Schreck aufschreien», urteilte Stephan.

«Als du soeben dem See entstiegst, wirktest du entschieden klassischer», konstatierte der Doktor, «dennoch lass uns auch diese Groteske im Bilde festhalten.» –

Endlich brachen sie auf und stiegen zum obersten Plateau empor. Dort schwenkten sie nach links in Richtung eines kleinen Steinmanns, den sich der Doktor beim Aufstieg als Wegzeichen eingeprägt hatte, fanden aber trotzdem ihre alte Anstiegsroute nicht wieder, sondern gerieten in steilen plattigen Fels, den sie vorsichtig herabklettern mussten. Auf diese Art erreichten sie zwar das Plateau über der Anstiegsmulde, suchten aber vergeblich nach deren Einmündung, da sie augenscheinlich zu weit nach links geraten waren. Somit sahen sie sich genötigt, durch ein enggedrängtes Durcheinander von knie- bis mannshohem Grün in unübersichtlichem Gelände abzusteigen, bis sich der Doktor entschloss, nach rechts zu traversieren, um die noch immer fehlende Abstiegsroute wiederzufinden. Dieser Übergang war schwierig und anstrengend und führte zu wiederholten tiefen Einbrüchen in das vermorschte Erdreich. Plötzlich schrie Stephan:

«Hier ist ein schwaches rotes Zeichen, wir sind in der Mulde!»

«Gott sei Dank.», stöhnte der Doktor und wischte sich den Schweiß von der Stirn.

Damit waren jedoch die Schwierigkeiten des Abstiegs noch nicht restlos überwunden. Das Hinuntersteigen auf dem jetzt endlich wieder gefundenen steilen Pfade war entschieden schwieriger als das wenn auch mühevollere Heraufkommen. Jeder Fußtritt musste erwogen und vorher geprüft werden, wodurch viel Zeit verbraucht wurde. Jetzt, nachdem die Abstiegsroute gefunden war, stand sie jedoch reichlich den beiden Bergsteigern zur Verfügung, und so legten sie wiederholt kurze Ruhepausen ein und schonten ihre Kräfte.

«Lass uns doch hier oben noch etwas verweilen», schlug Stephan nach Überwindung des gröbsten Teiles der Abstiegsmulde vor, «wir sind ja sonst schon um 17 Uhr in Krimml. Hier ist es doch herrlich und überdies so wundervoll einsam. Wir suchen uns einen schönen, schattigen Platz im Hochwalde, und dort hältst du ungestört eine prächtige Mittagruhe.»

Sie passierten das Jägerhaus und fanden bald danach abseits des Pfades eine sanft abfallende Lichtung, die gegen jeden Einblick geschützt, von Stephan als geradezu idealer Ruheplatz angesprochen wurde. Schelmisch rezitierte er:

> «Wer kann solches Ruheplätzchen
> Sehen und vorübergehen?»

Lächelnd erklärte sich der Doktor mit dem Vorschlage seines «Bathyllos» einverstanden und wählte als Lager ein von dicken Tannenzweigen beschattetes Plätzchen, auf dem er sich unverzüglich niederstreckte. Stephan öffnete geschäftig die Rucksäcke und schob ihm die zusammengefaltete Jacke als Kopfpolster unter. Dann bettete er sich daneben und legte sein Haupt auf den Arm des Freundes.

Der gewählte Lagerplatz war tatsächlich ein idyllisches Fleckchen Erde. Moospolster und sattgrüne Gräser, Farnkraut und Weidenrose, Falterspiele und leises Insektengesumm erzeugten ein Gefühl schöner Unberührtheit, und im Lufthauch schwingende Tannenzweige verwehrten den gleißenden Sonnenstrahlen den Zutritt. Ein schmaler Spalt zwischen zwei hohen Lärchen gestattete einen Fernblick nach Norden, auf den Pinzgau und die Kitzbühler Berggipfel.

Wundervoll war die ruhevolle Entspannung des durchbluteten Körpers nach dem anstrengenden Absteigen. Der Doktor hielt die Augen halb geschlossen und sog unter Verzicht auf die Zigarre in tiefen Zügen die vom Harzgeruch der Tannen und vom würzigen Duft der Blumen und Waldkräuter gesättigte Luft in die geweiteten Lungen ein. Er fühlte sich wunschlos glücklich und warf in diesem Gefühl einen kurzen Blick auf den an seiner Seite ruhenden Gefährten.

Dieser lag unruhig und drängte sich, als er den Blick fühlte, eng an den Freund heran.

«Brav bleiben, Stephan!», mahnte der Doktor, «denke an deinen ‹felsenfest› gefassten Vorsatz!»

«Ja», gelobte Stephan kleinlaut und schmiegte seinen nackten Körper noch enger an den des Doktors. Plötzlich warf er sich über ihn und bedeckte seinen Mund mit heißen Küssen.

«Nennst du das etwa brav?», fragte der Doktor mit einem diesbezüglichen Seitenblick.

«Ich kann nicht mehr!», stieß Stephan wild hervor und flog am ganzen Körper. «Rolf, sei nicht grausam – jetzt musst du es tun!»

Der Doktor sah in tiefer Betroffenheit die zitternde Erregung seines Jungen und erkannte plötzlich, dass es jetzt kein Zurück mehr gab. Eine Abweisung oder auch nur der nochmalige Vorschlag eines Aufschubes würde eine zu furchtbare Ernüchterung, ja geradezu eine tödliche Beleidigung Stephans sein. Zwar lag noch immer viel Unausgesprochenes zwischen ihnen, dessen vorherige Bereinigung ihm auch in diesem Augenblicke am Herzen lag, aber dazu war es jetzt zu spät. Stephan selbst hatte das Tempo bestimmt, alle Hemmungen überrannt, und nun schlug das Flammenmeer über ihn zusammen und war durch nichts mehr einzudämmen, sondern nur noch zu löschen.

Entschlossen richtete sich der Doktor in dieser Erkenntnis aus seiner Ruhelage auf. Tiefernst, ja feierlich drang sein Blick in die flammenden Augen Stephans, fest und hart war der Griff, mit dem er den Jüngling umschloss, und während er den Tiefaufstöhnenden an sich zog, sprach er mit leiser Ergriffenheit in die Stille die unsterblichen Verse:

«Wer das Tiefste gedacht, liebt das Lebendigste,
Hohe Tugend versteht, wer in die Welt geblickt,
Und es neigen die Weisen
Oft am Ende zum Schönen sich.»

8. Tatsachenbericht und Formulierungskunst

Als Stephan am folgenden Morgen die Augen aufschlug, zogen unverzüglich die Ereignisse des vergangenen Tages durch seinen Sinn. Auch nicht das leiseste Bedauern empfand er bei dem Gedanken an das gestrige Geschehen, bei dem ihn die Gewalt des Augenblicks, die angestaute seelische und körperliche Spannung jählings überfallen, sich die allzu lange aufgespeicherte Erwartung in einer hemmungslosen Hingabe gelöst hatte. Nein, er hatte nichts zu bereuen und nichts zu verwünschen. Ausgesöhnt mit der ganzen Welt, fand er in seinem Inneren für Anflüge von Reue oder Scham keinen Platz, und nur ein unendliches Wohlgefühl durchdrang ihn bei der Erinnerung an das unerhörte Erlebnis, das er gewollt, ja geradezu erzwungen. Ja, er hatte seine Jugendkraft hingegeben, damit gegen herkömmliche Moral und Sittenkodex verstoßen und sich nach dem Gesetz des Landes, in dem er als Gast weilte, strafbar gemacht, aber was wollte das schon besagen, war er nicht einem sehr viel höheren Gesetze, dem seiner inneren Stimme, gefolgt? Gott Eros selbst war herabgestiegen und hatte den schwelenden Funken in ihm zu einer hochlodernden Flamme entfacht, und dieses göttliche Feuer hatte alle Hemmungen verzehrt und ihn zur einsichtsvollen Erkenntnis seiner naturgewollten Bestimmung geläutert.

Und wem hatte er sich geschenkt? – Bestimmt keinem Unwürdigen, sondern einem Manne, der es verdiente und der auch die Größe seines Opfers voll und ganz erkannte. Kein lustvolles Spiel war es zwischen ihnen gewesen, sondern ein Kultus, eine sakrale Handlung als endgültige Bestätigung ihrer Zusammengehörigkeit, bei dem der Freund hinreißend liebevoll zu ihm gewesen war. Lange noch hatte er, Stephan, in gleichem Maße entspannt und gesättigt, in Freundesarmen geruht und ein bisher unbekanntes Gefühl von Geborgenheit und Zugehörigkeit empfunden. Und ein solches Glück, das die Götter nur ihren Lieblingen spenden, das niemandem schadet und niemanden schädigt, soll verboten, ihm vorenthalten sein? Dann holt sich der Entschlossene eben selbst vom Himmel die ewigen Sterne, die oben stehen unveränderlich! – Und jetzt sind wir wirkliche Freunde, untrennbar zusammengeschweißt, jubelte es in Stephan, und ich habe diesen letzten Schritt dazu getan.

Er sprang aus dem Bett und betrachtete seine freudestrahlenden Augen und blühenden Wangen im Spiegel. Jeder Zug von Verschlossenheit und Trübsal war ausgelöscht, die Lippen waren aufgeblüht und der Blick war stolz und frei.

«Jetzt aber schnell zu Rolf!», befahl sich Stephan, «ich muss wissen, wie es ihm geht.»

Eine leichtbeschwingte Mozartarie «Kein Wölkchen das Sommers trübt meinen heiteren Sinn» vor sich hin trällernd, beschleunigte er seine Morgentoilette, ließ sogar das Frühstück unberührt und eilte hinüber zum Doktor, den er bereits beim Schreiben antraf.

«Junge, dein Gesicht badet ja förmlich in Glanz!», begrüßte ihn dieser freudig.

Stephan umschlang ihn wortlos und bot seine frischen Lippen.

«So gefällst du mir», fuhr Rainer fort, «aber ich sage dir auch offen, dass ich nur so dich erwartet habe. Ein anderes Verhalten hätte mich an dir irre gemacht.»

«Ja, glaubtest du vielleicht, dass ich als geknickte Lilie, als bußfertiger Sünder vor dir erscheinen würde? Ich habe nichts, gar nichts zu bereuen – und im Übrigen wäre ich ja doch nur von dir ausgelacht worden.»

«Dies wohl nicht – jedenfalls bist du mir so lieber. Aber sage einmal, hast du denn schon gefrühstückt?»

«Nein, ich musste dich erst einmal aufsuchen.»

«Wie höflich und wie selbstlos! – Dann holst du wohl jetzt erst das Frühstück nach, ich habe noch zu schreiben.»

Stephans Augen wandten sich dem Manuskript zu, das ausgebreitet auf dem Tische lag.

«Du bist natürlich schon wieder fleißig, und ich bin schon direkt eifersüchtig auf deine Arbeit. Darf ich wohl fragen, was du schreibst? Ist es eine wissenschaftliche Abhandlung?»

«Nein, das nicht –», lautete die Antwort etwas zögernd. «Zwar wollte ich es dir erst später sagen, da du aber fragst, muss ich dir schon antworten. Zur Eifersucht hast du jedenfalls keinen Grund, denn ich schreibe die Geschichte unserer Freundschaft.»

«Ja – aber doch wohl – in einer idealisierten, völlig unpersönlichen Form?», forschte Stephan, etwas betroffen und leicht beunruhigt.

«Nein, lieber Stephan, eigentlich schon mehr ein Tatsachenbericht, denn ich bringe fortlaufend unter dem frischen Eindruck des Geschehens die einzelnen Phasen der Entwicklung unseres Freundschaftsbundes zu Papier, also alles das, was wir gedacht, gesprochen und auch das, was wir getan haben, wobei mir nicht die Fantasie, sondern die erlebte Wirklichkeit den Ablauf der Handlung vorschreibt, sodass auch für mich, den Autor, das Kommende und schließlich das Ende der Geschichte noch völlig im Dunkeln liegt.»

«Aber ich bitte dich, Rolf, du schreibst doch nicht etwa alles auf, was zwischen uns geschieht und geschehen ist?», fragte Stephan erblassend, «etwa auch das gestrige Vorkommnis?»

«Auch das, lieber Junge, wenn auch unter Vermeidung alles Obszönen in der Schilderung», sagte der Doktor sanft.

«Rolf!», schrie Stephan auf, «wenn du das tust – Mein Gott, wenn jemand die Niederschrift zu Gesicht bekäme, ich würde mich totschämen. Rolf, ich beschwöre dich, wie kannst du mir das antun!?»

«Niemand sieht diese Niederschrift ohne meinen Willen. Das Sicherheitsschloss an meiner Schreibmappe ist nur von mir zu öffnen.»

«Dennoch, Rolf, warum schreibst du das auf, was mir heiligstes persönliches Erleben ist? Wovon ich felsenfest überzeugt war, dass es kein Dritter jemals erfahren würde? Für wen und wozu? – Bin ich dir denn nichts weiter als ein Modell, ein Studienobjekt, an dem du deine Formulierungskunst erproben willst? Hast du mich etwa deshalb zu dir genommen, um an mir zu experimentieren, wieweit sich ein junger Mensch durch entsprechende Beeinflussung vergessen kann und seine Erziehung, seine Ethik und sein Schamgefühl verliert,», fragte Stephan mit tiefster Bitternis in der Stimme.

«Stephan!», rief der Doktor drohend, «dieser Gedanke von dir ist so hässlich, dass ich ihn nur deiner unbegründeten Erregung – du bebst ja am ganzen Körper – zuzuschreiben vermag.»

«Aber so antworte doch auf meine Frage!», drängte Stephan, zitternd und verstört.

«Du fragst mich», fuhr Rainer ganz ruhig fort, «für wen ich das alles wohl niederschreibe. Ich antworte dir: zunächst für dich und für mich, denn aus diesem Grunde begann ich die Arbeit. Aber eine stille Hoffnung hege ich jetzt doch, dass auch andere einmal den Inhalt dieser Blätter lesen werden. Diese Entscheidung liegt jedoch nicht bei mir.»

«Um Gottes willen!», schrie Stephan erneut auf, «wer hat denn darüber zu entscheiden?»

«Du, Stephan!»

«Ich?», fragte Stephan fassungslos.

«Ja, du! Diese Blätter, an denen du selbst noch mitzuarbeiten haben wirst und die uns beiden eine bleibende Erinnerung an deine Jugend und an unser schönstes Erleben sein werden, kommen nach Abschluss unserer Reise in die sichere Obhut meines Safes in der Bank und gehen nach meinem Tode wie mein übriger literarischer und sonstiger Nachlass in deinen Besitz über. Du hast alsdann zu entscheiden, was nach deinem Tode – also nach etwa 50 Jahren – oder noch zu deinen Lebzeiten damit geschehen soll. Du kannst sie vernichten, sie an einen Würdigen weitervererben, du kannst sie auch veröffentlichen.»

«Warum sollte ich wohl mein und dein Gefühlsleben der profanen Öffentlichkeit unterbreiten?», sagte Stephan schon sehr viel ruhiger, «schließlich muss ich ja auch auf die Nachkommenschaft meiner Familie Rücksicht nehmen und unseren guten Namen schonen.»

«Unsere Namen sind belanglos und auch von mir bereits abgeändert worden», wandte Rainer ein, «nur die Vornamen sind geblieben und sollen auch bleiben.»

«Ja, aber der Grund, der Grund? Warum soll ich die Papiere, die wohl für uns, so lange wir leben, schöne Erinnerungen sein mögen, nicht vernichten?»

«Nun, so lies einmal die meiner Niederschrift vorangestellten Verse, die ich dem Schumannliede ‹Mit Myrten und Rosen› – der Text stammt bekanntlich von Heinrich Heine – entnommen habe, und dann denke einmal ganz in Ruhe nach.»

Er reichte ihm den Bogen, und Stephan las die Verse halblaut vor sich hin. Eine lange Pause trat ein, während der ihn der Doktor scharf beobachtete. Er sah, wie sich Stephans Züge allmählich entwölkten und eine feine Röte in dem blassen Antlitz aufstieg. Endlich blickte er auf und sah den Doktor mit Augen an, aus deren noch feuchter Tiefe ein Glanz hervorbrach.

«Es dämmert. Rolf, es dämmert», gestand er leise.

«Ich wusste ja, dass du mich verstehen würdest», sagte der Doktor sanft und schlang seinen Arm um ihn. «Schau, mein liebster Junge, – den irrationalen, politischen Revolutionen in Europa müssen und werden rationale, rein geistige Umbrüche folgen, und mit ihnen wird ein glücklicheres Zeitalter anbrechen. Morden und Unterdrücken werden ihr Ende gefunden haben, dafür Wissenschaft, Kunst und Körperkultur eine Harmonie von Schönheit und geistiger Betätigung auf allen Gebieten erzeugen und ein freies Menschentum beglücken. Alsdann wird auch die Geschichte unserer Freundschaft aus jener schrecklichen Zeit von vielen gelesen werden, so wie sie heute schon von vielen gelesen werden möchte. Aus dem unfreien, ausgelaugten, genormten und somit freudlosen Dasein wird der Mensch zu Eros und der Natur zurückfinden. Lockige Jünglinge und gereifte Männer werden in den ewigen Bergen, in der Stille des ältesten Gesteins, auf unseren Spuren wandeln, und unser Geist wird flüsternd im Winde zu ihnen sprechen. Viele Einsame und Unverstandene im eigenen Gefühl mögen dann zu den geschilderten Stätten unserer Freundschaft wallfahren, und wenn sie erreicht und gefunden, am Manasarovar eine stille Andacht halten. Und wenn sich zwei dort oben treffen, dann wird vielleicht dem einen beim Auspacken seines Rucksacks ein Buch herausfallen und der andere wird leuchtenden Auges sagen, das habe ich auch mit heraufgeschleppt, und sie werden sich erkennen. – Verstehst du mich jetzt, Stephan? Dich will ich verewigen, nicht mit Pinsel oder Meißel, die ich nicht zu führen verstehe, sondern nur mit toten Buchstaben, die aber aufleben, ‹wenn der Geist der Liebe über sie schwebt›, – und was hast du von mir geglaubt?»

«Verzeih mir, Rolf, verzeih deinem törichten Jungen, der in einem schwachen Augenblick an dir gezweifelt hat», flehte Stephan und zog die noch erhobene Hand des Freundes an seine Lippen. «Jetzt schäme ich mich noch sehr viel mehr, aber aus einem ganz anderen Grunde. Wie konnte ich nur so verblendet sein und was soll ich denn nur tun, um meinen Fehler wieder gut zu machen? – Strafe mich empfindlich, denn ich habe es wirklich verdient!»

«Nein, Stephan, du bist bereits dadurch gestraft, dass ich auch dieses Vorkommnis festhalten werde.»

«Könnten wir es nicht streichen, wenn ich dafür in anderer Form büße?», bettelte Stephan.

«Nein», entschied der Doktor, bereits versöhnt, mit gutmütigem Lachlaut, «derartige Schiebungen wollen wir doch besser unterlassen, die Götter möchten uns sonst zürnen.»

«Rolf, darf ich hoffen, da du verzeihst und vergisst? – Ich schwöre dir, mich zu bessern, dass du deine helle Freude an mit haben sollst!»

«Noch mehr Freude als bisher brauchst du mir gar nicht zu machen. Was ich befürchte und was auch der Grund einer Verheimlichung dir gegenüber war, ist lediglich eine Beeinflussung deiner Natürlichkeit durch meine vorzeitige Enthüllung, womöglich bist du jetzt in deinem Wesen befangen und wirst gekünstelt.»

«Nein, Rolf, das glaube nur gar nicht», versicherte Stephan eifrig, «aber ich sehe jetzt alles zwischen uns mit noch ganz anderen Augen und fühle einen unbeschreiblichen Glanz der Freude in mir, dessen Strahlen in weite Fernen gehen.»

«Du aber gehst jetzt erst einmal auf dein Zimmer und frühstückst», ernüchterte ihn der Doktor, «und danach kommst du wieder und liest die Bogen, die ich bereits geschrieben habe. Alles das, was dir auffällt oder missfällt, streichst du rot an, und wir sprechen anschließend jedes Kapitel für sich durch. Also jetzt fort mit dir, du Sünder!»

Bedrückt zog Stephan ab, und der Doktor war allein. Sinnend schritt er im Zimmer auf und ab. Der Sieg über Stephan schmerzte, er verstand den Jungen, der sich verletzt, dann erhoben fühlte und der jeder Gefühlsregung sofort Ausdruck verleihen musste. «Er soll so bleiben, wie er ist!», sagte der Doktor laut in der Erkenntnis, wodurch Stephans Unausgeglichenheit bedingt sei. Einmal war sie die Folgeerscheinung seiner Jugend, darüber hinaus aber hing die Zwiespältigkeit in Stephans Wesen mit seiner Veranlagung zusammen, sie war sogar charakteristisch, und ob er als sein Chronist dies genügend zum Ausdruck gebracht hatte, erschien ihm jetzt zweifelhaft. Oder war es wohl richtiger, der Bitte Stephans zu entsprechen, diese seine Schwäche unberücksichtigt zu lassen, ihn zu schonen? – Stephan selbst war darüber zu hören, er mochte entscheiden. –

Stephan holte inzwischen das fehlende Frühstück ohne besonderen Genuss in seinem Zimmer nach. Die verschiedentlichen Gefühlserregungen des Morgens hatten Spuren hinterlassen, und er fühlte sich ausgesprochen matt und bedrückt. Daneben drängte es ihn, die Niederschrift zu lesen. So beeilte er sich nach Möglichkeit und war bereits nach kaum zehn Minuten wieder im Zimmer des Doktors.

«Das ging ja erstaunlich schnell», begrüßte ihn dieser, «aber du siehst flau aus, komm und trinke erst einen Kognak.»

Er goss ihm ein geräumiges Glas voll, das Stephan leeren musste, und übergab ihm anschließend eine größere Anzahl einseitig beschriebener Bogen.

«Setze dich an den kleinen Tisch, dort liegt auch der Rotstift. Hoffentlich kannst du meine Schrift lesen, namentlich auch die nachträglichen Korrekturen und Ergänzungen, die ich häufig schnell hingeworfen habe.»

Stephan nahm den ihm zugewiesenen Platz ein und vertiefte sich in die Lektüre, während der Doktor wieder zu schreiben begann. Im Zimmer herrschte lange Zeit lautlose Stille. Zuweilen blickte Rainer von seiner Arbeit auf und warf verstohlen einen liebevollen Blick auf seinen Jungen, der ihm schräg gegenüber saß. Die Locke war ihm wieder einmal in die Stirn gefallen, aber in seiner Versunkenheit achtete er ihrer nicht.

Plötzlich hob Stephan den Kopf, seine Augen begegneten dem Blick des Doktors.

«Darf ich etwas fragen? – Woher wusstest du, dass ich nach Starnberg gefahren bin?»

Der Doktor lachte: «Dein Telegramm kam doch aus Starnberg, und den idyllischen Platz am See hattest du während unserer Unterhaltung in München kurz erwähnt. Schwierige Kombination, Stephan!»

«Aber meine Morgentoilette vor dem Spiegel ist erdichtet, denn du kanntest damals meinen Körper nicht.»

«Nun, auch da waren Anhaltspunkte gegeben, immerhin kannte ich dich kurz behost. Allerdings habe ich heute Morgen noch einige Ergänzungen vorgenommen, wie du im Manuskript siehst.»

«Ja, ich sehe», sagte Stephan und las weiter.

Sie arbeiteten bis zur Mittagsstunde. Nach dem Essen ruhte der Doktor, und Stephan zog sich mit den Niederschriften auf sein Zimmer zurück. Dort las er weiter und wurde immer mehr in den Bann der Erzählung gezogen. Dabei ging ihm allmählich das Gefühl dafür verloren, dass er selber Träger der Handlung war. Durch das Ungewohnte der Empfindung wurde er so weit von sich abgespalten, dass er wie von ferne sich selbst zusah und zuhörte, Gefühl eines Schauspielers, der sich zum ersten Mal im Film erblickt und immer wieder dem Eindruck unterliegt, einen anderen Menschen vor sich zu haben. Verblüffend richtig hatte ihn der Doktor gezeichnet, aber vielleicht kann man auch zu scharf nur in einer Richtung blicken, wodurch die Konturen zu hart werden und die weiche Tönung vermissen lassen, die durch Imponderabilien bedingt ist. An diesen war Rainer vorbeigegangen, sein Schwanken, seine Schwächen, seine innere Unausgeglichenheit hatte er unberücksichtigt gelassen, er hatte einen fertigen, zielsicheren jungen Menschen hingestellt, der jedoch noch unfertig war. – Im Gegensatz hierzu erschien ihm das sparsam gezeichnete Bild des Freundes vertraut. Ja, so war er, und hier gab es nichts zu erinnern, denn auch sein Steckenpferd, die Freude am Zitat, tummelte sich wacker zwischen den Zeilen der eigenen geistigen Produktion. –

Am Nachmittage trug Stephan seine Eindrücke und Bedenken dem Autor vor, der ihn mit Interesse anhörte. Als er geendet, sprang der Doktor auf und ging schweigend im Zimmer auf und ab. Stephan hatte also die Schwäche seiner Schilderung bereits erkannt. Sollte er ihm gestehen, dass er die gleichen Zweifel hegte? Hier galt es, mit höchster Behutsamkeit vorzugehen. So begann er diplomatisch:

«Unzweifelhaft hast du recht, Stephan, du bist nur in großen Zügen herausgemeißelt, die deinem inneren Wesen nicht völlig gerecht werden. Das liegt aber in der ganzen Anlage dieser Erzählung begründet. Wie soll ich wohl in der kurzen Zeit unserer Bekanntschaft in die innersten Regungen deiner Psyche eingedrungen sein, und warum sollte ich dich als unfertig hinstellen, wenn du nicht diesen Eindruck auf mich hervorrufst, auch wenn du dich innerlich so fühlst? Warten wir getrost die weitere Entwicklung der Handlung ab und wir werden allmählich schon klarer sehen. Bedenke ferner, dass es sich hier nicht um eine psychologische oder gar psychoanalytische Studie, sondern letzten Endes um einen simplen Tatsachenbericht handelt, der wirklich erlebt wird. Psychologische Kunstwerke dieser Art gibt es bereits in der deutschen Literatur – ich denke dabei an den ‹Tod in Venedig› und an die ‹Verwirrung der Gefühle›. Beide haben trotz ihrer klaren Schönheit entschieden etwas Unwirkliches. Jedes ist auf seine Art virtuos gestaltet und bleibt trotz allem Gekeife und Gekläffe des menschlichen Kroppzeuges eine Perle der Literatur, aber, lieber Junge, beide Autoren sind um das Entscheidende wie die Katze um den heißen Brei herumgegangen. Die volle Wahrheit der gesitteten Welt zu sagen, haben sie nicht gewagt, und so glaubt man ihnen auch nicht recht. Dafür aber geben sie sich viel Mühe, ethisch und geschmackvoll für ihr Publikum zu bleiben, suchen nach immer neuen Begründungen und Bemäntelungen, um nur ja nicht gegen den literarischen Takt zu verstoßen, und verraten damit nur, dass sie von dem wirklichen Geist der Antike, von der sinnenfreudigen Offenheit der Griechen, nicht ‹angekränkelt› sind. Damit will ich keinesfalls platten Schilderungen erotischer Vorgänge, die auch im Altertum nicht fehlen, das Wort reden und noch weniger pornografische Sauereien entschuldigen, aber schließlich gibt es doch in der Literatur aller Völker wundervolle Darstellungen des normalen Liebesverkehrs, warum scheut man sich bei der Erörterung der Homoerotik zuzugeben, dass auch hier so etwas geschieht?»

«Wahrscheinlich, weil die Zeit dafür noch nicht wieder gekommen ist», erwiderte Stephan.

«Durchaus richtig erkannt, lieber Junge! Seitdem das Kreuz den Griechengott vom Postament gestürzt hat – ein wundervolles Bild dieser Art findest du übrigens im Vatikan –, seitdem man die strahlendsten Götter und keuschesten Göttinnen verleumdet und ihren Kult bei Todesstrafe verboten hat, wagte kein Autor mehr, etwas Derartiges der breiten Öffentlichkeit zu unterbreiten. Das Wenige, was geschrieben wurde, war von vornherein für einen engbegrenzten Leserkreis bestimmt, erschien also unter dem Ausschluss der Öffentlichkeit. Dem kleinen Manne aus der großen Menge blieb es somit vorenthalten, und für die Freundschaftssonette eines Shakespeare, Michelangelos oder Platens fehlt ihm meist das Verständnis. Die Stiefkinder homoerotischen Einschlags aus diesem Milieu wurden und werden also auch hier stiefmütterlich behandelt, und dass der Nationalsozialismus, der ja die Kunst dem gesamten Volke erschließen will, ihm in dieser Richtung nicht helfen wird, darf man ja wohl kühn behaupten.»

«Und du glaubst, dass die Geschichte unserer Freundschaft, wenn sie einmal erscheinen sollte, diese Lücke schließen wird?», fragte Stephan mit leisem Zweifel im Unterton.

«Das wohl nicht, aber immerhin könnte sie bahnbrechend wirken, einen Auftakt darstellen, einen Weg zeigen, auf dem andere wandeln können, die volksverbundener sind als wir und somit mit vollem Recht von sich sagen können:

‹Dann sprechen wir zu dem und jenem nicht.
Dann sprechen zur Gesamtheit wir, zum Volke,
Und die sind's wert, dass man zu ihnen spricht –›

Nein, einen solchen Anspruch kann die Geschichte unserer Freundschaft nicht erheben.»

«Und wann wohl könnte dies alles sein – vielleicht beim Anbruch eines femininen Zeitalters für Europa?», äußerte Stephan, den Doktor fragend anblickend.

«Über den Rausch der Erkenntnis haben die Götter die Pflicht des Ausdrucks gesetzt, lieber Stephan! Was verstehst du also unter ‹femininem Zeitalter›?»

Stephan dachte einen Augenblick scharf nach und begann langsam und nach Worten suchend: «Ich stelle mir vor, dass man alle Erscheinungen im Leben verhältnismäßig leicht unterteilen könnte, wenn man ihnen entweder einen überwiegend männlichen oder überwiegend weiblichen Charakter zuerkennen würde. Im ersteren Falle herrscht der Verstand oder Intellekt, im zweiten das Gefühl oder Gemüt.» –

«Gut, weiter!», ermunterte der Doktor kurz.

«Beide Prozesse wechseln sich ab; in der Kunst, auch in der Musik, ist dies jedenfalls zu beobachten. Ich denke hier an die Komponisten Verdi und Wagner oder an den Thematiker Beethoven, dem der Melodiker Schubert gleichsam seine innigere, weibliche Ergänzung ist. Auf Naturalismus folgt die Romantik und umgekehrt. Der Naturalismus holt sich seinen Stoff aus der Realität und verlangt im Wesentlichen Verstandesfähigkeiten und Logik, hat also mehr männlichen Charakter, die Romantik hingegen holt sich die Materie aus fernen Welten und bedarf dazu der beflügelten Fantasie, zeigt also mehr weiblichen Charakter. Letztere Kunstform nenne ich daher feminin. Ein gleiches Wechselspiel stelle ich mir auch in allen anderen Erscheinungen des öffentlichen Lebens vor. Unter ‹Feminismus› verstehe ich somit eine Zeitperiode mit gesteigertem Innenleben des Einzelnen und damit der Gesamtheit, mit einem neuen Kultus des Gefühle und Gemüts und mit künstlerischen Kulturschöpfungen jeder Art, wie sie der Naturalismus niemals hervorbringen kann.»

«Nicht schlecht, lieber Stephan! – deine These ist zwar keineswegs neu, dafür aber hat sie entschieden etwas Bezauberndes, namentlich wenn man bedenkt, dass das XIX. Jahrhundert das Genie schon fast gleich mit dem Krankhaften, zumindest mit einem schrankenlosen Individualismus, der ja den Griechen eigentümlich war, setzte. – Aber ‹Feminismus› kommt nun einmal etymologisch von ‹femina›, heißt schlechthin ‹Verweiblichung› und hat damit ein Odium, einen üblen Beigeschmack in der Geschichte. Mächtige Staaten sollen der Überlieferung nach an ihm zu Grunde gegangen sein, und so wird ihn selbst der liberal denkende Staatsmann heute immer nur dulden, aber keinesfalls begünstigen.»

«Und warum nicht?», fragte Stephan mit leichter Herausforderung.

«Darüber unterhielten wir uns schon einmal bei der Erörterung der gleichgeschlechtlichen Anziehung im Hinblick auf die Volksvermehrung.»

«Somit siehst du in Feminismus und Homosexualität die völlig gleichen Begriffe?»

«Aber ich bitte dich, Stephan, wo bleibt deine sonst so gläsern klare Abstraktion? – Immerhin will ich dir zugeben, dass der letztere Begriff ohne den ersteren in der Praxis nicht gut denkbar ist.»

Stephan stutzte einen Augenblick und fuhr dann lachend fort: «Da hast du allerdings Recht, und ich erkenne, dass ich in der Kunst der Begriffsscheidung noch mancherlei lernen muss – denn der eine Partner muss ja wohl feminin veranlagt sein. Aber trotzdem stimmen weder Gleichung, noch Folgerung. Das männliche Sparta kannte genauso wie das weibliche Athen die Jünglingsliebe, und beide mussten schließlich doch untergehen. – Und wie ist es heute mit den Chinesen, die sich wie die Ratten vermehren, und wie mit den Japanern, die vortreffliche Soldaten sind? Bei beiden Völkern Asiens ist doch die Homosexualität von ältesten Zeiten her außerordentlich verbreitet, und kein Gesetz verbietet ihre Betätigung. – Also bitte, Rolf, jetzt erkläre mir den Zwiespalt.»

«Deine Behauptungen sind schon zutreffend, und die Klärung findest Du, sobald du an unser früheres Gespräch zurückdenkst. Der Prozentsatz der Homosexuellen in einem Volk ist immer erheblich kleiner als der der Normalgeschlechtlichen, wenn man ihn nicht künstlich emporzüchtet, das heißt also, wenn man dem Normalveranlagten nicht die Ehe versagt und zwar durch wirtschaftliche Bedrängnis oder ähnliche Misere, denn der normale Mann will heiraten und eine Familie gründen und die normal veranlagte Frau will ihren Anteil an der Produktivität einer gebären wollenden Welt leisten. Für ein Volk, das Raum hat, wird somit die Homosexualität niemals eine Bedrohung seiner Erhaltung sein. Die große Verbreitung, die sie heute in Deutschland trotz aller Verfolgung und strenge Bestrafung hat, ‹verdankt› sie der Propaganda in der Presse, zum Beispiel der ‹vortrefflichen› Zeitschrift ‹Der Stürmer›, die alle Hitlerjungen mit größtem Interesse und Verständnis lesen. Die Herren Goebbels und Streicher haben sich hier erhebliche Verdienste erworben und die deutsche Jugend in dieser Richtung voll und ganz ins Bild gesetzt.»

«Daran habe ich ja noch gar nicht gedacht», gestand Stephan, der Doktor fuhr jedoch unbeirrt fort:

«Also auf die Volksvermehrung hat der sogenannte Fehltrieb der Einzelnen den allergeringsten Einfluss, wie wir bereits damals feststellten, denn dieser Prozentsatz pflanzt sich sowieso nicht fort, und was die sogenannte Verführungskunst der gleichgeschlechtlich Gesinnten den Normalen gegenüber betrifft, so ist diese nur dann erfolgreich, wenn Frauen völlig fehlen oder aber Not und Elend herrschen. Ich weiß aus dem Munde von Marineoffizieren, dass sich die Matrosen bei langer Fahrt in überwiegender Zahl homosexuell betätigen und sich dennoch im nächsten Hafen mit dem ersten besten Frauenzimmer abgeben, ihr Sexus ist somit in keiner Weise nachhaltig beeinflusst worden. – Was nun den zweiten vielgehörten Haupteinwand gegen die Homosexualität betrifft, so hast du auch diesen bereits erwähnt und sogar widerlegt, nämlich durch deinen Hinweis auf die Japaner, er betrifft nämlich die Herabsetzung der Wehrfähigkeit eines Volkes. Auch diese Ansicht ist völlig falsch! Die großen Feldherren der Geschichte waren nun einmal trotz aller versuchter Widerlegungen homosexuell: Epaminondas und Themistokles, Pausanias und Demetrius Phalereus, Alexander der Große und Gaius Julius Caesar, Prinz Eugen und Friedrich der Große, um nur die wichtigsten zu nennen, und Freundespaare waren in allen Kriegen – auch in den letzten – stets die besten und tapfersten Soldaten, würdig der ‹heiligen Schaar› der Thebaner, der Sieger von Leuktra und Mantinea. Und wenn du, lieber Stephan, vorhin Feminismus und Homosexualität in einen Topf geworfen hast, so erinnere ich dich daran, dass die Wissenschaft scharf zwischen virilen und femininen Homoeroten unterscheidet und dass die hervorragend männlichen Eigenschaften der ersteren bei Plato Würdigung gefunden haben, worüber wir uns bereits einmal unterhielten.»

«So nimmst du also deine frühere Behauptung über den Feminismus als Erreger des Volksverfalls vollinhaltlich zurück», konstatierte Stephan beruhigt.

«Das tue ich schon deshalb nicht, weil ich es in dieser Form niemals behauptet habe. Nach wie vor stehe ich auf dem Standpunkte, dass man natürlichen Entwicklungen und Naturgesetzen beileibe keinen

Zwang auferlegen darf. Je unbefangener man solchen für Staat und Gesellschaft belanglosen Erscheinungen gegenübertritt, je weniger Aufhebens man von ihnen macht, je toleranter und verständnisvoller man sich zu ihnen stellt, umso weniger werden sie einem Gemeinwesen Schaden zufügen. Eröffnet man aber einen Kreuzzug gegen sie, so treibt man, wenn auch ungewollt, für sie Propaganda, fordert Widerstand heraus und schafft Märtyrer. – Oder bist du hier anderer Ansicht?»

«Durchaus nicht!», entgegnete Stephan lebhaft. «Und ich entsinne mich auch sehr gut unseres damaligen Gespräches, in dem du den gleichen Standpunkt vertratst, also die Verfolgung der Homosexualität als einen unsinnigen Kampf gegen die Naturgesetze und somit als ‹widernatürlich› bezeichnst. – Ist nun aber die Bekämpfung irgendeiner Sache widernatürlich, so kann doch unmöglich die Sache selbst auch widernatürlich sein! Somit wäre aber der gesetzlich festgelegte Begriff der ‹widernatürlichen Unzucht› für eine solche Handlung fehl am Platze.»

«Freilich ist er das, und der Kampf der Geister bemühte sich ja auch ständig, die öffentliche Meinung und die deutsche Regierung in der Nachkriegszeit in dieser Richtung aufzuklären. Der umstrittene Paragraf war nahe am Verschwinden, als plötzlich der Nationalsozialismus zur Macht kam, der ihn nicht nur beibehielt, sondern sogar ganz erheblich verschärfte.»

«Besteht nun aber nicht bei seinem Wegfall die Gefahr, dass sich die Homosexualität in Deutschland ganz erheblich ausbreiten und geradezu eine Sittenlosigkeit einreißen wird?», fragte Stephan.

Der Doktor machte eine Gebärde der Hilflosigkeit.

«Stephan, Stephan! – du hast ein Talent zur Fragestellung, die dich zum geborenen Examinator stempelt. Gott gnade den armen Seelen, die einmal als Prüflinge vor dir erscheinen müssen! Eine kurze Frage von dir – und ganze Probleme entfalten sich schlagartig, die man nur behutsam – sagen wir witzig unter der Devise eines Wilhelm Busch:

‹Stets äußert sich der Weise leise,
Vorsichtig und bedingungsweise› –

erörtern darf. – Aber dennoch will ich antworten! Wohl jeder normale

Mensch wird dir diese Frage mit ‹Ja› beantworten und auch um eine Beweisführung in dieser Richtung kaum verlegen sein. Vermutlich wird er auf die grundsätzlich polygame Veranlagung des Mannes, die in diesem Falle nicht durch die monogame der Frau neutralisiert wird, hinweisen und die Unbeständigkeit gleichgeschlechtlicher Zuneigungen besonders betonen. So höre ich ihn schon als Beweis hierfür Alkibiades oder Gaius Julius Caesar oder einen anderen Großen zitieren, die als Knaben Männer, als Männer Knaben geliebt haben. Womöglich wird er noch stärkeres Geschütz auufführen und das übel vermerkte auffällig tantenhafte Benehmen junger Homosexueller in der Systemzeit genauso verurteilen wie das verwerfliche Treiben älterer Artgenossen, die sich jeden Abend ‹etwas Neues› suchen mussten. Mit alledem hätte er schon Recht, und eine Widerlegung dürfte hier kaum möglich sein. Geht er jedoch in seiner Beweisführung noch weiter, so schießt er bestimmt über das Ziel hinaus, denn die Aufhebung des Paragrafen wird ebenso wenig aus Deutschland ein Sodom und Gomorra machen, wie dies bei anderen Staaten, die den Paragraf nicht kennen, der Fall ist. Die Normalen werden davon nicht berührt, wie wir gesehen haben, und dass ein gesetzlicher Schutz für Minderjährige und Untergebene erhalten bleiben muss, das halte ich für ganz selbstverständlich.»

Stephan verriet durch lebhaftes Nicken seine Zustimmung, und der Doktor fuhr mit erhöhter Stimme fort:

«Ich jedoch, mein lieber Junge, beantworte dir die Frage glatt mit ‹Nein!› und sehe deiner etwaigen Widerlegung mit Gelassenheit entgegen, obwohl du jetzt sagen könntest: ‹Wo bleibt bei der nicht unbeträchtlichen Zahl deiner unterschiedlichen jungen Freunde die Monogamie?› – Und dennoch hättest du Unrecht, denn mancher von ihnen wäre für einen dauerhaften Freundschaftsbund sehr wohl in Frage gekommen, aber immer gerade dieser wurde mir nach einer gewissen Zeit genommen, sei es durch den Krieg, sei es durch seine beruflichen Bedingtheiten, sei es aus Gründen der gebotenen Vorsicht. – Jeder ungesetzliche, vor den Augen der Welt ängstlich zu verbergende Bund besitzt zwangsläufig eine gewisse Labilität und kann daher nur mit stärkstem Wollen auf beiden Seiten aufrechterhalten werden. So lange der Paragraf besteht, besteht auch eine

Bedrohung, die eine geruhsame Zweisamkeit auf die Dauer einfach nicht aufkommen lässt. Fällt dagegen der Paragraf, so liegen mit einem Schlage die Dinge ganz anders. Ungestört und selbstverständlich können die beiden Freunde zusammen leben, sich gemeinsam eine Existenz aufbauen und sich vor allem gegen die Schmähsucht der lieben Mitmenschen energisch zur Wehr setzen. Es ist ja doch heller Wahnsinn, Menschen das Recht, nach ihrem inneren Gesetz zu leben, vorenthalten zu wollen, so lange ihr Verhalten niemanden schädigt! Und jetzt zitiere auch ich einen Kronzeugen für die Richtigkeit meiner Anschauung und zwar keinen geringeren als den berühmtesten der sieben Weisen Griechenlands, Solon. Erst als dieser kluge Mann den Begriff der Jünglingsliebe als ‹die freieste Betätigung menschlicher Selbstbestimmung› festgelegt und in seiner berühmten Gesetzgebung verankert hatte, begann das Licht in Athen in unerhörtem Glanze zu strahlen, das Licht der Freiheit – das Licht der Persönlichkeit – das Licht unserer abendländischen Kultur, das erst jetzt im Verlöschen ist. – Genügt dir meine Antwort, Stephan?»

«Mir ja, nur müsste dies alles auch einmal den sogenannten ‹liberal eingestellten› Staatsmännern zum Bewusstsein gebracht werden, damit sie endlich erkennen lernen, um was es hier geht. – Aber hoffen wir, dass der eine oder andere von ihnen einmal die Geschichte unserer Freundschaft vor Augen bekommen wird.»

«Unter diesem Gesichtswinkel hätte ich noch eine Frage an dich zu richten», hakte der Doktor ein. «Du hattest mich gebeten, ich möchte dein heutiges Verhalten nicht zu Papier bringen, auf der anderen Seite aber selbst Zweifel geäußert, ob deine innere Unausgeglichenheit in meiner Kennzeichnung deiner Person genügend zum Ausdruck gekommen sei. Ich frage mich nunmehr, soll ich in einer Niederschrift weiterhin der Kunstform des Naturalismus oder» – der Doktor lächelte – «der des Feminismus entsprechen? Ich gestehe dir offen, dass ich mich nur der ersteren gewachsen fühle, erkläre mich aber nichtsdestoweniger bereit, deinem Wunsche nachzukommen, wenn du darauf bestehen solltest.»

Stephan blickte den Doktor mit brennenden Augen groß an.

«Also gut», fuhr dieser fort, «ich werde deine Bitte erfüllen.»

«Es wäre eine Fälschung», sagte Stephan leise und versonnen.
«Das wäre es, aber dir zuliebe will ich sie begehen.»
«Nein, das sollst du nicht!», widersprach Stephan entschlossen. «‹Ce n'est rien donner aux hommes que de ne pas se donner soi-même!› Stelle mich also ruhig so hin, wie ich bin, als Mensch mit seinen Schwächen und Fehlern, und nicht als idealisierte Jünglingsgestalt ohne Fleisch und Blut, die dir doch niemand glaubt.»

«Du bist tapfer, Stephan, aber du kannst es auch sein, denn deine Vorzüge sind so groß, dass dich die Menschen gerade wegen deiner wenigen Fehler lieben werden. Sie werden sich nämlich selbst in diesen erkennen und bemüht sein, dir auch im Übrigen gleichzuwerden. – Dennoch verkenne ich die Größe deines Opfers keineswegs, und ich war wirklich im Zweifel, ob ich dir das antun durfte? Aber jetzt hast du mich beschämt – wir sind quitt, Stephan, – und so lass mich dir dafür herzlich danken.»

Er umschlang den Jungen und küsste ihn innig.

«Ach, Rolf, ich bin ja so froh, dass wir uns immer mehr verstehen.»

«Und ich immer stolzer über den Besitz eines so klugen und verständigen Jungen», bekannte der Doktor.

«Darf sich dann wohl der ‹kluge und verständige Junge› eine kritische Bemerkung über deine Formulierungskunst freimütig erlauben?»

«Und die wäre?»

«Ich finde, Rolf, du lässt deinem Steckenpferd allzu sehr die Zügel schießen und zitierst in deiner Niederschrift viel zu viel. Das, was der Leser von einem Autor verlangt, ist sein eigenes Wort und nicht das anderer Geister.»

«Du meinst also, dass ich mich durch diese Passion dem Verdacht unschöpferischen Wesens aussetze?»

«Zumindest dem Vorwurf geistiger Bequemlichkeit, die sich bei jeder Situation mit einem Schema fremder Gedanken an Stelle eigener Formulierungen begnügt.»

«Sehr wohl möglich! Aber ich frage dich als Zeuge des Erlebnisses, habe ich bei der geschilderten Situation zitiert oder nicht?»

«Jawohl, das hast du!»

«Dann darf ich in einem Tatsachenbericht diese meine Schwäche

ebenso wenig verheimlichen wie deinen Fehler. Auch nehme ich den etwaigen Vorwurf meiner geistigen Unzulänglichkeit getrost auf mich und pariere ihn wiederum mit einem Goetheschen Zitat, das da lautet:
> ‹Selbst erfinden ist schön, doch glücklich von anderen
> Gefundenes
> Fröhlich erkannt und geschätzt, nennst du das weniger
> dein?›»

«Ich darf doch hoffen», fragte Stephan etwas betroffen, «dass dich mein kritischer Einwand nicht verletzt hat?»

«Du hast mich damit so schwer getroffen, dass du mich nur dadurch versöhnen kannst, wenn du morgen früh zeitig aufstehst und mit mir auf den Großvenediger steigst.»

«Oh, du Guter, Lieber!», jubelte Stephan und presste erneut seinen Mund auf den des Doktors.

«Bereite alles gut vor und packe die Rucksäcke. – Verschiedene Kleinigkeiten, die diesmal erforderlich sind, gebe ich dir noch. Auch will ich versuchen, ein Kurzseil zu bekommen. Hoffentlich hält das Wetter das, was es im Augenblick verspricht?»

«Dafür werden die Götter sorgen, die unserem Freundschaftsschwur auf dem Venediger bereits mit erheblicher Erwartung entgegensehen», versicherte Stephan pathetisch.

«Ja, wenn ich an gestern zurückdenke, weiß ich nicht, ob sie nicht doch verschnupft sind?»

«Ach, Rolf, für so etwas haben sie weitgehendes Verständnis. Vater Jupiter hatte es mit Ganymed doch auch sehr eilig.»

«Erlaube mal», widersprach der Doktor, «er flog zunächst mit ihm in den Olymp, und erst da geschah es.»

«Na ja, er flog», meinte Stephan geringschätzig, «wir aber müssen ehrlich hinaufkraxeln und sind nachher todmüde.»

«Du bist doch ein unglaublicher Hallodri, und deiner zwingenden Logik bei gewissen Dingen kann sich einmal wieder niemand, und somit auch ich nicht, entziehen», beendete der Doktor lachend das lange Gespräch.

9. Großvenediger

Sie waren um 6 Uhr 30 von Krimml aufgebrochen und passierten bereits um 9 Uhr das Krimmler Tauernhaus, ohne dort einzukehren. Der Morgen war heiß, und die Last der diesmal schwereren Rucksäcke machte sich trotz des eben fortlaufenden Weges allmählich fühlbar, sodass unterwegs nur wenig gesprochen wurde.

Nunmehr, etwa eine Wegstunde hinter dem Tauernhause, mäßigte Doktor Rainer das Schritttempo und wandte sich an den hinter ihm gehenden Gefährten:

«Wie fühlt sich mein Junge?»

Dieser blieb stehen und wischte sich die feuchte Stirn mit seinem Taschentuche.

«Ach, Rolf, könnten wir wohl ein wenig rasten?»

«Aber ja, Stephan! – Warum hast du denn bisher nichts gesagt?»

«Darauf kannst du lange warten! Eher falle ich auf der Stelle tot um, als dass ich meinen Freund bei dieser Venedigerbesteigung enttäusche», antwortete Stephan pathetisch.

«Und was tue ich mit einem toten spartanischen Jüngling auf dieser Bergtour?»

«Beweinen, Rolf, beweinen, wie Achill seinen Patroklos!»

Der Doktor lachte über Stephans tragikomischen Tonfall hell auf:

«Der Überlieferung nach heulte der Pelide damals so fürchterlich in die Lüfte hinaus, dass ihn sogar seine Mutter Thetis im Abgrund des Meeres vernahm. – Bestehst du dennoch auf ein solches Wehgeheul von meiner Seite?»

«Um Gottes willen, nein!», schrie Stephan, sich bereits die Ohren zuhaltend. «Wenn du schon Trauerzeremonien noch zu meinen Lebzeiten begehen willst, so bin ich entschieden für das Totenmahl.»

«Ein vernünftiger Vorschlag, aber ich komme bei deinem gesegneten Appetit immer mehr zu der Überzeugung, dass auch du ein ‹Schweinchen aus der Herde Epikurs› bist.»

«Aber Rolf!», rief Stephan empört. «Wie kommst du darauf und wie kannst du mich so bezeichnen? Willst du denn ein Ferkel auf den Venedigergipfel hinauftreiben? Schließlich verlangst du noch von mir, dass ich grunze. – Oh wie équivoque! Ich verlasse dich auf der Stelle und kehre um!»

«Bleibe noch», bat der Doktor, über Stephans gespielte Empörung belustigt, und warf den Rucksack ab. «Könntest du mir wohl meine Entgleisung verzeihen, wenn ich dir enthülle, dass sich der große Dichter Horaz selbst so bezeichnete?»

Stephan, eine neue literarische Falle witternd, musterte misstrauisch des Freundes Züge.

«Doch, doch, Stephan, glaube mir nur! – Herr Horaz persönlich und privat war genauso ein treuer Jünger der epikureischen Schule wie so viele andere große Dichter und Denker vor ihm und nach ihm. Du befindest dich somit in allerbester Gesellschaft.»

Stephan, noch immer argwöhnisch und unbefriedigt, verfiel auf einen Ausweg: «Und wie steht es wohl mit dir, geliebter Rolf? – Zählst auch du dich zu dieser reizenden Herde und beanspruchst auch du diese ehrenvolle Bezeichnung?"

«Zumindest würde sie mich, von deinen hübschen Lippen ausgesprochen, nicht verletzen.»

«Dann bin ich versöhnt, und mein bereits verschwundener Appetit kehrt zurück», versicherte Stephan und ließ ebenfalls den Rucksack zu Boden sinken.

In aufgeräumter Stimmung nahmen sie auf den moosigen Steinen am Wege Platz und stärkten sich an mitgenommenen Brötchen und einem Glase Rotwein. Danach erklärte der Doktor an Hand der Karte die weitere Marschroute, nach der sie in zwei Stunden die Warnsdorfer Hütte erreichen würden, wo sie zu Mittag essen wollten. Bei weiterer Wetterbeständigkeit, führte er aus, stände zu erwarten, dass sie noch heute über Gamsspitzel und Obersulzbachkees zur Kürsinger Hütte, der Angriffsbasis ihrer morgigen Venedigerbesteigung, gelangen würden.

Stephan folgte mit brennendem Interesse den Ausführungen seines Führers und verschlang die ihm auf der Karte gezeigte Anstiegsroute mit den Augen.

«Das müssen wir noch heute unbedingt schaffen», verkündigte er, «lass uns also die Rast abkürzen, ich bin schon wieder startbereit.»

«Du hast es ja mächtig eilig», meinte sein Begleiter kopfschüttelnd.

«Hab ich auch!», antwortete Stephan lakonisch, bereits den Rucksack schulternd.

So setzten sie bereits nach halbstündiger Rast ihren Weg fort, der nur noch kurze Zeit in seinem ebenen Verlauf ein müheloses Wandern gestattete, dann aber in steilem Spitzkehren nach oben führte. Schwer ansteigend und wiederholt kurze Zeit rastend, erreichten die beiden Bergsteiger bald nach 12 Uhr die Warnsdorfer Hütte, wo die Wirtin den Doktor als alten Bekannten herzlich begrüßte und der junge Bergführeranwärter Unterberger, ein unscheinbarer, aber drahtiger Bursche mit Bärenkräften und Hoffnung des Krimmler Führernachwuchses, dazu freudig über das ganze Gesicht lachte. Mit echtem Bedauern vernahm die Wirtin, dass der Doktor diesmal nicht übernachten wollte, versprach aber trotz des fleischlosen Tages ein gutes Mittagessen innerhalb einer halben Stunde, eine Zeitspanne, die Stephan dazu benutzte, sich von der unweit der Hütte errichteten Aussichtsbank den Abbruch des Krimmler Gletschers, gekrönt von Dreiherrnspitze und Simonyspitze, von dem angehenden Führer zeigen und erläutern zu lassen; rückwärts im Westen grüßten die Gipfel der Stephan bereits vertrauten Reichenspitzgruppe, ostwärts war die Aussicht noch verschlossen.

Nach kurzer Zeit gesellte sich Doktor Rainer zu ihnen, und Unterberger klagte ihm unverzüglich sein Leid, dass die herrliche Besteigung der Dreiherrnspitze über die Birnlücke durch den hermetischen Grenzabschluss der Italiener nunmehr unmöglich sei. Der Doktor hatte volles Verständnis für den Ausfall, enthielt sich jedoch umso mehr jeder Kritik an dem Verbot, als er die Zusammenhänge nur zu genau durchschaute und sehr wohl wusste, wie überaus fragwürdig die deutsch-italienische Freundschaft noch immer war. Dafür versprach er dem jungen Führer, ihn im Falle guten Wetters noch in diesem Jahre für den St. Pöltener Ostweg zu verpflichten, was diesen sichtbar erfreute.

Unmittelbar nach eingenommener Mahlzeit verließen die beiden Freunde die gastliche Hütte und stiegen den gut markierten und unschwierigen Weg zum Gamsspitzel hinauf. Nach Erkletterung seiner Spitze öffnete sich ihnen der Blick nach Osten, und nun sahen Stephans Augen zum ersten Mal den Großvenediger in seiner ganzen Pracht und Größe.

«Nun, was sagst du zu dem Heißersehnten?», fragte der Doktor, als sie beide auf dem schmalen, nahezu 3.000 Meter hohen Gipfel nebeneinander Platz genommen hatten und ihre Blicke über die weiße Gebirgswelt schweifen ließen.

«Er sieht gar nicht so bedrohlich aus – und der hohe Berg hier rechts?»

«Ist der Große Geiger, unter dir hast du das Obersulzbachkees, das hier noch völlig glatt und unzerrissen ist, und drüben am Bergabhang – nimm das Glas! – siehst du die Kürsinger Hütte, unser nächstes Ziel.»

«Das sind ja drei stattliche Gebäude», meinte Stephan, durch das Glas spähend. «Die Sektion Kürsingen muss ja recht begütert sein. Wo liegt denn diese Stadt?»

«Fehlschluss, Stephan! Die Eigentümerin dieser Hütte ist die Alpenvereinssektion Salzburg, und diese hat sie nach dem Ersteiger des Großvenedigers, der Kürsinger hieß, genannt. Da fällt mir übrigens ein, dass diese Ersteigung vor 99 Jahren erfolgt ist. Wahrscheinlich wird die Sektion im nächsten Jahre die hundertjährige Wiederkehr dieses Tages festlich begehen und die alte Fahne Kürsingers, die erhalten ist, erneut auf dem Venedigergipfel hissen, denn diese Ersteigung war wirklich ein Markstein in der Entwicklung des Alpinismus.»

«Für mich wird diese Erstbesteigung euch ein Markstein sein», äußerte Stephan zuversichtlich.

«Zunächst sind wir noch nicht oben, lieber Freund – aber der Himmel sieht ja verheißungsvoll aus. Ich denke, wir brechen auf, denn ich sehe Leute heranrücken, und der Gipfel bietet kaum für uns beide Platz.» –

Sie stiegen den Felsen herunter und betraten den Gletscher, der eben und ohne jede Spalte verlief. Die mühelose Wanderung über die weiße Fläche, auf der sich das Sonnenlicht aus tiefblauem Himmel brach und die Gesichter schwarz brannte, war ein unbeschreiblicher Genuss. Die Fußspur, der sie folgten, verlief in nordöstlicher Richtung; der Große Geiger blieb rechts von ihnen liegen, im Osten grüßte in verlockender Klarheit das morgige Ziel, der Gipfel des Großvenedigers, auf dessen ihnen zugeneigter Flanke einzelne Gruppen von Bergsteigern im Abstieg durch das Glas erkennbar waren.

Der Gletscher senkte sich und führte ziemlich steil zur Türkischen Zeltstadt herab, einer stark zerrissenen Zunge des Obersulzbachkees mit zahlreichen grünlichen Spalten, die von oben einen recht bedrohlichen Anblick boten.

«Wie wollen wir denn da herüberkommen?», fragte Stephan.

«Das wirst du schon sehen», lautete die beruhigende Antwort seines Führers, der den zerrissenen Gletscherteil sorgfältig mit seinem Glase absuchte.

Links von ihnen wuchsen Felsen aus dem Eise empor, die ein unschweres Herunterkommen gestatteten. Als die beiden hinabgeklettert waren, sahen sie sich mit dem spaltenreichen Gletscher auf gleicher Höhe, konnten ihn jedoch nicht ohne weiteres betreten. Bereits der Übertritt vom Felsen zum Eis war bedrohlich gestaltet: nur eine schmale Eisbrücke, rechts und links von tiefen Spalten flankiert, führte zum Gletscherfeld.

Der Doktor entrollte das Seil und band das eine Ende Stephan mit vorschriftsmäßigem Knoten um die Hüften. Dann gab er etwa zwei Meter Seil frei, machte eine Schlinge, die er über seinen Pickel führte, und legte sich die übrigen Seilschlingen von der linken Schulter zur rechten Hüfte.

«Du gehst voran, ich sichere», sagte er kurz und stieß seinen Pickel tief in den Schnee.

Stephan betrat mutig die schmale Eisbrücke, während ihn sein Führer scharf und unverwandt im Auge behielt.

«Gut, gut!», rief er ihm nach, «schwindelfrei bist du also, mache nur so weiter – aber immer nach rechts halten, sonst kommen wir in die Spalten. – So wird es richtig!»

Immer wieder durch Zurufe gelenkt, gelang es Stephan, den spaltenreichen Teil des Gletschers geschickt zu umgehen, sodass eine größere Gletscherspalte überhaupt nicht zu überschreiten war. So erreichten sie ohne Zwischenfälle die Felsen der Keeslahnerwand, auf der die Kürsinger Hütte aufgebaut ist, zu der sie jedoch auf recht steilem Pfade emporklimmen mussten. Kurz nach 17 Uhr war sie erreicht.

«Das ist ja das reinste Grand-Hotel», meinte Stephan, als sie das Hautgebäude betraten.

«Gewiss ist sie stattlich, deine Bezeichnung passt jedoch eher für die Berliner Hütte im Zillertal, die wirklich einem Hotel ähnelt», entgegnete der Doktor, «aber ich bevorzuge nun einmal kleine und abgelegene Hütten, die leider immer spärlicher werden.» –

Auch auf der Kürsinger war Doktor Rainer bekannt und wurde von der Hüttenwirtin herzlich bewillkommnet. Obgleich die Hütte ziemlich besucht war, erhielten die Neuangekommenen ein ruhig gelegenes zweibettiges Zimmer, das sie sofort aufsuchten, um vor dem Abendessen Toilette zu machen.

«Endlich allein», konstatierte Stephan, als die Tür hinter ihnen ins Schloss fiel.

«Bevor wir nicht auf dem Venedigergipfel waren, bleibt diese Tatsache belanglos, lieber Stephan. Ich erwarte also von dir auch hier in dieser abgeschlossenen Zweisamkeit ein durchaus gesittetes Betragen. Hast du mich verstanden?»

«Kein Wort!», rief Stephan und hantierte möglichst geräuschvoll mit dem Wasserkrug zur Beweisführung seines Nichtverstehenkönnens, wodurch er die Lachlust seines Begleiters herausforderte.

Nachdem sie ihre Toilette in bescheidenem Rahmen beendet hatten, suchten sie den Speisesaal auf, der bereits reichlich mit Gästen gefüllt war. Ihr Eintritt wurde beachtet, und sie fühlten sich von vielen Blicken verfolgt, als sie durch den Saal schritten und an einem einzelnen kleinen Tisch Platz nahmen.

«Wir erregen ja geradezu Aufsehen», flüsterte Stephan dem Freunde zu, während er den Sitz seines buntseidenen Halstuches unauffällig mittels eines kleinen Taschenspiegels nachprüfte.

«Augenscheinlich gefallen wir den Leuten», meinte der Doktor, schmunzelnd in der Erkenntnis seines Jungen, und wechselte einen kurzen Gruß mit einem Bergführer aus Krimml, der sich bald danach vom Nachbartisch her leise nach dem Ziel erkundigte und dadurch bei Stephan den beunruhigenden Gedanken erweckte, dass er sich womöglich mit seiner Partie ihnen anschließen wollte. Er äußerte auch unverzüglich seine diesbezügliche Befürchtung, der Doktor beruhigte ihn jedoch sofort durch den Hinweis, dass ein Bergführer dies niemals täte, das sie aber morgen früh, um allein auf dem Gipfel zu sein, sehr zeitig aufbrechen müssten und daher gleich nach dem Essen zur Ruhe gehen würden.

Trotzdem traten sie nach beendigtem Abendessen noch kurze Zeit vor die Hütte und versanken stumm und ergriffen in die Betrachtung der Gletscherwelt, die in einer herrlichen Abendbeleuchtung zu ihren Füßen lag. Ein jüngerer Bergsteiger, augenscheinlich ein Einzelgänger mit nur geringer Bergerfahrung, näherte sich Stephan und versuchte in offensichtlicher Befangenheit ein Gespräch anzuknüpfen, aber Stephan wies ihn ziemlich schroff ab. Der Doktor sagte zunächst nichts, aber als sie auf dem Zimmer waren, erwähnte er den Vorfall doch:

«Ich fand dich recht scharf, lieber Stephan, denke einmal, wenn du der junge Mensch gewesen wärest.»

«Ja, du hast Recht, Rolf, ich war ungezogen, aber wir können doch morgen keinen Dritten gebrauchen.»

«Das lässt sich auch in taktvoller Form vermeiden. Nach Goethe gibt es kein äußeres Zeichen der Höflichkeit, das nicht einen tiefen, sittlichen Grund hätte, und in den Bergen ist man besonders höflich.»

«Oh, Rolf, höre bitte auf! Ich bin schon ganz durcheinander!», rief Stephan, sich beim Auskleiden in komischer Verzweiflung beide Ohren zuhaltend. «In Schönangerl wurde Friedrich von Logau auf das Piedestal erhoben, und jetzt wird sogar der alte Herr Geheimrat persönlich bemüht. Was soll denn nun gelten, wo doch beide in diesem Punkte durchaus verschiedener Meinung sind?»

«Schon gut», sagte der Doktor einlenkend, «auch ich war in Schönangerl durchaus nicht höflich, aber es geschah auf deinen ausdrücklichen Wunsch hin.»

«Und fiel dir leicht, denn es waren Damen – und kein Jüngling», bemerkte Stephan schmunzelnd.

«Und du warst deshalb auch damals nicht eifersüchtig», parierte der Doktor lachend.

«Aber diesmal war ich es!», gestand Stephan, mit lautem Plumps in sein Bett fallend.

Der Doktor antwortete nicht, sondern löschte schweigend das Licht in der Laterne und suchte seine Lagerstatt auf.

Eine Zeit lang herrschte völlige Ruhe im Zimmer. Plötzlich begann Stephan erneut.

«Ich bin tiefunglücklich», wehklagte er von seinem Bett her.

«Warum denn?», fragte der Doktor erstaunt.

«Heute ist unser Polterabend, und niemand poltert.»

«Gepoltert wird nur vor dem Schlafgemach einer keuschen Braut und nicht, wenn sie wie hier mit dem künftigen Gatten zusammen in einem Zimmer nächtigt», verkündete der Doktor kategorisch.

«Oooch –», sagte Stephan gedehnt, «das kann doch niemand wissen, dass ich schon leicht beschädigt bin.»

«Stephan, du bist ja unmöglich! – Wenn ich überdenke, wie du dich in den wenigen Tagen unseres Zusammenseins gewandelt hast, so muss ich mich meines Einflusses auf dich geradezu schämen und geniere mich tatsächlich, diese krasse Wandlung zu Papier zu bringen.»

«Gestatte, lieber Rolf, dir zu sagen, dass es sich bei mir nicht um eine Schamlosigkeit, sondern um eine natürliche Sinnesänderung handelt, die durchaus, wenn auch vielleicht etwas voreilig, dem Verhalten einer Frau vor und nach der Eheschließung entspricht. – Oder glaubst du etwa, dass sich der Verlauf der Dinge dort anders abspielt und das unschuldsvolle Mädchen weiterhin mit ihrer Keuschheit, die sie nicht mehr hat, paradiert? Sie denkt ja gar nicht daran, sondern unterstreicht geradezu ihre Aufgeschlossenheit und ihre Scham von gestern ist ihr Gelächter von heute. Also bitte! Ich bin nun einmal in meinen Handlungen konsequent bis zum Äußersten und im Übrigen völlig desinteressiert, wie einmal die Nachwelt darüber von mir denken wird. Somit schreibe ruhig auf!»

Bevor der Freund zu einer Entgegnung ansetzen konnte, fiel im Nachbarzimmer ein Gegenstand klirrend zu Boden.

«Stephan, dein Wunsch! Man fängt schon an!», rief der Doktor belustigt, während Stephan, vor Lachen prustend, augenscheinlich mit dem Kopf unter der Decke verschwunden war, jedenfalls stark gedämpfte, unartikulierte Laute in das dunkele Zimmer sandte.

Erst der Zuruf des Doktors «Komm endlich wieder zu dir, du alberner Knabe!», besänftigte seinen Lachkitzel allmählich.

Da sich nebenan nichts mehr rührte, trat auch im Zimmer der beiden Freunde Ruhe ein, und bald verrieten gleichmäßige Atemzüge dem Doktor, dass Stephan eingeschlummert war. Nach einer Stunde fand auch der Doktor endlich den wohlverdienten Schlaf.

***

Allmählich aufkommende Geräusche im Hause weckten den Doktor aus seinem leichten Schlummer. Er richtete sich auf und horchte auf Stephans Atemzüge, der noch fest schlief. Ein aufflammendes Streichholz verriet ihm, dass der Uhrzeiger der vierten Morgenstunde nahegerückt war. Leise erhob er sich und öffnete den Fensterladen. Ein klares Firmament, stellenweise von Wolken unterbrochen, zeigte sich seinem erfreuten Blick. Vom Osten her breitete sich ein heller Schein aus, der bereits die Gegenstände im Zimmer erkennen ließ.

Der Doktor wandte sich dem Bett seines Jungen zu. Stephans Kopf ruhte seitlich auf dem Kissen, das er mit dem rechten Arm umschlungen hielt. Die dunkle Locke hing ihm in die schöne Stirn, der Mund war halbgeöffnet und die Augenlider mit ihren langen Wimpern waren noch fest geschlossen. Das halbgeöffnete Hemd ließ ein Stück der gebräunten Brust sehen. Ein glücklicher Ausdruck beherrschte die Züge des Schlafenden.

Nur schwer konnte sich der Schauende von dem Anblick des schlummernden Jünglings losreißen, aber die Zeit drängte. So trat er an das Bett und küsste den Jungen leise auf die rosige Wange.

«Aufstehen, Stephan! Schönes Wetter!», flüsterte er ihm ins Ohr.

Stephan schlug die Augen auf und richtete sich sofort im Bett empor.

«Schönes Wetter, Rolf? – Oh, das ist ja herrlich!»
Er warf die Decken zurück, sprang mit beiden Beinen aus dem Bett und eilte zum Fenster.

«Beeile dich!», mahnte der Doktor, «spätestens um 5 Uhr brechen wir auf. Große Morgenwäsche lässt sich mit dem eiskalten Wasser ja doch nicht durchführen, aber frühstücken müssen wir noch schnell.»

In der Spannung und Erwartung, die vor allem den Neuling kurz vor dem Aufbruch zu einer Hochtour von Format befällt und in ihm das Gefühl eines überaus schönen, aber auch verantwortungsvollen und nicht gefahrlosen Unterfangens zeitigt, liegt ein großer Reiz des Alpinismus, den auch Stephan zum ersten Male empfand und der in ihm bei der Turbulenz am frühen Morgen eine leise Nervosität erzeugte. Die stoische Ruhe und Ausgeglichenheit seines Führers, der mit wachsamen Augen seine verschiedenen konfusen Hantierungen überwachte und korrigierte, gab ihm jedoch sehr bald sein inneres Gleichgewicht zurück, sodass er schließlich doch in recht kurzer Zeit mit seinen Vorbereitungen zu Ende kam.

So konnten sie noch vor 5 Uhr als erste Partie die Hütte verlassen, von wo sie zunächst über Fels und Moräne in östlicher Richtung emporstiegen. Nach etwa einer Stunde betraten sie den sanft ansteigenden, spaltenfreien Obersulzbachgletscher, folgten den nach Osten verlaufenden Fußspuren und erreichten bereits nach weiteren zwei Stunden anstrengenden Steigens über das Zwischensulzbachtörl die Venedigerscharte, die mit ihren 3.361 Metern die Verbindung zwischen den beiden Venedigergipfeln darstellt. Hier erschloss sich ihnen der Ausblick nach Süden über Schattenkees zur Prager Hütte, aber ein überaus heftiger und kalter Wind vertrieb sie schleunigst von dem Schartenrücken und ließ sie eine Stätte für kurze Rast einige Meter tiefer im Windschutz suchen.

Die Sonne war nunmehr in vollem Glanze emporgestiegen und sandte ihre Strahlen auf die weißen Flächen, die sie funkelnd zurück warfen. Stephan versuchte, einen Augenblick lang die Schutzbrille abzunehmen, wurde aber von den Strahlenbündeln so geblendet, dass er sie schleunigst wieder aufsetzte.

«Jetzt noch 300 Meter», verkündete der Doktor, «und wir sind auf dem Gipfel – oder willst du umkehren?»

«Und wenn ich sie auf den Knien zurücklegen müsste, diese 300 Meter, ich will und muss hinauf!»

Der Doktor wandte sich nach rechts und stieg in gleichmäßigem Tempo den langgestreckten Firnkamm empor. Auch hier brauchte er lediglich ausgetretenen Fußspuren zu folgen, sodass sich keinerlei technische Schwierigkeiten ergaben. Stephan folgte tapfer, die immer dünner werdende Luft in tiefen Zügen einziehend. Im endlosen Schweigen der Berge stiegen auch sie schweigend immer höher ihrem Ziele entgegen.

Der Doktor betrat den obersten Firnkamm und verfolgte die Fußspuren, bis sie plötzlich aufhörten.

«Stephan, der Gipfel!», sagte er feierlich und ließ den Nachfolgenden an sich vorbei vortreten.

«Wir sind ja noch gar nicht am höchsten Punkte angelangt», meinte dieser leicht enttäuscht, den noch weiter ansteigenden Firnkamm vor sich musternd.

«Weiter dürfen wir nicht, die Schneewechte vor dir hängt über den Gipfel hinaus und könnte bei Betreten abbrechen, sodass man unsere Gebeine auf dem Obersalzbachkees sammeln müsste. Das Ziel ist also erreicht, wir stehen auf dem Gipfel des Großvenedigers!» –

Die Forderungen des Augenblicks ließen das Gefühl der Freude und Genugtuung nicht sofort aufkommen. Ein scharfer Wind blies sie an, wühlte im Schnee, stäubte ihn empor und überkrustete die Gipfelstürmer, die – heiß und durchschwitzt, wie sie waren – als erste Handlung ihren Rucksäcken die Lodenmäntel entnahmen und sie schleunigst anzogen.

Noch war der Gipfel einsam, aber ein Blick in die Tiefe belehrte sie, dass von allen Seiten Partien im Anmarsch waren, von denen die erste bereits in etwa zwanzig Minuten zu erwarten stand.

«Zunächst Berg Heil, liebster Junge!», wünschte der Doktor und drückte Stephans Hand. Die Fernsicht können wir nachher eingehend studieren, zuerst lass uns, bevor die profane Welt naht, hier unseren Bund schließen, da du es an dieser Stätte ausdrücklich gewünscht und ich es dir zugesagt habe. Den ersten Teil meines Versprechens, dich hierher zu führen, habe ich gehalten und jetzt erfülle ich den zweiten.»

Doktor Rainer stützte sich auf seinen Eispickel und wandte sein Gesicht der Sonne zu.

«Helios, Bringer des Lichts!», rief er mit lauter Stimme in Richtung der brausenden Winde über Gipfel und Gletscher. «Melde dem allgewaltigen Jupiter und den erhabenen Göttern im Olymp, dass ich den göttergleichen Jüngling, den sie mir gesandt und der neben mir auf dem Gipfel des Großvenedigers steht, hiermit zu meinem Lebenskameraden küre. Ich schwöre ihm feierlich Freundschaft, Liebe und Treue bis zum Tode und erflehe der Götter Segen zu diesem Bunde!»

Stephan setzte den Hut ab und kniete im Schnee nieder. Sein Haar flatterte im Winde, er faltete fromm die Hände und betete laut:

«Lieber Vater Zeus, sieh hier auf dem Haupte des Großvenedigers deinen Sohn Stephan, der deinen Segen erfleht für einen Lebensbund, der genau so ernst und so heilig ist wie jeder andere.»– Er löste die gefalteten Hände, erhob sich und reichte seine Rechte dem Freunde. «Hört meinen Schwur, Ihr Götter!», rief er laut. «Dieser Mann, dessen Hand ich hier fasse und halte, ist mein Freund und Lebenskamerad! Nichts kann mich von ihm trennen! Ich schwöre ihm hiermit feierlich Liebe und unverbrüchliche Treue bis in den Tod!»

Die Stimmung überwältigte ihn bei den letzten Worten und Tränen stürzten ihm aus den Augen, als er den Freund umarmte. In seiner Ergriffenheit ließ er sich auf einem Schneehügel nieder und trocknete den Tränenfluss mit seinem Taschentuche. Auch des Doktors Augen waren feucht geworden, aber er bemühte sich, namentlich in Hinblick auf die Nahenden, die Rührseligkeit schleunigst zu überwinden.

«Weiß Gott!», sagte er mit drolligem Eifer in allen Taschen suchend, «jetzt habe ich doch die Ringe vergessen. Nun musst du schon warten, bis ich in Berlin bin.»

Stephan, der sich auf seinem Schneehaufen noch immer die Augen wischte, wurde sofort Feuer und Flamme.

«Das sage ich dir, Rolf, ich nehme nur dann einen Ring von dir an, wenn ich dir auch einen schenken darf. Aber du musst warten, bis ich in München bin.»

«Wie das aber auch alles zwischen uns klappt!», riefen sie beide wie aus einem Munde und schüttelten lachend die ernste Stimmung ab.

«Jetzt aber ‹Erhebe dich, Genosse meiner Schmach, der lichte Tag soll uns hier nicht mehr sehen!›», forderte der Doktor pathetisch und zog Stephan von seinem Schneesitz empor. «Und nun lass dir die Fernsicht erläutern. – Blicke nordwärts, Knabe! – du erkennst die Kalkalpen bis zum Dachstein. Der einzelne Gipfel dort ist der Hochkönig, den du bereits von der Schmittenhöhe aus betrachten durftest und dem wir vielleicht im nächsten Jahre unseren Besuch abstatten wollen. Im Osten siehst du die Glockner- und Schobergruppe, im Westen die Dreiherrenspitze, im Süden die Dolomiten. Leider ist im Augenblick von den Ortler, Ötztaler- und Zillertaler Spitzen nur wenig zu erkennen; das Bild verändert sich ja ständig, es ist das reine Kino, einmal tritt die eine, dann wieder die Andere Gruppe deutlich hervor. –»

In schweigender Andacht blickte Stephan am Arme des Freundes auf die reiche Gipfelwelt, die sie von allen Seiten umschloss, während ihm noch immer einzelne Tränen der Freude und des Stolzes die Wangen herunterliefen. Der Doktor ließ ihn gewähren, bis ihm ein Geräusch das Kommen einer neuen Partie verriet.

Auf dem schmalen Gipfelgrat tauchte der Krimmler Bergführer von der Kürsinger auf und schleppte zwei ziemlich ausgepumpte Touristen am Seil hinter sich her. Man grüßte mit Berg- und Hitler-Heil und beglückwünschte sich zu der erfreulichen Wetterlage des Tages, die als besonderer Glücksfall in dem ungünstigen Witterungsjahre 1940 angesprochen werden musste. Der Führer machte jedoch alsbald auf einige jetzt ganz plötzlich im Norden auftauchende Wolken aufmerksam, die ihm höchst verdächtig erschienen, und riet zum baldigen Abstieg auf kürzestem Wege, und auch der Doktor wurde bedenklich und entschloss sich – unter Verzicht auf den Übergang zur Prager Hütte, von wo er nach seinem ursprünglichen Plan über Filtragengletscher und Habachkees zur Thüringer Hütte gelangen und durch das wunderschöne Habachtal absteigen wollte –, zur Kürsinger Hütte zurückzugehen und den Abstieg durch das Obersulzbachtal zu wählen. So brachen sie alle gemeinsam auf und trafen trotz bald einsetzenden Nebels ohne Zwischenfall zum späten Mittag wieder in der Kürsinger ein.

Während die beiden Freunde in gehobener Stimmung über die

geglückte Besteigung beim verspäteten Mittagessen saßen, verschlechterte sich das Wetter zusehends weiter und hüllte Bergspitze und Hütte in dichtesten Nebel. Bald tanzten Schneeflocken vor den Fenstern des Speiseraums und wurden namentlich von den neuen Ankömmlingen mit größter Missbilligung zur Kenntnis genommen. Der große Herr Venediger schien wieder einmal für einige Tage Ruhe haben zu wollen und verbat sich energisch jeden Besuch.

«Das Beste wird sein, wir beziehen für diese Nacht wieder unser altes Zimmer und steigen erst morgen früh ab», schlug der Doktor vor. «Bei dem Abstieg im Nebel siehst du ja doch nichts.»

«Natürlich machen wir das», stimmte Stephan zu. «Auch muss ich dir offen gestehen, dass ich etwas müde bin, und auch dir wird die Mittagsruhe nach der Anstrengung gut tun.»

Doktor Rainer gab seinen Wunsch der Wirtin bekannt, und so konnten sie sich nach dem Essen sofort zurückziehen.

«So, Rolf», sagte Stephan, nachdem er die Tür des Zimmers sorgfältig verschlossen hatte, «jetzt gehöre ich dir endgültig nach dem Gebot der Götter.»

«Jawohl, das tust du, aber jetzt bist du müde und wirst erst einmal gut schlafen», schlug der Doktor vor.

«So müde bin ich nun eigentlich wieder nicht», meinte Stephan mit spitzbübischen Lächeln, indem er sich auszog. «Und wie ist es mit dir?»

«Ich fühle mich glänzend und freue mich, dass alles so planmäßig verlaufen ist und dass du mir nunmehr gehörst. Aber als dein älterer Freund habe ich auch die volle Verantwortung für dich und lege pflichtgemäß den allergrößten Wert auf die Erhaltung deiner hellen Augen und deiner frischen Wangen. Stephan, du verstehst mich, fordere nur dann, wenn es unbedingt sein muss. Wo willst du denn hin, das ist doch mein Bett?!»

«Ja, Rolf, ich verstehe dich», sagte Stephan mit drolligem Ernst, «aber gerade jetzt muss es sein», zog sich behänd die Decke über den Kopf und verkroch sich lachend darunter.

«Na warte, Bursche!», drohte der Doktor, ergriff den unteren Zipfel und schlug die Decke nach oben zurück.

Stephan rollte sich gewandt auf den Bauch, wobei ihm jedoch das Hemd hochrutschte und seine Hinterbacken in Erscheinung traten.

«So, mein Liebling, jetzt werde ich dir einmal ‹Das Lied von der Glocke› in kalorischer und koloristischer Übertragung aufzeichnen, namentlich die von dir geliebte Stelle ‹Denn wo das Strenge mit dem Zarten› und so weiter.» Auf diese Ankündigung hin setzten klatschende Geräusche ein, zu denen Stephan unter der Decke dumpfe Wehlaute ertönen ließ.

«Bist du jetzt wieder in Ordnung?», fragte der Doktor nach beendeter Prozedur, die Stephans Backen sanft gerötet hatte.

«Ja völlig, wie du siehst», antwortete Stephan noch immer im dumpfen Ton unter der Decke und drehte sich herum.

«Na», meinte der Doktor, ihn mit Kopfschütteln betrachtend, «allzu anstrengend scheint die Venedigerbesteigung für dich wirklich nicht gewesen zu sein.»

***

Am Morgen des folgenden Tages stiegen sie erst gegen 8 Uhr die Keeslahnerwand zum oberen Talboden des Sulzbachtals herab. Auf dem schmalen, steilen Pfade, der an seinen exponierten Stellen durch Drahtseile gesichert war, stießen sie nach einer guten Stunde auf ein umfangreiches Paar, das keuchend und schwitzend emporklomm.

«Heil Hitler! Junger Mann!», grüßte die würdige Matrone den vorangehenden Stephan. «Haben wir's denn nun bald geschafft, ja?»

Stephan verschlug es zunächst die Antwort, als er in das breite, schweißüberströmte Gesicht unter schief sitzendem Lodenhut blickte. Jedoch eingedenk der vorgestrigen Ermahnung zur Höflichkeit zwang er seine Mienen in liebenswürdige Falten und murmelte etwas von zwei Stunden bis zur Hütte.

«Sie müssen nämlich wissen, junger Mann», fuhr die Dame mit hochfliegendem Busen fort, «dass ich vor zwanzig Jahren eine gute Bergsteigerin war, und so habe ich zu meinem Mann gesagt: ‹Egon, wir werden zu üppig, wir machen dies Jahr Hochtouren!›. Habe ich gesagt.»

Inzwischen hatte sich auch der ebenso umfangreiche wie kurzatmige Ehegatte herangewälzt und mischte sich, den Schweiß von der Stirn streichend, in das Gespräch.

«Wat sagen se, junger Mann, noch zwee Stunden bis zu die Lausehütt ruff? – Is ja allerhand! Um sechse in der Friehe sind mer von die Postalm losjestiebelt, wo's übrijens ausjezeichnet war – will ick ihn man flüstern – und jetzt isses balde neune. Is ja unerhört mit die Entfernungen hier!»

Die Madam hatte inzwischen den Doktor mit reichem Wortschwall übergossen, erkundigte sich, ob die Herren vom Venediger kämen, ob sie auch wirklich und wahrhaftig auf dem Gipfel gewesen wären, und krönte schließlich, mit dem Finger auf Stephan zeigend, ihre Wissbegierde mit der Frage:

«Ist dieser junge Mann schon Ihr Sohn?»

«Nein», antwortete der Doktor erheitert, «aber schon mein Neffe.»

«Ja ja», meinte die Gnädige mütterlich, «die Ähnlichkeit ist ja auch unverkennbar – Berg-Heil!», und wankte, von ihrem schnaufenden Gatten gefolgt, die Höhe weiter empor.

«Rolf, ich sterbe!», ächzte Stephan und wischte sich die Lachtränen aus den Augen. «Hast du das gehört? – ‹Die Ähnlichkeit ist ja auch unverkennbar!› – Ähnlichkeit bei einem Neffen, der gar keiner ist, bei einem, Pseu-do-nef-fen. Rolf, halte mich fest! Ich kugele vor Lachen den Abhang herunter.»

Auch den Doktor schüttelte es. «Ja, die Berliner», sagte er schließlich, «haben nun einmal eine romantisch-komische Ader und lieben das umgekehrte Erhabene, auch wenn sie damit die Lachlust anderer auslösen. Somit wären sie im Sinne Jean Pauls typische Humoristen, obschon sie sicherlich seine ‹Vorschule der Ästhetik› niemals gelesen haben. Dafür aber kennen sie die Schriften ihres märkischen Dichters Fontane umso besser, und der sagt zutreffend: ‹Der Berliner lacht gern über sich selbst.› – Aber auch zähe sind die Berliner, wie du siehst. Was sie sich einmal vorgenommen haben, führen sie durch, und wäre es auch noch so blöd.»

«Immerhin haben wir von dieser Begegnung profitiert, da uns Egon sanft geflüstert hat, dass es auf der Postalm ausgezeichnet ist», konstatierte Stephan noch immer lachend.

«Das weiß ich auch ohne Egons Flüstern, und wenn du erst die dicke Wirtin gesehen haben wirst, weißt du es auch. Überdies scheinst du schon wieder hungrig zu sein – na ja, sehr toll war ja auch die Verpflegung auf der Kürsinger wirklich nicht! – Aber wirf noch einen Abschiedsblick auf die Türkische Zeltstadt unter dir, in der ich vor zwei Jahren umhergeirrt bin und mich immer mehr darin verbiesterte.»

«Wie konntest du nur?», fragte Stephan ganz erschrocken.

«Ach, mir war damals alles gleichgültig, und so bin ich eben planlos hineingestiegen, um sie mir in der Nähe anzusehen, und allgemach bin ich immer tiefer in sie hineingeraten. Ich war wie verzaubert und musste erhebliche Energie zur Umkehr und Befreiung aufbieten; es war ein ganz merkwürdiges Erlebnis!»

«Hattest du damals Kummer?», meinte Stephan teilnahmsvoll.

«Ich erzähle dir später einmal davon», entgegnete Rainer kurz. «Lass uns jetzt etwas ausschreiten, wir haben gleich den oberen Talboden erreicht und in spätestens zwei Stunden wollen wir auf der Postalm sein.» –

Sie beschleunigten ihr Marschtempo und erreichten bereits vor 11 Uhr die Alm, in der sie Einkehr hielten. Die dicke Wirtin, deren Umfang den Erwartungen Stephans durchaus entsprach, begrüßte strahlend Doktor und Neffen und tischte eine vorzügliche Bewirtung auf, der von beiden herzhaft zugesprochen wurde.

«Wie lange haben wir noch abzusteigen?», wollte Stephan nach beendeter Mahlzeit wissen, die ihm so gemundet hatte, dass er sich sogar zum Genuss einer Zigarette verstieg.

«Bis zur Bahnstation Rosental sind es noch etwa drei Stunden», belehrte ihn der Doktor. «Da wir aber über genügend Zeit verfügen, wollen wir uns gar nicht beeilen und auch noch bei meinem alten Freunde Toni Hutter – auch ein Original – auf der Jausenstation Siggen rasten und erst den Abendzug nach Krimml benutzen.»

«Heute Nacht sind wir aber zu Hause in Krimml?»

«Ja natürlich, oder hast du etwas anderes vor?»

«Nein, ich freue mich nur – auf das Zuhause», sagte Stephan betont.

«Du bist und bleibst ein Hallodri!», konstatierte der Doktor lachend. –

Der sich lang hinziehende, aber bequeme Abstieg an Berndlalm und am Gamseggfall vorbei durch herrlichen Wald wurde in gleichmäßigem Marschtempo zurückgelegt. Der Doktor fand plötzlich eine alte Weise in sich, die zum Zeitmaß ihrer Schritte auffällig gut passte. Er summte sie zunächst nur vor sich hin, und Stephan spitzte die Ohren. Schließlich hörte er seinen Begleiter leise singen:

«Setz dich, liebe Emeline,
Nah recht nah zu mir.
Lass uns jetzt gemütlich plaudern,
Niemand lauschet hier.»

Und schon setzte Stephan mit voller Stimme ein:

«Ach bei dir, mein teurer Vater,
Schwindet jeder Schmerz.
Sitz ich so an deiner Seite,
Öffnet sich mein Herz.» –

«Jetzt schlägt es doch dreizehn!», rief der Doktor empört, «das kannst du also auch schon wieder!?»

«Aus der ‹Schweizerfamilie› von Weigl, steht auf den ersten Seiten des klassischen Duettalbums und passt großartig zu unserem Marschtempo!», rief Stephan übermütig.

Nun setzten sie zweistimmig ein:

«Mitgefühl verwindet Schmerzen,
Jede Wunde heilt.
Minder fühlt man alle Schmerzen,
Wenn ein Freund sie teilt.» –

«Na, der alte Joseph Weigl hat sicherlich nicht geahnt, dass diese seine Komposition einmal als Marschmusik bei einem Venedigerabstieg dienen würde», meinte der Doktor.

«Und überdies der Text eine so erfreuliche Sonderwertung von unserer Seite erfahren würde», ergänzte Stephan witzig.

«Stephan, du bist unverbesserlich!», klagte der Doktor.

«Ja, ein nettes Früchterl hast du dir da oben auf dem Venedigergipfel beigebogen», stellte Stephan betrübt fest.

«‹Gott gibt die Nüsse, aber er bricht sie nicht auf›», rezitierte der Doktor resigniert.

«Nein», versicherte Stephan in überzeugendem Tonfall, das musst du schon selbst tun!»

«Stephan!», rief der Doktor empört, «jetzt bekommst du aber wirklich Prügel, du bist ja frivol!»

«Inwiefern frivol?», fragte Stephan mit unschuldsvoller Miene, «ich habe doch nur dir beziehungsweiser Herrn von Goethe Recht gegeben.»

«Na warte nur, du Unschludslämmchen, wir sprechen noch darüber!»

«Ganz gewiss – heute Abend zu Hause in Krimml, oder sollte dich» – Stephan schob seinen Arm in den des Freundes – «die Venedigerbesteigung so mitgenommen haben, dass du deine Tür verschließen wirst?»

«Diabolum faciam!» – Den Teufel werde ich tun!», schrie der Doktor empört in die Waldesstille.

10. Habachtal

Stephan stand auf dem Balkon seines Zimmers und starrte in offensichtlicher Betrübnis auf das Wolkenmeer, aus dem der Regen unaufhaltsam niederrann und die schon überreichlich gesättigte Erde immer von neuem tränkte. Heute war es nun schon der sechste Tag, seit sie vom Venediger herabgestiegen waren, und am gleichen Abend ihrer Rückkehr hatte es in Krimml zu regnen begonnen und bisher noch nicht wieder aufgehört.

Überdies war es empfindlich kalt geworden, und so hatte auch das Schwimmen trotz aller Abhärtung in den letzten Tagen unterbleiben müssen, denn die Wassertemperatur betrug kaum 12 Grad. Eine Besserung der Wetterlage war vorerst nicht zu erwarten, das Barometer stand noch gestern Abend außergewöhnlich niedrig.

Mit leisem Missmut trat Stephan in sein Zimmer zurück und nahm am Tisch Platz, auf dem verschiedene chemische Lehrbücher aufgeschlagen lagen. Mit ihrem Inhalt hatte er sich in den Vormittagsstunden der Regentage, während der Doktor schrieb, tapfer und eingehend beschäftigt, aber heute lockten und fesselten sie ihn nicht recht. – «Die exakte Forschung zeigt uns bestenfalls den Mechanismus des Geschehens auf, aber niemals die bildenden schöpferischen Kräfte» – dieser Ausspruch des Doktors, den er im Laufe der gestrigen Abendunterhaltung hatte verlauten lassen, beschäftigte ihn fortgesetzt und erzeugte in seinem Inneren eine gewisse Unlust und Ermüdung. Zugleich aber – und das war wohl das Wesentliche – regte sich in ihm die Wanderlust, die Sehnsucht nach dem Umherschweifen.

Allzu schön war es oben in den Bergen gewesen, wo man die unendliche Natur mit leuchtenden Augen fassen konnte, und ein Jammer war es, dass sich die herrliche Bergwelt nun bereits eine volle Woche lang jedem Zutritt verschloss. –

«Eigentlich bin ich undankbar gegen das Schicksal! Habe ich hier nicht alles, was ich brauche und was ich mir wünschte?», schalt sich Stephan.

Er trat vor den Spiegel und prüfte sein Aussehen. Lächelnd stellte er fest, dass er schöner denn je war. Blühender als er konnte ein junger Mensch wahrlich nicht wirken. Der Glanz seiner Augen war vertieft, die Röte der Wangen gedunkelt, die Lippen waren geschwellt.

Befriedigt von dieser Erkenntnis schritt er zum Balkon zurück und nahm im Liegestuhl Platz. Die Ereignisse der letzten Zeit beschäftigten jetzt seinen Geist. Venedigerbesteigung und Rückkehr, die in ihrer letzten Phase von strömendem Regen begleitet worden waren, tauchten in der Erinnerung auf. Wie hatten sie sich doch, pitschenass bis auf die Haut von der kurzen Strecke Siggen-Rosental, bei der selbst die Lodenmäntel völlig durchtränkt wurden, beglückwünscht, dass sie nicht einen Tag später zum Venediger aufgebrochen wären, und wie unsagbar schön verlief dann die erste Nacht ihrer endgültigen Vereinigung in Krimml, während dieser hässliche Regen in seiner Ohnmacht unablässig an die Fensterscheiben prasselte und damit nichts weiter erreichen konnte, als dass er, Stephan, sich in dem Gefühl wohliger Geborgenheit immer enger an den Freund schmiegte.

«Welch eine Nacht! Ihr Götter und Göttinnen!
Wie Rosen war das Bett! Da hingen wir
Zusammen im Feuer und wollten in Wonne zerrinnen.
Und aus den Lippen flossen dort und hier
Verirrend sich unsre Seelen in unsre Seelen.
Lebt wohl, ihr Sorgen! Wollt ihr mich noch quälen?
Ich habe fürwahr in diesen seligen Stunden,
Dass man vor Wonne sterben kann, empfunden.» –

So oder so ähnlich lautete doch wohl die recht holperige Übertragung jener klassischen Dichtung des Petronius, die ihm der Freund im Verlaufe der langen Nacht ins Ohr geflüstert hatte. Ja, lang war diese Nacht geworden; in ein weites, verloren einsames Land waren sie gereist, wo der Quell allen Lebens entspringt, wo alles Sehnen seine Erfüllung findet, wo nichts mehr zu wünschen übrig bleibt – Gefilde der seligen, restlosen Beglückung! Und danach in dem gleichen Gefühl innerer Befriedigung, wie es wiederholt in den verschiedenen Stadien ihres Beisammenseins geboren wurde und in den leicht burschikosen Worten «Wie das aber auch alles zwischen uns klappt!» seinen äußeren Ausdruck gefunden hatte, war er endlich am frühen Morgen in sein Zimmer hinübergehuscht. Nun sah sie jede Nacht wenigstens einige Stunden vereint, sei es auch nur, um nebeneinander zu ruhen, die körperliche Nähe des anderen zu spüren und das Pochen seines Herzens zu vernehmen.

Welch unendliches Glück lag in einem solchen Freundschaftsbund eingeschlossen! Hier wurden Sterbliche den Göttern gleich, und der arbiter elegantiae hatte in seiner poetischen Verherrlichung erstaunlich richtig erkannt, dass Sterben in solchen Augenblicken nicht Qual, sondern Lust sein würde. Wäre ein zürnender Gott vor Stephan erschienen mit der Forderung «Verzichte oder stirb!», so hätte er den Tod gewählt, denn ein Mehr konnte das Erdendasein nicht bieten. Ein Tod in den Armen des Freundes war wohl die höchste und schönste Erfüllung des Lebens, und mit Recht galten die einhundertundfünfzig thebanischen Freundespaare, die 338 vor Christo bei Chaironea ihren Liebesfreundschaftsbund mit ihrem Blute besiegelten, auch heute noch als die erhabensten Zeugen eines solchen Geschehens. –

Stephan erhob sich, er brauchte Bewegung und so schritt er gedankenvoll im Zimmer auf und ab. Wohin verirre ich mich? fragte er sich plötzlich, jetzt habe ich einen Freund, der mich braucht und ich denke an das Sterben. Seine Gedanken wanderten zum Freunde hinüber und beschäftigten sich jetzt ausschließlich mit ihm. Wie ausgeglichen und wie liebevoll zu seinem Jungen war doch das Verhalten dieses Mannes, und wie wurde er selber durch das ständige Zusammensein mit dem Jüngeren wieder jung. Unzweifelhaft war er aufgelebt, aber dennoch empfand Stephan bisweilen auf Grund seines männlich-logischen Verstandes, gedoppelt durch die gefühlsmäßig-weibliche Einfühlungsfähigkeit, eine verhaltene Trübung im Wesen des Freundes, die ihm in den letzten Tagen besonders aufgefallen war. War es nur das schlechte Wetter, dass er die Berge meiden musste, dass er ihm, seinem jungen Freunde und Gefährten, alle die versprochenen Schönheiten jetzt nicht erschließen konnte, oder lagen tiefere Gründe verschlossen in seinem Inneren? –

Denn was wusste er, Stephan, von ihm, was von seiner Vergangenheit, was von seinen Zukunftsplänen? Doch nur wenig. – Wie kam es wohl, dass dieser Mann mit seinem großen Wissen und Können, die immer wieder in wissenschaftlichem Gedankenaustausch zu Tage traten, mit seinen Erfahrungen auf militärischen Sondergebieten abseits von den Kriegsereignissen in der Bergeinsamkeit Erholung suchte und jedes Verbundensein mit der Zeit strikt ablehnte, ja geradezu bemüht war, sich bei allem und jedem bewusst auszuschalten? – Zwar war er über das militärpflichtige Alter hinaus, aber bei seiner körperlichen Rüstigkeit, bei der internationalen Geltung seines Namens, über die ihn noch eine in München getätigte Einsicht in das wissenschaftliche und militärische Schrifttum belehrt hatte, verzichtete doch kein Staat ohne zwingenden Grund auf eine solche Größe im Kriegsfall. Auch das planmäßig fortschreitende Manuskript der Geschichte ihrer Freundschaft gab jedenfalls bisher hierüber keinerlei Aufklärung, womöglich aber behielt sie sich der Verfasser noch vor, vereinzelte Reflexionen ließen immerhin auf eine solche Annahme schließen. – Freilich brauchte er den Freund ja nur zu fragen, aber eine unbestimmte Scheu verschloss ihm den Mund. Es war wohl schon besser abzuwarten, bis der Doktor von sich aus darüber sprach, und dass er es noch nicht getan hatte, war sicherlich irgendwie begründet.

An Gelegenheiten dazu hatte es eigentlich nicht gefehlt. Denn trotz des schlechten Wetters waren sie täglich am Nachmittage in anregenden Gesprächen unterwegs gewesen. Die Jause pflegte der Doktor außerhalb Krimmls – extra muros, wie er scherzhaft erklärte – einzunehmen, und so besuchten sie den Falkenstein, wanderten zu den Bräuerschwestern oder stiegen hinauf nach Schönangerl oder gar zur Filzsteinalpe. Der Doktor verstand es meisterhaft, jeden dieser Ausflüge unterhaltsam und reizvoll zu gestalten. Tier- und Pflanzenwelt der Alpen waren ihm in gleichem Maße wie der geologische Aufbau des Gebirges vertraut, und immer wieder wurde der Jünger zum besinnlichen Schauen mit Goetheschen ‹Türmer›-Augen und zur Einfühlung in die individuelle Schönheit der sie jeweilig umgebenden Bergwelt angehalten.

An gleich wichtiger Stelle stand bei diesen lehrreichen Exkursionen die Pflege des wechselnden Gespräches und so ließ sich der Doktor liebend gern in Dispute über die unterschiedlichsten Themen ein, bei denen er das Wissen und die Schlagfertigkeit seines Schülers herausforderte, und je gewandter und witziger Stephan parierte, umso befriedigter und aufgeräumter wurde sein Begleiter. Stephans natürliche Einfühlungsbereitschaft, die ganz Hingabe schien und sich doch sehr rasch zu männlicher Ablehnung verhärten konnte, wenn Grundsätzlichem seiner Anschauung widersprochen wurde – wie zum Beispiel in politischen Fragen, die infolgedessen immer weniger zwischen beiden erörtert wurden – war durchaus im Sinne des Mentors und wurde von ihm nicht nur respektiert, sondern sogar in hohem Maße begrüßt und geschätzt. Stephan empfand auch intuitiv mit innerer Befriedigung, dass er sich in diesem geistigen Kampfe wacker behauptete, und der Doktor hatte ihm dies kürzlich sogar ausdrücklich bestätigt, indem er darauf hinwies, dass man bei jedem Sich messen – beim certamen, wie es die Römer nannten – sei es im Lebenskampf, sei es im Sport, sei es im Spiel – einen gleichwertigen Gegner brauche, denn sonst verlöre die Sache eben an Reiz, und dass er, Stephan, – Dank sei den Göttern! – ein durchaus vollwertiger Gegenspieler sei. Demzufolge würde der Augenblick, an dem sie sich beide nichts mehr zu sagen hätten, niemals kommen, denn der Zusammenprall ihrer Individualitäten erzeuge immer wieder neue Reibungen, neue Kräfte und neue Perspektiven. Und somit sei auch der Begriff «Langeweile» grundsätzlich aus ihrem Wortgebrauch zu streichen, weil eben das Schöne und Beglückende ihres geistigen Verkehrs seine geheimnisvolle Anziehungsfrische durch jene lebendige Geisteskraft, die unmittelbar und unaufhörlich zwischen ihnen hin und her ströme, erhalte.

Aber neben allen diesen schöngeistigen Gesprächen kam die Behandlung der Wissenschaft, und zwar der exakten Wissenschaft, die sich mit ihren streng logischen und mathematischen Methoden vor allen anderen geistigen Betätigungen auszeichnet, keineswegs zu kurz. Der Doktor erfüllte bei diesen Ausflügen sein brieflich gegebenes Versprechen, Stephans Wissen auf chemischem Gebiete durch theoretische Unterweisungen zu fördern, in vorbildlicher Weise. Die natürlichen Veranlagungen des Schülers, seine hohe Intelligenz und schnelle Auffassungsgabe, machten diesen Unterricht für beide Teile zu einem wechselseitigen Genuss. Die Voraussetzungen des exakten Forschers, Erziehung zu einer streng induktiven Methode und zu einer unbestechlichen Kritik, insbesondere Selbstkritik, die man daraus gewinnt, waren Stephan bereits in Fleisch und Blut übergegangen, und hier brauchte der Mentor keine Mauern umzureißen und somit auch keinen Schutt wegzuräumen. Dafür aber konnte er seinem wissbegierigen Schüler manchen neuen Gesichtspunkt erschließen. Wurzelnd auf Platon, der als Anfang allen menschlichen Forschens das «Sich wundern», das auch im scheinbar Alltäglichen das Rätselhafte, das Erstaunliche, das Weithinausragende erblickt, stiegen sie allmählich immer höher in die Regionen der exakten Wissenschaft hinauf und erkannten dort, dass auch das wissenschaftliche Weltbild nichts Endgültiges, sondern in ständiger Wandlung und Verbesserung begriffen ist. Und das gleiche Gesetz traf auch auf ihr eigentliches Arbeits- und Forschungsgebiet, die Chemie, zu. Wohin sie auch blickten, immer neue Erkenntnisse und Aufgaben erschlossen sich dem chemischen Forscher. Sie verweilten lange im Gespräch bei dem stürmischen Aufspaltungsprozess des Uranatoms und erörterten die Berechnung, wonach auf diese Weise in einem Kubikmeter Uranoxydpulver innerhalb einer Zeit von weniger als 1/100 Sekunde ein Energiebetrag entwickelt wird, der ausreicht, um ein Gewicht von einer Milliarde Tonnen 27 Kilometer hochzuheben, also ein Betrag, der die Leistungen aller Großkraftwerke der ganzen Welt auf viele Jahre hinaus ersetzen könnte. Weiter wanderten sie durch die geistigen Gefilde der Relativitäts- und Quantentheorie, die im Begriffe stehe, ein völlig neues Weltbild zu schaffen, sprangen plötzlich vom Größten zum Kleinsten und versenkten sich in die Rätsel der modernen Virus-Forschung, deren Erhellung bei der Kleinheit der Viren – zwischen 8 und 250 Millionstel Millimeter – erst in neuester Zeit durch das Elektronenmikroskop geglückt ist. Und so reihte sich Wunder an Wunder in der lebenden Natur, getragen von sinnvollen Weisungen einer höheren Macht, die ihren auf dem Wege der Erkenntnis wandelnden Lieblingen bisweilen gestattete, den Schleier des Geheimnisvollen ein kleinwenig zu lüften, aber nur ihren Lieblingen, den denkenden Menschen, deren höchstes Glück nach Goethes Worten darin liegt, «das Erforschliche erforscht zu haben und das Unerforschliche ruhig zu verehren.» Und bewegt von diesen Gedanken fielen dem Sinnenden Verse dieses Meisters ein, die ihm laut über die Lippen traten, während er im Zimmer auf und ab ging:

«Und es ist das ewig Eine,
das sich vielfach offenbart:
klein das Große, groß das Kleine,
alles nach der eignen Art;
immer wechselnd, fest sich haltend,
nah und fern, und fern und nah,
sich gestaltend, umgestaltend –
zum Erstaunen bin ich da.» –

Das Läuten vom nahen Kirchturme verkündete die Mittagsstunde. Somit wurde es allmählich Zeit, den Freund zum Essen abzuholen. Während Stephan noch schnell im Zimmer Ordnung schuf, klopfte es an der Tür und auf sein Herein erschien bereits der Doktor.

«Soeben war ich im Begriff, dich abzuholen», versicherte ihm Stephan wahrheitsgemäß.

«Ich komme aus dem Grunde etwas früher», erklärte der Eintretende, «weil ich mit dir gleich nach dem Essen nach Habach fahren möchte, von wo wir trotz des schlechten Wetters ein Stück in das wunderschöne und geschützte Habachtal, das du leider noch immer nicht kennst, wandern wollen. Im schlimmsten Falle bleiben wir in der Habachklause, denn dort werden wir auf jeden Fall jausen. – Bist du einverstanden?»

«Und wenn es Bindfäden regnen sollte! Ich bin schon ganz krank vor Sehnsucht nach den Bergen und komme auf dumme Gedanken», gestand Stephan.

«Nun, die werden vergehen», sagte der Doktor freundlich, «mache dich also gleich zum Abmarsch fertig.»

Sie beeilten sich mit dem Essen, um das Mittagauto zur Bahnstation benutzen zu können, und stiegen nach kurzer Eisenbahnfahrt auf der kleinen, völlig einsamen Haltestation Habach aus. Der Regen hatte nachgelassen, und so bummelten sie gemächlich über die blumenreichen Wiesen dem Taleingang zu. Nachdem sie sich in der kleinen, aber blitzsauberen Habachklause gestärkt hatten, wanderten sie das unbeschreiblich schöne, von Wasserfällen, Bächen und Rinnsalen belebte Waldtal aufwärts, das in seiner infolge des Wetters paradiesischen Einsamkeit ihnen allein zu gehören schien. Zwar hatte der Regen inzwischen völlig aufgehört, aber an Aussicht auf den herrlichen Talabschluss, der sich beim Austritt aus dem Walde bei klarem Wetter auf die Venedigergruppe vom Schwarzkopf bis zum Hohen Fürlegg zu erschließen pflegt, wie dies der Doktor schilderte, war heute nicht zu denken.

So schlenderten sie geruhsam mit wachen Augen eine gute Stunde lang bergan und fanden am Bergabhang eine Bank, die als Aussichtspunkt einen hübschen Blick auf den bewaldeten Talgrund gestattete. Der Doktor schlug vor, nicht weiter zu gehen, da dies ja doch zwecklos, und dafür hier kurze Zeit zu rasten. Sie breiteten ihre Klepperumhänge aus und nahmen auf dem schmalen Sitz eng nebeneinander Platz.

«Eigentlich ist es doch ein Jammer», sagte Stephan, «dass uns das schlechte Wetter diese herrliche Zeit so beeinträchtigt. Wieviel Schönheit geht verloren, die du mir andernfalls erschlossen hättest.»

«Freilich ist das bedauerlich, liebster Junge!», bekräftigte sein Begleiter, «aber schließlich sind wir ja nicht nur diesen einen Sommer zusammen in den Bergen, sondern, so die Götter wollen, noch viele Jahre. Hast du übrigens schon einmal darüber nachgedacht, wie wir unser künftiges Zusammenleben gestalten wollen?»

«Nein, Rolf, das ist deine Sache», entgegnete Stephan kurz und bestimmt.

«Musst du in München bleiben oder könntest du auch in Berlin studieren?»

«Berlin ist ungünstig», meinte Stephan etwas kleinlaut.

«Wie ist es denn mit Wien?», schlug der Doktor vor.

«Das wäre schon sehr viel besser. Aber bist du denn nicht beruflich an Berlin gebunden?»

«Gebunden? Nein! Wenn ich auch naturgemäß viele Verbindungen und Fäden durch meinen Weggang lösen würde. Aber das ließe sich schließlich verschmerzen. Im Grunde bin ich ein freier Mann und kann ebenso gut in Wien leben und arbeiten. Die Schwierigkeit liegt im Wohnungstausch und in der Veräußerung meines Wochenendgrundstückes bei Berlin; beides wird sich nicht von heute auf morgen in günstiger Weise durchführen lassen. Ein halbes Jahr wird womöglich darüber hingehen.»

«Dann gehe ich das kommende Wintersemester eben mit dir nach Berlin», sagte Stephan kurz entschlossen, «und im Sommer siedeln wir nach Wien über, und dort beginne ich mit meiner Doktorarbeit.»

«Stephan, du bist fabelhaft!», rief der Doktor mit Bewunderung im Blick.

«Ja, Rolf, sollst du denn nur immer Opfer bringen? Und was ist mir denn schon München ohne dich? Auf unserer Rückreise müssen wir ja doch über München und verbleiben dort, wenn es dir recht ist, einige Tage. Ich regele meine Angelegenheiten, packe meine Sachen zusammen und reise mit dir dann nach Berlin. Hast du denn auch ein Zimmer in deiner Wohnung für mich übrig?»

«Natürlich, Stephan, aber was werden deine Eltern zu diesem Entschluss sagen?»

«Den werde ich ihnen sachlich begründen, und im Übrigen ist es ihnen völlig gleichgültig, wo ich studiere.»

«Du bist also weiterhin fest entschlossen, dein ganzes künftiges Sein mir zu widmen oder, wie dies Simon Dach so schön gesagt hat, dein Leben um meines herumzuschließen?»

«Hast du je daran gezweifelt, Rolf?», entgegnete Stephan mit großem fragendem Blick auf den Freund.

«Nein, nie!», antwortete dieser und schlang einen Augenblick seinen Arm um Stephans Schulter. «Jedoch muss ich dir dann sagen, dass ein Zusammenleben mit mir, jedenfalls unter den augenblicklichen Verhältnissen in Deutschland, eine gewisse Gefahr für dich birgt und sich nachteilig für deine Laufbahn auswirken könnte.»

«Wie soll ich das verstehen?», fragte Stephan.

«So, wie ich es gesagt habe. Eine enge Freundschaft und insbesondere ein Zusammenleben mit mir könnte, wenn es publik würde, den Ruf des betreffenden jungen Mannes beeinträchtigen», entgegnete der Doktor mit fester Stimme.

«Das bedeutet also, dass man deine griechische Neigung kennt», folgerte Stephan.

«Jedenfalls in gewissen Kreisen, mit denen du beruflich in Berührung kommen wirst, wenn du bei mir in Deutschland bleibst», bestätigte der Doktor.

«Und diese Kreise würden mich also verdächtigen, dein intimer Freund zu sein, und ich müsste womöglich damit rechnen, strafrechtlicher Verfolgung ausgesetzt zu werden?», fragte Stephan weiter.

«Selbst eine solche Möglichkeit wäre ins Auge zu fassen. – Bist du dir also jetzt klar, welche Gefahren unsere Freundschaft und noch mehr unser Zusammenleben bedrohen, wenn wir beides nicht sehr sorgfältig tarnen?»

«Durchaus, lieber Rolf, und auch über verschiedenes andere, was ich bisher nicht verstanden habe. Aber eine Frage musst du mir nun wohl gestatten: Warum hast du geschwiegen und mir das nicht früher gesagt?»

«Lieber Stephan», antwortete der Doktor, «diesen Vorwurf habe ich mir, seitdem wir uns kennen, täglich gemacht. Glaube mir bitte auch, dass weder Feigheit, noch Scham, noch die Furcht, dich zu verlieren, mich davon abgehalten haben, dir gegenüber auch in dieser Beziehung ganz offen zu sein. Ich wollte ja die Dinge zwischen uns langsam heranreifen lassen und mich jedenfalls vor unserem Freundschaftsbunde mit dir restlos aussprechen. Aber du selbst hast das Tempo der Entwicklung bestimmt und mich gewissermaßen überrannt. Nachdem ich einmal dein Wesen erkannt hatte, war ich auch sicher in meinem Gefühl, dass diese Aussprache zwischen uns nichts ändern und nichts zerstören würde. Ich möchte also so sagen: Nicht ein Mangel an Vertrauen, sondern mein grenzenloses Vertrauen zu dir und zu deiner Zuneigung hat mich davon abgehalten, diese Belastungsprobe unserer Freundschaft nun auf jeden

Fall erzwingen zu wollen. Auch ist das, was ich dir zu sagen habe, nicht mit wenigen Worten abgetan, sondern ist ein Drama, zu dessen Enthüllung viele Stunden erforderlich sind. Wann und wo hätte ich dafür die Zeit hernehmen sollen, bei schönem Wetter waren wir in den Bergen, und während der Regentage war ich nicht in Stimmung und geradezu unfähig zu einer solchen schwerwiegenden Aussprache zwischen vier Wänden.»

«Und nun hältst du den Zeitpunkt für gekommen?»

«Jawohl, ich muss jetzt mit dir sprechen, bevor wir unsere Zukunftspläne schmieden», antwortete der Doktor.

«Lieber Rolf, ich habe längst gefühlt, dass dich etwas drückt, aber ich wollte nicht mit Gewalt den Panzer deines Inneren sprengen und ihm sein Geheimnis entreißen, das du mir ja doch eines Tages anvertrauen würdest. Also auch ohne es zu kennen, habe ich in vollem Vertrauen zu dir geschworen, den Willen der Götter zu erfüllen und Freud und Leid mit dir zu teilen. An der Freude habe ich teilgenommen und im Leid wirst du mich genauso an deiner Seite finden. Auch verstehe ich deinen Schmerz und deinen Stolz, denn ich kenne dich und weiß, wie ungern du an Hässliches, auch wenn es vergangen ist, rührst. Aber ich möchte glauben, dass dich das Gefühl, einem Menschen alles sagen zu können, auch stärken und beglücken muss und dir die Aufgabe erleichtern wird. Lass dir Zeit mit diesem Bekenntnis, ich warte getrost, bis du sprechen willst. Das Vertrauen zu unserer festgefügten, unzerreißbaren Freundschaft, das tu hast, besitze ich auch.»

«Stephan!», rief der Doktor freudig, «du übertriffst dich selbst!»

«Nein, Rolf, ich bemühe mich nur, dir gleichwertig zu sein.»

«Gleichwertig mit einem Vorbestraften, den man mit Verbrechern zusammen ins Gefängnis gesperrt hat», sagte der Doktor bitter.

«Und wenn du im Zuchthaus gesessen hättest, lieber Rolf, so weiß ich, dass du niemals unehrenhaft gehandelt hast und auch in diesem Milieu ein Gentleman warst, so wie du es heute bist. Dich kann nichts und niemand erniedrigen, wenn du es nicht selbst tust!»

«Stephan, dein Glaube an mich ist atemberaubend!»

«Auf dem Gipfel des Venedigers schwor ich dir vor den Göttern feierlich Liebe und Treue bis in den Tod. Ja, glaubst du denn, dass ich nicht wusste, was ich tat? – Und nun höre das letzte, Rolf! Wenn du mir jetzt gestehst, dass deine Lage dich dazu zwingt, dich vom nächsten Felsen in die Tiefe zu stürzen, so gehe ich an deiner Hand auch diesen Weg mit dir, denn dann sind meine Lebensaufgabe und göttliche Mission eben erfüllt. Wen die Götter lieben, lassen sie jung sterben! Und jetzt habe ich dir nichts weiter zu sagen.»

«Stephan», sagte der Doktor mit leisem Zittern in der Stimme, «ein Mensch wie du wird nur alle Jahrtausende geboren. Die Götter mögen mir die Fähigkeit und die Kraft geben, deine Größe der Nachwelt zu überliefern.»

«Ich bitte dich, liebster Rolf, mein selbstverständliches Verhalten nicht über Gebühr zu loben. – Aber sollten wir jetzt nicht gehen, der Regen setzt wieder einmal ein?» –

Gedankenvoll stiegen sie zum Talgrund hinab und kehrten noch einmal in der Habachklause ein, um ihre Hüte und Umhänge zu trocknen. Zur inneren Erwärmung bestellte der Doktor Enzian aus der besonderen Flasche.

«Auf unser beider Wohl!», begrüßte er mit erhobenem Glase Stephan. «Ich danke dir für jedes deiner Worte, die du dort oben auf der Bank zu mir gesprochen hast, und ich danke dir für alle deine Liebe und Treue, die ich dir niemals vergessen werde. Du kennst ja zur Genüge meine Neigung zu vergleichenden Zitaten bei jeder Situation, und für die augenblickliche Gefühlswallung, die mich durchströmt, erscheint mir der Anfang eines Sonettes Michelangelos, gerichtet an seinen schönen, jungen Freund Tommaso dei Cavalieri, besonders treffend. Es lautet:

‹Ich sehe sanftes Licht mit deinen Blicken,
Mit meinen Augen bin ich blind.
Mit dir im gleichen Schritte wandelnd, sind
Leicht mir die Lasten, die mich sonst erdrücken.›

Daneben klingen und rauschen mir Worte und Töne jener göttlichen Symphonie in den Ohren: ‹Wem der große Wurf gelungen, eines Freundes Freund zu sein›. Und nun lass uns auf die nächsten zwanzig Jahre anstoßen, die wir – komme was da wolle – gemeinsam verleben werden, sofern sie uns die Götter noch gewähren sollten.»

Bewegt blickte Stephan beim Zusammenklang der Gläser in die Augen des Freundes, die jetzt voll Lebensfreude und Energie funkelten, und erkannte zutreffend, dass allein sein Verhalten hierfür die Ursache war. In gleichem Maße, wie der Doktor bisher seinen Lebensmut entfacht und allen Missmut aus ihm vertrieben hatte, wirkte jetzt er, Stephan, als befreiende und beglückende Kraft auf ihn und konnte jedenfalls dieses Schuldkonto begleichen.

Ein Gefühl freudigen Stolzes durchströmte ihn bei dieser Erkenntnis. Ja, sie waren sich unentbehrlich, ein jeder brauchte den anderen. Und so neigte er sich zum Doktor und sagte leise:

«Du bist mein Führer in den Bergen und im Leben, und ich bin deine zuverlässige Stütze. Schon einmal sang ich dir: ‹Fordere, befiehl! – Ich folge!›. Kennst du das italienische Sprichwort, das ich irgendwo in einer Liebesgeschichte südlicher Zonen gelesen habe? ‹Dove mi attaco, muoio!› Wo ich mich anklammere, da sterbe ich. – du weißt jetzt, dass es mir ernst damit ist.»

«Nachdem du dich nicht von mir wendest, kann uns nichts mehr trennen», entgegnete der Doktor. «Unser Freundschaftsbund ist genauso unwandelbar wie jene des Altertums, die uns von Dichtern und Weisen rühmend übermittelt wurden. Du hast die Belastungsprobe bestanden, und wenn ich auch an meinen verständnisvollen Jungen felsenfest geglaubt habe, so ist mir doch die Bestätigung meines Glaubens in der von dir heute getätigten Form eine unaussprechliche Freude. Nun lass uns aber die gegenseitige Versicherung unserer Freundschaft beenden, denn das wissen wir ja nun wirklich.»

«Dann darf ich wohl auch nicht mehr fragen: ‹Rolf, hast du mich noch lieb?›», sagte Stephan mit spitzbübischem Lächeln.

«Jawohl doch, das darfst du und zwar recht oft», parierte der Doktor zärtlich. – «Aber um noch einmal auf das ursprüngliche Thema zurückzukommen: Das Drama meines Lebens wirst du in den nächsten Tagen hören und schließlich auch lesen, denn es wird natürlich im Rahmen der Geschichte unserer Freundschaft einen breiten Raum einnehmen.»

«Wie willst du es dort hineinkomponieren?», fragte Stephan interessiert.

«Als Erzählung des Doktors, die mit dem nächsten Kapitel beginnen soll.»

«Also zeitlich genauso, wie es sich wirklich zugetragen hat?»

«Ja natürlich, nach unserer heutigen Unterredung. Aber ich habe ja den Ablauf des Tatsachenberichts nicht in der Hand. Sollte sich das Wetter morgen und für die weiteren Tage bessern, wozu es allerdings bisher keine Neigung zeigt, so stelle ich diese Erzählung mit deinem Einverständnis noch einmal zurück, und wir gehen in die Berge, wo wir uns damit nicht belasten wollen.»

«Somit werden auch dies die Götter entscheiden», konstatierte Stephan lächelnd, wozu der Doktor bestätigend nickte. «Ich finde, Rolf», fuhr Stephan fort, «dass deine Einstellung in vielen Dingen etwas Orientalisches an sich hat. Augenscheinlich hast du dir dort angewöhnt, an das den Menschen bestimmte Schicksal zu glauben und sich darein zu ergeben. Wie nennt man das doch gleich – Fatum?»

«Kismet, lieber Stephan! – oder auch unabänderliche Vorherbestimmung, Prädestination oder Determinismus allen Geschehens, wie dies Spinoza in seiner Ethik lehrt. Du siehst demnach in mir eine Kombination griechischer und türkisch-orientalischer Anschauungen? – Gar nicht so abwegig dieser Gedanke von dir! Räumlich sind ja beide Länder nicht sehr weit auseinander, und 2.000 vor Christo haben die Chetiter ihre Herrschaft bis an das Ägäische Meer ausgedehnt. Zwischen dem Löwentor von Mykene und dem von Boghazköy fand ich wirklich keinen großen Unterschied. – Nun habe ich mir zwar in den letzten Jahren die Hast des Westeuropäers ausdrücklich abgewöhnt und fühle mich durchaus nicht mehr als Hoher Priester des neuen Gottes Energie, aber Determinist bis zur Passivität des Orientalen bin ich deshalb doch noch nicht. So weit hat sich die Wandlung in mir jedenfalls nicht vollzogen, wenn ich auch erkannt habe, dass alles das, was heute in Europa geschaffen wird, für die Vernichtung bestimmt und somit wertlos ist. Trotz alledem fühle ich mich noch immer als Bekenner eines tatfrohen Ichs und baue mir meinen eigenen Laufstieg mutig und energisch in die Unendlichkeit des Voraus.»

«Aber in deiner Eigenschaft als Autor der Geschichte unserer Freundschaft tust du dies jedenfalls nicht», wandte Stephan ein.

«Das ist auch ein besonderer Fall. Die zarte Blume der Freundschaft soll man pfleglich behandeln, sie könnte womöglich durch allzu viel Energie geknickt werden.»

«Woran du aber bestimmt nicht gedacht hast, als du mir damals auf der Kürsinger die Hinterbacken zu zorniger Röte färbtest», klagte Stephan mit gespieltem Vorwurf.

«Zornige Röte? – du übertreibst! Höchstens sanfte Abendröte, und da sie nicht in deinem, sondern in meinem Blickfeld lag, kannst du hier nicht mitsprechen.»

«Meinem Gefühl nach – und das ist hier wohl maßgebender als dein Blickfeld – war die Röte ausgesprochen zornig», widersprach Stephan mit einer unübertrefflichen Komik, die den Doktor hell auflachen ließ.

«Also bleib bei deiner zornigen Röte! Jedenfalls werde ich mir für etwaige künftige Fälle den Farbton merken und das Gesetz von der Erhaltung der Energie in maßvoller Weise zur Anwendung bringen, auf dass die Blüte der Freundschaft nicht welkt, augenscheinlich braucht sie bisweilen eine Erfrischung.»

«Du merkst aber auch alles», konstatierte Stephan drollig.

«Und du nicht einmal, dass es allerhöchste Zeit ist, zum Bahnhof zu gehen, wenn wir hier nicht übernachten wollen.»

«Um Gottes willen! Mein schönes, breites Bett in Krimml!», schrie Stephan entsetzt.

«In dem du trotz seiner Vorzüge den größeren Teil der Nacht nicht zuzubringen pflegst», ergänzte der Doktor schlagfertig.

Stephan bekam einen Lachanfall und benahm sich in der turbulenten Eile des Aufbruchs völlig konfus. Als er sich schließlich auch noch den Klepperumhang des Doktors umgehängt hatte, meinte letzterer:

«Festina lente! – Eile mit Weile, Stephan, man kommt immer noch früh genug zu spät!»

Endlich waren sie aufbruchsfertig und schlugen einen Geschwindmarsch zum Bahnhof an. Zwar war trotz allen Beeilens bei ihrem Eintreffen die Abfahrtzeit nicht unerheblich überschritten, da jedoch der Zug seine übliche Verspätung auch diesmal getreu innehielt, mussten sie sogar auf ihn warten.

«Und was sagt deine Weisheit jetzt?», triumphierte Stephan. «Dein Paradoxon war unrichtig und muss lauten: ‹Man kommt immer noch spät genug zu früh!›»

«Vor dir muss man sich wirklich in acht nehmen», meinte der Doktor lächelnd.

Während sie wartend auf und ab schritten und ihre beobachtenden Blicke den Berggipfeln im Süden und Norden zuwandten, konnten sie eine Aufklärung feststellen, die sogar die Möglichkeit zuließ, dass der morgige Tag schön werden würde.

«In diesem Falle unternehmen wir morgen endlich einmal wieder eine Bergtour», schlug der Doktor vor, «und es fragt sich nur, wohin du willst? – Als eintägige Tour käme Seebachsee – Seekarkees – Wildkar – Abstieg durch das Blaubachtal, als zweitägige die bereits einmal von uns vergeblich versuchte Rainbachscharte – Zittauer Hütte – Rosskarscharte – Richterhütte in Frage. Wofür entscheidest du dich?»

«Für beide, Rolf!», antwortete Stephan lachend.

«Ich möchte in deine beflügelte Fantasie keine Tränengasbombe werfen, aber kombinieren lassen sich meine beiden Vorschläge nur unvollkommen, also nur unter Verzicht auf eine der beiden Schartenübergänge.»

«Wie wäre es denn mit einer Besteigung des Wildkogels?», fragte Stephan, mit der Hand auf diesen Gipfel zeigend, der in nordöstlicher Richtung von ihnen gerade aus den Wolken heraustrat.

«Eine bequeme, eintägige Besteigung von Neukirchen aus, die viel unternommen wird und bei der du infolgedessen die Einsamkeit der Bergwelt vermissen wirst.»

«Dann möchte ich allerdings morgen lieber zum Seebachsee», entschied sich Stephan.

«Ja, den musst du unbedingt sehen, und wenn es das Wetter erlaubt, wird mir schon noch eine zweckmäßige Kombination einfallen. Bereite noch heute Abend alles vor! Wir benötigen leichte Bekleidung, leichtes Gepäck, aber Proviant für alle Fälle, da wir nicht wissen können, ob wir die Zittauer erreichen werden. Na endlich! – Da kommt ja unser Express angebraust.»

11. Zitterauerhütte

Werfen wir, bevor wir mit unserer höchst merkwürdigen Erzählung in einem neuen Kapitel fortfahren, noch kurz einen Rückblick auf die Geschehnisse in dem vorhergehenden, so finden wir in ihm wieder einmal verschiedene Vorsätze, die gefasst wurden, aufgezeichnet. Auf Grund gemachter Erfahrungen sind wir jedoch bezüglich Erfüllung gefasster Beschlüsse bei unseren Helden der Handlung etwas skeptisch geworden, zumal wir wissen, dass der Ablauf der Historie durchaus von Zufälligkeiten diktiert oder – wie es der Doktor zu nennen beliebt – im Rate der Götter bestimmt wird. Jedenfalls scheint es uns geboten, den Bogen der Erwartung nicht zu überspannen und auch auf unliebsame Überraschungen, ja Enttäuschungen gefasst zu sein, denn prüfen wir einmal mit leisem Argwohn die Vorsätze des Doktors im vorhergehenden Kapitel, so ersehen wir, dass er seine dramatische Lebensgeschichte, auf die wir mit Stephan bereits geraume Zeit warten, nunmehr erzählen will, vorausgesetzt, dass das Wetter schlecht ist. Ist es dagegen schön, wollen unsere beiden Freunde in die Berge und sich mit dieser Geschichte nicht «belasten». Man kann eine solche Einstellung zwar verstehen und sich mit einer nochmaligen Zurückstellung schließlich abfinden, aber die Frage erhebt sich in uns: Sollen wir auf die Erzählung des Doktors nun warten, bis das Wetter wieder schlecht ist? – Wird dies bejaht, dann ist aber wohl die weitere Fragestellung erlaubt, warum uns Doktor Rainer seine Geschichte nicht bereits in der Schlechtwetterperiode der vergangenen fünf Tage erzählt hat, wozu er wirklich

Zeit genug gehabt hätte? Zwar wissen wir einerseits, dass er zu seinen «Enthüllungen» viele Stunden braucht, andererseits aber auch, dass er während der Regentage «nicht in Stimmung und unfähig zu schwerwiegender Aussprache zwischen vier Wänden» war. Ja, zum Kuckuck, was sind dies alles für Winkelzüge und Ausflüchte, aus denen kein Mensch mehr klug wird! Uns, den mehr oder weniger gefesselten Lesern, ist es völlig gleichgültig, ob das Wetter in Krimml jetzt gut oder schlecht wird, denn wir kennen den Ort und seine Umgebung in beiden Verfassungen bereits zur Genüge, uns interessiert jetzt lediglich, endlich einmal zu hören, was es mit dem rätselhaften Doktor für eine Bewandtnis hat, und erwarten von ihm, dass er nunmehr nach dem zehnten Kapitel – und zwar bei jedem Wetter – Farbe bekennt, denn andernfalls müssen wir ihm unterstellen, dass er sich lediglich interessant machen will und nicht viel hinter seinem ganzen Getue steckt. –

Wenn auch nicht in der Form, so doch aber ihrem Inhalte nach klangen Stephans Bedenken, die er seinem Freunde, dem Autor der Geschichte einer Freundschaft, vortrug, als sie beide in 2.200 Meter Höhe am Seekarsee wieder einmal nach erfrischendem Bade in herrlicher Natur hüllenlos in der Sonne lagen.

«Lieber Stephan», entgegnete der Doktor Rainer mit leichtem Heben des Kopfes, «sollte ich nicht fehlgehen in der Annahme, dass du bei dieser Forderung deinen Wunsch geschickt durch den der imaginären Leserschaft getarnt hast?»

«Nein, Rolf», antwortete Stephan mit Nachdruck, «ich brenne wirklich nicht vor Neugierde oder Ungeduld, aber der Lauf der Erzählung ist meinem Gefühle nach –»

«Stephan, schon wieder dein Gefühl!», unterbrach ihn der Doktor, sich vergnügt auf die nackten Oberschenkel schlagend.

«– jetzt zu dem Punkte gediehen, wo deine Geschichte einsetzen muss, und da du dich an die tatsächliche Abwicklung der Ereignisse hältst, musst du nunmehr mit der Erzählung beginnen oder aber diese Unterlassung hinreichend begründen.»

Der entschiedene Ton Stephans blieb nicht ohne Eindruck auf seinen Begleiter; er überlegte kurze Zeit, dann sagte er:

«Jawohl, mein kluger Junge hat Recht. Zwar will es mir noch immer nicht in den Kopf, warum ich mich in dieser herrlichen Gebirgswelt und bei den entschleierten Bild eines göttergleichen Jünglings vor Augen in die Erinnerung einer sehr trüben Zeitspanne zurückversetzen soll, aber schließlich sage ich mir, dass jeder Augenblick mit meinem Jungen schön ist und somit meine Erzählung an jedem Ort und zu jeder Stunde die Harmonie unseres Beisammenseins trüben wird. Denn, Stephan, das, was ich dir zu berichten habe,» – und hier verfinsterten sich die Gesichtszüge des Doktors und seine Stimme wurde hart und eisig – «ist so scheußlich, so menschenunwürdig und so gemein, dass die hierdurch in die Geschichte unsrer Freundschaft hineingetragene Diskrepanz nicht nur für dich, sondern schlechthin auch für jeden anderen Hörer oder Leser nahezu unerträglich wird. Blicke um dich, Stephan, sieh die blühenden Werke des Schöpfers, die Blumen, die Sonne, die Berge, das Wasser, sieh seine lebenden Geschöpfe, dich und mich, und atme die herrliche, reine Luft! Und nun ergreife ich deine Hand, trete mit dir vor einen dunklen Eingang im Felsen, der zur Unterwelt führt und aus dem dir bestialischer Gestank und Moderduft entgegenquellen, und fordere dich auf, mit mir einzutreten unter der drohenden Ankündigung, ein Dantesches Infernum aus nächster Nähe betrachten zu müssen. Hast du wohl den Mut, mitzukommen, und noch immer das Verlangen, meine Geschichte zu hören?»

«Ich habe den Mut und das Verlangen», antwortete Stephan mit fester Stimme, «denn ich will ja deine Schicksalslast mit auf meine Schultern nehmen, damit sie für dich leichter wird.»

«Das hast du ja bereits getan, liebster Junge», sagte der Doktor mit zärtlichem Blick, wobei sich seine harten Züge merklich entspannten. «Aber jetzt brechen wir auf und steigen noch etwa 300 Meter höher über die Scharte zum Seekarkees empor. Dort sind wir in völliger Einsamkeit – was hier keineswegs verbürgt ist, denn dieser See wird im Gegensatz zum Rinderkarsee – verzeihe bitte – zum Manasarovar häufig besucht. Dort finden wir weichen Schnee, auf dem wir uns von der Sonne schwarz brennen lassen werden, und dort, Stephan, erzähle ich dir den ersten Teil meiner Geschichte.»

Stephan hatte sich erhoben und stand in schimmernder Nacktheit vor dem Sitzenden. Sein nachdenklich umflorter Blick war in die Ferne gerichtet und kehrte dann forschend zum Gesicht des Freundes zurück.

«Schilt mich bitte nicht inkonsequent», sagte er in verändertem Ton, «wenn ich dich jetzt bitte, deine Erzählung doch noch um einige Tage zurückzustellen.»

«Also wieder einmal ein Wortbruch», konstatierte der Doktor mit leichtem Erstaunen. «Und wo bleibt die ‹hinreichende und überzeugende Begründung›?»

«Ich sehe ein, dass ich mit meinem Drängen einen Fehler begangen habe», gestand Stephan. «Deine ursprüngliche Absicht, unsere Bergfahrten nicht mit dieser Erzählung zu verquicken, war doch die einzig richtige. Ich bitte dich herzlich, Rolf, es dabei belassen zu wollen.»

«Schön, wie du willst! Nur bin ich mir über deine plötzliche Meinungsänderung noch immer nicht im Klaren. Wo ist denn der eigentliche Grund?»

«Ach, Rolf, der Grund ist – dein Gesicht, das ich vorhin gesehen und aus dem ich erkannt habe, wie sehr dich diese Erzählung innerlich angreifen wird und somit auch mich. – Lass uns noch diese schönen Tage unbekümmert in den Bergen umher streifen und schone deine Nerven. Ich muss dafür Sorge tragen, dass du mir noch recht lange erhalten bleibst, und körperliche Anstrengungen, gepaart mit seelischen, könnten doch nachteilig auf deine Gesundheit wirken. Und das wäre furchtbar!»

Bei dieser Vorstellung schossen Stephan die hellen Tränen in die Augen und er setzte sich, beide Fäuste auf die Augenlider pressend, nieder.

«Aber, Junge, was hast du denn?», fragte der Doktor, gleichzeitig besorgt und gerührt sich zu Stephan niederbeugend. «Ich glaube beinah, dass du die schwächeren Nerven von uns beiden hast, was ich bisher wirklich noch nicht an dir bemerkt habe, denn du bist doch sonst so tapfer. – Aber nun komm, zieh dich an! Die dumme Geschichte wird zurückgestellt, bis wir unsere geplanten Touren hinter uns haben, und kein Wort wird darüber verloren.

‹Die Geisterwelt sei dir verschlossen,
Ihr Sinn sei zu, dein Herz sei tot!
Auf, bade, Schüler, unverdrossen
Die irdische Brust im Morgenrot!›

Was sagst du zu meinem abgewandelten Schiller?»
Stephan musste bereits wieder lachen. «Zwar ist es ein abgewandelter Goethe, aber er passt ausgezeichnet zu meiner augenblicklichen Stimmung und hat mich bereits getröstet.» –

Sie fuhren eilig in die Kleidungsstücke, schulterten die Rucksäcke und stiegen in südwestlicher Richtung über den See empor. Als sie nach viertelstündigem Ansteigen ihre Blicke nach unten sandten, sahen sie am See Touristen auftauchen. Der Doktor stellte durch das Glas fest, dass es zwei Damen in Hosen und ein Herr waren.

«Um Gottes willen!», rief Stephan, «wenn die uns ‹ohne› gesehen hätten!»

«Sei unbesorgt», entgegnete der Doktor, «auf meine Ohren kann ich mich in den Bergen verlassen, sie hätten die Annäherung rechtzeitig wahrgenommen. Aber denke einmal, wie hübsch, wenn uns die späten Mädchen aus Berlin, die du ja so liebst, überrascht hätten.»

«Ich hätte mich zu Tode geschämt», beteuerte Stephan.

«Warum denn? Ich glaube, du hättest den nachhaltigsten Eindruck auf sie gemacht. So einen vollkommenen Jüngling haben sie sich schon immer gewünscht.»

«Höre bitte auf! Ich wäre aus Scham und Reue wie Zarathustra zehn Jahre lang in die Einsamkeit der Berge gegangen.»

«Ja, mit Unterbrechungen, in den Ferien und mit mir», entgegnete der Doktor und pfiff eine Tanzmelodie in feurigem H-Dur.

Stephan lauschte begierig der Tonfolge, äußerte sich aber nicht, während der Doktor unbekümmert die virtuose Melodie weiterpfiff.

«Na, Stephan, du schweigst?»

«Ich komme im Augenblick nicht darauf?»

«Kombiniere doch einmal! Von was sprachen wir soeben?»

Stephan verharrte im Schweigen. –

Sie überschritten einen Schneeabhang und näherten sich der Scharte, die links von ihnen mit pittoresken Felstürmen gekrönt war.

«Hurra! ich hab es –», schrie Stephan plötzlich. «Motiv des Tanzliedes aus ‹Also sprach Zarathustra› von Richard Strauß.»

«Bravissimo!», lobte der Doktor und betrat die Scharte.

Ein einsames Kaar, mit Schnee bedeckt, lag vor ihren Blicken. Rechts schimmerte in grünlicher Tönung ein kleiner Gletscher, der Seekarkees. In unmittelbarer Nähe grüßten Rosskarkopf, Seekarkopf und Drisslkopf, während die stolzen Dreitausender, Wildgerlosspitze und Gabelkopf, sich mehr zurückhielten und als nördlichste Gipfel der Reichenspitzgruppe lediglich aus der Ferne winkten.

Die beiden Bergsteiger nahmen auf dem schmalen Grat Platz und versanken in die Betrachtung der im Sonnenlicht weißglitzernden, schweigsamen Landschaft. Stephans Stimme unterbrach nach einiger Zeit die Stille.

«Liebst du wohl die Musik von Richard Strauß?», wollte er in Fortsetzung des beim Aufstieg gepflogenen Gesprächs wissen.

«Es ist die einzige moderne Musik, die ich liebe», antwortete der Gefragte, ohne sich im Gebrauch seines Fernglases, mit dem er die Gegend absuchte, stören zu lassen.

«Dann bist du aber recht einseitig eingestellt.»

«Zweifellos bin ich das, auch gefällt mir keineswegs alles. ‹Rosenkavalier› und ‹Ariadne auf Naxos› sind für mich schlechthin Offenbarungen reinsten Genusses und ich halte sie für unvergängliche Bereicherungen unseres musikalischen Besitztums.»

«Und die Straußschen Lieder?»

«Auch sie mit Auswahl – hier liebe ich vor allem ‹Ich trage meine Minne› –»

«– und die ‹Heimliche Aufforderung›», ergänzte Stephan.

«Ja – die auch –, aber was sagst du zu dem Text ‹Auf, hebe die funkelnde Schale›, der ja eine Übertragung aus dem Englischen ist?»

«Was soll ich dazu sagen?»

«Ist dir denn beim Anhören oder Singen dieses Liedes niemals aufgefallen, dass diese Aufforderung unmöglich an eine Frau gerichtet sein kann?»

«Wieso? – ja, weiß Gott!», rief Stephan nach schneller Rekapitulation des Liedertextes. «Der Angebetete in der Schar der trunkenen Schwätzer und lauten Zecher ist zweifellos kein Mädchen, sondern todsicher ein lockiger Jüngling. – Daher auch die ‹heimliche› Aufforderung. Um zu einer solchen Einsicht zu gelangen, muss man nun erst auf diesen Grat hinaufklettern. – Welt, was bist du doch komisch!»

«Wir haben hier den gleichen Fall», dozierte der Doktor, «wie bei dem in meiner Jugend viel gesungenen Kurschmann-Liede ‹Lass tief in dir mich lesen›, das Platen als junger Erlanger Student an seinen noch jüngeren Freund Rotenhan gerichtet hat, und so gibt es noch viele Perlen in der Poesie, von deren Entstehungsmotiv die gesittete Welt nichts ahnt.»

«Ich erkenne immer mehr, dass an allen unvergänglichen Schöpfungen Gott Eros erheblich beteiligt war.»

«Zweifellos ist er die stärkste Triebfeder auch beim schöpferischen Menschen», bestätigte der Doktor, sich erhebend. «Aber ich denke, wir verlassen jetzt unseren luftigen Sitz nach dieser Erkenntnis und steigen zum Schneefeld hinab, das verlockend im Sonnenglanz zu unseren Füßen liegt.»

Nach wenigen Minuten war das Ziel erreicht. Schwarze Inseln aus plattigem Felsgestein ragten aus dem schneeigen Weiß hervor. Eine dieser Felseninseln wählten sie zum trockenen Lagerplatz und richteten sich dort häuslich ein. Sie entkleideten sich erneut und warfen sich nackt in den glitzernden Schnee, der ihre heißen Körper kühlte. Dann entbrannte eine Schneeballschlacht, die jedoch in Anbetracht der fehlenden Bekleidung beiderseitig als zu schmerzhaft empfunden und daher sehr bald wieder eingestellt wurde. Dafür unternahmen sie einen Dauerlauf im Schnee, und, nachdem sie sich im bacchischen Übermut ausgetobt hatten, ließen sie sich auf den heißen Steinen von der Sonne trocknen und tranken Rotwein, in dem sie Schnee zergehen liegen.

«Jetzt aber gut einfetten, Stephan!», mahnte der Doktor, «sonst geht dir die Haut in Fetzen ab.»

Die mitgeführten Hautcrememengen waren nahezu verbraucht, als die mit gegenseitiger Unterstützung durchgeführte Einfettungsprozedur beendet war. Anschließend ließen sie sich weiter von der Sonne rösten und fühlten sich auf ihrer einsamen Felseninsel wunschlos glücklich. –

Nach einer knappen Stunde richtete sich Stephan aus seiner liegenden Stellung auf und blickte auf die Armbanduhr, die neben ihm auf dem Felsenvorsprung lag.

«Es ist ein Uhr mittags, wie lange können wir hier noch bleiben?», fragte er.

«Das hängt ganz von deinen Wünschen ab», antwortete der Doktor. «Wenn wir nur über die Schneckenscharte nach Krimml zurück wollen, haben wir noch viel Zeit. Willst du dagegen heute noch durch das Wildgerlostal zur Zittauer Hütte, so brechen wir in einer halben Stunde auf.»

«Letzteres schon, aber dann fällt die Rainbachscharte aus», klagte Stephan.

«Auch das ließe sich vermeiden», entgegnete der Doktor nach kurzem Nachdenken. – «Gib doch einmal die Karte aus dem Rucksack! – Also wir bleiben heute Nacht auf der Zittauer, besteigen morgen den Rosskopf und gehen anschließend über die Rosskarscharte zur Richterhütte. Dort nächtigen wir morgen, machen übermorgen noch einmal die Rosskarscharte vom Süden, biegen aber dann am Oberen Gerlossee nach Osten ab und übersteigen die Rainbachscharte vom Westen. Dann sind wir übermorgen Abend in Krimml und haben sämtliche Schartenübergänge dieses Gebiets gemacht. Die Rosskarscharte soll so leicht und lohnend sein, dass man sie schon zweimal in Kauf nehmen kann.»

«Und auf das Wiedersehen mit der Richterhütte freue ich mich ganz besonders», verkündete Stephan.

«Auch auf der Zittauer wird es dir gefallen, denn auch dort gibt es oder jedenfalls gab es immer ganz vorzügliche Verpflegung. – Herrgott! Du fängst ja schon an einzupacken! Ich glaube, du hast schon wieder Hunger?»

«Nein!», antwortete Stephan, «ich habe heute nur meinen sitzfleischlosen Tag.»

**

Auf der in romantischer Einsamkeit am Unteren Gerlossee gelegenen Zittauer Hütte weilten nur wenige Gäste, als die beiden Bergsteiger gegen 6 Uhr abends hungrig und durstig vom steilen Anstieg durch das Wildgerlostal dort einpassierten. Die Hüttenwirtin mit ihrer hübschen erwachsenen Tochter und dem zwölfjährigen Sohne waren alte Bekannte des Doktors, und dementsprechend stand die Herzlichkeit der Begrüßung und Aufnahme gegenüber der in anderen Hütten in keiner Weise zurück. Stephan gewann sogar den Eindruck, dass sich der Doktor hier ganz besonders zu Hause fühlte. Sie bezogen ihr Zimmer und erhielten anschließend ein Abendessen, das ihre kühnsten Erwartungen übertraf. Der Wiener Rostbraten, eine Spezialität der Wirtin, war zart wie Butter und der Nachtisch ein Wunderwerk österreichischer Backkunst.

«Wie wäre es, Stephan, wenn du unseren Dank für die kulinarischen Genüsse in 2.330 Meter Höhe durch deine Kunst abstatten würdest, falls du nicht zu müde nach der Tour bist?», schlug der Doktor aufgeräumt nach beendeter Mahlzeit vor. «An Huldbeweisen ist man hier gewöhnt. Sa las ich vor zwei Jahren an einem Wegweiser im Wildgerlostal eine Huldigung für unsere hübsche Wirtstochter; sie wurde dort als ‹schönstes Mädchen im Pinzgau› gerühmt, allerdings mit der etwas merkwürdigen Begründung: ‹denn sie macht die größten Omelette›. Ich fände es jedenfalls nett, wenn du ihr und der Mutter ein Preislied singen würdest. Dort an der Wand sehe ich eine Laute. Kannst du sie wohl spielen?»

«Ja, ich kann», antwortete Stephan, nahm das Instrument von der Wand und begann die Saiten zu stimmen. «Hoffentlich stört es die anderen Gäste nicht?»

«Bestimmt nicht, sobald sie dich hören werden», versicherte der Doktor und musterte noch einmal die Anwesenden, deren flüchtige Bekanntschaft er bereits vor dem Essen gemacht hatte: eine Arztfamilie aus Frankfurt am Main und eine auffallend rüstige sechzigjährige Dame, die als immer noch vorzügliche Bergsteigerin alter Schule von Genas allein heraufgestiegen war. Sie alle blickten überrascht auf, als Stephan Akkorde griff, und Erwartung zeigte sich unverkennbar in ihren Mienen, als die Saiten immer reiner und voller tönten.

Der Doktor war vorzüglicher Stimmung. Geschäftig trommelte er Wirtsleute und Hauspersonal zusammen und verkündete dem Auditorium, dass er anschließend mit dem Sammelteller herumgehen würde. Über Stephans Erfolg war er sich augenscheinlich keinen Augenblick im Zweifel.

Nach etwa zehn Minuten hatten sich sämtliche Hüttenbewohner im Speiseraum vollzählig versammelt. Stephan baute sich mit seiner Laute in der von den Zuhörern, die zusammengerückt waren, entferntesten Ecke des Zimmers auf. In seiner hochgeschlossenen dunkelblauen Strickweste, über deren Ausschnitt der breite, weiße Hemdkragen fiel, mit seinem schön geschnittenen schmalen Gesicht in tiefgebräuntem Farbton, mit dem vollen dunklen Haar und den länglichen aristokratischen Händen gewann er offensichtlich die Herzen der Frauen im Fluge, und auch die hübsche Wirtstochter entsandte Blicke, die ihr der Doktor bei ihrer bekannten Sprödigkeit gar nicht zugetraut hätte. Und nun begann Stephan die Laute ganz leise in einer Tonfolge erklingen zu lassen, die dem Doktor durchaus vertraut war und bei der er nur erneut in Staunen über die Findigkeit und den untrüglichen Geschmack seines Jungen verfiel. Mit halber Stimme setzte nämlich Stephan ein:

> «Leiser, leiser kleine Laute
> Flüstere, was ich dir vertraute,
> Dort zu jenem Fenster hin –»

Stephan sang Schuberts opus 81 Nr. 2 «An die Laute» wieder einmal in einer Vollendung, die allergrößten Ansprüchen genügt hätte, und schlug durch den Wohllaut der Stimme die unterschiedlich zusammengesetzte Zuhörerschaft in seinen Bann. Selbst der Hüttenträger, die Magd und der zwölfjährige Bub starrten ihn mit offenem Munde völlig entgeistert an und blieben zunächst, wie die übrigen Zuhörer, sprachlos. Dann aber brach ein Beifallsjubel los, wie ihn die Hütte wohl noch nicht erlebt hatte. Die alte Dame und die Arztgattin bestürmten den Doktor mit Fragen, und der sechzehnjährige Sekundaner, Sohn des Arztes, hatte beide Hände vor das Gesicht geschlagen und zuckte nervös mit den Schultern. Während sich Stephan, unberührt von Beifall und Bewunderung, leicht verbeugte, studierte der Doktor die Wirkung seines Gesanges auf das Publikum. Er fand seine frühere Erkenntnis von dem bezaubernden Klang dieser Stimme voll bestätigt. Gleich Orpheus betört er damit alle Wesen, sagte er sich erneut, und die Laute beherrscht er schlechthin meisterhaft. Wo hat er nur den virtuosen Fingersatz gelernt? Es ist und bleibt doch ein Fehler, dieses Talent der Öffentlichkeit vorzuenthalten. Dazu die fesselnde Erscheinung des Jungen, der seinen Emanationen ebenso wenig Einhalt gebieten kann, wie dies das Radium kann, dem auch hier alle Herzen zufliegen. Das Wirtstöchterlein ist ja schon ganz scheckig im Gesicht und der Gymnasiast bereits durch das eine Lied zu Tränen gerührt. Das kann ja noch nett werden! – Aber meine Theorie, über die wellenförmige Bewegung der Fortpflanzung bestätigt sich einmal wieder: Erreicht ein Glied in der Entwicklungsreihe seinen Höhepunkt, stirbt der Zweig ab. Eigentlich bedauernswert, aber wohl naturbedingt und damit richtig, denn einen vollkommeneren Jüngling an Leib und Seele als Stephan vermag ich mir bei bestem Willen nicht vorzustellen. – Und solch ein Junge gehört dem Gesetze nach als Volksschädling ins Gefängnis. Wahrlich, es ist schon eine Lust zu leben! –

Stephan schien mit der Laute nicht ganz einverstanden, immer wieder stimmte er die Saiten, voller und voller erklungen die Akkorde, die Laute begann zu schwingen, und nun setzte Stephan glanzvoll ein:

«Was ist Silvia? Saget an,
Dass sie die weite Flur preist –»

In wundervollem Zeitmaß sang er alle drei Strophen des herrlichen Liedes und entlockte den Bass-Saiten so geschickt die tiefen Begleittöne, dass man die Unzulänglichkeit des Instrumentes darüber vergaß. Als er huldigend geendet,

«Kränze ihr und Saitenspiel»,

schlugen die Wogen des Beifalls der Wenigen erneut über ihm zusammen, und man bedauerte lebhaft, nicht zumindest einen Blumenkranz für den Sänger auf Bergeshöhen binden zu können.

«Ich habe in meinem Leben wirklich viele Konzerte gehört und auch in meinem Elternhause wurde ständig Musik getrieben», erzählte die alte Dame nach Verklingen des Beifalls, «aber ich hätte nie geglaubt, dass man Schubertlieder zur Laute singen kann und noch dazu so, wie es hier geschehen ist. Ich danke Ihnen, junger Herr, Sie haben mir eine unbeschreibliche Freude bereitet.»

«Gnädige Frau», entgegnete Stephan mit leicht betonter Zurückhaltung, «das gilt aber nur für einige wenige seiner Lieder, und auch diese singe ich lieber zu der von Schubert vorgeschriebenen Klavierbegleitung. Ich weiß auch sehr wohl, dass ich bei ‹Silvia› die Grenze des musikalisch Zulässigen schon überschritten habe. Aber dem Geschmack meines Onkels folgend, der Schubert schätzt und liebt, habe ich nun einmal dieses Lied gewählt. Jedoch will ich Ihnen jetzt ein typisches Lautenlied singen, dessen Text von Goethe, dessen Tonsatz von Himmel stammt und das Sie sicherlich kennen.»

Ohne Vorspiel setzte er ein:

> «An dem schönsten der Frühlingsmorgen
> Ging die Schäferin und sang,
> Jung und schön und ohne Sorgen,
> Dass es in die Seele drang –»

Mit Spannung wartete der Doktor, wie sich Stephan mit diesem an sich einfachen, jedoch im Vortrage ungemein schwierigen und anspruchsvollen Liede abfinden würde, bei dem der Effekt ausschließlich in der Differenzierung des jede Strophe schließenden «La la laleralla» liegt. In seiner Jugend hatte er das Lied von namhaften Lautensängern, von Scholander und Kothe, gehört und erinnerte sich an Episoden späterer Zeitabschnitte, wo mancher großer Sänger gerade an seiner Wiedergabe gescheitert war. Auch Stephans Vortragskunst genügte diesmal dem strengen Maßstabe des Doktors nicht, dafür aber sang er das Liedchen mit einem so ergreifenden Wohllaut und einer Empfindung, dass dadurch das Fehlende überdeckt wurde.

Für alle anderen Zuhörer war die Wiedergabe des in seiner Eigenart überaus ansprechenden Liedes schlechthin vollkommen. Der Beifall riss nicht ab, und Stephan wurde geradezu bestürmt mit Bitten, weiter zu singen. Fragend blickte er zum Doktor herüber, der nach einem Blick auf die Uhr nur leicht den Kopf schüttelte. Sofort hing Stephan die Laute an die Wand, verneigte sich vor den Anwesenden und folgte dem Freunde, der nach kurzer Verabschiedung bereits den Speiseraum verließ.

Auf ihrem Zimmer angekommen, sagte der Doktor:

«So sehr ich mich über deinen Erfolg, den ich erwartet, gefreut habe, noch mehr erfreut hat mich dein folgsames Verhalten. Ich erkenne immer wieder, dass ich mich voll und ganz auf deine Einsicht und dein Taktgefühl verlassen kann. Und das ist wohl das höchste Lob, das man seinem jungen Freund spenden kann, denn ein solches Verhalten, lieber Junge, hat ja nichts mit anerzogenen Manieren oder glatter Politesse zu tun, sondern wird aus der innersten Überzeugung unbedingten Vertrauens des jüngeren zum älteren Freunde geboren.»

«Dein Wunsch ist für mich stets ein Befehl», versicherte Stephan, «denn ich weiß sehr wohl, dass du immer nur mein Wohl bei deinen Handlungen im Auge hast. Aber darf jetzt der folgsame Stephan eine Bitte aussprechen?»

«Und sie lautet?»

«Lass uns morgen den ganzen Tag noch hier bleiben. Es ist ja hier so himmlisch! Ich möchte noch auf dem See rudern und mit dir in der Bergeinsamkeit herumstrolchen.»

«Und auch noch ein bisschen ausschlafen», ergänzte der Doktor.

«Nein, das wirklich nicht», beteuerte Stephan.

«Eine wahre Freundschaft ist bekanntlich auf Gleichberechtigung beider Partner aufgebaut», erinnerte der Doktor. «Somit ist diesmal dein Wunsch für mich ein Befehl. Wir bleiben!»

«Ach, Rolf, du bist doch –»

Die Definition unterblieb insofern, als Stephan in spontaner Gefühlswallung seinen Mund auf den des Freundes presste.

***

Als die Hüttengäste am nächsten Morgen aus den kleinen Fenstern ihrer Schlafkammern nach draußen blickten, sahen sie zu ihrer Verblüffung, dass sie völlig eingeschneit waren. Mehrere Fuß hoch lag der heimlich während der Nacht herabgerieselte Neuschnee und bedeckte Steige und Wegzeichen völlig.

«Na also», meinte der Doktor, vom Fenster zurücktretend, zu Stephan, der mit bangem Gesicht neben ihm stand, «ohne ortskundigen Führer, der als erster die Stufen tritt, kommt keiner von den Touristen hier herunter, und auch ich würde Schwierigkeiten haben, mich in dieser weißen Einöde auszukennen.»

«Nun sitzen wir also glücklich fest, und ich hatte mich schon so auf das Umherstreifen gefreut. Wie wollen wir nun den lieben langen Tag hier totschlagen?», klagte Stephan und blickte trostlos auf die weiße Bescherung.

«Mein lieber Junge, du weißt, dass ich so etwas nicht hören will», sagte der Doktor etwas scharf. «Wenn du mit mir zusammen bist – sei es, wo und wie es will – gibt es grundsätzlich keine Langeweile, da wir bekanntlich diesen Begriff aus unserem Wortschatz gestrichen haben.»

«Verzeih mir», entgegnete Stephan bestürzt über die Zurechtweisung, «ich war einmal wieder unüberlegt oder sogar ungezogen.»

«Zumindest etwas launisch. – Im Übrigen bin ich gern bereit, sofort mit dir aufzubrechen und dich über die Rainbachscharte bei diesem Schnee zu lotsen. Mir macht es nichts aus, wie du dich aber dabei fühlen wirst, ist eine andere Frage.»

«Ach, Rolf, sei doch nicht gleich so hart zu mir. Ich habe ja meinen Fehler schon eingesehen, und es wird nicht wieder vorkommen, dass du mich klagen hörst.»

«Also erledigt», entschied der Doktor kurz. «Wir bleiben heute noch hier und können womöglich nachmittags auf dem See rudern, wenn es nicht zu kalt sein sollte. Jetzt lass uns erst einmal frühstücken.»

Als sie gegen 8 Uhr den Speiseraum betraten, fanden sie sämtliche Gäste bereits beim Frühstück. Die Hochstimmung des vergangenen Abends hatte einer offensichtlichen Niedergeschlagenheit Platz gemacht, und die Arztfamilie bedrängte den Doktor mit Fragen, was sie tun oder lassen sollte. Recht wohltuend dagegen stach die gelassene Haltung der alten Dame ab, die der trübsinnigen Gesellschaft erklärte, dass sie keineswegs beunruhigt sei und sogar hoffe, morgen über die Rosskarscharte zur Richterhütte zu gelangen, woraufhin ihr der Doktor den gemeinsamen Übergang vorschlug, dem sie freudig zustimmte.

Während sie noch zusammen plauderten, war Stephan unbemerkt verschwunden. Der Doktor trat vor die Hütte und besprach mit dem Träger die Wetteraussichten. Als er nach zehn Minuten wieder den Speiseraum betrat, fehlte Stephan noch immer. Vergeblich suchte ihn der Doktor im ganzen Haus und stieg schließlich zum Schlafraum hinauf. Hier endlich traf er seinen Jungen, der auf dem Bettrand saß und verräterisch feuchte Augen hatte.

«Was ist denn los?», fragte der Doktor betroffen.

Stephan biss auf sein Taschentuch und antwortete nicht.

«Ja um des Himmels Willen, was ist denn geschehen?», fragte der Doktor noch einmal und setzte sich zu ihm.

Stephan schwieg noch immer. Plötzlich jedoch sprudelte ein Strom von angestautem Schicksal aus ihm heraus: «Ach, Rolf, jetzt hast du auch noch, um mich zu strafen, die alte Dame zum Mitgehen aufgefordert, und du weißt doch, dass ich mit dir allein sein will.»

«Und vorhin war es dir mit mir hier den ganzen Tag zu langweilig», erinnerte der Doktor mit leisem Lachen und zog ihm das Taschentuch vom Munde.

«Hier sind wir auch nicht allein», wehklagte Stephan.

«Nun will ich dir einmal etwas sagen, mein guter Junge: Erstens fühle ich die innere Verpflichtung, der netten alten Bergkameradin, die zweifelsohne eine Dame im besten Sinne des Wortes ist, in der augenblicklichen Situation meine Hilfe anzubieten, und zweitens denke ich gar nicht daran, mich und dich völlig von aller Welt zu isolieren. Du weißt, Stephan, ich vermeide nach Möglichkeit jeden Zusammenstoß oder gar Zusammenschluss mit dem landläufig Menschlichen, aber schließlich kommt es darauf an, mit wem man es zu tun kriegt. Wenn es nach dir ginge, müssten wir beide auf eine einsame Insel übersiedeln und dort als Robinsone unsere Tage beschließen. Aber das willst du ja letzten Endes doch nicht! Also ich bitte dich jetzt ernstlich, vernünftig zu sein. Wasche dir die Augen und sei in zehn Minuten wieder vergnügt unten.»

Der Doktor ging, ungerührt Stephan seinem Gefühlsausbruch überlassend, und entschloss sich, inzwischen zum See hinunter zu steigen. Während er durch den Schnee stampfte, beschäftigte ihn Stephans Haltung. Er verstand den Jungen sehr wohl und wusste auch, dass hier lediglich seine übergroße Zuneigung zu ihm im Spiele war. Aber auch hier musste es Grenzen geben, andernfalls wuchs ihm der Junge über den Kopf und machte ein Zusammenleben mit ihm auf die Dauer zur Qual. «Principiis obsta!» – Widerstehe dem Anfang! – danach war hier zu verfahren. Natürlich war diese Schwäche – hier musste der Doktor innerlich lächeln – wieder einmal echt weiblich. Empfindlichkeit und Eifersucht, von Eros erweckt, waren die treibenden Kräfte, die einen so logisch geschulten Jungen unlogisch werden ließen. Welch geradezu phantastische Diskrepanz, welche Unausgeglichenheit, welche Antinomie zeigte doch Stephans Verhalten innerhalb der kurzen Spanne von 48 Stunden! Das Habachtal sah ihn auf einer geradezu olympischen Höhe, bereit zu jedem Opfer, und hier auf der Zittauer bricht er an einer völligen Belanglosigkeit mit seinen Nerven zusammen. «Himmelhoch jauchzend – zum Tode betrübt» – wie notwendig war ihm doch ein ausgeglichener, ihn restlos verstehender Freund, der ihn gerade wegen dieser Fehler nur noch inniger liebte. Ohne ihn würde dieser Junge mit allen seinen Talenten und äußeren Vorzügen wenn auch nicht vor die Hunde gehen, so doch aber niemals zur Entfaltung seiner Persönlichkeit gelangen können, da ihm eben die hierzu erforderliche Voraussetzung, die innere Harmonie infolge Ergänzung, fehlt.

Ein Gefühl der Freude durchrieselte den Doktor bei dieser aus seinen Reflexionen geborenen Erkenntnis. Dankbar blickte er zum Himmel empor und musterte den tiefschwarzen Wolkenzug, der über seinem Haupte dahinglitt. – «Somit im Augenblick trübes Wetter, trübe Stimmung», resümierte er, «aber beides wird sich aufklären.» –

Es klärte sich auf. – Zwar ließ das Wetter sich hierzu noch Zeit, als aber der Doktor nach seinem kurzen Bummel in den Speiseraum zurückkehrte, fand er seinen Stephan in lebhaftem Geplauder mit der alten Dame. Augenscheinlich verstanden sie sich bereits glänzend und waren im Begriff, dicke Freunde zu werden. Taktvoll vermied der Doktor zu ergründen, von welcher Seite der erste Schritt zu dieser Annäherung getan worden war, und so erfuhr er nur gesprächsweise von der Dame, dass «sein liebenswürdiger Neffe» sich seiner offenherzigen Äußerung nach ganz besonders freue, mit einer «noch so rüstigen Bergsteigerin wie sie» über die Scharte gehen zu dürfen, und dass dieser Neffe eben nicht nur ein gottbegnadeter Sänger, sondern auch ein entzückender Junge sei. –

An diese Aufheiterung der Stimmung schloss sich am Nachmittag auch die des Himmels. Nach dem Mittagessen, das wiederum ganz vortrefflich ausfiel, brach die Arztfamilie unter Führung des Trägers nach Gerlos auf, und die drei Verbliebenen unternahmen eine gemeinsame Kahnfahrt auf dem Unteren Gerlossee, die allerdings infolge des kalten Windes nicht allzu lange ausgedehnt wurde. Die alte Dame erwies sich immer mehr als eine ganz vortreffliche Kameradin, bei der – wie dies der Doktor sehr bald feststellen konnte – Stephan sämtliche Steine im Brett hatte. Jedenfalls gab sich auch letzterer alle Mühe, die Sympathie dieser Frau zu gewinnen, wobei es dahingestellt sein mag, ob er dies nur zur Bereinigung der Situation tat, wohingegen der mütterliche Blick der alten Dame verriet, dass sie es mit ihrer Zuneigung bestimmt ehrlich meinte. Nachdem man sich, in den Speiseraum zurückgekehrt, die verschiedenen Familienumstände allmählich anvertraut hatte, deren unbedingte Zuverlässigkeit bei den beiden Freunden allerdings nicht verbürgt werden kann, wurde in der anschließenden fidelen Stimmung des Abends «Tante Malchen» glücklich aus der Taufe gehoben und unter diesem Signum im Beisein der Wirtsleute kräftig gefeiert. Stephans Gesangskunst machte auch diesen zweiten «apollinisch-dionysischen Abend, gepaart mit Höhenluft» – wie ihn der Doktor kennzeichnete – wiederum zu einem unvergesslichen Erlebnis für die wenigen Bevorzugten, die an diesem Juliabend auf der einsamen Zittauer weilen durften.

***

Es war einer jener herrlichen Morgen im Hochgebirge, jener frühen, schönen Stunden in großen Höhen, an denen ein helles, schwirrendes Singen in der unfassbar klaren Luft liegt, das sich in rhythmischen Schlägen dem mit jedem Atemzuge stärker pulsierenden Blute des Bergsteigers beigesellt und ihm die Erfülltheit des Lebens zum Bewusstsein bringt, als die Drei am folgenden Tage auf gut markiertem Pfade zur Rosskarscharte emporstiegen. Ein wolkenlos blaustrahlender Himmel hatte ihr unverzagtes Ausharren belohnt, und in selten klarer Plastik traten, je höher sie kamen, Gletscher und Gipfel der nördlichen Reichenspitzgruppe greifbar nahe vor ihre Augen. Die zu überwindende Steigung von 360 Metern war infolge geschickter Anlage des Weges nicht sonderlich beschwerlich, trotzdem schlug der Doktor unter Berücksichtigung der alten Dame ein gemächliches Tempo an und blieb häufig stehen, seinen Begleitern den Abfall des Gerloskees erläuternd.

So überwanden sie allmählich 300 Meter Höhenunterschied und erreichten kurz vor der Scharte die Abzweigung zum 2.845 Meter hohen Rosskopf. Tante Malchen wurde hier ausgeladen und verblieb bis auf weiteres mit sämtlichen Rucksäcken und ernsten Verwarnungen, weder den Gletscher herabzurutschen noch den gesamten Proviant aufzuessen, an der Wegegabelung, während die beiden Freunde schnell diesen Gipfel mitnahmen. Als sie zurückkehrten, hatte Tante Malchen zierlich den Frühstückstisch auf einer Felsplatte im Windschutz gedeckt und mit Alpenblumen sinnig dekoriert. Nachdem sie getafelt, überschritten sie nunmehr die Scharte, und obgleich sie kurz danach durch ein abschüssiges, vereistes Schneefeld etwas aufgehalten wurden, erreichten sie doch zu Mittag die Richterhütte, in der sie jubelnd begrüßt wurden und die bereits gewohnte, liebevolle Betreuung durch die Hüttenwirtin fanden. Die Stunden des Nachmittags und Abends verliefen, obgleich die Hütte reichlich besucht war, genussvoll und in schönster Harmonie zwischen den drei Bergkameraden.

Aber eine Überraschung hat der Abend dem Doktor noch vorbehalten und sie war umso effektvoller, als sie von ganz unvermuteter Seite, nämlich von der stets so arglos blickenden Tante Malchen kam.

Stephan hatte einen Augenblick lang den Speiseraum verlassen, als sich die Dame mit freundlichen Augen und gedämpfter Stimme zum Doktor neigte:

«Sie haben Ihren Neffen wohl sehr gern, Herr Doktor?»

Der also Angeredete zuckte bei der verfänglichen Frage mit keiner Miene, sondern sah seiner Tischnachbarin voll ins Gesicht.

«Ich könnte meinen eigenen Sohn nicht mehr lieben als ihn», antwortete er ruhig.

Ein gütiges, verständnisvolles Lächeln glitt über die mütterlichen Züge:

«Verstehen Sie meine Anteilnahme nur nicht falsch, lieber Doktor! Ihr Neffe hat mir durch seine Kunst, Sie durch ihre Führung in der herrlichen Bergwelt so viel Schönes gegeben, und Sie beide haben mich an ihrem harmonischen Zusammensein als Gast teilnehmen lassen, dass ich Ihnen aus vollem Herzen danken möchte. Sehen Sie bitte diesen Dank in der Versicherung, dass ich stets mit stiller, herzlicher Freude an Sie beide zurückdenken werde und Gott bitte, Ihren schönen Bund für alle Zeiten zu segnen.»

Stephans plötzliche Rückkehr enthob den Doktor einer Entgegnung, sodass er sich auf einen dankbaren Blick beschränkte. Ein leichtes Gefühl der Betroffenheit blieb jedoch zurück und zeitigte in ihm den Entschluss, Stephan zunächst nichts von diesem Intermezzo zu verraten.

Die Trennung von Tante Malchen am nächsten Morgen vollzog sich in herzlichster Form. Stephan wurde ein buntfarbiger Wollschal, den sie selbst stricken würde, in nahe Aussicht gestellt, und noch lange flatterte ihr Taschentuch den beiden Freunden beim Abstieg von der Hütte nach. Diese, nunmehr wieder allein auf den einsamen Höhen, überschritten noch einmal die Rosskarscharte, bogen aber dann am Oberen Gerlossee ostwärts ab und erreichten so die bereits einmal von der anderen Seite angestrebte, damals jedoch durch Unwetter vorenthaltene Rainbachscharte, deren Überschreitung im östlichen Abfall durch Drahtseile und Holztreppen – beides in recht desolatem Zustande, wie sie feststellen mussten – erleichtert war. Stephan hatte erneut Gelegenheit, beim Passieren exponierter Stellen seine Schwindelfreiheit zu beweisen, und durfte dafür verschiedene Lobe seines Begleiters einstecken. Nachdem sie das sich anschließende steile Schneefeld herabgefahren waren, erreichten sie den Felsen, unter dem sie damals gegen das Unwetter Schutz gefunden hatten, und begrüßten ihn dankbar als guten, alten Bekannten. Nunmehr auf vertrautem Wege stiegen sie diesmal bei Sonnenschein, der ihnen die bewunderungswürdige Schönheit dieser Höhenwanderung zum ersten Male erschloss, zum Tauernhause herab, wobei Stephan noch das komisch-schreckhafte Erlebnis hatte, dass ihm ein feistes

Murmeltier direkt zwischen den Beinen hindurchwitschte. Er war von dieser merkwürdigen Begegnung so betroffen, dass der Doktor über sein Gehabe Tränen vergoss.

Als sie das Krimmler Achetal entlang pilgerten, sagte Stephan plötzlich:

«Ob Tante Malchen wohl etwas vermutet hat?»

«Wie kommst du darauf, hast du irgendwelchen Grund für eine solche Annahme?», fragte der Doktor erstaunt.

«Grund nicht – aber es könnte doch sein.»

«Wäre es dir unangenehm?»

Stephan blickte den Doktor von der Seite an und schüttelte dann so heftig seinen Kopf, dass ihm die Haare um die Stirn flogen.

«Nun, dann darfst du wissen, dass Tante Malche es nicht nur vermutet, sondern es mir sogar gesagt hat.»

«Was, dir auch!», rief Stephan erstaunt.

«Und dir auch!», rief der Doktor zurück, – «na solch eine Tante! Was hat sie denn zu dir gesagt?»

«Ach, sie war ganz reizend und ermahnte mich nur, immer treu zu dir zu stehen.»

«Und was hast du geantwortet?»

«Geflunkert, dass ich schon als kleiner Junge an den Rockschößen meines teuren Onkels gehangen hätte.»

«Und hat sie das geglaubt?»

«I wo, sie war meinem Empfinden nach durchaus im Bilde.»

«Das ist ja allerhand!», rief der Doktor mit gespielter Empörung. «Dieses harmlos blickende Tantchen, diese mütterliche Freundin, dieser ahnungslose Engel – der Teufel kenne sich bei den Frauen aus!»

«Aber, Rolf», beruhigte Stephan, «sie meinte es doch nur gut mit uns beiden und wollte eben zum Ausdruck bringen, wie sehr sie an unserem Schicksal Anteil nimmt. –»

«Und gleichzeitig eine Probe ihres Scharfblicks ablegen. Stephan, wir sind reingefallen!»

«Ich ja nicht», konstatierte Stephan trocken, «denn ich hatte sie ja nicht zum Mitkommen aufgefordert.»

«Und nun bist du wohl sehr böse auf mich?»

«Ganz im Gegenteil – sehr vergnügt, dass mein überaus kluger Mentor von der noch sehr viel schlaueren Tante durchschaut wurde und überdies seinen Reinfall seinem getreuen Stephan verschwiegen hat.»

«Bisher verschwiegen hat – oder glaubst du, dass ich dir jemals etwas verheimlichen würde?»

«Nein, und wenn du es hier tatest, so geschah es, um mich nicht zu beunruhigen. – Aber dazu fehlt wirklich jeder Grund. Tante Malchen war ein entzückendes Wesen, die mir einen Wollschal stricken wird, und die ganze Komödie ist zum Kranklachen!»

Stephan stieß einen melodischen Juchzer aus, der von den Höhen wiederhallte und alle Nachdenklichkeit aus den Mienen seines Gefährten vertrieb. –

Am Abend des vierten Tages erreichten sie wohlbehalten ihr Standquartier in Krimml. Beim Abendessen waren sie noch ganz erfüllt von den unterschiedlichen Ereignissen und geschauten Herrlichkeiten ihrer Fahrt, und Stephan empfand es geradezu als schmerzliche Störung, als ihm der Doktor ankündigte, dass er unwiderruflich morgen mit der Erzählung seiner Geschichte beginnen würde,

12. Erzählung des Doktors

Rechts des Promenadenweges, der vom oberen Dorf zum Wasserfall führt, zweigt kurz vor dem ersten Ausblick auf den Unteren Fall ein schmaler Pfad ab, der nach Angabe des dort angebrachten Wegweisers in dreißig Minuten zum Trattenköpfl, einer felsigen, bewaldeten Höhe, emporsteigt. Trotz dieser verlockenden Anpreisung wird der kleine, im dunklen Tannengrün versponnene Felsensitz, der keinerlei Aussicht bietet, kaum besucht und so auch die auf dem Gipfel errichtete Bank nur selten beansprucht. Diesen idyllisch-abgeschiedenen Ort hatte der Doktor als geeigneten Platz für seine Erzählung ausersehen, und so stiegen am Nachmittag des folgenden Tages die beiden Unzertrennlichen zum Gipfel empor und ließen sich auf der leichtbeschädigten Bank, deren Rückenlehne zunächst einer Korrektur unterzogen werden musste, nieder.

Stephan gefiel der Platz; er streckte die Glieder, die von den reichlichen Anforderungen der vergangenen Tage noch etwas mitgenommen waren, und der Doktor brannte sich die ihm zu jeder Rast unentbehrliche Zigarre an.

«Bist du jetzt bereit und in Stimmung, meine Geschichte zu hören?», fragte er.

«Gern, lieber Rolf, nur bitte ich dich, dass du ruhig und unpersönlich berichtest und dich keinesfalls dabei aufregst», antwortete Stephan und legte beschwichtigend seine Hand auf den Handrücken des Freundes.

Der Doktor nickte zustimmend, nahm einige Züge aus seiner Zigarre und begann so:

«Nach meiner Lebensauffassung und Lebenserfahrung wird die Entwicklung einer Persönlichkeit im Wesentlichen von zwei Faktoren bestimmt: von der inneren Veranlagung und der äußeren Umgebung. Immer tiefer bin ich in diese Erkenntnis eingedrungen und schließlich zu der Überzeugung gelangt, dass der Geist des Menschen genauso wie sein Körper aus verhältnismäßig einfachen Bausteinen oder Elementen zusammengesetzt wird, die sich mit dem Heranwachsen des Individuums addieren, sich dabei zu höchst komplizierten Gebilden umgestalten, um schließlich eines Tages wiederum in einfachste Atome aufgespalten zu werden. Nach dem Gesetze von der Erhaltung verschwinden mit dem Tode des Menschen diese Bausteine des Geistes ebenso wenig wie die seines Körpers, sie bleiben vielmehr in ihrer Aufbaufähigkeit erhalten und stehen zu neuer Aufnahme und Verwertung bereit. Was ihre charakteristische Struktur, ihre qualitative Eigenart betrifft, so dürfte sie sehr viel unterschiedlicher als die der recht begrenzten Zahl der körperlichen Elemente sein und alle Skalen von gut bis böse, tapfer bis feige, klug bis töricht, fähig bis unbegabt, anmaßend bis bescheiden usw. decken. Aus diesem Sammelbecken, in dem eine unendliche Vielheit von Tugenden und Lastern, von Fähigkeiten und Unvermögen zu finden ist, nimmt nun der heranwachsende Mensch auf Grund seiner naturgegebenen, von Eltern und Voreltern ererbten Veranlagung, seinem Erbgut, und bedingt durch die Eindrücke und Einflüsse der Umwelt die ihm genehmen Bausteine auf, hält sie fest und entwickelt aus ihnen oder richtiger mit ihnen in Form einer Synthese seinen Geist und sein Gemüt oder – wenn du es so nennen willst – seine Seele. Von einer so einfachen Erkenntnis ausgehend, vermag der dies Wissende sein Inneres zu analysieren, und so weiß auch ich heute, dass ich Bausteine in mir aufgenommen habe, die ich infolge hemmender oder auch fehlender äußerer Umstände und Gelegenheiten nicht alsbald zur Entwicklung bringen konnte. So habe ich gewisse Begabungen, die mich selbst überraschten, erst recht spät in mir entdeckt und mich bis dahin auf Grund vermeintlicher Fähigkeiten mit Dingen befasst, die mir durchaus nicht lagen und denen ich infolgedessen auch nicht in dem Maße gewachsen war, um sie völlig meistern zu können. Ich schicke diese Erkenntnis voraus, weil sie für meine Lebensauffassung charakteristisch ist und mir somit bei meiner Erzählung manches Wort der Erläuterung erspart.

Betrachte ich zunächst mein Erbgut, so habe ich darüber folgendes zu sagen: Ich entstamme einer deutsch-österreichischen Familie, deren Ursprung in den ‹Sieben Gemeinden›, jenen deutschen Sprachinseln Oberitaliens, liegt. Meine Vorfahren mütterlicherseits sind dagegen in der Mark Brandenburg beheimatet, und aus der Vereinigung südlichen und märkischer Blutes bin ich als ältester Sohn eines Fabrikanten in einem kleinen Orte Mährens zur Welt gekommen. Nach dem frühzeitigen Tode meines Vaters kehrte meine sehr junge, zwanzigjährige Mutter nach Deutschland zurück und wählte als künftigen Wohnsitz eine kleine Provinzstadt Mitteldeutschlands, in der ich nach meiner Naturalisation als Reichsdeutscher heranwuchs und mich unlustig durch die Klassen des dortigen Gymnasiums emporschraubte. Meine Leistungen als Schüler lagen unter dem Durchschnitt, sehr zur Betrübnis meiner hochintelligenten Mutter; weder für Sprachen noch für Naturwissenschaften zeigte ich Interesse, meine Neigungen galten den schönen Künsten und hier vor allem der Musik.

Diese musische Einstellung war ebenfalls ein Erbteil meiner Mutter. Ihr Onkel war ein bekannter märkischer Dichter, und musikalische Begabungen waren in der ganzen Familie anzutreffen, wenn sie auch, wie bei mir, meist in ihrer Bedeutung überschätzt wurden. Jedoch wurde in unserem Hause viel und gut musiziert, und naturgemäß haben auf mich diese in der Jugend empfangenen Eindrücke eine nachhaltige Liebe zur Musik ausgelöst, die ihre Krönung durch dein Erscheinen, Stephan, gefunden hat.

Das nicht unbeträchtliche Vermögen meines Vaters, das ich bei meiner Großjährigkeit erhielt, gestattete mir ein ausgedehntes, sorgenloses Studium, verbunden mit Reisen in fremde Länder. Merkwürdigerweise fesselten mich jetzt auf der Universität die exakten Wissenschaften, und auch die alten Sprachen der Griechen und Römer erschienen mir in einem völlig neuen, lockenden Lichte. Mit Begeisterung, aber auch mit Verständnis, versenkte ich mich in die

Geschichte der großen Männer, und ihre Aussprüche vermochten mein Inneres in Wallung zu bringen. Einige, die mir damals schon zu Leitsternen künftigen Handelns wurden, habe ich noch heute im Gedächtnis, so Friedrich der Große: ‹Wir verdanken den Wissenschaften die glücklichsten Augenblicke unseres Lebens. Wenn jede andere Freude vorübergeht, diese bleibt; sie ist die treue Gefährtin in jeder Lage und in jedem Alter.›; so Napoleon: ‹Die Männer der Wissenschaft und gute Militärs sind unbezahlbar. Kein Staat ist reich genug, um sie zu bezahlen, noch um sie zu belohnen. Alles, was man für sie tun kann, ist, ihnen zu beweisen, dass man sie hochschätzt.› – Das, was mich im Unterbewusstsein an diesen beiden Aussprüchen so fesselte, war die Verquickung des Militärischen mit der Wissenschaft, aber ich ahnte damals nicht, welche Zukunftsmöglichkeiten für mich in dieser Kombination liegen sollten.

Mit solchen Maximen wurde ich jedenfalls ein fleißiger Student, der weder für das Korporationsleben, noch für oberflächliche Genüsse Interesse aufzubringen vermochte. Als Fachstudium hatte ich schließlich die Chemie erwählt, bei der ich mir eine gewisse Befriedigung erhoffte und auch fand, schließlich jedoch erkennen musste, dass ich für schöpferische Großtaten auf ihrem Gebiete nicht berufen war. Trotzdem stieg ich schnell nach oben. Mein ernstes Streben, gepaart mit Liebenswürdigkeit und guter Erscheinung, meine schnelle Auffassungsgabe und Gewandtheit machten mich bei meinen Lehrern beliebt, und so wurde ich, ohne dass ich mich dazu gedrängt hätte, nach erfolgter Promotion persönlicher Assistent eines berühmten Chemikers, eine Stellung, die ein geeignetes Sprungbrett für eine glanzvolle akademische Laufbahn war. Gleichzeitig erschloss sich mir das gesellschaftliche Leben der Universitätskreise, das bei dem Reichtum der Professoren in der Vorkriegszeit eine ausgesprochen großzügige, ja luxuriöse Note aufwies. Ich brauchte lediglich noch unter den vielen, meist sogar sehr hübschen Töchtern meiner Lehrer die Wahl zu treffen, um in absehbarer Zeit eine auskömmliche Professur zu erhalten und mit den beiderseitigen Vermögen herrlich und in Freuden allmählich zu einer wissenschaftlichen Größe heranzureifen. Dies tat ich jedoch in der allmählich erwachenden Erkenntnis meiner inneren Veranlagung nicht, sondern nahm einen Ruf an das Forschungsinstitut eines großindustriellen Unternehmens in der Reichshauptstadt an.

Auch hier arbeitete ich mit Erfolg. Meine Entsendung in die Vereinigten Staaten war bereits beschlossen, als der Weltkrieg ausbrach und auch mich zur Verteidigung des Vaterlandes rief. Im Stabe des Generalkommandos eines neugebildeten Armeekorps hatte ich vier Jahre lang Gelegenheit, meine wissenschaftlichen und organisatorischen Fähigkeiten unter Beweis zu stellen und deutsche und österreichisch-ungarische Truppen in modernen Kampfmethoden zu schulen und, was noch wichtiger war, sie unter den Bedingungen des Kampfes zu erhalten. Es erübrigt sich, dir gegenüber hier auf Einzelheiten eingehen zu wollen, denn du findest ja meine diesbezüglichen Erfahrungen in zahlreichen Veröffentlichungen der Fachliteratur.

Nach dem Zusammenbruch Deutschlands war ich einer der wenigen, die alsbald für die Wiederherstellung der deutschen Unabhängigkeit die Hände rührten. In stetem Kampfe mit unendlichen Widerständen gewann ich nur schrittweise Boden. Ständig bedroht in meiner bescheidenen Existenz – mein gesamtes in Kriegsanleihen angelegtes Vermögen war restlos dahin – musste ich in unermüdlicher Arbeit die Nächte zu Hilfe nehmen, um aus meinen Kriegserfahrungen heraus ein grundlegendes Werk über wissenschaftliche Kriegführung aufzubauen, dessen Veröffentlichung nach Fertigstellung verboten wurde.

Jawohl, lieber Junge, man verbot es, teils aus Übelwollen, teils aus pazifistischer Einstellung der damals Regierenden, denen alles, was mit Krieg zusammenhing, ein Gräuel war.»

«Eine Einstellung, die ich völlig teile», platzte Stephan, der bisher geschwiegen hatte, zum ersten Mal heraus.

«Unterbrich mich bitte nicht durch vorschnelle Bemerkungen, sondern hebe dir deine Urteile bis zum Schluss meiner heutigen Erzählung auf», riet der Doktor mit leiser Zurechtweisung im Tonfall. «Wo war ich stehen geblieben? –

Wie du mich kennst, wirst du verstehen, dass ich diesen Kampf aufnahm und schließlich auch gewann. Letzteres wäre mir sehr viel leichter gefallen, wenn ich die militärischen und aktivistischen Kreise Deutschlands hundertprozentig hinter mir gehabt und mit ihnen unentwegt an einem Strang gezogen hätte. Davon war ich jedoch weit entfernt. Ich hatte die Schrecken des Krieges zur Genüge mit eigenen Augen gesehen und lehnte es innerlich ab, erneut Hekatomben blühender Jugend diesem Moloch in Form eines Revanchekrieges zu opfern, dessen Ausgang zumindest ungewiss war. Was ich erstrebte und auch heute noch für erstrebenswert halte, war die völlige Gleichberechtigung Deutschlands im Rate der Völker und sein Aufgehen in den ‹Vereinigten Staaten Europas›, in denen sich das deutsche Volk nicht mit brutaler Gewalt, sondern mit geistigen und ethischen Waffen seinen führenden Platz erobern würde.

Die inzwischen eingetretenen Ereignisse scheinen ja denjenigen Leuten, die mich damals ob dieser Ideologie verlachten, Recht gegeben zu haben. Ich war jedenfalls damals gläubig und begrüßte es mit besonderer Befriedigung, dass man mich als deutschen Vertreter zu internationalen Konferenzen entsandte, bei denen über Abrüstung und Verbot moderner Waffen gesprochen wurde. An diesen Konferenztischen in den verschiedenen Städten Europas erkannte ich bald, wie dornenreich eine derartige Betätigung war. Der Italiener Daniele Varé sagt zutreffend in seinen amüsanten Erinnerungen ‹Der lachende Diplomat›: ‹Die Leute glauben, die Schwierigkeiten der diplomatischen Amtsführung bestünden nur den auswärtigen Regierungen gegenüber. Grundfalsch! Die Regierung, mit der man am schwierigsten fertig wird, ist die eigene.› – Und nicht anders erging es auch mir. Das schließliche Ergebnis aller dieser Verhandlungen erlebst du ja heute, und ich will mein persönliches Urteil über die Gründe des Scheiterns kurz dahin präzisieren, dass die Zeit für eine derartige friedliche Planung eben noch nicht reif war, oder ich könnte auch sagen, dass sich die in den verschiedenen Lagern vereinzelt feststellbaren Einsichtigen gegenüber den in der Mehrzahl vorhandenen Uneinsichtigen eben nicht durchzusetzen vermochten. So sahen sich die ersteren, zu denen auch ich mich innerlich rechnete, schließlich gezwungen, mit den letzteren zu paktieren, um auf diese Art wenigstens einige bescheidene Vorteile listig zu ergattern und nicht mit völlig leeren Händen in ihr Heimatland zurückzukehren.

Mit so erzielten billigen Erfolgen in der Tasche kehrte ich klüger und gewitzter, wenn auch wohl weniger charaktervoll nach Hause zurück, nunmehr entschlossen, abseits jeder Politik am Neuaufbau Deutschlands nach bestem Können mitzuwirken. Meine arbeitsreichen Bemühungen reiften nunmehr aus und trugen reichlich Früchte; ich hatte mir einen guten Namen in der Welt gemacht.

Und dies eigentlich ohne meine Absicht, denn persönlicher Ehrgeiz war mir fremd. Ich verabscheute die Geltungssucht, auf die ich immer wieder bei anderen stieß und vermied bereits aus diesem Grunde ihre Fallstricke. Mein Bestreben ging einzig und allein dahin, mich frei entfalten zu können. Eine Stellung im Staatsdienst – und wäre sie auch noch so einflussreich und gut dotiert – konnte mich nicht locken. In dieser Sphäre kannte ich mich jetzt zur Genüge aus und war ihr innerlich entfremdet. Dafür folgte ich anderen Stimmen. Hatte doch bereits Heinrich Heine, einer der klügsten Propheten deutschen Schicksals, zwischen Gewissensmenschen und Schönheitsmenschen, zwischen Nazarenern und Hellenen unterschieden und Nietzsche aus der Verschmelzung des Nazarenertums mit dem Hellenentum den Übermenschen erhofft. Dort hinauf verstiegen sich zwar die Wunschträume für meine innere Entwicklung nicht, wohl aber hatte ich mich, beeindruckt durch ein gründliches Studium des Hellenismus, zum typischen Individualisten gewandelt. In einer solchen Geisteshaltung blieb mir lediglich eine völlig selbständige Betätigung, und diese gewann ich in der Form, dass ich mit einem Kameraden, der als ehemaliger Generalstabsoffizier nach dem Kriege in die Verwaltung übergetreten war und zu jenem Zeitpunkte einen hohen Posten in einem Ministerium bekleidete, einen eigenen militärwissenschaftlichen Verlag reinweg aus dem Nichts aufbaute und ihn in kurzer Zeit zur Blüte brachte. Naturgemäß war der Anfang schwer, und häufig wusste ich nicht am Abend, woher ich das Geld für den morgigen Tag nehmen sollte. Aber unverzagt und unermüdlich lenkte ich mein Schifflein an den bedrohlichen Klippen vorbei und gewann allmählich freies Fahrwasser und zunächst auch günstigen Wind.

Aber schon zog ein politisches Unwetter am Horizont herauf und drohte, auch meine Arbeit zu vernichten. Die nationalsozialistische Revolution errang in Deutschland den Sieg und schien gewillt, nur denjenigen bestehen zu lassen, der sich rechtzeitig in ihre Arme geflüchtet hatte.

Ich hatte dies nicht getan und stand grundsätzlich nicht auf dem Boden dieser Bewegung, wohl aber hatte ich bis zu einem gewissen Grade Verständnis für sie. Wie die Dinge in Deutschland lagen, musste ja endlich einmal eine starke Hand das Ruder des Staatsschiffs ergreifen und festen Kurs halten. Das Gezeter über diesen Umsturz, das jetzt alle Welt erhob, war einfach lachhaft. Wer war denn nach Ansicht des deutschen Volkes letzten Endes an dieser Revolution schuld? Lediglich doch unsere Feinde aus dem Weltkriege, die uns durch Ausbeutung, Schikane, Erpressung und Bedrohung dahin getrieben hatten. Wären die verantwortlichen Staatsmänner auf der anderen Seite nur etwas einsichtiger, etwas aufrichtiger und etwas wohlwollender Deutschland gegenüber gewesen, so hätten sie ihren Völkern und auch uns unendliches Leid erspart. Das deutsche Volk war eben mit seinen Nerven so weit herunter, dass es jedem, der sich irgendwie als Retter des Vaterlandes zu erweisen schien oder auch nur als solcher anpries, die Hand entgegenstreckte, und wenn der Höllenfürst in eigener Person erschienen wäre.»

«Und wenn der Höllenfürst als Kommunist erschienen wäre?», wagte Stephan zum zweiten Mal zu unterbrechen.

«Auch den, wenn er sich ein passend zugeschnittenes Mäntelchen umgehängt hätte. Vergiss aber nicht, dass ich von der Stimmung des Volkes sprach. Im Bereich der Wissenden sah man die Dinge anders, und hier glaubte man, sich durch stetige, sachliche Entwicklung doch allmählich aus den Banden des Versailler Diktats befreien zu können und dazu bereits auf dem besten Wege zu sein. Sei dem wie ihm wolle, der Nationalsozialismus siegte in Deutschland, und welche Kräfte hierbei im Hintergrund das Spiel gelenkt haben, wird man vielleicht noch einmal erfahren.»

«Sicherlich doch nach siegreicher Beendigung des euch aufgezwungenen Krieges», unterbrach Stephan erneut.

«Dann sicherlich nicht», artwortete der Doktor, «aber dennoch einmal, denn Klio ist genauso unbestechlich, wie du boshaft bist. – Aber kehren wir zum Thema zurück.

Das Ungewitter als Folge des politischen Umbruchs zog also herauf und entlud sich mit elementarer Kraft. Als der erste Anprall vorüber war, sah ich viele Trümmer um mich her im Ozean der Verwüstung treiben, aber mein Schifflein war nicht umgeschlagen; fest hatte ich das Ruder im der Hand behalten. Zwar fehlte es nicht an Versuchen und üblen Machenschaften, um auch mein Werk zu vernichten, aber ich hatte mir nun einmal durch meine sachliche und auch gute Arbeit einflussreiche Freunde erworben, die sich unaufgefordert schützend vor mich stellten. So hatte ein hervorragender Parteimann, heute im Range eines Generalfeldmarschalls, kategorisch erklärt, dass man ‹diesem wertvollen Manne nicht auf die Hühneraugen treten dürfe›.

Auch das zweite Unwetter, die sogenannte ‹Röhm-Affäre› am 30. Juni 1934, ließ mich ungeschoren, wenn auch nicht innerlich unberührt. Das Wüten gegen die Andersgearteten nahm jetzt Ausmaße an, die geradezu grotesk waren. Sie alle wurden als Volksschädlinge abgestempelt und sollten rücksichtslos mit Stumpf und Stiel ausgemerzt werden. Stellung, Leistung und Verdienste, alles das war plötzlich unwesentlich. Neue Gefängnisse, Zuchthäuser und Konzentrationslager wuchsen empor und vermochten dennoch kaum die Zahl der Inhaftierten zu fassen. Morde und Selbstmorde schwollen an, und auch ich hatte den Verlust verschiedener Kameraden und Bekannten zu beklagen. Die niedrigsten Instinkte des Volkes wurden wach, Verdächtigungen und Denunziationen waren an der Tagesordnung, und die Erpresser fanden ein reiches Feld für ihre Betätigung. Bereits eine anonyme Anzeige genügte völlig zur Festnahme des Beschuldigten, der in den Händen der Geheimen Staatspolizei eine Behandlung erfuhr, die er sich nie und nimmer erträumt hatte. –

Lieber Stephan, auch bei der Beurteilung eines solchen rigorosen Vorgehens soll man möglichst sachlich bleiben, und ich stehe nicht an, zuzugeben, dass auch auf homosexuellem Gebiete Auswüchse vorhanden waren, die beseitigt werden mussten. Verführung Minderjähriger, Missbrauch des Vorgesetztenverhältnisses, gewerbsmäßige Unzucht womöglich mit anschließender Erpressung sind Verbrechen, die gar nicht hart genug bestraft werden können, und gerade diese Giftpflanzen hatten sich auf dem Boden der Partei üppig entwickelt, wofür ich mancherlei Belege erhielt.

Aber das, was man jetzt unternahm, war töricht, schädlich und grundfalsch, worüber wir uns ja bereits wiederholt unterhalten haben, und besonders empörend empfand ich, dass die hohen Würdenträger der Partei und ihre Günstlinge selbstverständlich nicht betroffen wurden und auch nach der Röhm-Affäre ihr Treiben, wenn auch im Verborgenen, mit ihren jungen Untergebenen fortsetzen durften. ‹Diese Verfolgung erstreckt sich nur vom Ministerialrat an abwärts›, belehrte mich damals ein humorvoller Oberstaatsanwalt.

Wie gesagt, das ganze Vorgehen berührte mich innerlich auf das Tiefste und erweckte lediglich meinen Abscheu und Zorn, namentlich wenn wieder einmal eine mir bekannte wertvolle und schwer ersetzbare Persönlichkeit das Opfer dieser irrsinnigen Verfolgung geworden war. Meine bereits recht zusammengeschrumpften Sympathien für den Nationalsozialismus, in dessen Reihen Mittelmäßigkeit und Gesinnungslosigkeit immer deutlicher zu Tage traten, sanken nunmehr auf den Nullpunkt. Ich selbst fühlte mich nicht bedroht, denn die wenigen Freunde, die ich gehabt hatte, waren im Auslande, und den homosexuellen Kreisen Berlins hatte ich mich grundsätzlich ferngehalten.

Im Jahre 1936 erneuerte ich eine Bekanntschaft, die ich bereits fünf Jahre zuvor gemacht hatte. Es war dies ein junger Mensch aus einfacher, aber achtbarer Familie, der mich damals in seinem Äußeren lebhaft an einen sehr lieben Freund vergangener Zeiten, einen nach Amerika gegangenen Studenten, erinnerte und infolgedessen einen gewissen Eindruck hinterlassen hatte. Dieser junge Mann war kein unbeschriebenes Blatt; er hatte bereits mancherlei Erfahrungen hinter sich, war Freund eines hohen Offiziers gewesen und erwies sich im Übrigen als einwandfrei und vertrauenswürdig. Nach einiger Zeit verlor ich ihn aus den Augen und traf ihn jetzt durch reinen Zufall wieder. Er wirkte diesmal recht kümmerlich und niedergeschlagen auf mich, augenscheinlich ging es ihm wirtschaftlich miserabel.

Der junge Mensch tat mir leid, und in Anbetracht seiner früher bewiesenen Zuverlässigkeit versprach ich ihm meine Hilfe. – Das gegebene Versprechen hielt ich und stellte ihn nach einigen Monaten als Diener bei mir ein. –

Ein kluger Mann und einstmaliger Vorgesetzter hatte einmal von mir behauptet, dass ich ein vorzüglicher Menschenkenner sei, und tatsächlich habe ich die Richtigkeit seiner Beobachtung vielfach in meinem Leben bestätigt. Nahezu alle meine Schüler sind dafür lebende Beweise. Diesmal aber hatte ich mich erheblich geirrt, und nicht nur das, es war dies bereits mein zweiter Missgriff innerhalb eines Jahres. Ich hatte nämlich einen jungen adeligen Herrn als Privatsekretär zu mir genommen, obgleich er mir bereits als Verlagsangestellter ein falsches Ehrenwert gegeben hatte und deshalb entlassen worden war. Auf Wehklagen seiner Mutter hin stellte ich den verlorenen Sohn, der inzwischen zwei Selbstmordversuche hinter sich hatte, erneut ein und ahnte nicht, dass ich zu der einen Schlange am Busen noch eine zweite Natter in Gestalt des Dieners heranzüchtete. Die beiden Kumpane fanden sich bald, der Diener verriet dem nichtsahnenden Sekretär meine Veranlagung, und nun begannen die beiden Ehrenmänner ein abgekartetes Spiel gegen ihren Herrn, der sie beide lediglich aus purer Anständigkeit und Menschlichkeit aus dem Dreck gezogen hatte. Der Diener verschwand nach kurzer Zeit unter Mitnahme von Geld und Schmucksachen im Einvernehmen mit dem Sekretär, der sich ahnungslos stellte, ihn aber höchstwahrscheinlich dazu angestiftet hatte, weil er Geld für Abtreibungszwecke benötigte. Die beiden setzten nunmehr die Erpresserschrauben an.

Sechs Monate lang führte ich nach beiden Richtungen einen verzweifelten Kampf, dessen einzelne Phasen zu schildern ich mir und dir versagen möchte. Mein früherer Diener Kurt, der gerade frei war und den ich schleunigst herbeirief, stand mir hierbei treu zur Seite und nahm mir manche Widerwärtigkeit ab. Zu diesem zermürbenden Ringen, das ich mir weder äußerlich anmerken lassen, noch dem ich innerlich unterliegen durfte, gesellte sich eine erhebliche Arbeitslast, die sich ständig vergrößerte. Neben den laufenden Pflichten und repräsentativen Verpflichtungen brauchte ich Stunden völliger Ausgeruhtheit und geistiger Sammlung, um mich mit wichtigen aktuellen Problemen auseinanderzusetzen und intuitiv Neues zu ersinnen und zu gestalten nicht nur für das hohe geistige Niveau meiner Zeitschrift, sondern auch für mein kriegswissenschaftliches Handbuch, das schon wieder für eine Neuauflage völlig umgestaltet werden musste. Und gerade in dieser für mich außerordentlich kritischen und überlasteten Zeitspanne fanden obendrein die Olympischen Spiele in Berlin statt, zu denen viele mir persönlich oder dem Namen nach bekannte Ausländer herbeigeeilt waren und die Gelegenheit benutzten, mich zu sprechen. Bis zum Zerreißen waren meine Nerven gespannt, als es mir schließlich doch mit geschickten Rechtsanwälten und unter erheblichen Geldopfern gelang, die beiden Ehrenmänner zum Schweigen zu bringen. Aber nun war ich auch am Ende meiner Kräfte angelangt und musste unbedingt an eine Entspannung in Form einer grundlegenden Änderung meiner Lebensführung denken. Ich musste gleichsam einmal aus allem heraus, und so begrüßte ich es als eine glückliche Schicksalsfügung, dass ich plötzlich und unerwartet im Herbst 1936 einen Lehrauftrag nach Ankara erhielt. Unverzüglich nahm ich an, ordnete meine Vertretungen und reiste alsbald ab. Als ich dem Orientexpress in Beograd, meiner ersten Auslandsstation für mehrere Tage, entstieg, atmete ich endlich einmal wieder befreit auf.

Meine Aufnahme im Auslande, wohin ich auch kam, zeigte mir, dass sich meine sachliche Arbeit hoher Wertschätzung erfreute. Überall öffneten sich mir, dem Privatmann, Türen, die unseren offiziellen Vertretern verschlossen waren, und die Behandlung, die ich in den verschiedenen Ländern durch hochgestellte Persönlichkeiten erfuhr, zeugte von Hochschätzung, Vertrauen, ja von Herzlichkeit. Ich gewann, wie man so sagt, die Herzen im Fluge und damit eine stattliche Reihe von einflussreichen Freunden. Kann man es mir unter den obwaltenden Verhältnissen verdenken, dass ich mich möglichst lange im Auslande aufhielt, ja sogar mit dem Gedanken spielte, mein Domizil einige Jahre im Auslande aufzuschlagen? – Hier atmete ich freie Luft, hier war ich nicht ständig in meiner Existenz und persönlichen Freiheit bedroht, und wenn auch hier die Rosen Dornen trugen, so war ihr Duft doch rein und frisch und hatte mit dem verlogenen Gestank, der mir in der Heimat von allen Seiten entgegenquoll, nichts zu tun. –

Ja, mein lieber Junge, man hatte inzwischen in Deutschland das Lügen und die Kunst der Verstellung bis zur Meisterschaft erlernt. Hinter einer Fassade begeisterter Zustimmung verbargen sich angstvoll Abneigung, ja Hass als wirkliche Gefühlsregungen, die man, geboren aus ehrlicher innerer Überzeugung, einfach nicht loswerden konnte. Abgesehen von den Nutznießern der Revolution, die plötzlich gleich Phönix aus bitterer Armut zu strahlendem Glanze und Reichtum aufgestiegen waren, blieben immer weniger übrig, die wirklich überzeugt hinter der Bewegung standen und die Anbetung Hitlers als unerlässlichen Prüfstein für eine patriotische Gesinnung ansahen. Der Adel und die Intelligenz, der Unternehmer und der Arbeiter, die Geistlichkeit und das Berufsbeamtentum, sie alle waren innerlich dagegen, und diese Abneigung vertiefte sich von Tag zu Tag. Aber von oben her arbeitete man überaus geschickt. Mit Beförderungen, Höherbesoldungen und Auszeichnungen gewann man Wehrmacht und Polizei und damit die Macht. Man gewann die männliche und weibliche Jugend, indem man sie gegen die Autorität von Kirche, Schule und Elternhaus aufhetzte, ihr übertriebenes Lob spendete und goldene Berge versprach. Ständig jagte ein Rummel den anderen, und das Volk kam nicht zur Ruhe, damit nur um Gottes Willen nicht der gesunde Menschenverstand erwachte. Und alles, was auch nur im Geringsten dagegen war, was sich auch nur die leiseste Kritik gestattete, das beseitigte blitzschnell und unauffällig das Instrument des Herrn Himmler-Fouché, die Geheime Staatspolizei, in der Stenolalie ‹Gestapo› genannt.

Konzentrationslager und Strafanstalten dehnten sich weiter gewaltig, und wie viele Menschen ihre Atmosphäre nicht vertragen konnten, diese Zahlen werden uns wohl noch einmal als erschütterndes Kriterium dieser Zeit vor Augen geführt werden.» –

Hier unterbrach der Doktor seine Ausführungen, um die erloschene Zigarre neu zu entzünden, und Stephan schaltete sich geschickt mit einer Frage ein, die ihm schon längst auf der Zunge brannte:

«Wie war es möglich, Rolf, dass sich das kluge und tapfere deutsche Volk dies alles gefallen ließ? – Fand sich denn niemand, der diesen Tyrannen und seine blinde Gefolgschaft beseitigte? – Wenn die Gegenströmung großer Bevölkerungsschichten tatsächlich in dem Umfange vorhanden war, wie du sie mir schilderst, so bedurfte es doch nur eines Signales zum Aufstand, und der ganze Spuk brach mit einem Schlage in sich zusammen.»

«An diesen schlagartigen Zusammenbruch hatten die Engländer und Franzosen auch geglaubt, als der Krieg begann, und dennoch täuschten sie sich. Wie die Dinge bereits vor dem Kriege lagen, konnte eine Erhebung nur aus militärischen Kreisen kommen, und diese hatte man, wie ich dir bereits sagte, gewonnen. Den Offizieren erging es ja ausgezeichnet, warum sollten sie ihren Kopf riskieren? – Und die einzelnen weiter blickenden Persönlichkeiten unter ihnen, die nicht genehm waren und gefährlich werden konnten, beseitigte man nach Schema 175, wie den Generaloberst von Fritsch. – Aber noch zwei Tatsachen darf man nicht übersehen, wenn man die Dinge zutreffend erkennen will. – Du sprachst vom ‹Tyrannen›. Es kommt ganz darauf an, was man hier darunter verstehen will: Alleinherrscher oder Despot?? – Meiner Ansicht trifft für Hitler nur das erstere, nicht das letztere zu. Ein Wüterich in Form eines ausgewachsenen Sadisten ist er trotz seiner zeitweiligen brutalen Anfälle meinem Gefühle nach nicht, und dass er sich die Erkenntnis eines Nero, die da lautet ‹Vor mir hat noch kein Herrscher gewusst, was er sich alles erlauben kann› zur Richtschnur genommen haben sollte, erscheint mir auch recht fraglich, allein schon unter dem Gesichtswinkel berechtigten Zweifels, ob er Suetons ‹De vita Caesarum› jemals gelesen hat. – Vor längerer Zeit habe ich Hitler einmal in vertrautem Kreise als ‹umgekehrten Mephisto›, also als ‹Teil von jener Kraft, die stets das Gute will und stets das Böse schafft›, bezeichnet und damit erheblichen Widerspruch bei meinen Freunden heraufbeschworen; sie wollten diese milde Beurteilung keinesfalls gelten lassen. Trotzdem bleibe ich auch heute noch bei meiner Ansicht und verurteile in erster Linie das Führerprinzip ohne Kritik und Kontrolle, das an den unglaublichen Zuständen schuld ist und für das ‹der Führer› selbstverständlich die volle Verantwortung vor der Geschichte trägt. Das wäre das eine! – Und nun das andere: Dieser Mann hat in allen seinen bisherigen Unternehmungen eine derart glückliche Hand gehabt, dass man nicht mit Unrecht heute über ihn sagt: ‹Glück hat auf die Dauer nur der Tüchtige›, wobei man allerdings meinem Gefühl nach den Begriff der Dauer etwas kurz gewertet hat. – Diese beiden Tatsachen wirkten und wirken lähmend auf jede Gegenaktion, und erst in dem Augenblick, wo sich das Blatt, also Hitlers Kriegsglück, wenden sollte, werden die Widerstände, und zwar zunächst in den von ihm ‹befreiten› und mit ihm ‹verbündeten› Gebieten, offen zu Tage treten. Ob und wieweit sich dann Deutschland einer solchen Bewegung anschließen wird, das vermag ich nicht vorauszusehen. Wenn ich ehrlich bekennen soll, so habe ich hier wenig Hoffnung. Der Durchschnittsdeutsche ist kein Individualist und schätzt den Wert der persönlichen Freiheit recht gering ein. Eine schlechte Regierung ist ihm lieber als gar keine. Zwar beklagt er seine prekäre Lage und schimpft auch hier und da, aber er handelt nicht. Er ist nun einmal kein Revolutionär, und die Zivilcourage ist bei ihm, leider, nur selten anzutreffen. – Jedoch wir geraten ja immer tiefer in die verfluchte Politik und kommen immer weiter vom Thema ab! Wo war ich denn in meiner Erzählung stehen geblieben?»

«Lass es für heute genug sein», bat Stephan. «Es ist ein so wunderschöner Nachmittag, den wir jetzt unbeschwert genießen wollen. Wir bummeln das Achenwaldtal herunter und sprechen nur von angenehmen Dingen. Ist es dir recht?»

«Wie du willst», sagte der Doktor, sich erhebend. «Augenscheinlich bist du des trocknen Tones schon satt?»

«Vor allem möchte ich vermeiden, dass dich das Erzählen allzu sehr angreift, und solltest du heute Nacht schlecht schlafen, dann darfst du morgen keinesfalls weiter erzählen.»

«Woher will denn mein Junge wissen, wie ich die Nacht geschlafen habe, wenn ich ihm morgen nicht die Wahrheit sage?», fragte der Doktor, zärtlich Stephans Arm nehmend.

«Dann werde ich mich eben davon persönlich überzeugen», verkündete Stephan.

«Eine glänzende Idee!», frohlockte der Doktor. «Das wird ja einmal wieder eine ausgesprochen geruhsame Nacht werden.»

«Spotte nicht, Rolf, du sollst und wirst heute Nacht schlafen! – Ich singe dir das herrliche Wiegenlied deines Lieblingsdichters:

  ‹Si non dormis, Stephan plorat,
  Inter fila cantans orat:
  Blande veni somnule!›»

«Wundervoll, Stephan! – Aber ‹inter fila›? – Willst du etwa, während du mich in den Schlaf singst, gleichzeitig deine Strümpfe stopfen?»

«Dazu würdest du mir gerade Zeit lassen», parierte Stephan lachend, «denn wenn du auch das strahlende Athen bei weitem über das nüchterne Sparta stellst, so stimmst du doch mit seinem Gesetzgeber Lykurg in dem Punkte überein, wo er behauptet: ‹Niemand kann ein tüchtiger Bürger sein, der nicht einen Freund im Bett hat.›»

13. Erzählung des Doktors, Fortsetzung

«Die beiden Glanzpunkte Europas sind und bleiben für mich Istanbul und Athen –», begann der Doktor am Vormittag des folgenden Tages an gleicher Stelle die Fortsetzung seiner Erzählung. Das Wetter hatte sich wieder verschlechtert, und wenn es auch nicht regnete, so war doch die Atmosphäre feucht und nebelig, dass die vorsorglich mitgenommenen Klepperumhänge schon beim Niedersetzen benötigt wurden.

«Regnet es an diesen ‹Glanzpunkten› auch so viel wie hier?», unterbrach Stephan, der mit seinem blühenden Gesicht unter der grauen Gummikappe bildhübsch aussah.

«– und zwar meine ich nicht die Städte selbst», fuhr der Erzähler, den Einwurf überhörend, fort, «sondern die beiden Küstenstreifen, einmal den Bosporus mit dem östlichen Teil des Marmarameeres, zum andern die Strecke Athen-Korinth mit Aegina und Salamis. Nun, ich habe beide Gefilde der Seligen, wie weiland Lord Byron, mit der Seele empfunden. Als mein Blick zum ersten Mal vom Balkon meines Zimmers im Parkhotel Istanbuls, einstmaligem Palaste des Großveziers, auf die ewige Brückenstadt zwischen zwei Weltteilen, auf ihre prachtvoll emporgewachsenen Moscheekuppeln und zierlich schlanken, weißen Bleistiften vergleichbaren Minaretts, auf das in glasiger Bläue schimmernde Marmarameer mit jener schmalen, von Schiffen und Booten belebten Bucht, dem Goldenen Horn, und auf die das Ganze im Hintergrunde harmonisch abschließende Küste Klein-Asiens mit dem schneegekrönten anatolischen Olymp, dem Uludağ, fiel und dies alles in einem unwahrscheinlich silbrigen Glanze unter wolkenlosem Kobalthimmel eines Novembermorgens erstrahlte, brach ich in die Worte aus: ‹Herr Gott! – gibt es wirklich so etwas Schönes auf dieser Welt?› – Hier sah ich nicht nur mit freudestrahlenden Augen, sondern hier spürte ich förmlich in allen Poren ‹Orplid, mein Land, das ferne leuchtet›. Aber nicht mehr ferne, sondern greifbar nahe meinem Blick und Schritt lag Asien, die Wiege der Völker. Mit seiner unvergänglichen Geschichte sprach es zu mir: dort oben auf den Höhen ist Hannibal begraben, und dort weit nach Westen hin liegt die Trümmerstätte der einstmals hochtorigen Feste Troja, die du bereits vor zwei Jahren besuchen durftest. Und alle meine hochgespannten Erwartungen sollten auch nicht enttäuscht werden. Zwar hatte die von Kemal Atatürk begonnene Umgestaltung des Landes manches von seinem fremdartigen, märchenhaft bunten, oft skurrilen, aber dennoch liebenswerten Reiz genommen und an seine Stelle Zweckmäßigkeit und Nüchternheit, Technik und Industrie gesetzt, aber mir, der ich mit geistigen Augen sah, erschien dieses Land immer noch von einem Lächeln der sieben Himmel Mohammeds überglänzt und wie ein Märchen aus Tausendundeiner Nacht. Die breiten Flimmerschatten uralter, oft durch Zementguss gestützter Platanen auf Gitterfiligran und Fayence, die verfallenen Zisternen, in denen ein Wald weiß schimmernder Säulen von prokonesischem Marmor aus meterhohem Schmutz emporwuchs, das Labyrinth enger, überwölbter Gassen im Großen Bazar, dem Büyük Carsi, und die dunklen Arkadenhöfe der Karawansereien, die innere Pracht der Sultanspaläste und Moscheen, die zart geschwungenen Linien des Serails und tausend andere Wunder, sie alle waren geblieben, und unverändert war die einmalige Schönheit der Landschaft, waren Meer und Himmel mit seiner strahlenden Sonne oder glühendem Abendrot und jungem blankem Mondschwert.

Weder Athen noch Rom, noch Paris, noch Wien haben einen solchen Zauber auf mich ausgeübt wie dieses Istanbul. Ich sagte bereits: Es war nicht die Stadt – sie ist primitiv nach unserem heutigen Begriff und sie ist schmutzig –, aber es war die Landschaft. Da mir ständig ein Auto mit türkischem Chauffeur zur Verfügung stand, konnte ich sie nach Belieben in allen Richtungen durchstreifen. So fuhr ich den Bosporus entlang hinunter über Therapia und Büyükdere zum Schwarzen Meer oder aber in westlicher Richtung nach Floria, dem schönsten Badestrand, den ich kenne. Auf einem der kleinen Küstendampfer besuchte ich die Prinzeninseln, verweilte auf Prinkipo, dem bevorzugtesten dieser Eilande, und sah Wolkenbilder und Regenbogen über Klein-Asiens Küste, wie sie meine Fantasie nie erträumt hatte. Immer neue Eindrücke, Offenbarungen und Erkenntnisse erschloss mir dieses Zauberland, immer mehr schlug es mich in seinen Bann und erweckte in mir die Überzeugung, dass ich hier vor langen, langen Zeiten schon einmal war und eigentlich nur hierher gehöre, und immer wieder stieg in mir ein Gefühl auf, das auch Goethe auf seiner ersten Reise in Italien empfunden und in die Worte gefasst hatte: ‹nicht, als ob ich die Dinge sähe, sondern als ob ich sie wiedersähe›.

Dann entführte mich der Taurus-Express von Haidar Pascha in zwölfstündiger Fahrt zur neuen Hauptstadt des Landes, nach Ankara, deren Lichterglanz mir ganz plötzlich und unwahrscheinlich auf der einsamen anatolischen Hochfläche entgegenstrahlte. Und auch hier fühlte ich mich hochbeglückt und wie zu Hause. Die von mir verlangte Arbeit machte mir Freude, und auch die ganze Lebensführung sagte mir zu. Ein abendlicher Spaziergang in der farbigen Wüsteneinsamkeit war meine schönste Entspannung. Völlig unverständlich erschienen mir die Klagen meiner Landsleute, von denen ich mich möglichst fern hielt, über die entsetzliche Öde ihres Daseins und über ihre Sehnsucht nach Haus. Ich empfand keine derartigen Gefühlserregungen und wäre am liebsten gleich dort geblieben. Aber meine vorgesehenen Aufgaben und damit auch meine Devisen waren zeitlich begrenzt, und so verließ ich schweren Herzens dieses mir so gastliche Land, in dem ich viele Freunde zurückließ, und fuhr durch die Dardanellen und über das Ägäische Meer nach Athen, das ich zwar kannte, wo ich aber diesmal einen längeren Aufenthalt nahm, um mich mit den Schöpfungen der Antike eingehender zu beschäftigen.

In Patras, unfern Olympia, schiffte ich mich erneut ein, fuhr die albanische und dalmatinische Küste entlang bis nach Triest, allerdings mit verschiedentlichen Unterbrechungen, da ich es nicht versäumen wollte, ihren Glanzpunkten Korfu, Ragusa und Split meinen pflichtschuldigen Besuch abzustatten. Ein längerer Aufenthalt in Wien und anschließend in Rom, wo ich überall herzlich aufgenommen wurde, brachte mich gegen meinen Wunsch und Willen mit den derzeitigen Machthabern in persönliche Berührung, dass ich verschiedentlich Empfänge und Einladungen über mich ergehen lassen musste. Durch Erfahrungen gewitzigt, war ich jedoch auf dem glatten Parkett der Politik äußerst vorsichtig und unterstrich immer wieder meine Eigenschaft als Privatmann. Aber vielleicht gerade deshalb erreichte ich verhältnismäßig recht viel, ja es war mir sogar ein Schritt zur Behebung der italienisch-türkischen Spannung gelungen, als sich Graf Ciano mir gegenüber bereiterklärte, im Dezember Ankara zu besuchen.

In gleicher Weise wie in Istanbul und Wien stand mir auch in Rom ständig ein Auto mit ortskundigem Chauffeur zur Verfügung. So konnte ich nicht nur die Ewige Stadt, sondern auch ihre herrliche Umgebung nach allen Richtungen hin durchstreifen. Vor allem bevorzugte ich die Campagna, die ich bisher nur flüchtig kannte, und wenn ich auch auf dem klassischen Boden der Mittelmeerländer sicherlich kein Neuling und durch Naturschönheiten reichlich verwöhnt war, so muss ich doch sagen, dass mir gerade diese Fahrten in besonders nachhaltiger Erinnerung geblieben sind. Ja, ich gestehe, dass mir die halkyonischen Tage in Rom – das ganze Milieu, die ehrliche Wertschätzung, das offene Vertrauen, das man mir entgegenbrachte, der Freundeskreis, der mich umgab – heute als ein niemals wiederkehrender Gipfelpunkt meines tätigen Daseins erscheinen, und du, Stephan, erinnerst dich vielleicht, dass es einem der ‹Großen›, und zwar dem Philosophen Leibniz, in seinem Erdenwallen ähnlich ergangen ist, dass aber auch unmittelbar nach diesem Höhepunkte in der ‹urbs› sein Abstieg einsetzte, von dem er sich nicht wieder erholen sollte. Anschließend verweilte ich noch in Neapel und Sorrent, um am letzteren Ort meine Erfahrungen niederzuschreiben. Als Schlussstein dieser langen Reise hatte ich mir die jüngere Schwester Athens, das herrliche Florenz mit seinen unvergänglichen Schätzen, aufgehoben, aber sie schüttelte mich ab. Wenige Tage nach meiner Ankunft daselbst erkrankte ich plötzlich und kehrte Ende Mai schleunigst nach Deutschland zurück, um mich operieren zu lassen.

In Berlin erwarteten mich zunächst reichliche Arbeit und viel Ärger. Meine Erfolge im Auslande hatten kleine Geister verstimmt, und Missgunst hatte in üblicher Weise Unkraut zwischen den Weizen gesät. Zwar gelang mir das Jäten verblüffend schnell, aber auch dies erforderte doch gewisse Zeit, und da überdies türkische Freunde in Berlin weilten, musste ich meine Operation bis Mitte Juni hinausschieben.

Am achten Tage nach glücklich erfolgtem operativem Eingriff, an dem ich noch mit Wundschmerz danieder lag, erschienen plötzlich zwei Kriminalbeamte der Staatspolizei und forderten meine Vernehmung.

Was war geschehen? – Ein Schurkenstreich des Zufalls hatte das mit großer Mühe errichtete Gebäude der Geheimhaltung zum Einsturz gebracht. Mein bereits erwähnter früherer Diener Kurt war infolge von Verfehlungen mit einem Jugendlichen, die er mir verheimlicht hatte, angezeigt worden. Eine Haussuchung bei ihm förderte Briefe von mir zu Tage, die, an sich unverfänglich, immerhin einen schwachen Hinweis auf meine nunmehr über ein Jahr zurückliegende Erpresseraffäre enthielten. Trotzdem nahm die Polizei auch diese Spur auf. Ihr nächster Schritt führte zum Erpresser, ein weiterer zu meinem Rechtsanwalt, der letzte zu meinem Krankenlager. Der mühsam gewobene Schleier der Geheimhaltung war zerrissen, das Schicksal nahm seinen Lauf.

Nach Lage der Dinge war ein Leugnen meinerseits zwecklos. Im Vertrauen auf den Paragrafen 154 b, wonach von einer Strafverfolgung des Erpressten, sofern er den Erpresser anzeigt, abgesehen werden kann, hatte ich bereits vorsorglich gemeinsam mit meinem Rechtsbeistand eine Anzeige aufgesetzt und sie griffbereit beim letzteren deponiert. Dieser Schriftsatz, der den ganzen Tatbestand wahrheitsgetreu wiedergab, war nunmehr von meinem Rechtsanwalt den Beamten übergeben worden, und ich begnügte mich, seine Richtigkeit vollinhaltlich zu bestätigen.

Vielleicht war es ein Fehler, lieber Junge, dass mich die beiden Kriminalassistenten alter Schule äußerst liebenswürdig, ja gewissermaßen mit Hochachtung bei meiner Vernehmung behandelten. Sie erklärten zwar offen, dass sie nach vorliegendem Delikt sehr wohl das Recht hätten, mich sofort zu verhaften, dass sie aber davon absähen, da es ihnen vor allem an der Überführung und Unschädlichmachung des Erpressers läge, der übrigens schon hinter Schloss und Riegel säße. Sie bäten mich lediglich, am folgenden Tage gegen Mittag, sofern mir dies gesundheitlich möglich sei, bei ihnen im Polizeipräsidium zwecks weiterer Vernehmung und Aufnahme des Protokolls vorzusprechen. In jedem Falle trug ihre Haltung dazu bei, meine an sich schon gelassene Stimmung weiterhin zu vertiefen. Der flüchtig auftauchende Gedanke, zu fliehen, so lange es noch dazu Zeit war, wurde schnell verworfen, einmal, weil mein körperliches Befinden dies wohl kaum gestattete, zum andern, weil ich, belehrt von meinem Rechtsanwalt, nun einmal fest auf den vorerwähnten Paragrafem 154 b vertraute. Die einzige innere Regung, die mich nach Weggang der beiden Beamten beherrschte, war lediglich die, schleunigst eine Klärung der mich völlig überraschenden Entwicklung herbeizuführen. Ich verließ daher noch am gleichen Abend das Krankenhaus, aus dem ich am folgenden Morgen sowieso entlassen werden sollte, wenn auch mit der Einschränkung, jeden zweiten Tag zur Behandlung der noch offenen Operationswunde zu erscheinen, und fuhr zunächst zu meinem Diener Kurt, der in unmittelbarer Nähe meiner Wohnung ein möbliertes Zimmer bewohnte. Hier erhielt ich die höchst bedenkliche Nachricht, dass dieser bereits vor zwei Tagen von der Kriminalpolizei abgeholt und nicht wieder erschienen sei.

Zwei Menschen kannte ich, auf deren Freundschaft und Verschwiegenheit ich unbedingt zählen konnte und denen ich mich bereits frühzeitig in meiner prekären Lage anvertraut hatte. Es waren dies mein vorerwähnter Kamerad und Verlagskollege sowie eine Schwägerin von mir, die verwitwet als Studienrätin ebenfalls in Berlin lebte. Leider weilte der erstere zum Wochenende auf seiner Jagd und war im Augenblick nicht zu erreichen. Mit meiner Schwägerin besprach ich mich jedoch noch am späten Abend, nachdem ich vorher eine kurze telefonische Rücksprache mit meinem Rechtsanwalt gepflogen hatte, wobei sich dieser recht zuversichtlich gab und mir riet, zunächst die morgige Vernehmung abzuwarten. Hingegen war meine Schwägerin skeptischer eingestellt, und wenn sie mir auch eine Flucht nicht direkt vorschlug, so erörterte sie doch deren Möglichkeit. Ich blieb jedoch geneigt, dem Rate meines Rechtsanwalts zu folgen, wobei allerdings mein schlechtes körperliches Befinden erheblich mitsprach.

Die Vernehmung am folgenden Tage im Polizeipräsidium durch den älteren der beiden Beamten, dessen humane und verständnisvolle Einstellung ich bereits kennen gelernt hatte, verlief reibungslos. Ich half ihm sogar nach besten Kräften beim Aufsetzen seines umfangreichen Protokolls und wurde dann schließlich nach mehreren Stunden, in denen man auch meine Fotografie und Fingerabdrücke zu den Akten genommen hatte, mit dem Bescheide entlassen, erst am übernächsten Tage – der folgende Tage war ein Sonntag – wiederzukommen. Der Beamte enthüllte mir jedoch, dass er selbst die volle Verantwortung für meine nochmalige Entlassung auf sich nähme, da sein vorgesetzter Kriminalrat abwesend sei und er daher nur in vollem Vertrauen auf meine innere Verpflichtung, ihn nicht in dienstliche Schwierigkeiten zu bringen, so handeln zu können glaube. Ich gab ihm mein Wort, am Montag zu erscheinen.

War die Haltung meines Rechtsanwalts bei der ausführlichen Besprechung der Lage am Sonntagvormittag noch weiterhin durchaus optimistisch und zuversichtlich, so war meine Einstellung doch schon sehr viel bedenklicher geworden. Ich sah bereits klarer und bedauerte jetzt, dem Beamten mein Versprechen gegeben zu haben, andernfalls hätte ich mich trotz meiner Wunde in das nächste Flugzeug nach Wien gesetzt und jenseits der Reichsgrenze die Entwicklung der Dinge in Ruhe abgewartet. Jetzt fühlte ich mich moralisch gebunden, und im Übrigen blieb mir zu weiteren Überlegungen auch keine Zeit infolge mannigfaltiger Verabredungen und Pflichten, die sich jetzt nach meiner Rückkehr aus dem Krankenhause drängten. Wenigstens die wichtigsten wollte ich erledigen. So hatte ich am Nachmittag türkische Gäste bei mir, mit denen ich noch am Abend gemeinsam mit deutschen Industriellen ausging, und am nächsten Morgen mussten wichtige Entscheidungen im Verlag getroffen werden.

Allen diesen Verpflichtungen kam ich in äußerer Gelassenheit nach und fuhr dann Montagmittag zum zweiten Mal in das Polizeipräsidium. Hier hatte sich inzwischen hinter den Kulissen mein Schicksal entschieden: Eine Stunde später sah ich mich verhaftet. Zwei Telefongespräche zur Information meines Rechtsanwalts und meines Kameraden wurden mir noch gestattet, dann umschlossen mich die engen Mauern einer düsteren Einzelzelle des Polizeigefängnisses.» –

Mit großer Sachlichkeit und ruhigem Ernst hatte der Doktor gesprochen, wohingegen Stephan, jedes Wort des Erzählenden gleichsam in sich aufsaugend, sichtlich bemüht war, der immer mehr aufsteigenden Wallung Herr zu werden. Bei den letzten Worten des Doktors sprang er erregt von seinem Sitze auf und lief, wenn auch noch immer wortlos, vor der Bank hin und her

«Willst du dich nicht wieder setzen?», schlug der Doktor mit Gleichmut in der Stimme vor.

Stephan beantwortete auch diese Anregung nicht, nahm aber seinen Platz wieder neben dem Erzähler in gebückter Haltung ein und stützte seinen Kopf in beide Hände. Unbeirrt fuhr der Doktor mit seinem Bericht fort:

«In der Abgeschiedenheit meiner Zelle, deren betonte Primitivität mir den soeben erfolgten Sturz unablässig vor Augen hielt, kam mir jetzt erst das Widersinnige der ganzen Sache voll zum Bewusstsein. War wohl eine derartige Behandlung eines um Deutschland hochverdienten, im Auslande angesehenen und geschätzten Mannes auch nur denkbar? – Was hatte ich schon groß gefehlt? Lediglich war ich, wie hunderttausend andere, einem Naturtrieb gefolgt und hatte ihn an einem zweiten erwachsenen Menschen, der dem gleichen Trieb unterlag, mit dessen vollem Einverständnis ausgeübt. Niemand, auch der Staat nicht, war dadurch geschädigt worden. So blieb lediglich die Frage offen: War meine Handlung unmoralisch? – Ein Ausspruch meines Schicksalsgefährten Oscar Wilde, den ich in seinen Werken irgendwo gelesen hatte, fiel mir als diesbezügliche Antwort ein: ‹Wird ein Gesetz durch eine Mehrheit von Menschen, die zufällig von gleicher Veranlagung sind, festgelegt, so ist dieses Gesetz für die Minderheit nur gesetzlich bindend, aber nicht moralisch.› – Also schön – jedenfalls aber ‹gesetzlich› bindend! – Und dagegen hatte ich gefehlt, war dabei erwischt worden und sah nunmehr meiner Bestrafung entgegen. Zwar hatte mir der Kriminalbeamte noch beim Abschiede erklärt, dass es sich in meinem Falle lediglich um ein Vergehen und nicht um ein Verbrechen handele, aber von dieser betonten Unterscheidung, die mich trösten sollte, war jedenfalls in der bisherigen Form meiner Behandlung nichts zu verspüren. Die Zelle, die mich umschloss, hatte sicherlich überwiegend Verbrecher beherbergt, und ihr vom endlosen Hin- und Herlaufen dieser Zwangsbewohner wellenförmig ausgetretener Fußboden hatte wohl mehr als einmal die Fußtritte von Mördern zu spüren bekommen. Eine Bestätigung meiner Reflexion fand ich schneller als ich dachte; an versteckten Stellen der weiß getünchten Wand las ich Namen, Daten und Delikte meiner Vorinsassen. Es war eine recht beträchtliche Sammlung von Mord, Totschlag und Raub, die sich hier dokumentierte. Besonders berührte mich die Inschrift eines 17-jährigen Jungen mit dem kurzen Vermerk ‹wegen Raubmord›.

Ich wandte mich ab von dieser unerquicklichen Lektüre und begann eine neue Wanderung von je fünf Schritten, wobei ich in erneute Betrachtung meines Falles geriet. Greifbar klar trat mir jetzt vor Augen, dass ich durch Unterlassen meiner Flucht einen verhängnisvollen Fehler begangen hatte. Zwar würde mich bei ihrer Durchführung meine Operationswunde erheblich belästigt haben, aber wie war meine Situation jetzt? – In Wien hätte ich mich in Ruhe auskurieren können, aber hier bei diesen unhygienischen Verhältnissen, wo ich keinerlei Verbandstoffe hatte, mich nicht einmal richtig waschen konnte, musste ich für sie das Ärgste befürchten. Und was nun schon der Verzicht auf meine erfolgreich aufgebaute Existenz in Deutschland betraf, so war diese auch ohne meine Flucht völlig zerschlagen, und das, was späterhin vielleicht noch zu retten war, ließ sich schließlich auch verschmerzen. Alle meine Posten, Ämter und Würden waren ja doch unwiederbringlich verloren, und der Aufbau einer neuen Betätigung würde hier wie dort erforderlich sein. Ein Ausspruch des von mir immer sehr verehrten Conrad von Hötzendorf, ehemaligen österreichischen Generalstabschefs, fiel mir plötzlich ein: ‹Es ist nicht heiter, alles, was man im Leben aufzubauen vermeinte, in nichts zusammensinken zu sehen.› – ‹Nicht heiter› erschien mir jetzt geradezu als Blasphemie für eine solche Lage. In Wirklichkeit ist es ‹entsetzlich›! –

Solche und ähnliche Gedanken durchkreuzten unaufhörlich mein Gehirn, während ich trotz Schmerzen meiner Wunde die schmale Zelle auf und ab schritt. Meine Uhr hatte man mir abgenommen, so war ich über die Zeit völlig im Ungewissen. Plötzlich vernahm ich Schritte vor meiner Tür, klirrende Schlüssel öffneten sie, und eine aufgeregte Stimme schrie: ‹Napf raus!› – Ein noch junger, fürchterlich nervöser Sträfling vor mir mit gefüllter Kelle, deren Inhalt er in meinen endlich von mir hingereichten Blechnapf leerte, ein Stück trockenes Kommissbrot wurde mir in die andere Hand gedrückt, und schon war die Tür wieder geschlossen.

Ich verzehrte mein frugales Abendessen, säuberte im Waschnapf das Geschirr und warf mich nach einiger Zeit, nur wenig entkleidet, auf das harte Lager, besonders peinlich berührt von dem Gedanken, die nächtliche Bekanntschaft mit Wanzen machen zu müssen.

Man hatte in dieser ersten Nacht meiner Haft ein wachsames Auge auf mich, jedenfalls beobachtete ich wiederholt, dass der Schieber am Guckloch meiner Tür geöffnet wurde und ein Auge forschend in die Zelle blickte. Befürchtete man einen Selbstmordversuch? – Ich dachte gar nicht daran, ich war nicht verzweifelt, nicht gebrochen, nicht einmal niedergeschlagen, sondern nur wütend auf meinen Rechtsberater, auf meine eigene Dummheit und Unentschlossenheit und nicht zuletzt auf die abgrundtiefe Borniertheit der Regierenden. Und dann beherrschte mich verwunderlicher Weise noch ein zweites Gefühl, nämlich das der Neugierde, eine – ich möchte sagen – abenteuerliche Regung bezüglich meiner künftigen Erlebnisse in diesem Verbrechermilieu. Es reizte mich die Aussicht, in ein mir völlig unbekanntes Land einzudringen, Menschen und Verhältnisse zu studieren, die abwegig waren. Keineswegs handelte es sich hier bei mir um einen ‹Zug nach unten›, der, im Unterbewusstsein schlummernd, jetzt plötzlich geweckt worden war – nein, einen solchen habe ich trotz schärfster Selbstprüfung niemals an mir zu entdecken vermocht. Im Gegenteil, wo und wann ich auch immer in meinem Leben auf Untermenschentum, auf erotisierende Ferkeleien, auf Gemeinheit, Ehrlosigkeit, Eigennutz, ja nur auf Unvornehmheit im Denken und Handeln gestoßen bin, war der Vertreter einer solchen Sphäre für mich endgültig abgetan. Diese Regung musste also einen ganz anderen Ursprung haben, den ich mir selbst nicht recht erklären konnte, der aber wohl nichts weiter als das desiderium incogniti, der Wunsch nach dem Unbekannten war. Und schließlich beherrschte mich noch ein dritter Gedanke, nämlich der: ‹Wie kommst du aus dieser furchtbaren Lage, in die du dich leichtsinnigerweise begeben hast, wieder heraus?» – Jedenfalls musste ich kämpfen, und dazu war es notwendig, meine geistigen und körperlichen Kräfte nach Möglichkeit zu erhalten. Somit galt meine augenblickliche Hauptsorge der noch offenen Operationswunde, die ich nicht verunreinigen durfte. Unablässig kreisend in diesen Gedankengängen und Überlegungen bequemte sich mein Gehirn schließlich doch noch am frühen Morgen zu einem kurzen, leichten Schlummer.

Ein Klingelzeichen – es mochte 6 Uhr sein – deutete ich als Signal zum Aufstehen. Wiederum erschien der aufgeregte Jüngling, füllte mir den Napf mit schwarzer Brühe und hinterließ ein zweites Stück Kommissbrot. Etwas später erhielt ich vom Wachtmeister die Anweisung, mich für den Untersuchungsrichter fertig zu machen. Bereits bei meiner Einlieferung hatte mir dieser Beamte, wenn auch nicht durch Worte, so doch aber durch mitfühlende Blicke seine Sympathie kundgetan und gab nunmehr offen seiner Verwunderung Ausdruck über die Bevorzugung, dass ich heute schon dem Richter vorgeführt würde, was nach seiner Erfahrung in diesem Hause eine große Seltenheit sei.

Über Treppen und Flure gelangte ich in einen großen, von Häftlingen angefüllten Raum, das Vorzimmer des Untersuchungsrichters, in dem ich längere Zeit bis zu meiner Vernehmung warten musste. Hier traf ich auf meinen Diener Kurt und erfuhr nun endlich auch die näheren Umstände, die zur Enthüllung des Erpressungsfalles und zu meiner Verhaftung geführt hatten. Im Gefühl für Ordnung und Pietät, gepaart mit erheblicher Dummheit, hatte mein Diener geglaubt, jeden Schriftwechsel mit mir aufbewahren zu müssen, und so war eben das Unglück geschehen. Jetzt gestand er mir tiefunglücklich diese Zusammenhänge und so blieb mir schließlich nichts weiter übrig, als ihm zu verzeihen und ihn noch über das mir bereitete

Ungemach zu trösten. Kurz darauf wurden wir getrennt, da ich zum Untersuchungsrichter gerufen wurde.

Die Vernehmung war lediglich eine Formalität, die an meiner Lage nichts änderte. Der inzwischen eingegangene Antrag meines Rechtsanwalts auf Haftaufhebung infolge Krankheit wurde vom Untersuchungsrichter zunächst zurückgestellt und sollte im Untersuchungsgefängnis, wohin ich noch heute oder morgen überführt werden würde, entschieden werden. Im Übrigen war der amtierende Richter ausgesprochen liebenswürdig zu mir und gab sogar seinem Bedauern über den Vorfall in gewisser Weise Ausdruck. Seine etwas merkwürdige, scheinbar nicht verfänglich, sondern human gedachte Frage ‹Warum haben Sie sich nicht einen jungen Mann aus guter Familie zum Freunde genommen?› beantwortete ich lediglich mit einem Achselzucken, und auf seine weitere Folgerung, ‹dass geistig bedeutende Männer bei diesen Neigungen erfahrungsgemäß einen Zug nach unten› hätten, schwieg ich ebenfalls.»

Ein fragender Blick Stephans zwang den Doktor hier zu einer Erläuterung:

«Die Ansicht des Untersuchungsrichters war nicht so abwegig, wie du vielleicht glaubst, sondern hat schon eine gewisse Berechtigung. Es ist nämlich eine bekannte Erscheinung in der Lebensgeschichte differenzierter Männer, dass sich ihrer in Zeiten großer innerer Erschöpfungen der Wunsch nach einem ‹Hinab› bemächtigt, nach einem Sich verlieren im Niedrigen, im Schmutz der Erde, vergleichbar dem Riesen Antäos, der aus der Berührung mit dem Humus immer wieder neue Kraft gewann. Ich könnte dir hierfür viele Beispiele aus dem Leben großer Männer – denke nur einmal an Winckelmanns Tod – anführen, sie gehören jedoch insofern nicht hierher, als sie für mich und mein Gefühlsleben in keiner Weise zutreffen, wie ich dir dies bereits auseinandersetzte. –

Meine Überführung in das Untersuchungsgefängnis erfolgte erst am folgenden Morgen. Die abzutransportierenden Häftlinge wurden in einer Reihe aufgestellt, um dann schubweise in Autos verladen zu werden. Während der Wartezeit machte ich meine erste Gefängnisbekanntschaft mit einem gut gekleideten, intelligent aussehenden Leidensgenossen von etwa 30 Jahren, der völlig verzweifelt vor sich hinstarrte. Ich zog ihn trotzdem in ein Gespräch und erfuhr, dass er wegen gleicher Verfehlung wie ich vorgestern verhaftet worden sei. Er war Filmregisseur bei der Ufa und hatte endlich nach harten Aufstiegskämpfen den Regieauftrag für einen großen Film erhalten, als das Unheil über ihn hereinbrach. Eine Fluchtmöglichkeit nach der Schweiz war ihm im letzten Augenblick vereitelt worden. Bei seiner weichen Veranlagung hatten ihn die zwei Tage Einzelhaft schon völlig zermürbt. Ich sagte ihm beim Abschied etwa folgendes: ‹Bei jeder Situation im Leben kommt es darauf an, was man aus ihr macht. Oscar Wilde schrieb in gleicher Lage sein ‹De profundis› und die ‹Ballade aus dem Zuchthaus von Reading›. Benutzen auch Sie die schwere Prüfungszeit zu ihrer inneren Bereicherung, vielleicht werden Sie erst durch sie ein großer Künstler und Gestalter von Menschenschicksalen.› – Weinend und dankbar drückte er mir die Hand; ich hatte das Gefühl, ihn mit diesen wenigen Worten aufgerichtet zu haben.

Da waren die Jungen doch anders, mit denen ich meine Fahrt zum Untersuchungsgefängnis antrat. Reingepfercht in den engen Kastenwagen ohne Fenster, hatte ich eine Schar überwiegend lustiger Jünglinge um mich, die sich aus ihrer Verhaftung augenscheinlich nur wenig machten. Da ich Rauchwaren bei mir hatte und sie großzügig verteilte, wurde ich sofort Mittelpunkt der aufgeräumten Gesellschaft. Der Hübscheste von den Jungen setzte sich mir auf den Schoß und wurde, obgleich völlig normal, riesig zärtlich. Neben mir ein mädchenhafter Jüngling aus gutem Haus des Berliner Westens, Opfer des Paragrafen 175, blieb als einziger traurig und schilderte mir den Jammer seiner Mutter. Die übrige kreuzfidele Gesellschaft aber, deren unterschiedliche Delikte ich gar nicht erfuhr, ließ sich nicht unterkriegen und genoss das gesellige Zusammensein während der kurzen Fahrt in vollen Zügen. Der eine Teil der wertvollen Fracht wurde in Moabit ausgeladen, den Rest, darunter auch mich, erhielt das Untersuchungsgefängnis in der Lehrter Straße. Nachdem in ihm die Aufnahmeformalitäten erfüllt waren, wurde ich der Abteilung C 4 als Untersuchungsgefangener zugewiesen.»

14. Erzählung des Doktors, Fortsetzung

«Das Berliner Untersuchungsgefängnis in der Lehrter Straße ist auch heute noch ein unzeitgemäßer Kasten, der nicht einmal den einfachsten hygienischen Erfordernissen entspricht. Mit Recht kann man diesen ‹Knast› – so heißt ein Gefängnis im Jargon seiner Zwangsbewohner, als einen Schandfleck der Reichshauptstadt bezeichnen, jedenfalls war dies die Ansicht der darin amtierenden Beamten, von den übrigen Insassen nicht zu reden, da diese keine eigene Meinung haben durften. Bei meinem Einzug war der Knast überbelegt, und in den verwanzten Einzelzellen mit ihren 24 cbm Rauminhalt wurden daher überwiegend zwei Häftlinge untergebracht, von denen der eine im Bett, der andere auf einer Matratze auf dem Erdboden schlief. Auch mich sperrte man zunächst mit einem übel aussehenden Individuum – einem Sittlichkeitsverbrecher, wie ich alsbald von ihm erfuhr – zusammen, jedoch dauerte diese traute Zweisamkeit nur eine halbe Stunde. Man hatte doch wohl höheren Orts diesbezügliche Bedenken bekommen, und so wurde mir eine Einzelzelle, die einen verhältnismäßig sauberen Eindruck auf mich machte und auch zunächst wanzenfrei erschien, zur alleinigen Benutzung angewiesen.

Die Anlage des Gefängnisses war die übliche. Strahlenförmig von einem Mittelpunkte aus erstreckten sich vier Stock hoch fünf Seitenflügel A bis E, die so angelegt waren, dass sie von einem Zentralpunkte aus, der ständig mit einem oder zwei Beamten besetzt war, sowohl von oben nach unten, als auch nach allen Seiten gleichzeitig überblickt werden konnten. Die durch eiserne Wendeltreppen miteinander verbundenen Flure waren schmale, mit Linoleum belegte Balkongänge. An ihrer Außenseite schlossen sich die Zellen an, an der Innenseite waren eiserne Geländer angebracht, und in der Höhe des zweiten Stockwerks war ein eisernes Drahtnetz aufgespannt, um ein etwaiges selbstmörderisches Herunterspringen zu vereiteln.

Was die innere Ausstattung meiner Zelle betraf, so entsprach sie mit ihren Einrichtungsgegenständen, wie Bett, Stuhl, Tisch und Spind, durchaus der des Polizeigefängnisses. Wasserspülung fehlte jedoch; an ihrer Stelle war für leibliche Bedürfnisse ein Kübel vorhanden, der jeden Morgen und Abend vor die Tür zu stellen war und von den Kalfaktoren – als Aufwärter beschäftigte Sträflinge – entleert wurde. Angenehm empfand ich, dass die Zelle nach Süden lag und somit hell und sonnig war. Das etwa ein Quadratmeter große, stark vergitterte Fenster gewährte einen Ausblick auf Lehrter Bahnhof und fahrende Stadtbahnzüge, wobei ich allerdings hinausschauend das wehmütige Gefühl nicht aufkommen lassen durfte, dass in der einen Blickrichtung mein Büro, in der anderen meine Wohnung nunmehr auf ungewisse Zeit verwaist lagen.

Die erste Forderung, die ich am folgenden Morgen erhob, war die, dem Arzt vorgestellt zu werden. Ich sah sie noch am gleichen Vormittag erfüllt und lernte den beamteten Gefängnisarzt, einen Regierungs-Medizinalrat, kennen, der sich meine Operationswunde, nicht ohne ärztliches Bedenken zu äußern, ansah, mir aber sogleich eröffnete, dass ich bei meinem Delikt keine Aussicht hätte, auf Grund meines Befindens aus der Haft entlassen zu werden. Allerdings wolle er alles tun, mir durch Behandlung mit Bädern und Ätzungen zu helfen, auch würde er sich mit meinem Operateur zwecks sachgemäßer Nachbehandlung in Verbindung setzen. Um eine Hoffnung ärmer verließ ich den humanen Arzt und wanderte wieder meiner Zelle zu unter dem Rufe der wachthabenden Aufsichtsbeamten ‹C 4, ein Mann zurück!› – ein Feldruf, den ich nunmehr täglich vielmals über den Flur schallen hören sollte.

Das Wiedersehen mit meinem Rechtsanwalt in einer besonderen Sprechzelle im Parterre erfolgte erst am folgenden Tage. Ich begrüßte ihn mit dem nicht unberechtigten Vorwurfe: ‹Alles hätte geschehen dürfen, nur das nicht!› Naturgemäß wehrte er sich nachdrücklich, musste aber doch zugeben, dass er die Lage zu rosig gesehen habe und in seinen bisherigen Bemühungen, mich frei zu bekommen, auf der ganzen Linie gescheitert sei. Dafür aber sei mein Kamerad erfolgreicher gewesen und hätte nach offener Darlegung des Sachverhalts Verständnis und Unterstützung im zuständigen Ministerium gefunden: In Berücksichtigung meiner großen Verdienste auf dem Gebiete der Landesverteidigung sei man dort geneigt, sich für mich einzusetzen. Mit der Abfassung einer Würdigung meiner diesbezüglichen Betätigung sei mein Kamerad schon beschäftigt, und er, der Rechtsanwalt, würde heute noch eine Denkschrift über die Rechtslage verfassen, und so stände wohl zu hoffen, dass ich in einigen Tagen frei sein würde.

Naturgemäß erschien auch mir dieser Weg aussichtsreich. War mir doch bekannt, dass Persönlichkeiten, die sich sehr viel schwerer als ich in gleicher Weise betätigt hatten, auf Grund ihrer Verdienste oder auch nur infolge Beziehungen nach kurzer Zeit wieder in Freiheit gesetzt worden waren. Allgemeines Aufsehen hatte ja der Fall eines Staatsschauspielers erregt, dessen geradezu schamloses Treiben in aller Öffentlichkeit berechtigten Anlass zum Einschreiten gegeben hatte, da zahlreiche Jugendliche seine Opfer gewesen waren, aber er wurde nicht nur schleunigst wieder befreit, sondern sogar huldvoll vom Führer empfangen. Wie mein Fall rechtlich lag, bedurfte es hier lediglich guten Willens und keinerlei Rechtsbeugung, um die Sache niederzuschlagen.

Es galt also, die Entwicklung der nächsten Tage in Ruhe abzuwarten und sich in die gegebenen Verhältnisse zu schicken, die zwar unbequem und niederdrückend, aber schließlich doch zu ertragen waren.

Der aufsichtführende Beamte meiner Abteilung C 4 war Oberwachtmeister Sipli. Klein, aber drahtig von Gestalt befleißigte er sich eines militärischen Tones und hielt seine Abteilung musterhaft in Ordnung. Charakterlich war er einwandfrei und wusste sehr wohl zwischen Verbrechern und anständigen Menschen zu unterscheiden. Soweit es ihm im Rahmen der Verhältnisse irgendwie möglich war, hat er mir vom ersten bis zum letzten Tage meine Untersuchungshaft erleichtert, wofür ich ihm heute noch dankbar bin. Auch unter den anderen Wachtmeistern, die ich im Laufe der Zeit kennenlernte, waren überwiegend humane Menschen zu verzeichnen; einzig und allein eine kleine, verwachsene Giftkröte – die Häftlinge nannten sie ‹Mickymaus› – fiel aus dem Rahmen, indem sie sich andauernd an den Gefangenen rieb und dies auch bei mir versuchte, ohne jedoch damit irgend einen Erfolg zu haben.

Die Vergünstigungen des Untersuchungsgefangenen gegenüber dem Strafgefangenen sind mannigfaltig: er braucht nicht zu arbeiten, er kann sich beliebig beschäftigen, lesen, schreiben, kann sich Tageszeitungen und Zeitschriften halten, sich selbst beköstigen und darf vor allem rauchen. Voraussetzung ist natürlich, dass er genügend eigenes Geld hat, um Ess- und Rauchwaren aus der Kantine zu beziehen. Viele der Untersuchungsgefangenen hatten es nicht und waren daher auf die Mildtätigkeit der Bessersituierten angewiesen. Die Folge war, dass sie in Abhängigkeit von diesen gerieten und sich auch hier bald Herrentum und Dienerschaft abzeichneten. Wenn zwei Häftlinge zusammen in einer Zelle hausten, von denen der eine wöchentlich hundert Mark, der andere vielleicht zwei Mark verausgabte, so war es schließlich eine Selbstverständlichkeit, dass der Minderbemittelte als Entgelt für viele Gaben die gemeinsame Zelle reinigte und in Ordnung hielt. Derartige Posten waren sehr gesucht, und auch nach meiner Zelle war der Andrang stürmisch; ich verzichtete jedoch auf jede Aufnahme eines Zellengenossen und begnügte mich damit, mir beim wöchentlichen Großreinemachen gegen entsprechende Dotation helfen zu lassen. –

‹Zu den ausgesuchtesten Genüssen des geistigen, fühlenden Menschen zählen die stillen Wonnen des Spazierengehens› – diese Worte hat einmal ein Großer geschrieben. Und immer wieder zogen sie mir an jedem Vormittage durch den Sinn, wenn ich in der Hammelherde der Gefangenen mit drei Schritt Abstand auf dem sogenannten ‹Spazierhof› des Gefängnisses unter den Augen von mit scharf geladenen Karabinern bewaffneten Wachbeamten eine halbe Stunde lang im Kreise herumgetrieben wurde. Hier bekam ich auch zum ersten Mal meine Zellennachbarn zu Gesicht. Zu meinem größten Erstaunen musste ich feststellen, dass überhaupt keine Verbrecherphysiognomien darunter zu finden waren. Der einzige üble Bursche, der nach dieser Richtung auffiel, war ausgerechnet meine erste Bekanntschaft, mit der ich kurze Zeit die Zelle geteilt hatte. Das, was hier im Kreise marschierte, waren weitaus intelligent aussehende, gut angezogene Männer und Jünglinge, viele mit Schmissen im Gesicht, ausgesprochene Offiziers-, Gelehrten- und Geistlichen-Typen, also Leute der guten Gesellschaft, die genauso wie ich gar nicht hierher gehörten. Später habe ich feststellen können, dass von den Gefangenen in meiner und auch in anderen Abteilungen etwa 70 % Homosexuelle, 10 % Kommunisten und anderweitig politisch Unliebsame, 3 % Rassenschänder, 10 % Geistliche und nur etwa 7 % Asoziale waren. Auf einige Vertreter der verschiedenen Kategorien werde ich noch zu sprechen kommen, jedenfalls erkannte ich bereits bei meinem ersten Spaziergange, dass alle diese Leute, die hier im Kreise herumtrabten, ihr Schicksal, gleichsam wie Kriegsgefangene, mit Würde trugen und sich selbst durch dieses unwürdige Hammeltreiben nicht erniedrigt fühlten. Auch ich stellte mich allmählich so ein und empfand schließlich die kurze Verweilzeit an frischer Luft als so erstrebenswerte Erholung, dass ich dank meiner guten Beziehungen verschiedentlich eine volle Stunde am Tage draußen blieb.

Inzwischen sollte meine noch verhältnismäßig gute und hoffnungsfreudige Stimmung verschiedentlich Nackenschläge erhalten, die mein mühsam bewahrtes inneres Gleichgewicht erheblich ins Schwanken brachten. Zunächst einmal verschlechterte sich meine Wunde erheblich, sodass der Gefängnisarzt die Vermutung aussprach, dass die Operation nicht völlig geglückt sei und ein neuer Eingriff erforderlich würde. Ich möchte gleich bemerken, dass diese Befürchtung gottlob unzutreffend war und durch meinen Rechtsbeistand, der sich mit dem Operateur alsbald in Verbindung setzte, sofort entkräftet wurde. Aber die Ungewissheit zehrte doch verschiedene Tage lang an meinen Nerven, die an sich schon zum Reißen gespannt waren. Ein zweiter Schlag war die Eröffnung meines Rechtsanwalts, dass mich die Anzeige der Polizei auch eines verbotenen Umgangs mit meinem Diener Kurt verdächtigte und der Staatsanwalt auch diese Beschuldigung aufgegriffen habe. Es sei hierzu gesagt, dass dieses lediglich auf Aussagen des Erpressers beruhende Manöver nicht glückte, einfach schon aus dem Grunde, weil die gleichgeschlechtliche Neigung meines Dieners Kurt ausgesprochen auf jüngere Leute gerichtet war und ein derart Eingestellter bekanntlich niemals Interesse für ältere Männer empfinden kann. Genauso unsinnig wie der Gedanke, dass du, lieber Stephan, dich in einen jüngeren, ich mich in einen älteren Mann verlieben könnte, war auch diese Unterstellung, für die im Übrigen keinerlei Beweise vorlagen.

Somit war ich auch über diese Anschuldigung sehr viel mehr erstaunt als betroffen, und dies umso mehr, als ich über meine Beziehungen zu meinem Diener nur ganz beiläufig befragt worden war und wahrheitsgemäß jede geschlechtliche Betätigung mit ihm verneint hatte.

Ein nahezu vernichtender Schlag fuhr jedoch am 20. Tage meiner Haft auf mich hernieder. Es war ein Samstagvormittag, und wir waren gerade beim Großreinemachen, als mich mein Rechtsanwalt anforderte. Ich traf ihn fassungslos und er bat mich, zunächst einmal Platz zu nehmen. Alsdann begann er mühsam mit seinen Eröffnungen, die meine schlimmsten Erwartungen übertrafen. Die für mich eingeleitete Aktion, die sich zunächst hoffnungsfreudig entwickelt hatte, war gescheitert, da sich ein zweites Ministerium, mit dem gemeinsam vorgegangen werden musste, für desinteressiert erklärt hatte. Die treibende oder hier wohl richtiger hemmende Kraft war ein wilder General, der insbesondere meine Handlungsweise, dass ich einen solchen Erpresser in mein Haus aufgenommen hätte, mit schärfsten Worten verurteilte. – ‹Ja, wenn es noch ein Mensch aus gutem Hause gewesen wäre, aber so –›, soll er sich abschließend geäußert haben. – Überdies sei er, der Rechtsanwalt, wegen der Fassung meiner Denkschrift von meinem Freunde Foertsch[1] furchtbar angefahren worden – sie sei ihrer ganzen Form nach die Anklageschrift eines Staatsanwalts, was übrigens der Rechtsanwalt früher war, aber nicht die Entlastungsschrift eines Verteidigers –, sodass er sich gezwungen sähe, meine Verteidigung niederzulegen. Auf mei-

---

1 Gemeint ist hier Hanslians Vertrauter Heinrich Paetsch. In anderen Passagen des Manuskripts hat Hanslian den Namen gestrichen und durch die Formulierung «Kamerad» ersetzt. (DG)

ne Frage, warum Foertsch bei dieser Erkenntnis den Schriftsatz nicht zurückgewiesen, sondern trotzdem überreicht habe, erhielt ich die unbefriedigende Erklärung, dass die Zeit gedrängt hätte.

Meine Lage war schlechthin verzweifelt. Gebunden in jeder Richtung, mangelhaft informiert über die Zusammenhänge, war ich völlig ohnmächtig und somit gezwungen, den Rechtsanwalt, der sicherlich nicht auf der Höhe der Situation stand, sich aber die erdenklichste Mühe gab und nahezu jeden Tag bei mir vorsprach, zu halten. So versicherte ich ihm schweren Herzens weiterhin mein Vertrauen und bat ihn, meine Verteidigung zu behalten. Stumm unterzeichnete ich alsdann die von ihm bereits vorbereiteten Schriftstücke, nach deren Inhalt ich freiwillig meine Posten und Ämter ‹aus Gesundheitsrücksichten› niederlegte und aus den verschiedenen militärischen und wissenschaftlichen Gesellschaften austrat, wobei ich mir bewusst wurde, dass ich alles, was ich in jahrzehntelanger, unermüdlicher Arbeit zielbewusst aufgebaut hatte, nunmehr unwiederbringlich nicht nur für mich, sondern auch für die Allgemeinheit verloren war. Sodann verabschiedete ich mich kurz und erreichte mehr tot als lebendig meine Zelle, wo ich allein ohne Zeugen zerbrochen auf den Stuhl sank und mir immer nur die Worte zurief: ‹Nerven, haltet aus!›

Erlass mir bitte die Schilderungen meines Ergehens und meiner Empfindungen in den sich anschließenden drei Wochen, wohl die furchtbarste Zeitspanne, die ich in dieser Passion erlebt habe. Zwar kämpfte mein Rechtsanwalt zäh und verbissen weiter und scheute auch keine Zusammenstöße mit dem Staatsanwalt, aber der Erfolg war und blieb gleich Null. Am 43. Tage meiner Haft war ich soweit, dass ich mir die Halsschlagader mit einer Rasierklinge öffnen wollte, und dass ich es schließlich doch unterließ, war nicht ein Mangel an Entschlusskraft oder Mut, sondern lediglich die scheußliche Vorstellung, in dieser dreckigen Zelle blutspritzend verenden zu sollen. Immer war mein Streben darauf gerichtet gewesen, in Schönheit zu leben, nun wollte ich auch in Schönheit sterben, jedenfalls nicht unter den letzten Eindrücken dieses Saustalls. –

Drei Tage später erhielt ich endlich meine Anklageschrift zugestellt. Es war ein tolles Machwerk und strotzte von Unwahrheit, Entstellung, Unlogik und Flüchtigkeit, was mir sofort einen inneren

Auftrieb gab, denn hier ließ sich vieles zerpflücken. Dafür aber war ihr Tenor umso schärfer: Ich war in zwei Fällen nicht des Vergehens gegen Paragraf 175, sondern vielmehr des Verbrechens gegen Paragraf 175 a angeklagt, weil ich ‹unter Missbrauch einer durch ein Unterordnungsverhältnis begründeten Abhängigkeit (Dienerstelle) zwei Männer bestimmt hätte, mit mir Unzucht zu treiben›. – Das war eine an den Haaren herbeigezogene völlige Verdrehung des Tatbestandes und ein ausgemachter unhaltbarer Blödsinn! Ich kannte ja den Erpresser seit Jahren und hatte bereits mit ihm verkehrt, bevor ich ihn in Dienst nahm, und was die Beschuldigung bezüglich meines Dieners Kurt betraf, so war hier der Paragraf 175 a überhaupt nicht anwendbar, weil es ihn zur Zeit der mir angedichteten Vergehen noch nicht gab. Es war somit völlig ausgeschlossen, dass sich die Strafkammer des Landgerichts, die ein bedeutender Strafrechtler präsidierte, diese Anschauung zu eigen machen würde, im Gegenteil stand zu erwarten, dass sie betont davon abrücken und zu einer erheblich milderen Beurteilung des Falles gelangen würde. Mit dieser Erkenntnis erhob sich vor meinen Augen gebieterisch die Forderung: ‹Behalte deine Nerven, damit du deine Verteidigung möglichst selbst führen kannst!› Somit ‹kämpfen› unter dem Motto Nietzsches: ‹Was mich nicht umbringt, macht mich stärker!› hieß jetzt die Parole, und ich war entschlossen, ihr zu folgen. Endlich sah ich eine Aufgabe vor mir und schon fühlte ich mich gestärkt.

Zwei weitere Umstände trugen dazu bei, mich trotz der immer mehr zermürbenden Haft widerstandsfähiger zu machen: einmal die allmählich fortschreitende Heilung meiner Operationswunde, zum andern die eingehende Beschäftigung mit einem Buche, das ich mir durch meinen Rechtsanwalt aus meiner Bibliothek hatte holen lassen. Die ‹Selbstbetrachtungen des Marc Aurel› – kennst du sie wohl? Nein! – hatten mich bereits bei einer früheren Durchsicht gereizt, jetzt aber blieb mir neben der Bearbeitung meiner Kriegstagebücher, womit ich kurz nach Beginn meiner Haft begonnen hatte, genügend Muße, mich eingehend mit diesem Buche zu beschäftigen. Eine reiche Fülle trostreicher Gedanken quoll mir aus jeder Zeile des kaiserlichen Stoikers entgegen und lehrte mich, unerschütterlichen Gleichmut in den Wechselfällen des Lebens zu wahren. Schienen nicht diese Lebensweisheiten geradezu auf Schicksale wie das meinige hinzuzielen? – Einige dieser Lehren, die sich mir damals unvergänglich eingeprägt haben, kann ich dir heute noch frei aus dem Gedächtnis zitieren:

‹Was dich auch treffen mag, es war dir von Ewigkeit vorherbestimmt. Und die Verflechtung der Ursachen verkettete von Ewigkeit her deine Existenz mit diesem Ereignis.› –

‹Ich Unglücklicher, dass mir das passieren musste!› – Nicht doch! Vielmehr: ‹Ich Glücklicher, der ich unbekümmert bleibe, trotzdem mir das passiert ist, ohne mich von meiner jetzigen Lage niederschmettern zu lassen oder Angst vor der Zukunft zu haben!› Denn so etwas hätte ja jedem passieren können, aber nicht jeder wäre bei solchem Ereignis unbekümmert geblieben.› –

‹Wenn dies weder eine Schlechtigkeit von mir, noch eine Tat infolge meiner Schlechtigkeit ist, noch das Gemeinwohl dadurch geschädigt wird – was rege ich mich darüber auf? Welchen Schaden hat die Gesamtheit davon?› –

Du wirst zugeben, lieber Stephan, dass man in meiner damaligen Lage kein Esoteriker, kein Eingeweihter der stoischen Schule des Philosophen Zenon zu sein braucht, um solche Lehren als ausgesprochenen Trost zu empfinden. Tatsächlich machten sie mich unempfindlicher meinem Schicksal gegenüber und stählten meinen Willen, unbedingt durchzuhalten. Was kein Studium im Neuen Testament, das unberührt in meiner Zelle lag, kein Prediger beim sonntäglichen Gottesdienst in der Gefängniskapelle, dem wir vierzehntägig beiwohnten, mir zu geben vermochte, fand ich bei dem kaiserlichen Philosophen, der noch 150 Jahre nach Christo felsenfest an das Walten der alten Götter glaubte und dennoch der Christenverfolgung Einhalt geboten hatte. –

Mit dem neuen Lebensmut erwachte in mir auch wieder das Interesse an meiner Umgebung. Bei den Spaziergängen, beim Kirchenbesuch, beim Arzt und Zahnarzt, beim Baden und vor allem Samstagvormittag beim Generalreinemachen, wo wir alle gemeinsam vor unseren Zellen auf dem Flur unsere Sachen säuberten und uns in der zugehörigen Waschküche reichlich Zeit zum Füllen unserer Wassereimer ließen, lernte ich die mannigfachen Typen der Häftlinge näher kennen und – überwiegend schätzen. Ich habe dir bereits meinen ersten überraschenden Eindruck von ihnen kurz geschildert und dir auch einen Überblick über die verschiedenen Kategorien gegeben. Nunmehr will ich auf Einzelheiten eingehen, die dich sicherlich interessieren werden, da es sich hier um Menschen auf der Schattenseite des Lebens handelt, mit denen der Durchschnittsmensch keinerlei Berührung mehr wünscht:

Die Zelle links von mir bewohnte ein 24-jähriger, ganz hübscher Bursche mit dem Vornamen Bruno. Beruflich früher Eintänzer, jetzt Elektrotechniker, war er wegen Betrügereien an älteren Frauen inhaftiert worden. Groß können seine Verfehlungen nicht gewesen sein, da er schließlich vor dem Einzelrichter mit acht Monaten Gefängnis davon kam, aber er war schon zweimal wegen ähnlicher Delikte vorbestraft. Der Junge war meinem Gefühl nach ein liebenswürdiger Strolch und zudem nach keiner Richtung hin hasenrein: er drängte sich mir ständig auf, versuchte mit mir zusammenzuziehen und erzählte mir viel von seinen homosexuellen Erfahrungen, die er als ‹Tänzer› gemacht hätte, und zwar – wie er offen zugab – lediglich des pekuniären Vorteils willen. Im Ganzen ein leichtsinniger, unzuverlässiger, ethisch minderwertiger Schlingel, den ich energisch abschüttelte.

Sehr viel interessanter waren die beiden Zelleninhaber rechts von mir. Der größere zählte 28, der kleinere 26 Jahre. Der erstere – ein schlanker, sympathischer, ernster Junge – war der Verbreitung kommunistischer Flugschriften angeklagt und saß bereits bei meinem Eintreffen acht Monate lang in Untersuchungshaft. Obgleich er mit einer mehrjährigen Zuchthausstrafe zu rechnen hatte und womöglich dann noch dem Konzentrationslager anheimfiel, hielt er sich tadellos und erwies sich mir gegenüber stets als hilfsbereit, taktvoll und zuverlässig. Strafrechtlich noch viel bedenklicher lag der Fall des zweiten. Wer diesen Jungen mit seinen hübschen, schwarzen Augen – Stephan lächele nicht! – sah, hätte nie vermutet, einen der geschicktesten und gefährlichsten Einbrecher Berlins vor sich zu haben. Er war reichlich vorbestraft und diesmal wegen – sage und schreibe – 42 Einbrüchen angeklagt. Die Sicherheitsverwahrung schwebte bedenklich über seinem Haupte, und er gestand mir, dass er im Falle ihrer Verhängung sofort Schluss mit sich machen würde. Trotzdem war er geistig rege, las sehr viel und hatte sogar ein Patent ausgearbeitet, über dessen Verwertungsmöglichkeit er mit Genehmigung unseres Wachtmeisters meinen Rat einholte. Ich gewann im Umgange mit diesem interessanten Verbrecher den Eindruck, dass er seinen gefährlichen Neigungen weniger aus Gewinnsucht, als vielmehr aus einem unwiderstehlichen inneren Drange heraus frönte. Auch über das weitere Schicksal der beiden will ich dir gleich noch berichten: der Kommunist wurde zu drei Jahren, der Gewohnheitseinbrecher zu sieben Jahren Zuchthaus verurteilt, beide erhielten außerdem verschiedene Jahre Ehrverlust, an der Sicherungsverwahrung kam der Einbrecher noch einmal vorbei.

Als ich diese Urteile hörte, trat mir schlagartig die Unlogik unserer heutigen Rechtsprechung vor Augen. Einerseits ein unverbesserlicher Gewohnheitsverbrecher, ein Volksschädling im vollen Sinne des Wortes – mochten seine Beweggründe sein, wie sie wollten –, andererseits ein unbescholtener, arbeitsamer Mensch, der – wie ich von ihm erfuhr – an sich völlig unpolitisch, lediglich aus Gefälligkeit einem älteren Kollegen gegenüber sowie aus Gemeinschaftsgefühl für seine Mitarbeiter in einer Berliner Druckerei Flugblätter mitverteilt hatte. Jawohl, er hatte ihren Inhalt gekannt und war sich auch der damit verbundenen Gefahr voll bewusst gewesen, aber er mochte nun mal das in ihn gesetzte Vertrauen nicht enttäuschen. Wären seine Arbeitskameraden Nationalsozialisten gewesen, hätte er unbedenklich genauso gehandelt und säße heute voraussichtlich auf einem auskömmlichen Posten. – Und beide Fälle werden sowohl mit Zuchthaus als auch mit Ehrverlust bestraft, und das zeitlich geringere Strafmaß des politischen Vergehens wird durch anschließendes Konzentrationslager ausgeglichen, auf dessen besondere Eigentümlichkeiten ich noch zurückkommen werde. Bei Gott, eine merkwürdige Rechtspflege! –

Ein zweiter Kommunist in meiner Abteilung war ein kleiner, unscheinbarer, aber sympathischer Junge von etwa 20 Jahren, der als ehemaliger politischer Leiter der kommunistischen Partei eine besonders hohe Zuchthausstrafe zu gewärtigen hatte. Es fiel mir auf, dass er wiederholt mir gegenüber seine frühere Parteifunktion, für die er mir reichlich jung und unerfahren erschien, betonte und im Übrigen wenig bekümmert um sein künftiges Schicksal erschien. Später erfuhr ich von kompetenter Seite, dass diese Jungen lediglich formale Funktionäre waren und sich opferten, damit die erfahrenen, älteren Parteiführer erhalten blieben. –

Die mir auf der anderen Seite des Flures gegenüberliegende Zelle beherbergte einen ehemals hohen Vertreter des Richterstandes, einen Senatspräsidenten. Seine Verurteilung wegen passiver Bestechung zu einigen Jahren Zuchthaus war bereits erfolgt, er hatte jedoch Einspruch erhoben und lief jetzt weiter als Untersuchungsgefangener mit unzähligen Eingaben gegen das Urteil Sturm. Ich habe nie mit ihm gesprochen, wohl aber mit dem gleichfalls festgesetzten Baurat, der ihn bestochen haben sollte. Sofern ich dessen Darlegungen Glauben schenken durfte, war das den beiden angehängte Verfahren reichlich merkwürdig und hatte zweifellos einen politischen Hintergrund; man wollte sie eben als Vertreter der Systemzeit vernichtend treffen. Genauso durchsichtig und ungerecht war das Vorgehen gegen die Pfarrer der Bekenntniskirche, von denen an einem Julitage nicht weniger als dreißig in das Untersuchungsgefängnis eingeliefert wurden. Sie hatten lediglich zur Sammlung einer Kollekte aufgefordert und nunmehr Zeit, über dieses Verbrechen nachzudenken. Ich habe infolge meiner griechischen Einstellung nie eine übermäßige Zuneigung für die Diener der christlichen Kirche gehabt, aber ich muss doch sagen, dass die Haltung aller dieser Männer im Gefängnis vorbildlich war und sich eindrucksvoll von der Einstellung der Vertreter anderer akademischer Berufe, so der Juristen und Ärzte, unterschied.

Bevor ich nun auf meine eigentlichen Leidensgenossen, also auf die Häftlinge, die aus gleichen Gründen wie ich im Kerker saßen, zu sprechen komme, muss ich hier einschalten, dass unser Wachtmeister auf Urlaub ging und ein Stellvertreter seinen Dienst übernahm. Dieser Beamte, vom ersteren hinreichend über mich informiert, gestattete mir weiterhin meine bisherigen Freiheiten, die vor allem darin bestanden, dass meine Zelle am Tage meist unverschlossen blieb und ich mich frei im Flur bewegen konnte. Bald fasste der Stellvertreter volles Vertrauen zu mir, und so erfuhr ich von ihm allmählich

Dinge aus seiner Praxis, die mir so unglaublich erschienen, dass es erst anderweitiger Bestätigung bedurfte, bis ich sie schließlich glauben musste. Und zwar betrafen seine Enthüllungen Vorkommnisse in den Konzentrationslagern, die ja bekanntlich auch die Homosexuellen jahrelang ‹betreut› hatten und aus denen sie erst im Jahre 1935 befreit wurden.[2] Zum ersten Mal hörte ich davon, dass einem Großteil der aus den Händen der Geheimen Staatspolizei und aus den Konzentrationslagern den Gefängnissen überwiesenen Sträflingen derart die Hinterbacken zerpeitscht worden waren, dass die Ärzte achselzuckend erklärt hatten, hier nicht helfen zu können. Mit eigenen Augen hatte der Beamte einige dieser Fälle gesehen und schilderte mir den scheußlichen Anblick der hautlosen, rohen Fleischflächen, in deren Hintergrund die Knochen zu erkennen waren. Andersgeartet, wenn auch nicht weniger scheußlich, waren Befunde bei jungen Leuten, typischen ‹kleinen Mädchen› im Alter von 17 bis 20 Jahren, aus achtbaren Familien, die schwere Verbrennungserscheinungen am Gesäß, After, Penis und Skrotum aufgewiesen hätten; auch die Schamhaare wären teilweise abgesengt gewesen. Vom Arzte befragt, berichteten die Patienten übereinstimmend, dass ihnen in einem Konzentrationslager bei Berlin beim Kartoffelernten von den bewachenden SA-Leuten die Hosen herunter gezogen und sie dann mit nacktem Gesäß über dem Kartoffelkrautfeuer geschmort worden seien zur Strafe für ihre Sünden, wie die SA-Männer ihnen johlend versichert hätten. –

Mein Gewährsmann schloss seine Ausführungen mit dem Bemerken, dass diese Gräuel augenscheinlich doch höheren Orts bekannt geworden seien und zur Überführung der Homosexuellen in die Hände der ordentlichen Gerichtsbarkeit beigetragen hätten. Immerhin würde seiner Kenntnis nach auch heute noch bei der Gestapo sowie in den Konzentrationslagern mit fingerdicken Rohrstöcken auf nackte Gesäße geschlagen und erst kürzlich habe er wieder einmal einen solchen Fall hier im Gefängnis zu Gesicht bekommen. Soweit der Beamte. –

Ich sage dir offen, Stephan, dass ich ihm diese Gräuelmärchen

---

2 Hier irrt der Autor. (DG)

nicht glaubte; in der Atmosphäre der Gefängnisse gedeihen nun einmal Klatsch und Übertreibungen vortrefflich, und niemand kann sich auf die Dauer ihren Einwirkungen entziehen. Dass man renitente Verbrecher in Zuchthäusern mit Stockschlägen bändigt, war mir bekannt, und dass man vereinzelt sadistische Neigungen bei Gefangenenaufsehern immer einmal wieder beobachtet hat, war mir auch nicht neu, dass man aber Söhne aus anständiger Familie, die ohne eigenes Verschulden lediglich anders geartet sind, in ihrem eigenen Vaterlande von gesetzlichen Hütern der Ordnung so unmenschlich behandeln lässt, konnte und wollte ich einfach nicht glauben. –

Aber mein Argwohn war erwacht, und ich beschloss, Augen und Ohren offenzuhalten. Da war zum Beispiel in meiner Abteilung ein langer, blonder 17-jähriger, der, wegen einer Unterschlagung eingesperrt, jetzt Bekanntschaft mit dem Konzentrationslager ‹zwecks Besserung› machen sollte und bereits ärztlich für diese Kur untersucht worden war. Dieses harte Schicksal verdankte der noch frisch aussehende Junge seinem Zellenkameraden, einem der wenigen Schufte in unserer Abteilung, der ihn veranlasst hatte, Karikaturen von Hitler und anderen zu zeichnen und ihn dann verriet. Der törichte Junge tat mir leid, und als ich ihn eines Tages allein in der Waschküche antraf, steckte ich ihm einige Zigaretten zu und klopfte ihm auf die Hose mit dem Bemerken, dass ihm wohl nun bald bei der bevorstehenden Erziehungskur der darunter liegende Körperteil öfters rotgefärbt werden würde. ‹Ach, das macht nichts!› sagte der Junge, ‹das halte ich schon aus.› – ‹Na, jedenfalls werden mich deine Erlebnisse im KZ interessieren›, fuhr ich fort, ‹und wenn wir uns wiedersehen sollten, dann erzählst du sie mir, nicht wahr?› – ‹Ja gern, aber auch Sie müssen mir einen Gefallen tun!› – Ich nickte zustimmend. ‹Den!›, forderte der Junge mit eindeutiger Geste. – ‹Bist du wahnsinnig?›, entgegnete ich, ‹ich denke gar nicht daran, mich mit dir hier auf so etwas einzulassen! Aber warum bist du denn so erregt?› – ‹Weil Sie das gesagt haben von den Schlägen.› – ‹Bist du etwa Masochist?› – ‹Was ist das?› – ‹Na, es ist schon gut! Lass dir die Zigaretten schmecken. Auf Wiedersehen!› – Um eine Erfahrung reicher ging ich in meine Zelle zurück. Als ich den Jungen nach acht bis zehn Wochen wiedersah, war er totenbleich – ich möchte sagen ‹direkt ausgeblutet› – hundemager und augenscheinlich innerlich zerbrochen. Mit trübem, seelenlosem Blick ging er schweigend an mir vorüber. Ich habe nie erfahren können, was sie mit ihm angestellt haben.

Angebote wie dieses und solche ähnlicher Art waren keine Seltenheit, sondern, wie ich dies auch aus anderen Abteilungen erfuhr, recht häufig, und zwar taten sich die normal veranlagten jungen Leute darin hervor, indem sie versuchten, versteckt oder aber häufiger mit ganz offenen Anträgen an die älteren Homosexuellen heranzukommen. Ihre Beweggründe lagen natürlich auf ökonomischem Gebiete, waren aber auch durch die ihnen aufgezwungene Enthaltsamkeit begründet und schließlich von dem Bestreben diktiert, den jüngeren Anormalen den Rang abzulaufen. Zum Lobe der letzteren darf gesagt werden, dass sie diesem Treiben mit Verachtung zusahen und sich betont zurückhaltend verhielten, jedenfalls war dies in meiner Abteilung der Fall. Allerdings waren sie durch die Bank Söhne anständiger Eltern in gehobenen Berufsstellungen; unter ihnen fand ich Kaufleute, Flugzeugtechniker, Hotelangestellte und Studierende aller Art.

Eine besondere Kategorie unter den Homosexuellen bildeten die Friseure. Zusammengeschlossen in einer Arbeitsgruppe unter einem Wachtmeister, der sie betreute, zogen sie tagaus, tagein von Zelle zu Zelle, um die Häftlinge durch Rasur und Haarschnitt vor dem Verwildern zu bewahren. Da sie mit allen Zwangsbewohnern in sämtlichen Abteilungen in Berührung kamen, bildeten sie die wandernde Chronik des Gefängnisses und wussten schlechthin alles, was in seinen Mauern passierte. Zuverlässig und auf Wunsch verschwiegen, wie sie waren, konnte man sie unbedenklich für allerlei Aufträge und Vermittlungen verwenden, und so gelang auch mir sehr bald durch sie die Herstellung einer Verbindung mit meinem Diener Kurt, der in einem anderen Flügel des Gefängnisses interniert war. Zwar hatten wir uns bereits mehrere Male flüchtig gesehen, jedoch nicht miteinander sprechen können. Nunmehr erfuhr ich, dass sein Straffall mit einem Minderjährigen recht bedenklich lag, umso mehr, als ihm ein Verteidiger fehlte. Ich beauftragte kurzer Hand meinen Rechtsanwalt mit seiner Verteidigung, die dieser auch ohne Bedenken übernahm, da jenes Strafverfahren mit dem meinigen nichts zu tun hatte.

Im Allgemeinen wurden die Homosexuellen vor der ‹kleinen Strafkammer›, besetzt mit einem Berufsrichter und zwei Schöffen, abgeurteilt. Fiel hier das Urteil zu hart aus, so hatte der Verurteilte die Möglichkeit der Berufung, und sein Fall gelangte vor die ‹große Strafkammer›, die sich aus einem Landgerichtsdirektor, zwei Landgerichtsräten und zwei Laienrichtern zusammensetzte. Gegen das Urteil dieses Gremiums gab es nur noch die Berufung beim Reichsgericht. Während nun mein Fall unmittelbar vor die ‹große Strafkammer› kam, wurde der meines Dieners vor der ‹kleinen› verhandelt, und dies war insofern für ihn ungünstiger, als der dort amtierende Richter, der ausschließlich homosexuelle Verfehlungen aburteilte, außerordentlich harte Urteile fällte. Landgerichtsrat Sponer[3] – sein Name verdient überliefert zu werden – gab grundsätzlich und auch bei den einfachsten Delikten nicht unter einem Jahr Gefängnis und erkannte bei Verfehlungen mit Jugendlichen überwiegend auf Zuchthaus. Dahingegen fielen die Urteile bei der ‹großen Strafkammer› im allgemeinen gemäßigter aus, und so galt es, meinem Diener einen Rechtsberater zur Seite zu stellen, einmal, um ihn vor einem allzu harten Urteil nach Möglichkeit zu bewahren, zum andern – sofern dies nicht gelang – ihn zu beeinflussen, gegen das Urteil Berufung einzulegen. –

Während die Mühlen der göttlichen Gerechtigkeit fortgesetzt mahlten und die Friseure, geflügelten Götterboten vergleichbar, die unglaublichen Urteile des Herrn Sponer im ganzen Knast verkündeten, wobei ihnen die Zähne klapperten und verschiedenes mit Grundeis ging, da ja auch ihr eigenes Schicksal von diesem wilden ‹Rechtswahrer› abhing, verbrachte ich mehrere Stunden des Tages beim Zahnarzt beziehungsweise in seinem Vorzimmer. Von den vielen Bekanntschaften, die ich dort machte, will ich nur zwei herausgreifen: Die eine war die eines stellvertretenden Gauleiters, jüngsten Inhabers des Blutordens, der wegen Unterschlagung zu fünf Jahren Zuchthaus und anschließendem Ehrverlust verurteilt worden war.

---

3 Vgl. zu Friedrich Sponer: Pretzel / Roßbach (2000): insbesondere S. 106 ff.(DG)

Am Tage unserer Bekanntschaft zeigte sich dieser Mann völlig verzweifelt infolge eines gerade erhaltenen Briefes seiner Frau, für deren Ansprüche er gefehlt hatte und die sich nun von ihm lossagte. Die zweite und interessantere Persönlichkeit kannte ich bereits dem Namen nach von Istanbul her, einen ehemals aktiven Offizier von altem Adel, der sich sehr frühzeitig der nationalsozialistischen Bewegung angeschlossen und vieles für sie getan hatte. Jetzt sah er einer mehrjährigen Zuchthausstrafe und Ehrverlust entgegen, da er mit einer missliebigen Sondergruppe der Partei in Prag[4] Verbindung aufrechterhalten hatte und dabei von Gestapo-Spitzeln beobachtet worden war. Er war im Gegensatz zu dem anderen Parteigenossen in seiner Haltung würdig, aber entsetzlich apathisch und völlig hoffnungslos, und ich versuchte vergeblich mein Bestes, ihn etwas aufzurichten. Über das weitere Schicksal der beiden habe ich nie wieder etwas gehört.

Auch diese beiden Leute waren, wie der Großteil der Häftlinge, keine Verbrecher im eigentlichen Sinne des Wortes und sicherlich einwandfreier als viele ihrer Parteigenossen, die auch heute noch in Glanz und allzu schnell erworbenem Reichtum sitzen. Der Offizier hatte lediglich auf eine falsche politische Karte gesetzt und verdiente somit nichts weiter als Festung. Der Blutordenträger war viel zu jung und unerfahren in eine Machtposition gesetzt worden, der er bereits ethisch und moralisch in keiner Weise gewachsen war. Dieser Gesichtspunkt war jedenfalls bei dem allzu harten Urteil gegen ihn nicht genügend berücksichtigt worden; mit zwei Jahren Gefängnis und Verlust seiner Stellung wäre sein Vergehen wohl hinreichend gesühnt gewesen. Aber sowohl in seinem, als auch in dem anderen Falle waren unverkennbar Einflüsse oder wohl richtiger persönliche Feinde am Werke, die nun mal die Vernichtung des Betreffenden um jeden Preis wollten, und so rollte der Film mit dem Außenanstrich von Recht und Gesetz ab und führte schließlich zu einem Richterspruch von sinnloser Härte.»

---

4 Gemeint ist wahrscheinlich die von Otto Strasser geführte «Schwarze Front», eine Abspaltung der NSDAP, deren Mitglieder als dem Widerstand zugehörig verfolgt wurden. (DG)

15. Erzählung des Doktors, Schluss

«Der Sommer schwand», fuhr der Doktor in seiner Erzählung fort, «und noch immer saß ich, ungewiss über mein Schicksal, in Untersuchungshaft, während mein Rechtsanwalt unablässig bemüht war, den Gang des Verfahrens durch persönliche Vorstellung bei der Staatsanwaltschaft zu beschleunigen. Der meinen Fall bearbeitende Staatsanwalt war nach dem Urteil meines Rechtsbeistandes durchaus sachlich eingestellt und durchschaute sehr wohl die Zusammenhänge. So äußerte er sich meinem Rechtsanwalt gegenüber ganz offen, dass nach seiner persönlichen Rechtsauffassung die Anwendung des Paragrafen 175 a gegen mich unrichtig wäre, obgleich er ihn ja selbst der Anklageschrift zu Grunde gelegt hatte, und dass ich im Übrigen ein hochanständiger Mensch sei, wobei er lächelnd feststellte, dass ja auch nur solchen Leuten so etwas passieren könnte. Jedenfalls verrieten seine verschiedenen Äußerungen, dass sein scharfes Vorgehen gegen mich weder auf rechtlichen noch persönlichen Gründen, sondern auf Erlassen höheren Orts beruhte, die ihm die Hände banden. Nach verschiedentlichen Terminverschiebungen wurde schließlich die Verhandlung gegen mich auf den 24. September, somit nach 95 Tagen Untersuchungshaft, festgesetzt.

Inzwischen kamen auch die Leidensgefährten meiner Abteilung zur Aburteilung. Es waren alles jüngere Leute, deren Verfehlungen so unbedeutend waren, dass sie nach früherer Rechtsauffassung überhaupt nicht angeklagt worden wären. Nunmehr waren sie gezeichnet und ihre Existenzen vernichtet. Der Flugzeugtechniker, ein frischer blonder Junge mit offenem Gesicht, der mir überraschende Eröffnungen über verschiedene, sehr hohe Offiziere der Luftwaffe auf Grund eigener Erlebnisse gemacht hatte, kam vor der ‹großen Strafkammer› mit sechs Monaten Gefängnis davon und verbüßte die noch fehlenden drei Monate gleich anschließend im Untersuchungsgefängnis. Zwei andere junge Leute, ebenfalls aus guter Familie und in gehobener Stellung, verurteilte dagegen Herr Sponer zu 12 bzw. 18 Monaten Gefängnis. Noch härter fiel sein Urteil gegen meinen Diener Kurt aus: es lautete auf zwei Jahre und drei Monate Gefängnis. Nach Lage der Dinge war ein solches Strafmaß entschieden zu hoch gegriffen, und mein Rechtsanwalt riet dem Verurteilten dringend, sofort Revision einzulegen. Jedoch völlig kopflos und zugleich beeinflusst von seiner anwesenden Mutter und dem diensthabenden Wachtmeister, die beide auf ihn einredeten, ließ er sich zur Annahme des Urteils bewegen und verscherzte sich damit mindestens sechs Monate Freiheit. Mit Recht waren wir beide über so viel Dummheit verärgert und empört, ich hätte ebenso gut das Geld für seine Verteidigung zum Fenster hinaus werfen können.

Entschlossen sah ich nunmehr meiner eigenen Verhandlung entgegen und tröstete mich mit dem Motto Schillers ‹Die Stunde rinnt auch durch den schwersten Tag›. Unzweifelhaft war meine Rechtslage nicht schlecht, und mein Rechtsanwalt, der auch die Gegenaussagen eingehend studiert hatte, rechnete mit sechs, im Höchstfalle mit neun Monaten Gefängnis unter Anrechnung der Untersuchungshaft. Bei einem solchen Urteilsspruch wollte er in Anbetracht meines Gesundheitszustandes Haftunterbrechung verlangen, um mich dann durch ein Gesuch um Bewährungsfrist völlig frei zu bekommen. Es bestand somit nach seiner Ansicht die Wahrscheinlichkeit, dass ich sofort nach der Verhandlung frei sein würde. Meine Einstellung war auf Grund gemachter Erfahrungen skeptischer, jedenfalls war ich entschlossen – wie ich dir dies bereits gesagt habe –, meine Verteidigung möglichst selbst zu führen und unter rückhaltlos offener Darlegung des Tatbestandes ein eindrucksvolles Bild über den Undank des Erpressers zu geben, dagegen meinen ehemaligen Sekretär, der als Zeuge geladen war, nach Möglichkeit zu schonen. Ich hatte mich genügend auf meine schwere Rolle vorbereitet und war gewiss, dass meine Darlegung lückenlos, gegen jeden Einwand gewappnet und somit wirkungsvoll sein würde.

Der von mir mit höchster Spannung erwartete Tag der Entscheidung war gekommen. Um 9 Uhr 30 eröffnete der Vorsitzende der ‹großen Strafkammer› in Moabit die Verhandlung und erteilte zunächst mir das Wort zu meiner Aussage. Ich sprach, ohne von ihm oder von anderer Seite unterbrochen zu werden, etwa zwei Stunden lang und schilderte ruhig und sachlich den Verlauf des Dramas. Darauf wurde der Erpresser aufgefordert, sich zu meinen Ausführungen zu äußern. Er zeigte sich zunächst verstockt und brach dann, als ihn der Vorsitzende hart anfasste, in Tränen aus. Er benahm sich also so dumm wie nur möglich und machte auf die Richter den denkbar schlechtesten Eindruck. Anschließend wurde mein Diener Kurt kurz befragt, ob er in Beziehungen zu mir gestanden hätte, was er wahrheitsgemäß verneinte. Nunmehr marschierten die Zeugen, zwei Ärzte und mein ehemaliger Sekretär auf, und bei der letzteren Vernehmung kam es zu einem dramatischen Zusammenstoß zwischen ihm und dem Erpresser. Die beiden Ehrenmänner bezichtigten sich gegenseitig der Treulosigkeit gegen mich und der Verleitung zum Diebstahl. Schon griff der Staatsanwalt ein und verlangte Vereidigung des Zeugen, wohingegen ich durch meinen Rechtsanwalt darauf verzichtete. Offensichtlich ungehalten über das Vorgehen des Staatsanwalts, erhob sich der Vorsitzende und zog sich mit Richtern und Beisitzern zu kurzer Beratung zurück mit dem Ergebnis, dass die Vereidigung des Zeugen – zu seinem Glücke – abgelehnt wurde. Anschließend wurden die Erpresserbriefe vorgelesen, meine schärfste Waffe, die ich sorgfältig bewahrt hatte, sowie auch meine bei meinem Diener beschlagnahmte Korrespondenz, die völlig unverfänglich war, und damit war der erste Teil der Verhandlung beendet, dessen Verlauf sowohl mich als auch meinen Rechtsbeistand befriedigte. Der Vorsitzende legte eine kurze Mittagspause ein, die ich allein in einer winzigen Zelle mit einer Schüssel Mohrrüben verbrachte.

Die Verhandlung wurde erneut aufgenommen. Der als Staatsanwalt fungierende Assessor, ein unsicherer Anfänger, hielt ein nach Form und Inhalt geradezu klägliches Plädoyer. Er stotterte mehr als er sprach und langweilte namenlos den Vorsitzenden, der mit seinem Urteil längst im Reinen war. Schließlich plädierte der Ankläger für mich auf zwei Jahre, für den Erpresser auf drei Jahre, für meinen Diener auf ein Jahr Gefängnis. Auch die nunmehr einsetzende Verteidigungsrede meines Rechtsanwalts blieb völlig wirkungslos und machte den Vorsitzenden lediglich ungeduldig. Sehr schnell gab er mir das Schlusswort.

Mit wenigen exakten Sätzen – ich hatte längst gefühlt, dass ich damit dem Wesen des Vorsitzenden am meisten entsprach – umriss ich noch einmal meine Situation, die wenn auch nicht unverschuldet, so doch aber durch Schicksalsfügung besonders hart sei, denn immerhin wäre ich aus einer mühsam erarbeiteten Höhe gestürzt worden und zwar durch einen Menschen, dessen Charakterbild diese Verhandlung ja eindeutig ergeben hätte. Am Schluss meiner Ausführungen konnte ich mir einen Seitenhieb auf den Ankläger in der Form ‹dass mir die Logik des Herrn Staatsanwalts unerfindlich sei› nicht verkneifen, eine Bemerkung, die offenbar auf das Richterkolleg Eindruck machte.

Jetzt stellte mein Rechtsbeistand den Antrag auf Haftentlassung, und das Gericht zog sich zur Beratung zurück. Bereits nach etwa 20 Minuten wurde das Urteil verkündet: Ich wurde wegen Vergehens gegen den Paragrafen 175 in einem Falle zu sechs Monaten Gefängnis unter Anrechnung der Untersuchungshaft verurteilt und sofort aus der Haft entlassen. Der Erpresser erhielt die ihm gebührende Strafe von zwei und einem halben Jahren Gefängnis und drei Jahren Ehrverlust. Mein Diener Kurt wurde freigesprochen. –

Du wirst verstehen können, lieber Stephan, was es für einen Menschen wie mich bedeutet, nach fast hundert Tagen Gefängnis der Freiheit zurückgegeben zu werden. Noch niemals hatten mir bisher die Knie gezittert – weder in der Schlacht, noch in den Bergen –, aber als das Urteil ausgesprochen war, sackten sie mir fühlbar weg. Noch einmal fuhr ich in das Untersuchungsgefängnis, packte meine Sachen zusammen, verschenkte meine Vorräte an Ess- und Rauchwaren, umarmte meinen Freund Sipli und war in wenigen Minuten in der Vorhalle, wo mich mein Rechtsanwalt in Empfang nahm und schleunigst im Auto entführte. Beglückt atmete ich die Luft der Straßen Berlins ein.

Dieser Freiheitsrausch hielt jedoch kaum 24 Stunden an, und allzu bald trat die Ernüchterung ein. Naturgemäß hatte ich damit gerechnet, dass mir nunmehr viele Tore verschlossen sein würden, und klopfte dort auch gar nicht erst an, aber dass man mich auch in dem lediglich durch mich aufgebauten Verlage ohne jede Entschädigung einfach ausschalten und sich somit an meinem Unglück persönlich bereichern wollte, das ging mir nun doch über die Hutschnur.

Die treibende Kraft hierfür war ein später in den Verlag gezwungenermaßen aufgenommener Parteimann, dessen Charakter ich sehr bald durchschaut hatte, da jede seiner Handlungen von der Umkehrung der nationalsozialistischen Devise ‹Gemeinnutz geht vor Eigennutz› zeugte. Ich beschritt unverzüglich den Klageweg, jedoch kam es durch Eingreifen meines Kameraden vor der richterlichen Entscheidung zu einem Vergleich.

Finanziell war ich somit unabhängig, aber ich sehnte mich nach Betätigung, und zwar möglichst im Auslande. Umso größer war meine Freude, als mir mein bester Freund in Ankara, dem ich mich aus der Untersuchungshaft rückhaltlos offenbart hatte, schrieb, dass ich dort hochwillkommen sei. Man sähe meinem Eintreffen im Frühjahr 1938, also nach Genehmigung des türkischen Haushaltsplans, mit Freude entgegen. Ich hatte somit bis auf weiteres Ferien, in denen ich meine Gesundheit und vor allem meine Nerven kräftigen wollte.

Letzteres gelang mir jedoch nicht. Der Sturz war eben doch zu groß und die Auswirkung zu nachhaltig, als dass sich mein Inneres mit diesem Geschehen alsbald abfinden konnte. Ich war nun einmal von der Sonnenseite des Lebens auf die Schattenseite gewechselt, und wenn mich auch die Sittlichkeitsapostel aus der Hammelherde der Normalen in ihrer lästerlichen Unwissenheit und hohngrinsenden Dummheit einen Dreck scherten, so war mir doch auch mancher gute und wertvolle Freund verlorengegangen, was ich mit einem aufrichtigen Gefühl des Bedauerns in mir quittieren musste. Hierbei sei aber nicht verschwiegen, dass eine sehr viel größere Zahl von Freunden, Mitarbeitern und Schülern normaler Einstellung sich nicht abschrecken ließen, betont weiterhin zu mir zu halten.

Ich hatte gerade begonnen, mich mit meiner Lage einigermaßen abzufinden, als mich ein neuer Schlag traf. Das von meinem Rechtsanwalt eingereichte Gnadengesuch auf Bewährungsfrist wurde abschlägig beschieden, und ich musste somit den Kelch bis zur Neige lehren und den Rest meiner Strafe von nicht ganz drei Monaten im Strafgefängnis Tegel absitzen. Die ungewöhnlich gehässige Art des Vorgehens gegen mich im Vergleich mit ähnlichen Fällen erregte in mir lediglich eine unbeschreibliche Wut, umso mehr, als ich wusste, dass der Vorsitzende der Strafkammer sich für die Bewährung ausgesprochen hatte. Ich verzichtete darauf, noch irgendwelche Schritte für meine Begnadigung zu unternehmen, sondern drängte jetzt auf Haftbeginn, um die unerfreuliche Sache baldigst hinter mir zu haben und rechtzeitig für die Türkei frei zu sein. So trat ich am 1. Februar 1938 meine Strafe an.

Es liegt wohl in der Einförmigkeit des Gefängnislebens begründet, dass dem Häftling die Zeit außerordentlich schnell verfliegt. Jedenfalls habe ich die Beobachtung an mir gemacht, und sie ist mir auch von anderen Seiten bestätigt worden. Immerhin genügte die Zeitspanne, um einen inneren Wandel in mir zu vollziehen. Nichts berührte mich in dieser Strafanstalt; weder die mit dem Gefangenenleben untrennbar verbundene Erniedrigung des Individuums, noch die von mir geforderte geistestötende Arbeit des Tütenklebens, noch die unzureichende Verpflegung oder primitive Einsamkeit meiner Zelle vermochten mich innerlich irgendwie zu treffen. Ich sah völlig darüber hinweg und war überraschend schnell zu jener Furchtlosigkeit gediehen, die ihren Ursprung im Geist hat, weil sie aus einer letzten, stoischen und großartigen Verachtung des Lebens stammt. Der stürmende Zorn des Achill in meiner Brust wandelte sich in die stoische Furchtlosigkeit des Seneca.

Die Strafanstalt Tegel war ihrem inneren Aufbau nach eigentlich nichts weiter als eine Kombination unterschiedlicher Fertigungsstellen, somit beinah eine Fabrik, deren Rentabilität nun nicht auf sinnvoller Organisation und schöpferischen Gedanken, sondern lediglich auf billigen Arbeitslöhnen beruhte. Die Sträflinge werkten alltags und sonntags vom Morgengrauen bis zum Verlöschen der Beleuchtung bei unzureichender Ernährung für einen Hungerlohn. Soweit sie im Besitz von Geldmitteln waren, mussten sie sogar täglich 1 RM 50 für Unterkunft und Verpflegung zuzahlen. Aber bereits aus den Erträgnissen der Sträflingsarbeit erhielt sich die Anstalt nicht nur, sondern erzielte sogar einen beträchtlichen Überschuss. An sich war das vorgeschriebene Arbeitspensum nicht übermäßig und Sonntagsarbeit wurde nicht verlangt, aber die Leute werkten ununterbrochen, einmal aus Langerweile, zum andern, um Überschüsse zu erzielen, von denen sie sich nach Ablauf dreier Monate Beköstigungszubuße kaufen durften. Diese Gepflogenheit hieß allgemein ‹Schiering› und hielt so die Erinnerung an den Wohltäter und Schöpfer dieser humanen Einrichtung, einen Ministerialrat im Justizministerium, wach. Für mich hatte die menschenfreundliche Tat des Herrn Schiering keine praktische Bedeutung, da sie erst nach drei Monaten Strafzeit wirksam werden durfte. Somit musste ich mich mit dem begnügen, was das Gefängnis für ein Beköstigungsgeld von 35 Pfennigen pro Tag leisten konnte, und das war natürlich zu wenig. So teilte ich das Schicksal aller Gefangener ohne Schiering: Ich wurde matt und nahm erheblich ab. Trotz verschiedener Zubußen aus anderen Quellen, auf die ich noch zurückkommen werde, verlor ich in den drei Monaten 33 Pfund an Körpergewicht, das heißt also jeden Monat 11 Pfund. Die Staatsanwaltschaft berechnete mir allerdings für 179 Tage Untersuchungs- und Strafhaft die runde Summe von 268 RM, dagegen betrug mein Arbeitslohn für 90 Tage, an denen ich fleißig gearbeitet hatte, insgesamt 40 Pfennige, die mir am Tage der Entlassung prompt ausgezahlt wurden und die ich auch nahm.

Da ich nur ein kurzes Gastspiel absolvierte, beachtete man mich wenig und ließ mich ungeschoren. Die Wachtmeister verhielten sich korrekt, wenn auch grundsätzlich teilnahmslos, dafür aber war der diensttuende Gefängnisarzt mit Namen Wittenberg ein besonders gehässiger Patron, der die Gefangenen schikanierte und beleidigte, aber nicht behandelte. Seine ganz besonderen Freunde waren die Homosexuellen, die er als widerliche Subjekte bezeichnete. Da ich von schlechtem und unhygienischem Rasieren einen Hautausschlag bekommen hatte, musste ich auch diesen Vertreter ärztlicher Wissenschaft aufsuchen und erhielt so die Bestätigung seines mir bereits von Sträflingen geschilderten Benehmens. Jedenfalls darf die beamtete Ärzteschaft auf diesen Regierungsmedizinalrat besonders stolz sein.

Ich könnte über diese unerfreulichen drei Monate kurz hinweggehen, wenn ich in ihnen nicht die Bekanntschaft einer Persönlichkeit gemacht hätte, die einen tiefen und nachhaltigen Eindruck in mir hinterlassen hat. Infolge Erneuerung des Zellenanstrichs kam es während meines Aufenthalts wiederholt zu Zusammenlegungen der einzeln Inhaftierten , und so erhielt ich eines Tages Einquartierung eines älteren Sträflings, der mich bereits einmal während des Spaziergangs kurz angesprochen hatte und sich nun, wie ich jetzt von ihm erfuhr, geschickt in meine Zelle lanciert hatte, wo er fast zwei Wochen verblieb. Dieser sechzigjährige Mann, Hermann Kretschmar mit Namen, hatte Theologie studiert, war als Frontkämpfer in den Krieg gezogen und als Feldwebel zurückgekehrt. Der unglückliche Ausgang des Weltkrieges trieb ihn zur kommunistischen Partei, von der allein er eine Rettung Deutschlands erwartete und in der er bald zu einer führenden Stellung emporstieg. Meine sofortige ausdrückliche Erklärung, dass ich für den Kommunismus, der jeden Gottesbegriff bekämpft, weder Verständnis, noch Sympathie, sondern eher das Gegenteil empfände, machte keinerlei Eindruck auf ihn und erschütterte absolut nicht sein grenzenloses Vertrauen, das er mir spontan entgegenbrachte. Ich erhielt jedenfalls von ihm einen tiefen Einblick in die Geschichte, Organisation, Vorzüge und Nachteile, Pläne und Entwürfe dieser Bewegung, an deren kommenden Aufstieg auch in Deutschland er nun einmal felsenfest glaubte. Weit mehr als diese politischen Dogmen interessierten mich jedoch seine persönlichen Erlebnisse und Erfahrungen in den verschiedenen Konzentrationslagern, die er im Laufe von vier Jahren gesammelt hatte. Das, was ich bisher darüber gehört hatte, fand volle Bestätigung, das, was ich – wenn auch widerstrebend – geglaubt hatte, wurde tausendfältig übertroffen. Die Erzählungen meines neuen Zellenkameraden rückten den Hexenhammer des Mittelalters, den malleus maleficarum, völlig in den Schatten. Aus der Fülle seiner Eröffnungen ist mir nur sehr weniges in der Erinnerung geblieben, da ich mir unter den gegebenen Verhältnissen keine Aufzeichnungen machen durfte, aber auch dieses wenige genügt:

Kretschmar wurde 1934 in einem ostpreußischen Konzentrationslager wegen einer harmlosen Äußerung so lange auf den nackten

Rücken gepeitscht, bis er ohnmächtig wurde, alsdann mit kalten Wassergüssen zur Besinnung gebracht und weiter der Prozedur unterworfen, bis er erneut in Ohnmacht fiel. Ein Jahr später sieht ihn die berüchtigte Lichtenburg bei Torgau. Hier waren nunmehr die Körperstrafen von oben geregelt: es gab je nach Stufe 25, 50 oder 100 Hiebe auf das nackte, gespannte Gesäß. Drei Freunde von Kretschmar – ein Medizinstudierender, ein Techniker und ein Kaufmann – wurden dort auf Grund ihrer Äußerungen gegenüber einem völlig minderwertigen Subjekt von Aufseher, der sie entstellt weiter gab, zu je 25 bzw. in einem Falle 50 derartigen Hieben verurteilt. Nach vollzogener Bestrafung erfuhr Kretschmar von ihnen alle Einzelheiten der Prozedur, und so scheußlich und menschenunwürdig sie auch sein mögen, so will ich dir doch seine diesbezüglichen Schilderungen wahrheitsgetreu wiedergeben, denn ich hatte damals bei dieser Erzählung meines Gewährsmannes den Eindruck eines Vermächtnisses, das ich weiter überliefern soll, damit es an den Tag kommt. So höre also:

Zur Entgegennahme der verhängten und von oben genehmigten Strafe, die im Beisein des Lagerleiters und eines Arztes (!) vollzogen wurde, mussten die Delinquenten mit bereits heruntergelassener Hose und Unterhose in dem dafür bestimmten Raum antreten und sahen sich hier einem halbkreisförmig ausgeschnittenen Tisch, an dem Riemen befestigt waren, gegenüber. Als erster musste sich der Medizinstudierende über diesen Tisch legen und wurde an ihm in der Form festgeschnallt, dass seine Füße gespreizt waren und sein Gesäß entsprechend der Körperlage gehoben wurde. Durch Emporschlagen des Hemdes wurde er nunmehr völlig entblößt. Infolge der unzureichenden Ernährung der Häftlinge hatten die Gesäße ihre Fettpolster verloren und bestanden nur noch aus Haut, Muskelfleisch und Knochen. An das wehrlos gemachte Opfer traten jetzt zwei Wachtmeister heran und schlugen abwechselnd mit je einem fingerdicken Rohrstock von 180 cm Länge – auch diese Maße waren vorgeschrieben – in voller Wucht auf die stark gespannte Haut, die bereits nach den ersten Schlägen blutunterlaufene Striemen aufwies und dort, wo sich die Spuren kreuzten, alsbald blutend aufsprang. Trotz des rasenden Schmerzes und dem Entsetzen vor jedem kommenden Schlag musste der maßlos Gepeinigte bei jedem Hieb laut zählen und wusste überdies, dass ihm auch eine Ohnmacht nichts helfen würde, da ihm nach amtlicher Vorschrift die volle Zahl der zugedachten Hiebe bei klarem Bewusstsein zugeteilt werden musste. Seine beiden Kameraden wohnten der Prozedur in allen Phasen bei, hörten das Jammergeschrei und Zahlengebrüll des brutal Gezüchtigten, sahen das bei jedem Hieb in maßloser Pein aufzuckende, dunkelrotfeuchte Fleisch sowie das herabfließende, die weißen Oberschenkel rötende Blut und hatten so ihr eigenes sich unmittelbar anschließendes, unabänderliches Schicksal vor Augen. Der zu 50 Hieben verurteilte Kaufmann wurde als letzter gestraft, seine Züchtigung erforderte mehr als das Doppelte der Zeit. Nach dem 30. Hiebe zählte er nicht mehr, eine Ohnmacht beendete sein Herausgestoße; er erhielt kalte Wassergüsse und den Rest der Hiebe nur nach verschiedentlichen Unterbrechungen. – So sah nunmehr im nationalsozialistischen Volksstaat die ‹von oben geregelte› Strafe aus, die an drei gebildeten Männern für ein im Wesentlichen erdichtetes Vergehen vollzogen wurde. Die drei Gesäße waren nach Kretschmars Angabe, der sie gesehen hatte, zerfleischt und an größeren Flächenteilen ohne Haut. Erst auf wiederholte flehende Bitten der Gepeinigten wurde ihnen vom Arzte nach mehreren Tagen etwas Borsalbe verabreicht, mit der sie sich gegenseitig behandeln durften. Ein anderer Sträfling in der Lichtenburg erhielt 100 Hiebe in gleicher Form und verschied an deren Folgen in der anschließenden Nacht trotz ärztlicher Hilfe. Als die Gräueltaten trotz aller Vorsichtsmaßnahmen doch allmählich nach außen sickerten, wurde die Lichtenburg aufgelöst und alles Aktenmaterial verbrannt. –

Dies sind verbürgte und nicht entstellte Tatsachen, Stephan, und doch nur Einzelfälle, herausgegriffen aus tausend ähnlichen. Von denen, die sie erlebt und erlitten oder aber von einwandfreier Seite erfahren haben, dürften nur noch wenige am Leben sein. Somit halte ich es, wie gesagt, für meine Pflicht, dir diese Wahrheiten zu überliefern, so sehr sie mich auch als Erzähler, dich als Zuhörer – du bist ja ganz blass geworden! – innerlich ergreifen.

Unvergesslich ist mir auch eine Szene in der Erinnerung geblieben, wo nach Schilderung meines Zellengenossen ein berühmter Arzt,

Gelehrter von Weltruf und Wohltäter der Menschheit, wegen seiner nicht arischen Abstammung in das Konzentrationslager eingeliefert wurde. – ‹Was bist du?›, brüllt ihn der Aufsichtsführende an, ‹Doktor, Professor, Geheimrat? – Hier bist du gar nischt, merke dir das! – Hier unterstehst du der Gestapo, und darüber gibt es nischt Höheres, wo du dich beschweren kannst! Und hier hast du deine Begrüßung!› – Ein Faustschlag trifft den würdigen Mann ins Gesicht, zerschmettert ihm die Brille und wirft ihn zu Boden. – Später erhielten dann die Angehörigen die Urne mit seiner Asche. Die Vorfahren dieses Mannes waren von Friedrich dem Großen in Preußen eingebürgert worden, und die Familie hatte Deutschland große Gelehrte und hervorragende Ärzte geschenkt.

Weiter erfuhr ich von meinem Zellengenossen auch die Tragödien, die sich innerhalb unserer Gefängnismauern abgespielt hatten und noch abspielten. Auch hier will ich mich nur auf einen Fall beschränken, bei dem die Betreffenden in der Industrie bekannte Persönlichkeiten waren. Meine Zelle bewohnte vor mir Geheimrat Dr. Heck, Generaldirektor eines mitteldeutschen Industriewerks. Dieser hochbedeutende, an sich sehr anspruchslose Wirtschaftsführer hatte sich durch unvorsichtige Äußerungen den Zorn der Partei zugezogen und sich außerdem durch seine Arbeit mit dem Auslande, namentlich mit Russland, die er jedoch im ausdrücklichen Einvernehmen mit dem Reichswehrministerium in der Systemzeit getätigt hatte, verdächtig gemacht. Um Belastungsmaterial gegen ihn zu finden, schritt man nach üblichen Gepflogenheiten zur Haussuchung und stellte hierbei aus seiner Privatkorrespondenz ein strafbares Verhältnis zwischen ihm und seinem Chauffeur fest. Schon hatte man damit die gewünschte Handhabe, den Missliebigen hinter Schloss und Riegel zu bringen. Man verurteilte ihn zunächst einmal wegen Verbrechens gegen Paragraf 175 a, Umgang mit Untergebenen, zu zwei Jahren Gefängnis, die er in stoischer Haltung und ungebrochener geistiger Frische in Tegel absolvierte. Hier machte er sehr bald die Bekanntschaft eines anderen Industriellen, Verwandten des Rheinischen Großindustriellen Röchling, der aus gleichem Anlass saß und dem in dieser Richtung schon sehr viel mehr als ihm vorzuwerfen war, als er sich an vielen Jugendlichen vergangen hatte. Da er aber politisch unverdächtig, war seine Strafe auch nicht höher ausgefallen. Beide Industrieritter traten nun durch Vermittlung des Wachtmeisters auf der Zahnstation miteinander in Verbindung. Dieser Beamte verschaffte ihnen zunächst einmal Geld, womit sie ihn bestachen, danach Rauchwaren und Lebensmittel und vermittelte den regen Schriftverkehr zwischen beiden, der, teilweise hochpolitisch gehalten, die innen- und außenpolitische Handlungen des nationalsozialistischen Regimes scharf verurteilte. Eines Tages wurde ein derartiges Exposé des Herrn Röchling beschlagnahmt und nunmehr in hochnotpeinlicher Untersuchung durchgegriffen.

Der Dreibund flog auf. Röchling und der Wachtmeister verloren die Nerven. Der erstere erhängte sich in seiner Zelle, der Wachtmeister vergiftete sich auf der Zahnstation, um die Pension für Frau und Kind zu retten. Heck zeigte sich wiederum der Situation gewachsen und verteidigte sich so geschickt, dass man ihm nichts anhaben konnte. Aber auch sein Schicksal war besiegelt. In dem zweiten gegen ihn schwebenden Verfahren, dem wirtschaftlich-politischen, in dem ihm hervorragende Rechtsanwälte zur Seite standen und der Angeklagte selbst sich überzeugend zur Wehr setzte, wurde er wegen Devisenvergehens zu sieben Jahren Zuchthaus und verschiedenen Jahren Ehrverlust verurteilt, ein Urteilsspruch, der völlig willkürlich war und schließlich den Tod des bedeutenden Mannes im Zuchthaus nach sich zog. –

Aber nun genug von diesen Scheußlichkeiten, deren Wiedergabe Bände füllen könnte, und womöglich später einmal füllen wird. Verse aus Dantes Inferno oder aus der Nordischen Edda – ‹Nie hörte ich Worte so herzzerreißend, aus tödlicher Trauer emporgetragen› – werden sie wohl als Leitspruch zieren, und es werden ihrer so viele sein, dass man sie alle gar nicht lesen kann. – Jedenfalls verstand es mein Zellenkamerad, außerordentlich fesselnd und anschaulich zu schildern, ohne seiner Fantasie irgendwie freien Lauf zu lassen. Im Gegenteil gewann ich von ihm immer mehr den Eindruck einer unbedingten Sachlichkeit, ja sogar einer weisen Zurückhaltung, sobald es sich um Tatsachen handelte, die er nicht für unbedingt verbürgt hielt. Im Übrigen bewunderte ich ihn geradezu, dass er trotz all diesem Erleben noch immer ungebrochen war, ja sogar seinen Humor bewahrt hatte. So schilderte er mir mit unübertrefflicher Komik eine Szene aus unserem Knast, die sich gerade in den Tagen unseres Zusammenseins abspielte und über die wir beide Tränen lachten. Lass mich auch diese Episode zu unserer Entspannung kurz erzählen:

Ein beliebter Außendienst für die Gefangenen war im Sommer das ‹Müllkommando›, das heißt das Abladen der Berliner Müllwagen irgendwo in der Umgebung der Großstadt. Die Arbeit war verhältnismäßig leicht, wenn auch weder appetitlich noch hygienisch, dafür aber fiel häufig etwas Essbares oder Brauchbares ab. Die Leute schliefen gemeinsam unter Aufsicht eines Wachtmeisters, der sich nachts eines gesegneten Schlummers erfreute, in einer großen Baracke und befanden sich im Übrigen, ziemlich unbeaufsichtigt, im Freien. Eines Tages entschloss sich der Herr Generalstaatsanwalt zu einer persönlichen Inspizierung dieses Kommandos. Er erschien also unerwartet auf dem Müll und fragte den ersten Müllsoldaten: ‹Warum sind Sie denn hier?› – ‹Wegen 175›, lautete die Antwort. – Er fragte den zweiten, den dritten, den vierten und musste schließlich feststellen, dass sämtliche Gefangene auf dem Müll und damit auch in der gemeinsamen Schlafbaracke 175er waren. Allgemeines Entsetzen und sofortige Ablösung waren die Folgen dieser Besichtigung. Schwer bedrückt und tief betrübt – mit weidwundem Blick und den Tod im Herzen, wie Kretschmar, der die eintreffende Fuhre gesehen hatte, unübertrefflich schilderte –, passierten also die Kommandierten wieder in ihrer Stammburg Tegel ein und klagten den Wänden ihrer Einzelzellen ihr Leid. Aber siehe da, wenige Tage später, als die Ersatzfrage für die Abgelösten allmählich akut wurde, zeigte sich, dass das Gefängnis Tegel keine andersgearteten Sträflinge in ausreichender Zahl auf Lager hatte. Und als sich die beladenen Müllwagen immer mehr häuften und niemand mehr Rat wusste, auch der Herr Generalstaatsanwalt nicht, da zogen eines Morgens die ach so Betrübten alle wieder hinaus zu ihrem Müll und ihrer Baracke und freuten sich insgeheim diebisch, woraus sich die Zweckmäßigkeit der Einsperrung von 175ern evident ergibt.

Dieses und ähnliche Vorkommnisse in der Tegeler Strafanstalt gaben uns Stoff zur Erheiterung und ließen uns unsere bedrückende Lage in nächtlichen Gesprächen, die sich oft bis zum Morgengrauen erstreckten, vergessen. Kretschmar erwies sich immer mehr als ein vortrefflicher Kamerad und als eine Seele von Mensch, wie man sie unter tausenden nur einmal findet. Unermüdlich sorgte er für mich und zwar nicht allein in der Form, dass er mir von seiner erarbeiteten Zubuße abgab, sondern er zwang auch seine Kameraden, mir dienstbar zu sein. Als leitender Vorarbeiter in der Gefängnisdruckerei war sein Einfluss unter den dort beschäftigten Gefangenen naturgemäß groß, aber darüber hinaus erstreckte sich seine Macht unsichtbar auf viele Insassen, die ihm politisch hörig waren und auf die er sich unbedingt verlassen konnte. Ein Machtwort von ihm ebnete auch mir alle Wege, und unauffällige Erleichterungen und Annehmlichkeiten jeder Art waren für mich die Folge. Lebensmittel, Bücher, Zeitschriften, Schreibmaterial, Seife, Putzmittel wurden mir zugesteckt, und als ich infolge meines Hautausschlages den dringenden Wunsch nach einem Rasierapparat äußerte, erhielt ich ihn bereits am nächsten Tage. Kam ich herunter zum täglichen Spaziergang, so öffnete sich in der Sträflingsreihe eine bestimmte Lücke für mich, sodass ich immer von Getreuen umgeben war und kein übles Subjekt an mich herankam. Aber die Fürsorge dieser Leute für mich ging noch weiter. Meiner Zelle gegenüber wohnte ein hübscher, schlanker Junge, Ernst mit Vornamen, der trotz seiner schweren Lungenerkrankung und trotz seiner wirklich großen Verdienste für die Partei wegen Vergehens gegen Paragraf 175 von Herrn Sponer zu achtzehn Monaten Gefängnis verurteilt worden war. Dieser junge Mensch hatte Zuneigung zu mir gefasst und mir das auch frei weg gesagt. Er war ein netter Junge, stammte aus gutem Hause und war auch vermögend, wie ich später von ihm erfuhr. Ich mochte ihn nicht abweisen und hatte ihm in Aussicht gestellt, mit mir nach Ankara zu gehen, wo er in 1000 in Höhe gesunden würde. Von dieser Hoffnung lebte er, obgleich er täglich Blut hustete. Kaum war dieses Verhältnis dem völlig normal veranlagten Kretschmar bekannt, so konnte ich beobachten, dass sich seine und seiner Leute Fürsorge auch auf diesen Jungen erstreckte. Immer wurde in geschickter Weise dafür gesorgt, dass er beim Spazierengehen, in der Kirche und an anderen Orten unauffällig in meine unmittelbare Nähe gelangte und in gleichem Maße wurde auch seine Zubuße geregelt. –

Lieber Junge, ich habe weder Kretschmar, noch einen seinen Kameraden, noch den jungen Ernst nach meiner Haftentlassung wiedergesehen, obgleich der erstere vierzehn Tage später, der letztere drei Monate nach mir entlassen werden musste, noch habe ich je etwas von ihnen wieder gehört. Ob Kretschmar erneut verhaftet, ob Ernst gestorben, ich weiß es nicht. Aber immer wieder denke ich an diese Braven zurück, die mir treuer als die Treuesten in meiner tiefsten Armut geholfen und mir von ihren sauer erarbeiteten kärglichen Zuschüssen abgegeben haben. Liebend gern hätte ich ihnen in ihrem späteren Leben mit Rat und Tat zur Seite gestanden und so meinen Dank abgestattet. Noch heute fühle ich mich tief in dieser Dankesschuld und werde sie alle niemals vergessen, denn nur sie haben es vermocht, dass ich mir nach allen Erfahrungen auch in dieser letzten furchtbaren Zeit den Glauben an das Gute im Menschen wenigstens etwas erhalten habe.

Dieser Ausgleich war auch dringend nötig, denn der letzte Monat meiner Haft brachte mich mit menschlicher Niedrigkeit und Missgunst in allzu nahe Berührung. Mein Wachtmeister hatte mir einen Kalfaktorposten angeboten, der mir zwar eine größere Bewegungsfreiheit außerhalb der Zelle gewährte, dafür aber mit recht erniedrigender Arbeit, so zum Beispiel Kübelschleppen und -entleeren, verbunden war. Trotzdem nahm ich an, da ich bei meinem Stoizismus den Standpunkt vertrat, dass ich die Achtung aller Menschen entbehren kann, nur meine eigene nicht. Ich gab mir die erdenklichste Mühe, auch diesen ungewöhnlichen Posten vorbildlich auszufüllen, aber die beiden anderen Kalfaktoren, ein diebischer Lausejunge von 19 Jahren und ein übles Subjekt von Lastkraftwagenführer, hatten sich gegen mich verschworen und intrigierten gemeinsam hinter meinem Rücken, sodass ich mich zu ihrer Bestürzung nach kurzer Zeit wieder ablösen ließ. Nun brachen sich die beiden Ehrenmänner den Hals, wurden selber abgelöst und verschickt.

Damit endete mein kurzes Gastspiel im Tegeler Gefängnis, das mich innerlich recht bereichert hatte. Mit echter Wehmut nahm ich von allen meinen Freunden Abschied, und ehrliche Freude strahlte aus ihren Augen, dass ich wenigstens dem Leben zurückgegeben wurde. Am Mittag des 28. April verließ ich das ‹gastliche Haus›, und als die Tür hinter mir ins Schloss fiel, erkannte ich blitzartig, dass damit auch jede Verbindung zwischen mir und diesem Staate endgültig gelöst war. Somit war ich nunmehr ein in jeder Beziehung freier Herr, der tun und lassen konnte, was ihm beliebte und auf niemanden und nichts mehr Rücksicht zu nehmen brauchte. Im selben Augenblick dieser Erkenntnis stieg aber auch ein eherner Entschluss in mir auf: Kein Gedanke, kein Wort, kein Buchstabe, keine Handlung, keine Tat mehr von deiner Seite zu Nutz und Frommen dieses Staatswesens, das harmlose Menschen zu Verbrechern erniedrigt und Verbrecher zu Amtsträgern erhöht! Und während ich in diesem Vorsatze mir nach dreimonatiger Abstinenz die erste Zigarette entzündete und meine Schritte zur Stadt hin lenkte, fielen mir plötzlich längst entschwundene Verse des indischen Dichters Chanakya ein, und ich sprach sie, gleichsam als Begrüßungsworte für meinen neuen Lebensabschnitt, halblaut vor mich hin:

    ‹Was vergangen, tot, verloren,
    Kümmert nicht des Weisen Sinn.
    Was vergangen – ist vergangen,
    Was gestorben – ist gestorben,
    Was verloren – ist dahin››»

16. Richterhütte und Ausklang

Lange Zeit schwieg der Doktor, und Stephan, versucht zu fragen, ob seine Erzählung zu Ende sei, unterdrückte schnell diese Regung. So schritten sie beide stumm den Achenwaldweg immer weiter hinab. Dichter Nebel und Einsamkeit umgaben sie. Von den Lodenhüten und Klepperumhängen flossen Rinnsale herab, und der wassergetränkte Waldboden schwappte unter jedem ihrer Schritte.

Denn Tag für Tag hatte sich mit dem Fortschreiten der Erzählung das Wetter verschlechtert. Herabrieselnde Regentropfen waren die ständige Begleitmusik der trübe aufklingenden Worte, als ob die Natur selbst über das Gehörte Tränen vergoss. Erstaunlich sachlich und äußerlich unbeteiligt hatte der Doktor gesprochen, aber Stephan spürte die innere Erregung des Erzählers, über die ein zur Schau gestellter Gleichmut nur als hauchdünne Fassade gelagert war und hütete sich immer mehr, durch ein unbedachtes Wort den Faden der geschilderten Tragödie zu zerreißen oder womöglich noch größeres Unheil anzurichten. So war er während des Erzählens schließlich völlig verstummt, und auch während der übrigen Zeit, bei den Mahlzeiten sowie am Abend, wurde in stillschweigendem Übereinkommen von keiner Seite der zurückliegenden Dinge irgendwie Erwähnung getan, gleichsam aus dem Gefühl heraus, dass wieder einmal ein schweres Stück Arbeit getan und eine Entspannung für beide Teile unbedingt erforderlich sei.

Somit unterließ Stephan auch diesmal jede Äußerung, so stürmische Empfindungen auch in seinem Inneren tobten und sinnfällig nach Ausdruck verlangten, und nur mit verstohlenen Seitenblicken musterte er die Züge des Freundes, dessen Augen finster, beinahe drohend in die regenfeuchte Weite blickten. Übermächtig brandete jetzt die Gefühlswoge in Stephans Brust empor und durchbrach die Schranke des Schweigens. Der schwingende Wohllaut seiner Stimme drang an das Ohr des Doktors und rief ihn aus seinen Gedankengängen:

«Darf ich fragen, Rolf, ob deine Erzählung nunmehr beendet ist?»

Der Doktor sammelte sich: «Gewissermaßen ja! – Was sollte ich dir auch noch berichten, was du dir nicht selber sagen könntest? – Nun ja, war mein Leben auch weiterhin gesichert, so hatte es doch im Augenblick seinen Glanz, seine Würde, seine Hoheit verloren und entbehrte somit jeden Reizes. Für was sollte ich arbeiten, für wen sollte ich sorgen? – Aber die olympischen Götter ließen mich nicht im Stich und machten mir das größte Geschenk des Lebens: den Freund, die Frau, den Sohn in einer Person, verkörpert in dem schönsten und klügsten Jüngling, der zurzeit auf Erden weilt. Diese Göttergabe hat mich zunächst überwältigt und zerschlagen, dann wieder aufgerichtet und somit verwandelt. Das gleiche Gefühl, das F. F. Vischer, den Verfasser von ‹Auch einer›, beseelte, als er auf der Akropolis jauchzend erkannte, ‹ich werde nie alt werden›, beherrscht heute mein Inneres, und wenn mich die Götter fragen würden, ob ich nicht lieber auf dieses Schicksal, dann aber auch auf ihr Geschenk verzichtet hätte, so würde ich ihnen antworten: ‹Lasst mir das Schicksal und seinen Lohn!›»

«Rolf, ich komme immer mehr zu der Einsicht, dass die Vorsehung an dir keinen Schurkenstreich, sondern eine wohlüberlegte, zweckvolle Handlung verübt hat. Sie ließ dich zwar den Weg der Erniedrigung, aber auch den der Erkenntnis beschreiten, auf dass du dich fandest und der Menschheit eine Botschaft bringen konntest. Nur wer das Tragisch-Heldische, das er verkündet, selbst erlebt hat, ist berufen! So bekommt auch meine Freundschaft mit dir ihren allerletzten, erhöhten Sinn, den ich zwar schon immer innerlich gefühlt habe, jetzt aber erst restlos erkenne, denn ohne mich wäre ja die Geschichte unserer Freundschaft, damit aber auch die Schilderung deines Schicksals niemals geschrieben worden. Und so habe ich nur den Wunsch, dass du den Dank der Menschheit noch zu deinen Lebzeiten empfangen mögest und nicht erst den der Nachwelt.» –

Des Doktors ernste Züge entspannten sich bei den warmen Worten Stephans zu einem Lächeln: «Lieber Junge, es ist wohl weniger wichtig, dass mein Lebensschifflein noch hohe Fahrt macht, als dass es das deinige tut. Und in diesem Sinne wünsche ich mir und dir noch viele Jahre ungetrübten Beisammenseins, damit ich dir mit Rat und Tat zur Seite stehen kann. Sonst aber mögest du vollenden, was ich begonnen. Wie sich auch immer die Dinge entwickeln mögen, einmal wird der Tag kommen, wo man auch unsere Stimme hören wird, und vielleicht ist dieser Zeitpunkt schon sehr viel näher, als wir nach der augenblicklichen Lage anzunehmen bereit sind.»

«Schon Livius lehrt, dass Siege und Eroberungen schlecht eingerichteter Staaten eher zu ihrem Verderben als zu ihrer Größe geführt haben», bemerkte Stephan sachlich und fuhr dann mit leichter Erregung in der Stimme fort: «Ich vermag trotz aller Erfolge der deutschen Wehrmacht an einen Siegeszug des Nationalsozialismus über die Welt nie und nimmer zu glauben. Ein System, das sich auf Verbrechen aufbaut, ist von vornherein für den Untergang bestimmt.»

«Errege dich bitte nicht», begütigte der Doktor, der Stephans Reizbarkeit in dieser Richtung zur Genüge kennen gelernt hatte, «aber hörtest du wohl schon einmal diese Verse:

›Über die Erde wandeln gewaltige Mächte.
Und es ergreift ihr Schicksal den, der es leidet
und zusieht, und ergreift den Völkern das Herz. –›?

Das sind die Götter bei Hölderlin – hörst du ihre Schritte? Vielleicht haben sie der Welt die gegenwärtige Prüfung auferlegt, auf dass alle Völker endlich einmal Vernunft annehmen und an Stelle der Gewalt das Recht setzen.»

«Und dem Militarismus endgültig entsagen», ergänzte Stephan, «denn ‹Mars› ist ja nur ein Druckfehler für ‹Mors›.»

«Ich kann dir hier nicht ganz folgen, Stephan! – Das Leben ist nun einmal im Kleinen wie im Großen ein Kampf, und die Wehrfähigkeit der Völker, der Reiche oder –wenn du willst – der Erdteile wird unter jeder Staatsform in irgendeiner Weise erhalten bleiben müssen, damit sich die Gemeinschaft behaupten kann. Aber keinesfalls darf ein solches Erfordernis Formen annehmen, die – wie dies heut in Deutschland geschieht – dem sogenannten Volksgenossen nur noch zwei Existenzmöglichkeiten bietet: die eine in der Kaserne, die andere in der riesigen Rüstungsfabrik, in der wohl gute Arbeit geleistet, aber kein schöpferischer Gedanke erzeugt wird. Der Nationalsozialismus hat das Ethos der Arbeit gegen die Intuition, das Schwert gegen den Geist ausgespielt, und hieraus sehe ich eine katastrophale Gefahr allmählich emporwachsen, die uns bei längerer Dauer des Krieges das Genick brechen wird. Denn die deutsche Jugend lernt ja nichts mehr, sie verkümmert geistig und wird immer unfähiger zu geistiger, geschweige denn schöpferischer Arbeit. Die heutige Generation darf nicht denken, und die kommende kann es bereits nicht mehr. Während unseren Gegnern die Forschungsstätten der ganzen Welt mit fortlaufend sich erneuerndem, geistig geschultem Personal zur Verfügung stehen, lernt der deutsche Jüngling auf der Schule, in der Hitlerjugend, im Arbeitsdienst und in der Wehrmacht nichts anderes als den Gebrauch der Waffe. Unter Preisgabe jeden eigenwüchsigen Denkens entwickelt er sich zwangsläufig zum stumpfsinnigen Anbeter des brutalen Erfolges. Mit einer solchen blinden Gefolgschaft glaubt der Nationalsozialismus seines Sieges sicher zu sein, ein schwerwiegender Irrtum, denn dieser Krieg wird nun einmal von der Wissenschaft und der Technik entschieden werden, und beide Faktoren verlangen pflegliche Behandlung und geistiges Rüstzeug von größter Schärfe.»

Der Doktor schwieg und erwartete augenscheinlich eine Stellungnahme seines Begleiters, aber Stephan enthielt sich hierzu jeder Äußerung und kam auf das ursprüngliche Thema zurück:

«So sehr mich dein persönliches Ergehen betroffen und bewegt hat, liebster Rolf, so war mir doch deine Haltung in jenen scheußlichen Situationen gewissermaßen der versöhnliche Schimmer, der das Dunkel erhellte und das Ganze erträglich machte. Demgegenüber erschienen mir die von dir geschilderten Einzelschicksale, namentlich die Prügelszene, einfach grauenhaft. Wie kann ein Kulturstaat gebildete Menschen so viehisch behandeln? Wie können sich deutsche Akademiker, Richter und Ärzte zu so etwas hergeben? Und wie kannst du, lieber Rolf, bei diesem deinem Wissen überhaupt noch Spuren von Sympathie für ein solches Staatswesen aufbringen? – Hier steht mir tatsächlich der Verstand still!» –

Erregt suchte Stephan das Auge des Freundes, der jedoch seinen forschenden Blick nicht erwiderte und in ruhigem Sinnen weiter an seine Zigarre zog.

«Ja, lieber Stephan, man kann eben nicht über seinen eigenen Schatten springen. Immer habe ich mich bemüht, in allen Lebenslagen stets sachlich zu denken und zu handeln, auch wenn es meinem persönlichen Empfinden widersprach. Und vielleicht gerade aus diesem letzteren Grunde bin ich hier befangen und somit unsachlich.»

«Jawohl!», rief Stephan heftig, «das bist du! – Rolf, ich muss einmal offen mit dir reden. Du weißt, ich bin nicht nur dein getreuer Freund, sondern auch dein gehorsamer Schüler. Als solcher erkenne ich rückhaltlos deine Überlegenheit in geistigen und weltlichen Fragen an und beuge mich willig deinem besseren und reiferen Urteil. Aber auf dem Wege deiner politischen Anschauung kann ich dir einfach nicht länger folgen. Du hast dich mit deiner Einstellung zu Hitler völlig in eine Sackgasse verrannt und verkennst diesen Mann gründlich.»

«Und du ereiferst dich wieder unnötig und gebrauchst allzu starke Worte», versuchte der Doktor, von der Heftigkeit Stephans überrascht, mit leisem Verweis im Tonfall zu beschwichtigen.

«Meine gebrauchten Worte und Ausdrücke sind viel zu schwach für diesen Verbrecher, unter dessen Regime und Verantwortung Schandtaten wie die von dir geschilderten geschehen durften», trumpfte Stephan weiter auf. «In meinen Augen ist dieser Mann bereits vom Cäsarenwahn gepackt, der ewigen Krankheit aller Unsicheren und Angstbesessenen auf dem Herrscherthron. Soll ich dir sagen, an wen er mich erinnert? – Nicht an Nero, den du kürzlich zitiertest, wohl aber an den Kaiser Diokletian, der genau so viel Unsinn im großrömischen Reiche angestiftet hat wie dieser Hitler in seinem nur in der Fantasie existierenden Großdeutschland. – Doch, es ist schon so, und du brauchst gar nicht den Kopf zu schütteln, mein Vergleich hinkt keineswegs so stark, wie ich dies aus deiner

Geste folgern müsste. Allerdings gebe ich zu, dass Diokletian sehr viel gescheiter als dieser Pinsel war, der unsere Welt mit primitivsten Methoden und unfähigen Emporkömmlingen regieren will, aber beide sind in ihren Ablenkungsmanövern für die sture Volksmasse, der eine als Christenverfolger, der andere als Judenschlächter, doch ‹ein edles Bruderpaar›.»

Stephans heftiger Ausbruch ergoss sich wie ein Sturzbach über das Haupt des Doktors, der seinen Jungen von dieser Seite noch nicht kennen gelernt hatte. All das, was sich in den Tagen der Erzählung in Stephans Inneren angestaut hatte, kam jetzt vulkanartig zum Durchbruch. Trotz seiner Bestürzung erkannte der Doktor augenblicklich den Erreger der tobenden Kräfte: die an sich bereits vorhandene Antipathie Stephans war durch seine Erzählung ins Uferlose gesteigert worden, und seine Zuneigung zu ihm, also wieder einmal das Gefühlsmäßige, spielte dabei eine wesentliche Rolle. Aber, Herrgott, sollte Stephan, so fragte sich der Doktor, trotz aller gefühlsmäßigen Subjektivität mit den schärferen Augen der Jugend hier womöglich doch klarer und richtiger als er sehen?

In der leichten Unsicherheit dieses aufsteigenden Gefühls versuchte es der Doktor erneut mit einer sachlichen Beschwichtigung:

«In allen meinen früheren Diskussionen mit dir habe ich immer wieder betont, dass auch ich die Brutalität und Sturheit Hitlers verurteile. Aber bedenke doch, liebster Junge, dass es jetzt um das Ganze geht, um das Schicksal des gesamten deutschen Volkes, um die Toren und um die Weisen, um die Willigen und die Unwilligen, um die Schuldigen und die Unschuldigen. Wie stellst du dir wohl die Zukunft aller dieser Menschen vor, wenn Hitler die Partie verlieren sollte?»

«Liebster Rolf, deine innere Festigkeit hat einen erheblichen Stoß erlitten, du lenkst ab! – Aber ich will lieb sein und meinen Triumph nicht auskosten, sondern auf deine Frage eingehen: Auch dann, wenn Herr Hitler die Partie verliert, was er bestimmt tut, wird sich eine vernünftige Lösung im Rahmen der Vereinigten Staaten Europas finden lassen, wie du selbst dies vor einigen Tagen beim Beginn deiner Erzählung als erstrebenswert bezeichnet hast.»

«Diesen Zusammenschluss haben viele Leute nach dem Weltkriege gewollt und vor ihnen wollte ihn Napoleon, und jetzt will ihn Hitler, aber England will ihn eben nicht.»

«Aber ich bitte dich, Rolf!», begehrte Stephan schon wieder auf. «‹Hitler will ihn!›, sagst du – dass ich nicht lache! Dein Herr Hitler will als unbeschränkter Diktator mit Kürassierstiefeln in Europa herumstampfen und aus gesegneten Kulturländern Schutthaufen machen. Mit dem Schwerte kann man immer nur erobern, aber das Eroberte festhalten, das kann man nur mit dem Geiste, von dem in eurem ganzen Nationalsozialismus auch nicht ein Hauch zu verspüren ist. Die Problematik dieser riesenhaften politischen Arithmetikaufgabe der ‹Vereinigten Staaten von Europa› verlangt meinem Gefühl und meinem Verstand nach einen eiskalten Rechner, ein mathematisch geschultes Genie, einen gewiegten Diplomaten ohne jede Emphase und mit sparsamstem Verbrauch von Worten, aber nicht einen Popanz und eitlen Schwätzer, der jeweilig etwas anderes behauptet und jedes Mal dabei vergisst, was er vorher gesagt hat.»

«Also gut, Stephan, ich gebe mich geschlagen», gestand der Doktor mit fühlbarer Resignation, aber auch mit leisem Stolze über seinen schlagfertigen Jungen ein, «und selbst auf die Gefahr hin, noch weiteres Öl in dein hochloderndes Feuer zu gießen, was keineswegs meine Absicht ist, muss ich meiner bereits abgeschlossenen Erzählung doch noch einen kleinen Nachtrag anschließen, der einige überlieferungswerte Wahrheiten enthält. Sie fallen mir gerade ein und sollen, wenn sie auch nicht selbst erlebt wurden, den definitiven Abschluss meiner Geschichte bilden. Und zwar handelt es sich um das weitere Ergehen meines Dieners Kurt, der – wie ich dir berichtete – zu zwei Jahren und drei Monaten Gefängnis verurteilt worden war.»

«Hast du ihn wiedergesehen?», fragte Stephan interessiert. «Jawohl, er erschien nach Ablauf seiner Strafzeit und berichtete mir unter anderem folgendes: Gemeinsam mit anderen meist jüngeren Sträflingen wurde er zur Kultivierung der Moore in das Emsland verfrachtet, wo große Sträflingslager – insgesamt 14 für rund 60 000 Mann – unter Aufsicht und Betreuung von SA-Männern errichtet worden waren. Bereits bei der Übernahme wurden die Gefangenen von ihren Peinigern mit Ohrfeigen und Fußtritten bewillkommnet, was sogar helle Empörung bei den Gefängnisbeamten, die sie übergeben hatten, auslöste. In diesem Stile vollzog sich ihre weitere Behandlung, bis schließlich die Sache doch zu toll wurde und die Lager im Mai 1939 von der Justizverwaltung übernommen wurden. Was aber war in den Jahren 1936 bis 1939 darin alles geschehen? – Achtzehn Monate lang hatte mein Diener in dieser Hölle gelebt und unglaubliche Dinge dort mit ansehen und selbst erdulden müssen. Glücklicherweise drang doch Verschiedenes darüber in die Öffentlichkeit, und zwar durch entwichene Sträflinge, die nach Holland gelangt waren und dort ihre Erfahrungen nicht nur berichteten, sondern sogar veröffentlichten.

So erregte beispielsweise das Buch ‹Der Moorsoldat›[5] im Auslande beträchtliches Aufsehen und war wohl mit ein Grund zum Wechsel des Aufsichtspersonals der Lager. Ich kenne den Inhalt des Buches nicht und kann mir daher auch darüber kein Urteil erlauben, wohl aber über die Gastfreundschaft und Humanität Hollands, das politische und vor allem jüdische Flüchtlinge aus diesen Lagern liebevoll aufnahm, Homosexuelle aber glatt zurücklieferte. Das Schicksal dieser Ärmsten war grauenhaft: In einer völlig leeren, schallsicheren Isolierzelle waren auf dem Steinfußboden vier eiserne Ringe in entsprechenden Abständen eingelassen. In dieser Zelle verschwand der Delinquent, begleitet von einem mit Peitsche und Riemen versehenen SA-Wachtmeister – und wurde niemals wieder gesehen.»

«Höre auf, Rolf, mir wird schlecht!», schrie Stephan empört auf.

«Das war auch mein Empfinden beim Anhören dieses Berichtes, namentlich in dem Gedanken, dass der weitaus überwiegende Prozentsatz der Häftlinge im Lager 5 in Neu-Justrow[6] für Nicht-Vorbestrafte keine Verbrecher, sondern junge, besonders empfindsame Menschen aus anständiger Familie waren, zu denen sich eine Reihe von Akademikern, wie Ärzte, Rechtsanwälte, Ingenieure und ähnliche, gesellte; sie alle wurden besonders satanisch behandelt und können sämtlich als Kronzeugen für die Richtigkeit des Sinnspruchs aufmarschieren:

---

5   Einen Roman unter dem Titel gibt es nicht. Gemeint ist hier wohl das Lied «Die Moorsoldaten», das im KZ Börgermoor entstanden ist. (DG)

6   Gemeint ist wohl das KZ Neusustrum, in dem besonders viele Homosexuelle interniert waren. (DG)

‹Der Weg der neuen Ordnung geht
Von der Humanität
Über die Nationalität
Zur Bestialität!› –»

«Rolf! Verlass dich darauf, es gibt eine göttliche Vergeltung auf dieser Welt! Niemals kann aus solchen Schandtaten Gutes und Dauerndes entstehen! Faschismus und Nazismus werden noch in diesem Kriege endgültig vernichtet werden, und freie Völker werden wieder Luft zum Atmen bekommen.»

«Quod di bene vertant», bekräftigte der Doktor. «Aber wie wäre es, Stephan, wenn wir nach der heutigen politischen Aussprache, aus der du zweifellos als Sieger hervorgegangen bist, endgültig mit diesem Thema Schluss machten und die weitere Entwicklung der Dinge auch hier den Göttern anheimstellen würden?»

«Und du nimmst es mir nicht krumm, dass du auf diesem Gebiete unterlegen bist?», wollte Stephan wissen.

«Genau so wenig wie meine Niederlage auf einem ganz anderen Gebiete, wo auch mein Widerstand an deiner Hartnäckigkeit zerbrach.»

«Rolf, jetzt bist du aber boshaft!», entgegnete Stephan mit leichter Röte in den Wangen, «jedoch hier meine Hand, der Friede in der politischen Arena sei hiermit endgültig zwischen uns geschlossen!»

«Dann schleunigst auf zu seiner Besiegelung!», rief der Doktor, wenn wir etwas ausschreiten, sind wir in zehn Minuten in Bräuern und können dort Waffenstillstand und endgültigen Abschluss meiner Erzählung mit Enzian feiern. Einverstanden? – Also dann nichts wie los!»

Mit großem Gepolter, das die Schwestern aus der Küche lockte und Siegmunds Mund zum Schreien brachte, stürmten sie die Treppe des Hauses empor und nahmen auf der leeren Veranda Platz. Der heiße Kaffee und der scharfe Enzian heizten den inneren Organismus, sodass sie die regenfeuchte Kühle nicht empfanden und somit auch keinerlei Wunsch verspürten, im geheizten Innenraum Platz zu nehmen. Aber trotz der allmählich aufkommenden Behaglichkeit gelang es Stephan nicht, die Nachwirkung des Gehörten zu überwinden. Er gab sich redliche Mühe, unbegangen und fröhlich zu erscheinen, und griff sogar wiederholt zur Enzianflasche, um sich aufzuheitern. Auch der Doktor erschien trotz seiner äußeren Gelassenheit etwas bedrückt und abgespannt, und so fühlte Stephan erneut die unbedingte Verpflichtung in sich, die trübe Situation mit allen Mitteln aufzuhellen. In diesem Vorsatze sandte er immer wieder seine Blicke zu den nebelverhangenen Höhen des Rinderkarsees empor und blinzelte anschließend schalkhaft zum Freunde hinüber, der völlig verständnislos tat. Also musste Stephan schon deutlicher werden.

«Ob man da wohl hinaufsteigen kann?», fragte er mit unschuldsvoller Miene.

«Das schon, es soll aber sehr gefährlich sein», lautete die Entgegnung, die sofort auf das Spiel einging.

«Inwiefern wohl gefährlich?»

«Da hausen Berggeister, deren Sinnen und Trachten auf die Verführung junger Menschen gerichtet sind. Manches jungfräuliche Mädchen hat dort oben in der Einsamkeit seine Unschuld verloren, und es wird sogar gemunkelt – aber das kann ich mir gar nicht vorstellen –, dass es selbst Jünglingen passiert sein soll.»

«Na, das ist ja allerhand!», rief Stephan so laut, dass die eintretende Anna die Ursache erfahren wollte und er geistesgegenwärtig beteuerte, den ewigen Regen zu meinen.

«Ja», unterstützte ihn der Doktor, «dreißig Jahre, also bis 1910, muss ich zurückdenken, um mich zu erinnern, jemals ein so anhaltend schlechtes Wetter in den Alpen erlebt zu haben. Ich war damals in Zermatt, also in der Welt der Viertausender, und selbst die Führer rieten zur Abreise. – Wie wäre es, Stephan, wenn auch wir abreisten?» –

Betroffen blickte Stephan auf: «Ist das dein Ernst?»

«Ja, sofern du einverstanden bist. Ich habe das Gefühl, dass das Wetter noch weiter so bleibt und wir doch nichts mehr Rechtes unternehmen können. Warum wollen wir uns die Erinnerung an die herrlichen Tage, die wir hier erlebt, verwässern lassen? Ich schlage dir als Abschluss unserer Reise noch eine Woche Ferien in Salzburg und München vor und dann Aufbruch nach Berlin zur Arbeit. Morgen wird gepackt, und übermorgen in der Frühe fahren wir nach Salzburg, wo wir mittags ankommen werden.»

«Und wenn es in Salzburg und München auch regnet?», wandte Stephan ein.

«An beiden Orten haben wir mancherlei Genüsse und Anregungen zu gewärtigen, die wir gemeinsam mit besonderer Freude erleben werden. In Salzburg finden zurzeit die Mozartkonzerte statt, und in München wirst du mich führen.» –

«Du kennst ja München besser als ich», sagte Stephan, noch immer von dem plötzlichen Vorschlag betroffen, mit leiser Klage im Tonfall, und als Anna sie verlassen hatte, begann er von neuem: «Ach Rolf, ich kann mich noch gar nicht an den Gedanken gewöhnen, von hier scheiden zu sollen. Ich habe hier zu viele Erinnerungen, und glaube mir, ein Teil meines Herzens bleibt in diesen Bergen zurück.»

«Das glaube ich dir, lieber Junge, aber das kleine Herz wächst unter meiner sorgsamen Pflege wieder und wird genau so groß wie es war. Einmal schlägt uns doch die Abschiedsstunde, einmal musst du dich doch von hier losreißen, darum lass uns schnell handeln!»

«Trotzdem Rolf, gib wenigstens noch einen Tag zu! Ich möchte so gern noch einmal die Wasserfälle hinauf zum Krimmler Achetal und möglichst durch das Rainbachtal zur Richterhütte. Das können wir, wenn wir zeitig aufbrechen, als Parforcetour schließlich auch bei schlechtem Wetter in einem Tage schaffen. Mache mir doch noch Freude; jeder Felsen, jeder Baum, jeder Stein, jeder Blick sind mir Erinnerung. Dort, ja dort sind mir zum ersten Mal die ‹Türmer-Augen› aufgegangen und das volle Verständnis für die herrlichen Verse ‹Zum Sehen geboren, zum Schauen bestellt›, und schauen möchte ich dies alles noch einmal, bevor wir von hier scheiden.»

«Ich verstehe dich, Stephan, ich verstehe dich völlig und empfinde mit dir. Mein Vorschlag einer überstürzten Abreise war also ein Fehler; ich darf dich hier, wo du innerlich so stark verwurzelt bist, nicht spontan herausreißen. – Heute ist Donnerstag – wir reisen also erst Montag früh. Einer von den so uns noch verbleibenden drei Tagen wird ja wohl diesen Ausflug bei einigermaßen erträglichem Wetter gestatten.»

Stephan atmete auf: «Gottlob, ich sehe noch einmal die Richterhütte. Und wenn das Wetter wirklich gut werden sollte, dann gehen wir noch einmal über die Rosskarscharte zur Zittauer, wo ich damals so schön gesungen und mich später so sehr daneben benommen habe. Gell, Rolf?»

«Vielleicht auch das! Aber schließlich willst du auch noch einmal auf den Venediger?»

«Nein, Rolf, das bleibt als einmaliges Erlebnis in meinem Inneren! - Aber später einmal möchte ich doch noch mit dir dort oben stehen, zum ersten Mal nach fünfjähriger Dauer unserer Freundschaft. Darüber aber werden die Götter befinden.»

«Stephan! Sie haben schon befunden», rief der Doktor plötzlich und wies auf ein Stück Himmelsblau, das im Norden plötzlich zum Vorschein kam. «Du scheinst wirklich eine große Nummer oben zu haben!» –

Mit der überraschenden Schnelligkeit, die dem Hochgebirge eigentümlich, hatte das Wetter tatsächlich innerhalb weniger Minuten einen Umschwung zum besseren erfahren, und da erfahrungsgemäß eine derartig schnelle Aufheiterung meist nicht von Dauer ist, entschloss sich der Doktor, schnell zu handeln.

«Wie wäre es denn», schlug er vor, «wenn wir noch heute nach dem Abendbrot aufbrächen, die Nacht durchmarschierten, in aller Morgenfrühe auf der Richterhütte frühstückten, und dann, je nach der Wetterlage, dort verblieben oder aber auf der Zittauer zu Mittag äßen, um schließlich über die Rainbachscharte am Abend zurück zu sein?»

«Ein herrlicher Vorschlag!», stimmte Stephan enthusiastisch zu.

«Dann lass uns keine Zeit verlieren! Der Regen hat aufgehört, und der Himmel wird allmählich klarer. – Anna, wir müssen aufbrechen!»

Unverzüglich nahmen sie herzlichen Abschied von den Bräuernschwestern, in deren Räumen sie so oft Einkehr gehalten hatten, unter dem festen Versprechen, sie im nächsten oder übernächsten Jahre wiederzusehen, und erreichten im Geschwindschritt bereits nach vierzig Minuten ihr Quartier, wo Stephan schleunigst die Rucksäcke packte und der Doktor telegrafisch Zimmer in Salzburg vorbestellte. Die Aufklarung des Himmels hielt weiter an, und so bestand die

Aussicht, dass trotz noch vorhandener Wolken der Mond erscheinen würde. Sie tafelten in Ruhe und brachen gegen 10 Uhr abends auf.

Gemächlich, denn sie hatten reichlich Zeit, bummelten sie durch die schöne Nacht den Wasserfallweg empor, blickten von der Schettbrücke auf ein mondbeschienenes Krimml herab und schlenderten dann das Krimmler Achetal entlang bis zum Tauernhaus, wo alles in tiefem Schlaf lag. Der Aufstieg zum Rainbachtal, der im Schatten der Bäume dunkelte, forderte den Spürsinn des Doktors und die nachtscharfen Augen Stephans heraus, um ihn nicht zu verfehlen. Als sie jedoch gegen 2 Uhr morgens die Höhe gewonnen hatten, sahen sie den Rainbachtalweg im klaren Mondenschimmer vor sich liegen. Die Nacht war auffällig warm, der Aufstieg hatte sie erhitzt, und sie waren in Schweiß geraten.

An der Abzweigstelle zur Zittauer Hütte schlug Stephan eine einstündige Ruhepause vor, die der Doktor gern gewährte, da sie keinesfalls vor 5 Uhr auf der Richterhütte eintreffen wollten. Stephan ließ es sich nicht nehmen, ein Stück des schmalen Pfades zur Zittauer hinaufzusteigen, um dort einen geeigneten Lagerplatz für die kurze Nachtruhe zu suchen. Als der Doktor, seinem Rufe folgend, emporgestiegen war, begrüßte ihn eine weiße, nur mit Kniehose bekleidete Jünglingsgestalt, die ihm im Mondenschein geisterhaft zuwinkte.

«Stephan, bist du toll? – Willst du dich etwa mit nacktem Körper auf die kalte, nächtliche Erde legen und dir einen Rheumatismus oder eine Nierenreizung zuziehen?», drohte der Doktor.

«Nein, das alles will ich nicht, aber ich will mich dir noch einmal in dieser Natur zeigen, um dir für die schöne Nachtwanderung zu danken», entgegnete Stephan und entkleidete sich völlig.

Der Doktor verhielt seinen Schritt und versank in schweigende Huldigung vor diesem Urbild des juvenis, das sich im Mondenlicht von dem dunklen Hintergrund der Felsen und Bäume traumhaft schön abhob. Die Erkenntnisse des großen Hellenen Winckelmann flogen ihm bei der Betrachtung durch den Sinn: «Der erste Anblick schöner Statuen ist bei dem, der Empfindung hat, wie die erste Aussicht auf das offene Meer, worin sich unserer Blick verliert und starr wird, aber in wiederholter Betrachtung wird unser Geist stiller und das Auge ruhiger und geht vom Ganzen auf das Einzelne.» – Der

Doktor trat näher, um Stephans Körper schärfer ins Auge zu fassen, und erkannte plötzlich, dass er in den letzten Wochen zweifellos eine Veränderung erfahren hatte, die wohl auf die bergsportliche Betätigung des Jünglings zurückzuführen war. Besonders an Schenkeln und Waden, aber auch an Brust und Schultern erschien Stephans Körper fester gefügt und muskulöser unter Verlust seiner weichen Linien.

«Junge, du wirst ja der reinste Athlet!», rief der Doktor überrascht bei dieser Feststellung aus.

«Um Gottes willen!», schrie Stephan in komischem Entsetzen zurück und blickte an sich herunter. «Womöglich zieht mich Luxemburg zu den Gebirgsjägern ein, wenn es meine Beinmuskeln sieht. Nie wieder gehe ich auf einen hohen Berg!»

«Es steht dir aber ausgezeichnet», stellte der Doktor schmunzelnd fest. «Aber nun zieh dich schleunigst an, du Götterliebling, damit du dich nicht erkältest.»

Die Mäntel dienten als Unterlage, die Rucksäcke als Kopfpolster, so betteten sie sich dicht nebeneinander und sandten ihre Blicke zum Firmament empor. Über das ganze schweigende Gebilde der stillen Nacht im Hochgebirge wölbte sich in unermesslichem Bogen das blauschwarze Himmelsgewölbe, an dem nach Verschwinden des Monds die Sterne wie goldene Tropfen hingen und die Erde mit dem unsicheren Licht ihres fahlen Geflimmers nur noch schwach erhellten.

Stephan entschlummerte trotz des harten Lagers unverzüglich, während die Gedanken seines Gefährten, vom Sternenflimmer angeregt, durch Äonen kreisten und plötzlich bei einem Kantschen Satze haften blieben, der da lautete: «Zwei Dinge erfüllen das Gemüt mit immer neuer, zunehmender Bewunderung, je öfter und nachhaltiger sich das Nachdenken damit beschäftigt: der gestirnte Himmel über mir und das moralische Gesetz in mir.» Beunruhigend, ja drohend erhob sich jetzt die letztere Forderung vor dem Sinnenden und verlangte kategorisch Rechenschaft bezüglich seines Verhaltens Stephan gegenüber. Zweifel und Gewissensbisse kamen und schwanden ebenso schnell, und in goldenem Glanze stieg vor dem geistigen Auge des Grüblers Hellas empor, überblendete den kategorischen

Imperativ des Kritikers der reinen Vernunft und formte aus seinen Strahlen Buchstaben, Silben und Worte Hölderlins, die schon einmal – oben am Manasarovar – laut und feierlich gesprochen worden waren:

> «Wer das Tiefste gedacht, liebt das Lebendigste,
> Hohe Tugend versteht, wer in die Welt geblickt,
> Und es neigen die Weisen
> Oft am Ende zu Schönem sich.» –

Der Doktor sah auf die Uhr, die inzwischen eine gute Stunde vorgerückt war. Ein leiser Zuruf weckte Stephan und ein Schluck Kognak belebte beide; im immer mehr verblassenden Sternenschimmer setzten sie ihren Weg fort.

Als sie kurz nach 5 Uhr auf der Richterhütte eintrafen, war die geschäftige Hüttenwirtin bereits in der Küche tätig. Staunend freudige Begrüßung und anschließend ein frugales Frühstück waren der Lohn für ihr nächtliches Emporsteigen. Aber die Gipfel der Reichenspitzgruppe blickten missmutig und entschleierten sich nur wenig, und als es überdies zu schneien begann und Stephans Augen immer müder blickten, fiel der weitere Plan Rosskarscharte und Zittauer mit hörbarem Ruck in sich zusammen. Kurz entschlossen befahl der Doktor Bettruhe bis zum Mittagessen und verzog sich mit Stephan auf ein Zimmer.

Mittagbrot und anschließender Bummel zum kleinen See hinauf waren die weiteren Stationen des Tages. Auf einem Stein am Seeufer nahmen sie Platz und blickten Abschied nehmend auf die dunklen nebelverhangenen Berge des Talabschlusses.

«Dort die Gamsscharte – dort die Richterspitze – dort der Pfad zur Rosskarscharte – alles Meilensteine am Wege unserer Freundschaft, der Mitwelt und Nachwelt überlieferungsfertig aufgezeichnet», sagte Stephan sinnend. – «Und wirst du nun mit unserer Abreise die Geschichte unserer Freundschaft abschließen?», fragte er plötzlich.

Verloren schaute der Doktor in die Ferne und schwieg zunächst auf die Frage nachdenklich weiter. Plötzlich traf sein gesammelter Blick Stephans Augen: «Ja, Stephan, ich schließe ab! Denn das, was ich zu sagen hatte, habe ich wohl alles gesagt, und unser weiteres Ergehen soll in Dunkel gehüllt bleiben.»

«Damit aber, lieber Rolf», entgegnete Stephan nach kurzer Überlegung, «bleibt die Geschichte unserer Freundschaft unvollendet und erhält fragmentarischen Charakter.»

«Richtig, lieber Junge, es ist ein Fragment und soll es auch bleiben –»

«– bis es die Götter anders beschließen», ergänzte Stephan lächelnd.

Des Doktors Arm umschlang liebevoll die schlanke Taille des neben ihm sitzenden Freundes: «Wenn wir erst in Berlin sind, werde ich dir anhand meines Manuskriptes die Reinschrift in die Maschine diktieren. Auf diese Art werden wir an den langen Winterabenden noch einmal alle Schönheiten unserer Reise gemeinsam durchleben, und du wirst mich korrigieren, falls meine Schilderung von der Wirklichkeit des Geschehens abweichen sollte.»

«Ach ja», stimmte Stephan freudig zu, «das stelle ich mir herrlich vor, und jetzt freue ich mich schon direkt auf Berlin!»

«Und das druckfertige Exemplar werden wir vor dem Zugriff der Gestapo und vor der Vernichtung durch Luftangriffe dem Tresor einer Bank anvertrauen, zu dem nur du und ich den Schlüssel und das Stichwort besitzen werden.»

«Und wie soll dieses Stichwort lauten?», fragte Stephan.

«Nun, was schlägst du vor?»

«Natürlich ‹Großvenediger›.»

«Das wäre als Stichwort etwas lang», meinte der Doktor bedenklich.

«Dann also ‹Krimml›!»

«Ausgezeichnet, Stephan! Unter diesem Losungswort soll die Geschichte unserer Freundschaft vor der Welt verborgen ruhen, bis die Stunde der Freiheit für sie und für Europa schlägt.» –

Die Verabschiedung der Hüttenwirtin vollzog sich bei Stephan nicht ohne innere Rührung, wenn diese auch in höherem Maße dem endgültigen Scheiden von dieser Erinnerungsstätte galt. Der Doktor, der den Ariadnefaden durch die Fülle und Vielschichtigkeit in Stephans Seele gefunden hatte und in seinem Inneren gleichsam wie in einem Buche las, gab sich bei dem nun folgenden Abstieg durch das Rainbachtal bei leidlichem Nachmittagswetter redliche Mühe, ihm den Trennungsschmerz durch Reminiszenzen an ihre damalige Rückwanderung zu nehmen. So gedachte er ausführlicher des pfeifenden Murmeltieres und verschwieg ihm dafür wohlweislich, dass ihnen die zarten Soldanellen, die lieblichen Alpenanemonen und alle die anderen buntfarbigen Kinder der blumenreichen Rainbachtalflora ihre Abschiedsgrüße zunickten. So wurden bei den verschiedentlichen «Weißt du noch, Stephan ...» die umflorten Augen des Jungen allmählich wieder heller. Im Krimmler Achetal war sein Abschiedsschmerz so weit behoben, dass er den Wünschen seines Begleiters nachgab und noch einmal zur Erinnerung «Kommt ein schlanker Bursch gegangen» anstimmte. Die Musik beflügelte ihre Schritte und so trafen sie rechtzeitig zum Abendessen in Krimml ein, dem sie beide mit gutem Appetit zusprachen. –

Das ihnen noch verbleibende Wochenende schwand unter mannigfachen Vorbereitungen zur Abreise schnell dahin. Eine prächtige Erdbeerbowle, der sie sich wohlweislich bereits am Samstagabend unterzogen, verklärte weiter den Abschiedsgedanken und die anschließende liebevolle Tröstung des Freundes beim erneut herabrauschenden Regen, der nachts pausenlos gegen die Fenster prasselte, löschte den Trennungsschmerz bei Stephan endgültig aus. So fand ihn der Doktor in den frühen Morgenstunden des nebelverhangenen Montags sogar freudig zur Abreise gestimmt. Noch einmal entführte sie das Auto des Hotels zur Bahnstation, noch einmal sahen sie die qualmende Lokomotive der Pinzgauer Lokalbahn altersschwach aus ihrem Schuppen auf sich zudampfen und noch einmal blickten sie bei der Bahnstation Rosental zum Venedigergipfel hinauf, der sich jedoch im Wolkenumhang diesmal ihren Blicken entzog und auf ihre dankbare Respekterweisung verzichtete.

«Liebster Junge», sagte der Doktor leise zu dem auf schmaler Bank eng an ihn gedrückten Freunde, «das erste Kapitel unserer Freundschaft liegt nunmehr abgeschlossen hinter uns, und ich kann mir nicht vorstellen, wie es sich noch schöner, als es war, hätte gestalten sollen, wenn uns auch der Wettergott bestimmt nicht verwöhnt hat. Aber wir wollen ihm darob nicht zürnen, denn bei den großen Augenblicken war er gnädig und wirkliches Ungemach hat er uns nicht bereitet. Vielleicht wollte er uns auch frühzeitig belehren, dass unser Lebensschifflein, in dem wir weiter gemeinsam fahren, keineswegs immer nur unter Sonnenschein und Himmelsblau, sondern auch in Sturm und Regen treiben wird. Aber komme was wolle, ich weiß, dass mir mein Weggenosse bei jedem Wetter treu zur Seite stehen wird, und das ist ja schließlich die Hauptsache. Denn von den drei Dingen, die unser Erdendasein lebenswert machen, kann man aus eigener Kraft nur zwei vollbringen, nämlich die Götter lieben und Gutes um seiner selbst willen tun, aber das Dritte, seine Ergänzung, den Lebenskameraden, finden, liegt ausschließlich in den Händen der Götter, die es nur ihren Lieblingen für ihr ehrliches Wollen und Streben gewähren.»

Leise und ernst erwiderte Stephan: «Die Gefühle meines jungen Herzens sind so mannigfaltig bei diesem Scheiden, dass ich sie selbst dir nicht zu schildern vermag. Aber das eine fühle ich ganz klar und kann es auch in Worte fassen, nämlich das Gebot der unverbrüchlichen Zusammengehörigkeit mit dir. Nur aus dieser spontan auftretenden Überzeugung heraus – ja, es war die Regung einer magischen Sekunde – habe ich den Freundschaftsbund mit dir geschlossen. So herrliche Tage du mir geschenkt, so verständnis- und liebevoll du mich behandelt, so prächtig mir die Berggipfel geleuchtet, so farbenfroh mir die Blumen geblüht – all das wäre nichts, wenn sich mein Inneres nicht so restlos zu dir hingezogen gefühlt hätte. Denn nicht der Verstand, lieber Rolf, sondern das Gefühl ist in einem solchen Falle das Entscheidende. Und diese innere allgewaltige und untrügliche Stimme, entstammend der Unendlichkeit, ist eben das Gesetz der Vorsehung, dem wir Sterbliche zu folgen haben, dem auch ich gefolgt bin und dem ich folgen werde, so lange uns die Götter gemeinsam auf dieser Erde wandern lassen!»

Ein Gespräch nach Aristophanes als Epilog

Der Ungerechte: Hast du, lieber Freund, das Buch, das ich dir kürzlich gab, bereits gelesen?

Der Gerechte: Meinst du das unmoralische Machwerk fragmentarischen Charakters, gemischt aus Hellenismus, Alpinismus und Antifaschismus zu gleichen Teilen? Ja, dieses Buch habe ich leider gelesen.

Der Ungerechte: Und hast du es zu Ende gelesen?

Der Gerechte: Auch das, obgleich ich es lieber ins Feuer geworfen hätte, wenn es eben nicht dein Buch gewesen wäre.

Der Ungerechte: Deine Worte lassen mich schließen, dass es dir missfallen hat.

Der Gerechte: «Missfallen», lieber Freund, wäre eine zu schwache Ausdrucksform meiner völligen Ablehnung. Ich finde seine Tendenz verwerflich, seinen Inhalt obszön, seine Handlung unglaubwürdig, seinen Aufbau kläglich und somit das Ganze ein miserables Machwerk.

Der Ungerechte: Und trotzdem hast du das Buch zu Ende gelesen?

Der Gerechte: Ja, weil mich die perverse Fantasterei dieses Libidinisten insofern interessierte, als ich feststellen wollte, wieweit sich ein Kulturmensch vor der Öffentlichkeit entblößen kann, ohne sich dabei zu Tode zu schämen.

Der Ungerechte: Du hast demnach nicht den Eindruck gewonnen, dass es sich hier keineswegs um eine Phantasterei, sondern um eine wahre Begebenheit handelt?

Der Gerechte: Umso schlimmer, wenn dies wirklich der Fall wäre!

Dann aber sollen diese Lüstlinge ihr verwerfliches Treiben wenigstens für sich behalten und nicht der breiten Öffentlichkeit unterbreiten, die von derartigen Entartungen nichts wissen will.

Der Ungerechte: Diese letztere Behauptung ist insofern nicht ganz zutreffend, als die Nachfrage nach diesem Buche überraschend groß sein soll, wie mir unlängst mein Buchhändler erzählte. – Wie verhält sich dies also mit der von dir betonten grundsätzlichen Ablehnung der breiten Öffentlichkeit?

Der Gerechte: Es ist leider eine Erfahrungstatsache, dass erotische, ja perverse Bücher auf die breite Masse einen Reiz ausüben und Augenblickserfolge zeitigen, die jedoch bald in sich zusammenfallen und lediglich einen faden Geschmack auf der Zunge hinterlassen.

Der Ungerechte: Diese Behauptung lässt sich schon eher hören, auch gebe ich dir zu, dass deine Adjektive «erotisch» und «pervers», wenn auch nur in ihrer ursprünglichen Bedeutung, hier berechtigt sind, aber «obszön» kann ich mit bestem Willen das Buch oder richtiger seinen Inhalt nicht finden, und wenn ich auch – wie du mich ja kennst – kein Verständnis für gleichgeschlechtliche Neigungen aufzubringen vermag, so lehne ich doch die Tendenz dieses Buches nicht als «verwerflich» ab, sondern billige sie sogar.

Der Gerechte: Damit willst du doch nicht sagen wollen, dass du sein Erscheinen begrüßt. So wenig ich dem verschwundenen Nationalsozialismus nachtrauere, unter seiner Ägide wäre jedenfalls eine derartige Veröffentlichung undenkbar gewesen. Stelle dir bitte die Folgen vor, wenn dieses Buch in die Hände von unschuldigen Knaben und Jünglingen gelangt. Der Schaden wäre nicht auszudenken!

Der Ungerechte Eine solche Gefahr besteht schließlich bei jedem Buch, das nur für reife Menschen bestimmt ist, und man kann deshalb weder die alten Klassiker, noch die Bibel auf dem Scheiterhaufen verbrennen. Somit muss man das Erhaltungsrecht wohl auch für dieses Buch gelten lassen. Und wenn sein Inhalt auch nicht unbedenklich ist, so gibt er doch in seiner ungeschminkten Darstellung von Situationen eine Aufklärung, für die sich immer nur derjenige, der sich angezogen fühlt, interessieren, dagegen der Uninteressierte nur Gleichgültigkeit empfinden wird.

Der Gerechte: Nein, bester Freund, so einfach liegen die Dinge hier nun doch nicht! Es ist nämlich erwiesen, dass junge Menschen in ihren sexuellen Neigungen außerordentlich labil und somit leicht durch geschickte Beeinflussung in eine abnorme Richtung zu lenken sind. Die Lektüre dieses Buches erscheint mir für Jünglinge geradezu als lockendes Gift und als Seelenfänger gefährlichster Art, und so habe ich es auch vor meinem jüngsten Bruder, der mich bei der Lektüre antraf, sorgfältigst zu verbergen gesucht.

Der Ungerechte: Jetzt bringst du mich mit deiner Unlogik völlig durcheinander! Wie kann «ein miserables Machwerk» plötzlich als «lockendes Gift» die Seelen von Jünglingen «einfangen»? Und warum verwirfst du Verlockungen der heranreifenden männlichen Jugend immer nur in der einen Richtung und lässt die andere völlig unberücksichtigt? Ich halte die Verführung, durch reifere Mädchen und Frauen, wie sie heute üblich ist und im «Rosenkavalier» sogar besungen wird, für genauso aufschlussreich für den Betreffenden wie die erstere Form, oder bist du hier anderer Ansicht?

Der Gerechte: Durchaus, denn in dem einen Falle wird der Geschlechtstrieb in natürliche Bahnen, andernfalls in widernatürliche gelenkt.

Der Ungerechte: Das ist eine Binsenweisheit, deren Unzulänglichkeit du sofort erkennst, wenn du an deine eigene Jugend zurückdenkst. Auch wir haben nicht nur platonische Jugendfreundschaften gepflegt und sind trotzdem eingestellte Männer geworden. Jetzt beantworte mir bitte die Frage, würden wir das nicht geworden sein, wenn wir damals dieses Buch in die Hand bekommen hätten?

Der Gerechte: Selbstverständlich wäre mein Urteil über dieses Buch auch vor zehn und mehr Jahren genauso ablehnend wie heute gewesen –

Der Ungerechte: – es hätte also keinerlei Einfluss auf deine sexuelle Psyche ausgeübt. Folglich bist du selbst der beste Beweis für seine Unwirksamkeit auf den normal veranlagten Jüngling.

Der Gerechte: Was aber noch immer nicht besagt, dass es den labilen Jüngling nicht doch auf abschüssige Bahnen führen wird.

Der Ungerechte: Nein, es führt ihn auf keine abschüssige, sondern auf die ihm bestimmte Bahn, die er häufig zu spät erkennt, und bewahrt ihn so vor schwerwiegenden Enttäuschungen im Leben. Teuerster, denke doch einmal logisch – hier gibt es doch, wie ich dir bereits auseinandersetzte, nur zwei Wirkungsmöglichkeiten auf den Leser: entweder zieht ihn die Lektüre an oder sie stößt ihn ab, eine dritte sehe ich nicht.

Der Gerechte: Du wirfst dich ja in einer geradezu erstaunlichen Weise zum Verteidiger des Buches auf, sodass ich dieses Sympathisieren als verdächtig bezeichnen müsste, wenn ich dich nicht als glühenden Verehrer des weiblichen Geschlechts von Jugend auf kennen würde. Wie kommst du nur zu einer solchen merkwürdigen Einstellung?

Der Ungerechte: Einmal, weil ich sehr viel aus diesem Buche gelernt und erkannt habe, zum andern, weil ich in ihm das ernste Wollen verspüre, anders veranlagten Menschen zu helfen, zum dritten aber, weil ich die Unerschrockenheit des Autors bewundere, der sich für dieses Ziel einsetzt. Somit wirst du erkennen müssen, wie weit ich mich von deinem Urteil «perverse Phantastereien eines entarteten Wollüstlings» entferne.

Der Gerechte: Ja, Menschenskind, glaubst du denn wirklich allen Ernstes, dass dieses Buch für eine gewisse Kategorie junger Männer ein Erfordernis, eine Offenbarung, ein Wegweiser sein wird?

Der Ungerechte: Davon bin ich felsenfest überzeugt. Denn einmal offenbart es ihnen schonungslos ihre Psyche, nach dem Gesetzt, wonach sie angetreten, zum andern aber weist es ihnen in vorbildlicher Weise den Weg, auf dem sie trotz ihrer Veranlagung als lebensbejahende und vollwertige Mitglieder der menschlichen Gesellschaft wandeln können.

Der Gerechte: Und was würde sein, wenn dieses Buch nicht geschrieben worden wäre?

Der Ungerechte: Genau das, was ist: nämlich einerseits unzählige unverstandene, vereinsamte Menschen und zahlreiche unglückliche Ehen, andererseits sich hemmungslos auslebende Homosexuelle, die wirklich eine Gefahr für die heranwachsende Jugend sind. Beiden Verfallserscheinungen will der Verfasser des Buches nicht mit sinnlosen Verboten und unwirksamen Gesetzesparagrafen begegnen, sondern durch eine Erfüllung nach griechischem Vorbilde, deren ethischen und auch praktischen Wert du völlig verkennst.

Der Gerechte: Na schön, und wenn ich dies zugebe, so bleibt immer noch eine andere Frage ungelöst: Wir reden immer nur von der Jugend, die durch das Buch folgerichtig beeinflusst werden soll. Wie aber liegen die Dinge bezüglich des anderen Teils, der die Erfüllung bringen soll, also des älteren Partners? Wendet sich das Buch auch an ihn? Ist es auch für ihn Erfordernis, Offenbarung und Wegweiser?

Der Ungerechte: «Der Kasus macht mich lachen», dass du dies überhaupt fragst. – Konnte wohl der Autor ein besseres und abgeklärteres Vorbild in dieser Richtung hinstellen als das des Doktors, dessen an sich vortreffliche Eigenschaften und Fähigkeiten durch den makellosen Jüngling auf das höchste gesteigert werden, sodass er der Welt unerschrocken die Geschichte seines Lebens schenkt und damit Einzigartiges, wenn nicht Unvergängliches vollbringt?

Der Gerechte: Dein mir immer mehr unverständlicher Enthusiasmus verleitet dich zu Übertreibungen, die nicht geeignet sind, mich restlos zu überzeugen. – Immerhin bitte ich dich, mir das Buch noch einige Zeit zu belassen. Ich möchte mir durch nochmaliges Lesen ein Urteil darüber bilden, ob ich es nicht doch meinem jüngsten Bruder geben soll, dessen verschlossenes Wesen mir längst missfallen hat, wenn er sich auch neuerdings etwas aufgeräumter gibt.

Der Ungerechte: Selbstverständlich überlasse ich dir das Buch noch weiterhin – nur was deinen Bruder betrifft, so hat dieser das Buch bereits gelesen.

Der Gerechte: Aber das ist doch unmöglich! – Wer hat es ihm denn gegeben?

Der Ungerechte: Ich selbst, mein Bester! – Ja und dann – wir wollten es dir eigentlich erst später sagen – haben wir uns entschlossen, in diesem Sommer gemeinsam in die Alpen zu fahren und Hochtouren zu unternehmen.

Der Gerechte: Soooo – und wohin, Ihr Erzheuchler?

Der Ungerechte: Wir dachten an Krimml, weil man ja von dort aus am bequemsten den Venediger besteigen kann.

Der Gerechte: Anathema Euch Verworfenen ! – «Zum Kuppler ward das Buch und der's geschrieben –!» – Aber schämt Ihr Euch denn nicht eines so leichten Überraschungssieges durch vollendete Tatsachen über einen ahnungslosen Gerechten? – So nehmt schon meinen Segen zu Eurer Reise und vergesst beim Einpacken das Buch nicht!

Alpbach bei Brixlegg
im Juli 1941
– finis –

Nachwort

von Detlef Grumbach

«Stephan» – ein schwuler Roman aus dem Jahr 1941?

Dr. Rainer ist auf dem Weg in den Urlaub. Das Ziel des Berliner Chemikers sind die Salzburger Alpen, in München macht er Station. Er genießt die Stadt, in der noch kaum etwas vom Krieg zu spüren ist. Rainer – oder der Doktor, wie Rudolf Hanslian, der Autor des Romans sein Alter ego oft zu nennen pflegt – registriert vor allem, dass so wenig junge Männer zu sehen sind. Die meisten sind mittlerweile eingezogen. Umso mehr fällt ihm Stephan auf, der junge Chemiestudent, den er in einer Wirtschaft kennenlernt und mit dem er den Abend verbringt. Scheu tasten die beiden einander ab – unsicher, wie weit sie sich im Gespräch vorwagen können. Das gilt für politische Fragen ebenso wie für persönliche Informationen. Doch bald schon steht die Möglichkeit im Raum, dass Stephan dem Doktor nach Krimml, seinem Urlaubsort, folgen wird.

Dort entwickelt sich, getragen vom pädagogischen Eros, eine geradezu ideale Liebesgeschichte nach klassischem Vorbild. Die beiden unternehmen wunderschöne Ausflüge in die Berge, sprechen über ihr gemeinsames Fach, die politischen Verhältnisse, Homosexualität und die ideale Ausgestaltung einer Lehrer-Schüler-Beziehung. Der Doktor doziert, Stephan nimmt begierig auf, was dieser ihm aus seinem reichen Erfahrungsschatz und dem Wissen über die Antike und die klassische deutsche Literatur vermittelt. Sie erfreuen sich an ihren perfekten Körpern, ihrer Kraft, ihrer Männlichkeit. Sie versprechen einander und gehen schließlich den Bund fürs Leben ein.

Hanslian erzählt die Geschichte, als ob der Doktor sie parallel zu den Ereignissen, quasi als Work in Progress, aufschreibt. Der Doktor gibt sein Manuskript sogar an Stephan weiter, der liest es, sie sprechen darüber und bestimmen somit gemeinsam, wie und mit welchen Details ihre Liebesgeschichte für die Erinnerung überliefert wird. Zu dieser Geschichte gehört schließlich auch die «Erzählung des Doktors», sein Bericht darüber, wie er wegen eines homosexuellen Verhältnisses Opfer einer Erpressung wurde, angeklagt und verurteilt wurde und seine Gefängnisstrafe verbüßt hat.

Rudolf Hanslian (1883 - 1954), bekannt als ein erfolgreicher Chemiker, international anerkannter Experte für chemische Waffen und den Luftschutz, hat den in wesentlichen Teilen autobiografischen Roman im Juli 1941 abgeschlossen. Er war 58 Jahre alt, Deutschland befand sich im zweiten Jahr des Angriffskriegs. Zu Beginn des Romans – die Handlung setzt im Juni 1940 ein – werden wir Zeuge, wie die ersten Bomber der Alliierten München erreichen. Das Ende des Kriegs oder gar des Nationalsozialismus war keineswegs absehbar. Ein schwuler Roman also in Nazi-Deutschland?

Christian Klein hat in seiner Untersuchung «Schreiben im Schatten» (Klein 2000) dargelegt, dass auch während der nationalsozialistischen Homosexuellenverfolgung klassische Literatur mit homoerotischer Thematik und entsprechende Bücher aus der Weimarer Zeit neu aufgelegt wurden, dass sogar literarische Neuerscheinungen zum Thema möglich waren. Als bevorzugten Zugang zeitgenössischer Literatur nennt er unter anderem den «Rekurs auf die Antike» (S. 125-140), weil sich die nationalsozialistische Kulturpolitik in Abgrenzung und Ablehnung der ‹christlich-jüdischen Kultur des Abendlands› auf die Traditionen der Antike bezog, weil Adolf Hitler selbst den Versuch unternahm, die «scheinbar unversöhnlichen Traditionen (Germanentum und Hellenentum) zu versöhnen» (S. 125). In dieses Muster fügt sich diese fernab des Kriegsgeschehens in der

Idylle der Salzburger Alpen angesiedelte Liebesgeschichte ein. Der Autor wollte aufklären, jungen Menschen den richtigen Weg weisen. Mit der ab Seite 200 eingeflochtenen «Erzählung des Doktors» über Erpressung, Anklage wegen § 175 StGB und das kaum fassbare Leid homosexueller Häftlinge in den Gefängnissen, Zuchthäusern und KZ wandelt sich der Roman dann aber auch zu einer für den Zeitpunkt der Niederschrift deutlichen Kritik der nationalsozialistischen Homosexuellenverfolgung. Eine Veröffentlichung dieser Kritik – so geht es aus dem Epilog hervor – hat Hanslian erst nach Ende des Nationalsozialismus geplant. Doch ob dieses Ende einen radikalen Bruch mit den nationalsozialistischen Verhältnissen bedeuten würde, stand für ihn keineswegs fest. Unter seinem Namen jedenfalls hätte Hanslian den Roman nicht drucken lassen. Als Pseudonym wählte Rudolf Hanslian den Namen Rolf Hant.

Aber wer war dieser Rudolf Hanslian? Wie stellt sich sein Verhältnis zum Nationalsozialismus dar? Was ist ihm in den Jahren 1936/1937 tatsächlich widerfahren und wie können wir heute den Roman «Stephan. Fragment einer Leidenschaft» einordnen? Diesen Fragen soll hier nachgegangen werden.

«Excelsior» – der Weckruf für eine höhere Lebensführung

Als literarischer Autor ist Rudolf Hanslian schon 1924 unter dem Pseudonym Ewt. in der Zeitschrift «Freundschaft» in Erscheinung getreten. In seiner Novelle «Excelsior» (im Weiteren zitiert als E) erzählt er von der Begegnung des jungen Jurastudenten Herbert Bang – der Name erinnert so deutlich an den dänischen Schriftsteller Herman Bang, dass dies kaum ein Zufall sein kann – und des in alpinen Kreisen wohlbekannten Reiseschriftstellers Dr. Werner von Barth in den Berchtesgadener Alpen. Beide sind allein unterwegs, ihre Wege kreuzen sich in einer von lärmenden Bergtouristen in Beschlag genommenen Berghütte unterhalb des Blaueisgletschers.

Die Figurenkonstellation der Novelle ähnelt der des fast 20 Jahre später verfassten Romans. Eine Liebesbeziehung, wie später im Roman zwischen dem Doktor und Stephan, entwickelt sich in der Novelle jedoch nicht. Aber immerhin kommt es zu einer überraschenden Annäherung. Herbert gerät beim Aufstieg auf einer Eisplatte ins Rutschen und droht in die Tiefe zu stürzen. Werner rettet ihn in einer dramatischen Aktion. «Wie soll ich Ihnen danken?», fragt Herbert, als er wieder festen Boden unter den Füßen hat. Werner antwortet: «Trinken sie einen Kognak auf den Schreck oder besser zwei.» Herbert schießen die Tränen in die Augen. Der Doktor, wie der Ältere auch in der Novelle meist genannt wird, «sah die blauen, betauten Augen des Jünglings» und es geschieht, was geschehen muss, «er schlang seinen Arm um Herbert, zog ihn an sich und küsste ihn mitten auf den Mund. All dies geschah so plötzlich, dass Herbert erst zur Besinnung kam, als der Doktor mit dem Ruf ‹Excelsior!› bereits wieder aufstieg» (E: S. 198).

«‹Excelsior›, der Ruf der Hochtouristen in den Alpen, heißt ‹höher empor!› oder ‹Aufwärts!›», so erläutert der Verfasser in einer Fußnote den Titel: «Gleichzeitig liegt für sie symbolisch in diesen Worten der Weckruf für eine höhere Lebensführung» (E: S. 194). In dieser doppelten Bedeutung des Titels formuliert Hanslian sein literarisches Programm. Er war ein leidenschaftlicher Bergwanderer, kannte die Alpen wie seine Westentasche und lässt sein Wissen und seine Begeisterung über dieses «Aufwärts» in die Berge beinahe im Überfluss in seine Schilderungen einfließen. Zugleich gilt dieses «Aufwärts» für sein Streben nach einer dem pädagogischen Eros folgenden «höheren Lebensführung». Für ihn ist Homosexualität ‹weder Krankheit noch Verbrechen› und nichts Ehrenrühriges, sondern eine Lebensform, der in der von ihm idealisierten Form, in Anlehnung an die Tradition der Antike, etwas Reines und Edles innewohnt, die für die Gesellschaft nützlich ist und der ihr berechtigter Platz zusteht. Diese Einsicht zu verbreiten – auch das ist ein Ziel seines Schreibens.

Die «Freundschaft», in der Hanslian seine Erzählung «Excelsior» publiziert hat, war 1919 als erste Zeitschrift «für den Befreiungskampf andersartiger Frauen und Männer» (so ihr zeitweiliger Untertitel) gegründet worden, wurde über örtliche Freundschaftsbünde vertrieben, nach deren Zusammenschluss zum Deutschen Freundschaftsverband im Jahr 1920 dessen zentrales Organ und damit «in den Anfangsjahren der Weimarer Republik die wichtigste Trägerin der Emanzipation» (Micheler 2017: S. 82). Die «Freundschaft» repräsentierte die einander diametral gegenüberstehenden Strömungen der jungen Bewegung: Auf der einen Seite Magnus Hirschfeld, der mit seiner Zwischenstufentheorie und der Theorie vom «Dritten Geschlecht» den homosexuellen Männern mehr oder weniger weibliche Anteile und den lesbischen Frauen mehr oder weniger männliche Anteile zuschrieb, auf der anderen Adolf Brand, der das Idealbild einer kraftstrotzenden Männlichkeit auf seine Fahnen geschrieben hat.

Die «Spaltung, die zwischen einem akzeptablen, gesellschaftlich nützlichen, virilen und einem neurotischen, degenerierten, femininen Homosexuellen unterschied» (Bruns 2017: S. 33), wirkt bis in unsere Tage – beispielsweise in Form einer weit verbreiteten Ablehnung von Tunten oder den als positiv verstandenen Eigenschaften ‹hetero-like› und ‹straightacting›» (vgl. Aichberger 2017: S. 44) – fort. Dass Rudolf Hanslian eher auf der Seite Adolf Brands stand, versteht sich vor dem Hintergrund seiner Biografie beinahe von selbst. Er vermeidet es aber, sich herablassend über das Gegenmodell zum virilen Homosexuellen zu äußern. Wenn er das «übel vermerkte auffällig tantenhafte Benehmen junger Homosexueller in der Systemzeit» (S. 140) thematisiert, legt er derartige Kritik den heterosexuellen Homo-Feinden in den Mund und stellt scheinbar neutral fest, «dass die Wissenschaft scharf zwischen virilen und femininen Homoeroten unterscheidet». Er betont aber, «dass die hervorragend männlichen Eigenschaften der ersteren bei Plato Würdigung gefunden haben» (S. 138). Zu den von Hanslian goutierten «hervorragenden männlichen Eigenschaften» gehört auch eine selbstbewusst zur Schau gestellte Zugehörigkeit zur Elite der Gesellschaft, was in der Erzählung und im Roman durch die gesellschaftliche Stellung der Protagonisten deutlich wird: Die Doktoren gehören per se dazu, und beide Studenten sind nicht nur angehende Akademiker, sie kommen obendrein aus ‹gutem Hause›. Im Roman zeigt sich das elitäre Bewusstsein Dr. Rainers auch dadurch deutlich, wie er sich einerseits über die gewöhnlichen Nazis erhebt und andererseits deutlich macht, dass nur die von ihm propagierte «höhere Lebensführung» gesellschaftliche

Achtung verdient, nicht aber jede andere Form von gelebter Homosexualität. So formuliert er den Standpunkt, «dass auch auf homosexuellem Gebiete Auswüchse vorhanden waren, die beseitigt werden mussten. Verführung Minderjähriger, Missbrauch des Vorgesetztenverhältnisses, gewerbsmäßige Unzucht womöglich mit anschließender Erpressung sind Verbrechen, die gar nicht hart genug bestraft werden können» (S.210). Ganz anders sieht es aus, wenn es um das Schicksal bekannter Persönlichkeiten geht, um das eines «Geheimrats», eines «hochbedeutenden [...] Wirtschaftsführers» oder eines Verwandten eines «Großindustriellen» (S. 258), wenn Rainer einen Bericht aus dem KZ Neusustrum[1] über Häftlinge hört, die «keine Verbrecher, sondern junge, besonders empfindsame Menschen aus anständiger Familie waren, zu denen sich eine Reihe von Akademikern, wie Ärzte, Rechtsanwälte, Ingenieure und ähnliche, gesellte (S. 271). So gilt sein «Weckruf für eine höhere Lebensführung» insbesondere den Vertretern eines elitären Ideals.

Dass wir heute die Novelle «Excelsior» dem Autor Rudolf Hanslian zuordnen, den Roman «Stephan» veröffentlichen und damit auch etwas mehr Licht in das Schicksal Hanslians[2] bringen können, verdanken wir einem Zufall: Der Berliner Student Jakob Daume entdeckte beides auf dem Dachboden seines großväterlichen Hauses. Sein Großvater war der Neffe Rudolf Hanslians – ihm hatte der Autor das Manuskript in den 1950er Jahren anvertraut, er hat es sorgsam aufbewahrt und so kann es – mit dem historischen Abstand unter Hanslians Namen – als Dokument einer längst vergangenen Zeit veröffentlicht werden.

Zu dieser «Erbschaft» gehören auch zwei Tagebücher Hanslians, die ebenfalls für eine Veröffentlichung geschrieben und mit entsprechenden Vorbemerkungen versehen waren – das «Drossener Tagebuch» (im Folgenden zitiert als DT) und das «Zehlendorfer Tage-

---

1 Im Roman nennt er Neu-Justrow, meint aber klar erkennbar Neusustrum.
2 Noch Linhardt 2011 oder Diebel 2017 kolportieren ohne Kenntnis seiner Verurteilung nach § 175 StGB das Bild Hanslians als das eines Nazi-Gegners, der wegen politischer Differenzen zum Opfer des Nationalsozialismus geworden ist, obwohl sich Hinweise auf das Verfahren beispielsweise auch in seiner Personalakte bei der Reichsschrifttumskammer (BArch R 9361 V/21119) finden lassen.

buch» (im Folgenden zitiert als ZT). Am 27. März 1944 war Hanslian nach zweimaliger Ausbombung in Berlin vor den Angriffen der Alliierten aus Berlin nach Drossen (heute Ośno Lubuskie an der polnischen Westgrenze) gezogen, am 1. Februar 1945 hat er es auf der Flucht vor der vorrückenden Roten Armee wieder Richtung Berlin verlassen. Das «Drossener Tagebuch» umfasst den Zeitraum vom 23. Mai 1944 bis zum 1. Februar 1945. Das «Zehlendorfer Tagebuch» schließt daran an und handelt von der Rückkehr nach Berlin bis zum 31. Dezember 1945. Während der Roman einen Gegenentwurf zum Homosexuellenbild der Nationalsozialisten in Form der idealisierten Liebesgeschichte zeichnet, ohne dass der Autor das Ende der Nazi-Herrschaft vor Augen hat, wurden die Tagebücher unter anderen Voraussetzungen geschrieben. Hier werden wir Zeuge, wie der «passive Individualist» (DT: S. 3), so Hanslians Selbsteinschätzung in der Vorbemerkung, zum Kommentator des Niedergangs des Nationalsozialismus, der Niederlage und schließlich der Neuordnung der gesellschaftlichen Verhältnisse wird und seine eigene Rolle sucht.

Rudolf Hanslian und der chemische Krieg

Rudolf Hanslian[3] wurde 1883 in Johrensdorf, dem heutigen Dolní Studénky in Tschechien, geboren und zog nach dem Tod des Vaters 1884 mit der Mutter in deren Brandenburgische Heimat. Er studierte in Erlangen und Leipzig Chemie und promovierte 1910 in Leipzig. Während des Ersten Weltkriegs war er Korpsstabsapotheker und Korps-Gasoffizier (vgl. Hanslian 1921), als solcher Zeuge zahlreicher Gaseinsätze, insbesondere auch des deutschen Gasangriffs bei Ypern am 22. April 1915 (siehe Hanslian 1934). Sein Grundlagenwerk «Der Chemische Krieg» – neben zahlreichen anderen Büchern, Zeitschriften- und Buchbeiträgen sein wichtigstes Werk – erlebte drei Aufla-

---

3 Die Informationen zur Biografie Rudolf Hanslians folgen seinen Angaben gegenüber der Reichsschrifttumskammer (BArch R 9361 V/ 21119) und der Staatsanwaltschaft im Strafverfahren (Landesarchiv Berlin A Rep 358-3/22678) sowie den Würdigungen von Schrimpff 1933, Paetsch 1937, Bredt 1949, Anonym 1953, Hampe 1954, Paetsch 1954 und schließlich Linhardt 2011.

gen: die erste 1924, eine überarbeitete 1927 und die auf 2 Teilbände erweiterte 1937 (von der nur der erste Band erschien, weil Hanslian zwischenzeitlich verhaftet wurde). Sein Alter ego im Roman behauptet, zunächst sei das Werk «teils aus Übelwollen, teils aus pazifistischer Einstellung der damals Regierenden, denen alles, was mit Krieg zusammenhing, ein Gräuel war» (S. 206), sogar verboten worden. Doch mit Erscheinen der ersten Auflage wurde der Autor ein international anerkannter Experte für chemische Waffen, Gasschutz und Luftschutz. Anfangs stellte er noch heraus, dass die chemischen Waffen, solange sie den Gegner nur aktionsunfähig machten, humaner waren als Bomben und Granaten, die prozentual eine wesentlich größere Zahl von Versehrten und Todesopfern forderten (Hanslian 1927: S. 213 ff.).[4] Seit 1925 war er Berater der Reichswehr (Maier 2015: S. 263), in Brüssel und in Rom vertrat er 1928 und 1929 die Reichsregierung bei den Internationalen Gasschutzkonferenzen des Internationalen Roten Kreuzes. Dem Soldaten, Wissenschaftler und Gegner des Vertrags von Versailles ging es dabei um die Konsequenzen aus seinen Erfahrungen im Ersten Weltkrieg, um «Objektivität» und «Sachlichkeit» (u. a. Hanslian 1927: S. III). Das bedeutete: Hanslian reklamierte für Deutschland «die Verpflichtung, die Frage der Gaswaffe und ihre voraussichtliche Rolle im Zukunftskriege eingehend zu prüfen» (Hanslian 1926: S. 130) und forderte, alles zu tun, «was zum Schutze unseres Heeres und Volkes notwendig ist. Es gib keine Macht und keine Bestimmung, die uns in diesen Gasschutzmaßnahmen Beschränkung auferlegen könnte» (ebd.: S. 142). Hanslian war überzeugt, dass die chemische Waffe eine Hauptwaffe im künftigen Krieg sei und unterstrich die «außerordentliche Bedeutung dieser Kampfesweise für jeden Soldaten» (ebd.: S. 144). Entscheidend sei, so der Autor zwei Jahre später, nicht unbedingt die Entwicklung neuer

---

[4] Hanslian zitiert hier beispielhaft eine Statistik des US-Sanitätsdienstes und erläutert: «Dieser Statistik lag der richtige Gedanke zugrunde, daß man den Begriff ‹Menschlichkeit einer Kriegswaffe› nicht durch blinde Erörterungen, sondern einzig durch Tatsachen, d. h. Stärke der durch sie verursachten Leiden, Nachwirkungen der von ihnen bewirkten Verletzungen und Verhältnis der Anzahl von Todesfällen und dauernd Beschädigten zur Gesamtzahl der Verletzten, zu bewerten habe.» (S. 213 f.) Nach der zitierten Statistik starben 1,73 % der durch Gas verletzten Kriegsteilnehmer, aber 8,12 % der durch andere Waffen Verwundeten.

chemischer Kampfstoffe, sondern die «Fortentwicklung des unbedingt zuverlässigen Gasschutzgerätes, das den Träger als Kämpfer bestehen lässt» (Hanslian 1928 a.: S. 289). Wirksamer Gas- und Luftschutz erhöhe die Risiken eines Angreifers, auf eine verteidigungsbereite und -fähige Bevölkerung zu treffen (vgl. auch Hanslian 1928 b: S. 30). Er setzte sich zwar Ende der 1920er Jahren auch für ein Verbot chemische Waffen ein, hielt es aber für eine ausgemachte Sache, «dass kein modern gerüsteter Staat im Kriegsfall auf das chemische Kampfmittel verzichten will und wird» (Hanslian 1933: S. 65).

Hanslian war und blieb ein Befürworter eines wehrhaften Volkes, einer virilen Männlichkeit, eines militärischen Denkens und verband dieses zunehmend mit einem akzentuierten Antikommunismus. Sein Engagement für den Gas- und Luftschutz war weder rein defensiver oder gar pazifistischer Art, sondern von Anfang an Bestandteil einer nationalen militärischen Strategie im Rüstungswettlauf mit den Nachbarn. Spätestens mit den Vorbereitungen des «totalen Kriegs», der nicht nur an der Front geführt wird, sondern die Bombardierung des wirtschaftlich wichtigen Hinterlands und der Zentren der Zivilbevölkerung einschloss, spielten Gasschutz und Luftschutz eine entscheidende Rolle für jede militärische Option. Die Unterordnung des zivilen Luftschutzes unter militärische Erwägungen spiegelt sich auch in der von Hanslian 1931 mitgegründeten Zeitschrift «Gasschutz und Luftschutz» (GuL)[5] wieder, deren Schriftleiter er war und die er zusammen mit Heinrich Paetsch, im Roman als sein «Kamerad und Verlagskollege» (S. 223) bezeichnet,[6] leitete.

Heinrich Paetsch (1889 - 1966) hatte im Ersten Weltkrieg als Generalstabsoffizier gedient, hatte verschiedene Positionen in der Polizei der Weimarer Republik inne, war u. a. Polizeipräsident von Kas-

---

5 Alle Ausgaben der Zeitschrift sind online verfügbar unter https://www.bbk.bund.de/DE/Service/Fachinformationsstelle/DigitalisierteMedien/Fachzeitschrift-Notfallvorsorge/fachzeitschriftnotfallvorsorge_node.html. Hier finden sich auch sämtliche Ausgaben der Nachfolge-Zeitschriften «Ziviler Luftschutz», «Zivilschutz» und «Notfallvorsorge».

6 Ursprünglich hatte er ihn als Kamerad Foertsch in das Manuskript eingeführt, den Namen bei der handschriftlichen Überarbeitung (bis auf eine wohl übersehene Ausnahme auf S. 236 f.) gestrichen.

sel und wurde 1927 Präsident des preußischen «Polizeiinstituts für Technik und Verkehr» in Berlin. Als solcher hat er den Wasserwerfer mit wirksamen chemischen Zusätzen als geeignete Waffe gegen die Bevölkerung eingeführt und war unter anderem für den zivilen Luftschutz zuständig (Hanslian 1954: S. 54). Nach der Machtübertragung an die Nationalsozialisten wurde er nach § 6 des Gesetzes zur Wiederherstellung des Berufsbeamtentums vom 7. April 1933 (Stellenstreichung zur Vereinfachung der Verwaltung) in den Ruhestand versetzt [7] und wechselte in wichtige Positionen in der Wirtschaft – zunächst bei der Opel AG und später im Vorstand der kriegswichtigen und ab 1939 als SS-Wirtschaftsbetrieb geführten Auergesellschaft[8] (ebd.).

1933 wurde Hanslian, obwohl er nicht in die NSDAP eintrat, von Generalmajor Friedrich v. Cochenhausen zum Leiter der Arbeitsgemeinschaft «Gasschutz» der von den Nationalsozialisten neu gegründeten Deutschen Gesellschaft für Wehrpolitik und Wehrwissenschaften (DGWW, vgl. Paetsch 1937) berufen. Ebenfalls 1933 ging Hanslian in den Vorstand der Fachgruppe Luftschutz des Verbands deutscher Chemiker (Maier 2015: S. 272). Die Zeitschrift GuL wurde von ihm gemeinsam mit Heinrich Paetsch weitergeführt – die letzte Ausgabe erschien im Januar 1945.

---

7 Als sich die Reichsschrifttumskammer im November 1934 beim SS-Gruppenführer Kurt Daluege im Innenministerium (Sonderabteilung Daluege zur Gleichschaltung des Beamten- und auch des Polizeiapparats) nach den Gründen erkundigte, antwortete dieser am 4. Dezember: «Die Anwendung dieser Gesetzesbestimmung setzt nicht eine ehrenrührige oder anti-nationale Handlungsweise voraus. Andererseits bin ich persönlich davon überzeugt, dass der genannte, der z. Zt. im Alter von 45 Jahren steht […] nicht so frühzeitig pensioniert worden wäre, wenn er völlig unbelastet für den nat.soz. Staat gewesen wäre» (Parteikorrespondenz der NSDP, BArch R 9361 II/770044). Konkrete Gründe sind aber nicht bekannt.

8 Ursprünglich produzierte die Deutsche Gasglühgesellschaft-Aktiengesellschaft (Degea, DGA) und spätere Auergesellschaf Gas-Glühstrümpfe und Metallfadenlampen, später wurde sie bekannt für ihre Pressluft-Atemschutzgeräte. Außerdem betrieb sie Forschungen im Bereich der Genetik und Röntgenstrahlung. Von 1939 bis 1945 war die Auergesellschaft dem SS-Wirtschaftsbetrieb «Seltene Erden» Oranienburg angegliedert und förderte Uran in den von ihr übernommenen Minen im besetzten Sudetenland (siehe auch Wikipedia).

Zäsur 1937: Erpressung, Verhaftung, Prozess und die Folgen

Am 19. Juni 1937 wurde Rudolf Hanslian von der Gestapo Berlin zur Vernehmung wegen Vergehens gegen § 175 StGB vorgeladen und zwei Tage später in Untersuchungshaft genommen (Strafsache gegen Dr. Hanslian u. a., 78 Js. 679/37)[9]. Wie war es dazu gekommen?

1931 hatte Hanslian seinen aus Landsberg stammenden späteren Hausdiener Karl W., ganz entgegen seiner Idealvorstellungen von homosexuellen Beziehungen, auf dem Strich im Tiergarten kennengelernt. Gegen kleine Gefälligkeiten Hanslians hatten sie Sex miteinander. Ihre Bekanntschaft dauerte bis September 1934 – W. forderte plötzlich mehr Geld und Hanslian beendete die Angelegenheit. Im Spätsommer 1935 trafen sie sich zufällig wieder. Hanslian bot W. die Stelle als Hausdiener an. Genau so stellt Hanslian es im letzten Drittel des Romans in der «Erzählung des Doktors» dar. Bald nach dem Einzug von W. nahm das Unglück seinen Lauf. Im Februar 1936 stahl W. Geld und Wertgegenstände, in den folgenden Monaten erpresste er Hanslian wegen seiner Homosexualität. Ob er dazu von Hanslians Privatsekretär von S. angestiftet worden ist, weil dieser selbst angeblich Geld für eine Abtreibung brauchte, konnte nicht geklärt werden. Hanslian zahlte von einem zum anderen Male, stets verbunden mit dem Hinweis, dass dies die letzte Zahlung sei. Er forderte, dass W. Berlin verlassen sollte, beauftragte seinen früheren Hausangestellten und Vertrauten Kurt R., Geld am Bahnhof nur dann zu übergeben, wenn W. in einen Zug nach Landsberg einsteigen würde.

Hanslian, sich seiner Stellung als Schriftleiter einer für die Kriegsvorbereitungen der Nationalsozialisten nicht unbedeutenden Zeitschrift bewusst, hatte W. sogar gedroht, mit ihm direkt zur Polizei zu gehen und ihn anzuzeigen. Mit Hilfe seines Anwalts Max Ramlau und Kurt R.s schien das Problem dann aber auch gelöst zu sein. W. war nach Landsberg zurückgegangen und Hanslian erhielt eine Einladung nach Ankara, wo er Vorträge über sein Fachgebiet halten und

---

9 Alle genannten und zitierten Schriftstücke zur Verhaftung, zur Anklage und zum Prozess Rudolf Hanslians finden sich im Landesarchiv Berlin, A Rep 358-2/22678.

Regierungsstellen beraten sollte. Nach Monaten in Angst und Schrecken nahm er die Einladung an und genoss es, fernab aller Probleme ohne Sorgen zu sein.

Vorsorglich, falls er doch mit W. einmal zur Polizei hätte gehen müssen, hatte Hanslian Ende August 1936 mit seinem Anwalt eine siebzehnseitige, noch undatierte Strafanzeige aufgesetzt. Sämtliche Stationen und Ereignisse sowie die mit Hilfe Ramlaus und R. unternommenen Gegenmaßnahmen hatte er festgehalten, auch das Sexuelle, das sich zwischen ihm und W. ereignet hatte. Die Erpresserbriefe und andere Beweise hatte er beigefügt. Hanslian war sich sicher, mit dieser detaillierten Anzeige ungestraft davonzukommen, auch wenn er sich nach § 175 StGB schuldig gemacht hatte. Die Staatsanwaltschaft, so hatte Ramlau ihm erklärt, könne das Verfahren gegen ihn nach § 154 b StPO einstellen, weil die Taten nach § 175 gegenüber der angezeigten Erpressung unbedeutend seien. Außerdem war er überzeugt, dass man ihm, einem um Deutschland verdienten Wissenschaftler, nicht auf eine Stufe mit Verbrechern stellen und wegen einer in seiner Weltsicht nicht einmal verbrecherischen oder ehrenrührigen Handlung verurteilen würde. Das war ein Irrtum.

Rudolf Hanslian war gerade über eine Zwischenstation in Italien aus seinem Türkeiaufenthalt zurück nach Berlin gekommen und hatte sich zur Behandlung in die Charité begeben. Dort wurde er dann von der Gestapo überrascht. Womit er niemals gerechnet hatte: Aus heiterem Himmel war er durch ein Verfahren gegen Kurt R. ins Visier der Ermittler geraten. R., mit dem Hanslian zwar freundschaftlich verbunden war, mit dem er jedoch keine sexuelle Beziehung unterhalten hatte, war wegen seiner Kontakte zu einem jungen Mann verhaftet worden. Bei einer Durchsuchung von R.s Wohnung wurden Briefe Hanslians gefunden, die im Zusammenhang mit der Erpressung standen. Die Tatsachen lagen schwarz auf weiß auf dem Tisch der Gestapo. Leugnen war zwecklos, Hanslian schickte nach seinem Anwalt und beauftragte ihn, die ein Jahr zuvor aufgesetzte Anzeige jetzt bei der Polizei zu erstatten.

Hanslian hatte sich auf die oben skizzierte Rechtsauffassung seines Anwalts verlassen, doch die kam im Verfahren nicht zum Zuge. Am 22. Juni 1937 beantragte Max Ramlau mit beigefügtem ärztlichem

Attest wahlweise die Aufhebung des Haftbefehls oder seinen Mandanten «mit der Untersuchungshaft zu verschonen», da Hanslian der stationären ärztlichen Behandlung bedürfe. Deshalb – und angesichts der ausführlichen Anzeige – bestünde weder Flucht- noch Verdunklungsgefahr. Außerdem würde «ihm als dem Erpressten der Schutz des § 154 b StPO nicht [...] versagt werden» können. Diesen Antrag zog er drei Tage darauf wieder zurück, beantragte Sprecherlaubnis für Hanslians Vertrauten und Freund Heinrich Paetsch. Am 28. Juli forderte er endlich beim Generalstaatsanwalt, «gemäß § 154 b StPO von der Verfolgung des Dr. Hanslian abzusehen, weil sie nicht zur Sühne und zum Schutze der Volksgemeinschaft unerlässlich ist». Einen Tag später erhob die Staatsanwaltschaft Anklage. 14 Tage später folgte der Antrag Ramlaus an die Strafkammer 15 des Landgerichts, das Hauptverfahren nicht zu eröffnen – alles vergeblich.

Im Prozess gelang es wenigstens, einige Anklagepunkte abzuwehren. Die Staatsanwaltschaft hatte auch Anklage wegen § 175 a erhoben, weil Hanslian ein Abhängigkeitsverhältnis zu seinem Hausdiener ausgenutzt hätte. Dies konnte widerlegt werden, weil die sexuelle Beziehung schon zuvor bestanden und das Dienstverhältnis eher zu ihrer Tarnung bestanden hatte. Außerdem wurde Hanslian auch wegen Verkehrs mit seinem Vertrauten Kurt R. angeklagt. Weil beide dies glaubhaft abstritten, wurden Hanslian und R. in diesem Punkt freigesprochen. Am 18. Oktober 1937 wurde der Erpresser Karl W. zu zwei Jahren und sechs Monaten und Rudolf Hanslian zu sechs Monaten Gefängnis verurteilt. Versuche, ihm die Verbüßung der Reststrafe – Untersuchungshaft wurde angerechnet – zu ersparen, schlugen fehl. Hanslian musste seine Strafe absitzen, seine gesellschaftliche Existenz war zerstört, er trat von allen Posten und Ämtern zurück.

«Sehr verehrter Herr Präsident!», schrieb Generalmajor Friedrich von Tempelhoff[10] schon am 17. Juli 1937 an Heinrich Paetsch,

---

10 Friedrich von Tempelhoff (1878 - 1941), Major im Ersten Weltkrieg, verschiedenen Funktionen in der Reichswehr, ab Oktober 1934 für das Gebiet «künstlicher Nebel und Gasschutz» im Reichskriegsministerium tätig.

der nun allein für die Zeitschrift GuL zuständig war, «Herr Oberst Theisen[11] hat mich vertraulich über die Gründe unterrichtet, die Herrn Dr. Hanslian veranlasst haben, die Schriftleitung von ‹Gasschutz und Luftschutz› niederzulegen und hinzugefügt, dass ich für die Nachfolge ‹in Betracht käme›». Unter ferner liefen hatte die Zeitschrift in ihrer Juli-Ausgabe unter der Rubrik «Personalien» (GuL 7/1937: S. 196) mitgeteilt, dass Rudolf Hanslian «aus gesundheitlichen Gründen aus der Schriftleitung von ‹Gasschutz und Luftschutz› ausgeschieden» sei. Das Schreiben Tempelhoffs (Nachlass im Militärarchiv Freiburg, BArch N 102/3) ist ebenso diskret, wie die ganze Angelegenheit damals behandelt wurde. Ebenso beiläufig vermeldet das Blatt in der Oktoberausgabe: «Generalmajor von Tempelhoff, bisher in der Inspektion der Nebeltruppe und für Gasabwehr, ist mit dem 1. Oktober aus dem aktiven Dienst ausgeschieden und in die Schriftwaltung der Zeitschrift ‹Gasschutz und Luftschutz› eingetreten» (GuL 10/1937: S. 283).

Obwohl es ihm gelang, die Gründe seiner vorübergehenden Abwesenheit in der Öffentlichkeit zu verheimlichen, bekam Hanslian nach Verbüßung der Haftstrafe kein Bein mehr auf den Boden. Zunächst führte ihn – so entnehmen wir der Schilderung im Roman – ein Lehrauftrag ein zweites Mal nach Ankara. Zurück in Deutschland betreute er die Zeitschrift inoffiziell weiter. Um auch offiziell wieder publizieren zu können, beantragte er im Juli 1943 seine Mitgliedschaft in der Reichsschriftumskammer (RSK),[12] gab in seinem Lebenslauf die Verurteilung nach § 175 StGB an und erklärte, dass die Löschung seiner Strafe aus dem Strafregister bevorstehe. Die RSK stellte die entsprechenden Nachforschungen an: Nach Auskunft aus dem Strafregister der Staatsanwaltschaften in Brünn und des Protektorats Böhmen und Mähren vom 8. August 1943 (zuständig wegen seines Geburtsorts) ist «keine Verurteilung vermerkt». Die Sicherheitspolizei und der Sicherheitsdienst SD gingen demgegenüber von

---

[11] Edgar Theißen (1890 - 1968), verschiedene Funktionen in der Reichswehr, ab 1. Mai 1936 Inspekteur der Nebeltruppen und Gasabwehr im Oberkommando des Heeres.

[12] Als Schriftleiter von GuL war er nie Mitglied der RSK gewesen, sondern im Reichsverband der Deutschen Presse (RDP), aus dem er 1937 ausgetreten ist.

einer Verurteilung aus und teilten mit erheblicher Verzögerung am 7. März 1944 mit: «Von einer Löschung dieser Vorstrafe ist bisher noch nichts bekannt. Ein entsprechendes Verfahren ist noch nicht abgeschlossen»(Personalakte Rudolf Hanslians bei der Reichsschrifttumskammer, BArch R 9361 V/21119).

1944 flohen der Verlag, die Schriftleitung und auch Hanslian vor den Bombenangriffen aufs Land. «... ob das Tempo unserer Abwehrmaßnahmen genügt», hatte er schon im Editorial des Jahrgangs 1937 seiner Zeitschrift gefragt, denn: «Gerade in der Frage des Luftschutzes erscheint allergrößte Eile geboten ...» (GuL 1937: S. 5). Jetzt lastete Hanslian, ganz in der Pose des unideologischen, objektiven und sachlich orientierten Fachmanns, die Schutzlosigkeit der Bevölkerung in den Bombennächten der Regierung an. Die Angriffe der Gegner zeigten, «wie wenig man vorgesorgt hat, und dieses ‹zu spät› wird über alle Phasen unseres Luftkriegs als Menetekel flammen. [...] Was habe ich gepredigt und geschrieben über die voraussichtliche Gestaltung künftiger Kriege, und was hat es genützt? Aber nur Mittelmäßigkeit darf sich heute breit machen, fähige Köpfe sind durchaus unbeliebt. –» (DT. 24. 5. 1944: S. 9). Fünf Tage später erinnert er daran, dass er ein Jahr zuvor, Pfingsten 1943, wegen kritischer Äußerungen von einem «Polizeispitzel» verraten und von der Gestapo vorgeladen worden war. Man habe die Sache damals «totgemacht», hält er im Tagebuch fest, und ergänzt: «Anderenfalls hätte ich das Gleiche an mir getan und war darauf auch seelisch und praktisch vorbereitet» (DT. 28. 5. 1944: S. 14).

Hanslian agierte weiterhin im Hintergrund, wurde Ende Juni 1944 sogar seitens der Auergesellschaft gebeten, eine Denkschrift über chemische Kriegsführung zu verfassen. Am 3. Juli war sie fertig, Hanslian lehnte den Einsatz chemischer Waffen strikt ab (vgl. DT: S. 32 f.). Im Oktober 1944 führte er in Berlin Gespräche über die Fortführung der Zeitschrift GuL. Im Umfeld dieser Gespräche erfährt er Details über die Aussichtslosigkeit des Kriegs. Im Tagebuch thematisiert er in diesem Zusammenhang auch das gescheiterte Attentat auf Adolf Hitler am 20. Juli 1944: «Eine Auflehnung mit der Waffe in der Hand» bezeichnet er als ein «Unikum», doch hielt er sie «für völlig verfehlt»: «Sie wäre sehr am Platze gewesen vor oder bei Beginn des

Krieges, aber nicht erst jetzt oder vor einem Jahr, wo man in Potsdam an mich herantrat. Ich vertrat damals und vertrete auch heute noch den Standpunkt: ‹Dieser Mann darf nicht beseitigt werden, er muß seinen völligen Zusammenbruch miterleben, denn andernfalls entsteht um ihn ein Mythus, daß er doch noch gesiegt hätte, wenn man ihn nicht beeitigt hätte.› – Nein, nur das nicht, und wenn auch weitere Opfer fallen und Städte in Trümmer sinken, denn ein solcher Mythus würde einmal erneut Hekatomben unschuldiger Menschen verschlingen» (DT 20. 10. 1944: S. 105 f.).

Über die Homosexuellenfrage hinaus hatte Rudolf Hanslian sich nun auch aus militärpolitischen Erwägungen zu einem entschiedenen Gegner der nationalsozialistischen Führung entwickelt. Praktische Konsequenzen hatte dies jedoch nicht.

Kriegsende und «Neubeginn»

Am 2. Februar 1945 traf Rudolf Hanslian aus Drossen kommend wieder in Berlin ein und bezog bald darauf ein Zimmer in der Zehlendorfer Albertinenstraße – zunächst in der Villa des mittlerweile verstorbenen GuL-Verlegers Ebeling, nach deren Requirierung durch die Rote Armee in der Nachbarschaft. Sein «Zehlendorfer Tagebuch» gibt Auskunft darüber, wie Hanslian nach dem Einmarsch der Roten Armee in Berlin alte Verbindungen wieder aufnahm, sich daran beteiligte, die im Krieg zerstörte Auergesellschaft aufzubauen, einen eigenen Verlag und auch – lange vergeblich – die Herausgabe einer neuen Zeitschrift plante. Zu diesen Zwecken scheute er sich auch nicht, Kontakt mit Stellen der Roten Armee und den von diesen eingesetzten, meist kommunistischen Repräsentanten der Verwaltung aufzunehmen Er blieb auch nach dem Ende des NS-Regimes der scheinbar neutrale Fachmann, der nur seine Arbeit machen und mit seinen Ergebnissen gehör finden wollte.

«Ich freue mich doch aufrichtig, dass Freund Paetsch wieder im Lande ist», notierte er am 22. Juni 1945 (ZT: S. 87) nach dessen Rückkehr. Es gab zwar «Misshelligkeiten» in Angelegenheiten der Auergesellschaft, für die Hanslian bereits tätig geworden war und wo Paetsch jetzt seinen Einfluss sicherte, doch Hanslian nahm dies «in Kauf» (ebd.). Beide setzten ihre Zusammenarbeit fort, auch wenn der Neubeginn etwas holperig war. Am 23. Juni 1945 hielt Hanslian endlich die Zulassung für den von ihm beantragten Troja-Verlag in den Händen: «Ich bin also nun Verlagsinhaber und kann jeder Zeit beginnen» (ZT: S. 88). Am 14. Juli stellte er jedoch fest, dass er mit dem Verlag «nicht allzu viel anfangen kann, da ich nicht weiß, was ich im Augenblick verlegen soll» (ZT: S. 106).

Um den Fortgang seiner Zeitschriften-Pläne zu beschleunigen, trat er, der nie Mitglied der NSDAP war, jetzt sogar der KPD bei. Mit Bemerkungen wie «sind eben doch sehr kleine Leute die Herren von der K.P.D.» (ZT 19. 6. 1945: S. 84) hatte er zwar von Anfang an deutlich gemacht, dass er die Genossen genauso von oben herab betrachtete wie zuvor die gewöhnlichen Nazis, vor einzelnen von ihnen empfand er aber durchaus auch Respekt. Am 3. September nahm er an einer «antifaschistischen Intellektuellenversammlung» teil und war von dem «Niveau der Vorträge und Diskussionen überrascht». Hanslian überlegte sogar, «eine Korrespondenz ‹libera antifa› zu starten» (ZT: S. 135), doch der Wind drehte sich längst wieder. Berlin wurde unter den Alliierten aufgeteilt, die Rote Armee sollte sich zu Gunsten der Amerikaner aus Zehlendorf zurückziehen, auch die Verwaltung war betroffen. Auf einer KPD-Versammlung am 17. September erfuhr Hanslian «von den Machenschaften gegen die KPD-Mitglieder in Zehlendorf, die zum überwiegenden Teil aus ihren Stellungen geflogen sind», und dass die KPD voraussichtlich «im amerikanischen Sektor verboten werden» solle. Am Ende der Versammlung teilte ihm der zuständige Genosse mit, dass er Hanslians «Mitgliedskarte bereits hätte». Hanslian schloss den Tagebucheintrag mit den Worten: «Wir kamen überein, dieses zu kaschieren» (ZT: S. 143).

Hanslian setzte von nun an auf die Amerikaner und arbeite mit Paetsch weiter für den Gas- und Luftschutz. Beide konnten nahtlos an ihre Vorarbeiten anknüpfen. Wie hatte Hanslian 1937 im Vorwort zu Band 1 der Nachauflage von «Der Chemische Krieg» im Rückblick auf die ersten beiden Auflagen formuliert? «Damals war mein

Bestreben, dem ohnmächtigen Deutschland ein Mittel an die Hand zu geben, seinen Wehrwillen gegen zersetzende Einflüsse von innen und außen wiederzugewinnen. Ein Lehrbuch für den deutschen Wehrwillen sollte es sein.» (Hanslian 1937: S. V). Im Geist des herrschenden Antikommunismus hatte er 1937 hinzugefügt, dass die Neuauflage dazu diene, «die Kultur Europas gegen einen etwaigen Ansturm mit der Waffe der Wissenschaft verteidigen zu können, nicht aber sollen die Völker Europas diese Waffe in Selbstzerfleischung gegeneinander gebrauchen» (ebd.). Weiter unten im Inhalt hatte er mit deutlichem Bezug auf das Kampflied der SA geschrieben: «Die große Beunruhigung Europas heißt ‹Weltbolschewismus›. Ihm entgegen wirkt die wachsende nationale Besinnung der europäischen Staaten. Möge der Weckruf ‹Deutschland, erwache!›, der das deutsche Volk vor dem Bolschewismus errettet hat, sich auch bei allen anderen europäischen Kulturvölkern auswirken und ausklingen in dem Rufe: ‹Europa, erwache!›» (a. a. O.: S. 616). Aus einer solchen Haltung heraus hatte Hanslian schon im Juni 1944 die Bildung von «Vereinigten Staaten Europas» (DT 6. 6. 1944: S. 19) vorhergesagt, die als Bollwerk gegen die Sowjetunion fungieren sollten. Das passte in die Zeit des Kalten Kriegs, der Westintegration Westdeutschlands und der Vorbereitung der westdeutschen Wiederbewaffnung.

Dass Hanslian bei seinen Aktivitäten nach 1945 seine Verurteilung nach § 175 verschwieg, kann ihm niemand verdenken – der Paragraf war weiterhin in Kraft, die Ächtung Homosexueller war nicht vorbei und er hätte womöglich als vorbestraft gegolten[13]. Die Folgen der Verurteilung, sein Rücktritt von allen Funktionen, gaben aber die Gelegenheit, an einer antifaschistischen Legende zu stricken.[14]

---

13 Ob seine Strafe tatsächlich vor Ende des Kriegs noch gelöscht worden ist oder danach lediglich in Vergessenheit geriet, ließ sich nicht ermitteln.

14 Besonders krass berieb Erich Hampe seine «Entnazifizierung». Er war gleich 1933 der NSDAP beigetreten, hat es zum stellvertretenden Reichsführer der Technischen Nothilfe und nach dem Krieg zum Präsidenten der Bundesanstalt für den Zivilschutz gebracht. Er nutzte die langjährige Bekanntschaft mit Paetsch in eigener Sache, wenn er in die 1. Person Plural verfiel: «Die Gewalthaber mochten uns nicht – und wir sie auch nicht», schrieb er im Nachruf auf Paetsch (Hampe 1966: S. 224; zu Hampe siehe auch Linhardt 2011 und Diebel 2017: S. 37-39)

Diese ging weit darüber hinaus, dass Hanslian die Nazis im Grunde für unfähige Proleten hielt, die aus einem Irrtum heraus Homosexuelle verfolgten, spätestens seit 1937 den Luftschutz vernachlässigten und einen nicht zu gewinnenden Krieg führten. Der Fortgang seiner Karriere nach 1945 beruhte darauf, dass er sich als Opfer des Nationalsozialismus darstellen ließ. Einer der Akteure war sein «Kamerad» Paetsch, der sich selbst eine weiße Weste verschaffte, indem er seine Versetzung in den Ruhestand 1933 einseitig interpretierte. Im Prozess 1937 hatte Heinrich Paetsch seinem Mitstreiter Hanslian noch bestätigt, «der erste Vorkämpfer für den Wehrwillen des deutschen Volkes» (Paetsch 1937: S. 1) gewesen zu sein, hatte auf Hanslians «scharfe Kampfansage an den Weltbolschewismus» (S. 3) hingewiesen und betont, dass «Dr. Hanslian stets ein streng national denkender Mann war, ein glühender deutscher Patriot, der dem Dritten Reich bejahend und positiv gegenübersteht» (S. 5).

Man muss berücksichtigen, dass diese Aussagen zur Verteidigung vor einem NS-Gericht getroffen wurden. Und doch erstaunt die diametral entgegengesetzte Beurteilung in Paetschs 1954 in der Zeitschrift «Ziviler Luftschutz» (ein Nachfolge-Organ von GuL) publiziertem Nachruf auf Hanslian. Dort nutze er die Unkenntnis der Leserschaft über den Prozess 1937 und stilisierte Hanslian wider besseres Wissen zum NS-Opfer, das «dem Nationalsozialismus niemals eine Chance gegeben [habe]. Er stand ihm völlig ablehnend gegenüber, hat aus dieser Auffassung nie ein Hehl gemacht und musste seine Standhaftigkeit mit dem Verlust seines Hauptschriftleiter-Postens büßen und schwere Diskriminierungen hinnehmen» (Paetsch 1954: S. 166 f.).

Angefangen hatte die öffentliche Legendenbildung schon, als Hanslian 1949 zum Herausgeber der neugegründeten «Apotheker Zeitung» ernannt wurde. Da hieß es in der Vorstellung seiner Person, seine «Erfolge im Auslande 1936/37, wohl auch seine freimütige Kritik am Nazismus verstimmten in Berlin, und man beschloss dort seinen Sturz. Als er die Lage erkannte, legte er im Jahre 1937 seinen Posten nieder und zog sich aus allem zurück» (Bredt 1949). Ebenfalls 1949 gründete der auf diese Weise als unbescholten geltende Fachmann Hanslian die «Deutsche Chemiker-Zeitschrift».

Diese fusionierte schon 1950 mit der «Chemiker-Zeitung», der er ab diesem Zeitpunkt als Mitherausgeber diente. Seit November 1952 gaben Hanslian und Paetsch dann die neue Zeitschrift «Ziviler Luftschutz» heraus – im 16. Jahrgang, um deutlich zu machen, dass sie da weitermachten, wo sie im 15. Jahrgang von GuL 1945 aufgehört hatten. Mit dem Abwurf der Atombombe über Hiroshima und Nagasaki war für Hanslian aber eigentlich «die Frage der chemischen Kriegsführung und somit auch des militärischen Gasschutzes abgetan» (ZT 10. 8. 1945: S. 121). Die neuen Herausforderungen der «wissenschaftlichen Waffen» behandelte er in seinem Buch «Vom Gaskrieg zum Atomkrieg» (Hanslian 1951).

1953 wurde Hanslian im Auftrag des Berliner Senators für Wirtschaft und Ernährung «in Anerkennung der um die Bundesrepublik erworbenen besonderen Verdienste das Verdienstkreuz (Steckkreuz)» verliehen. Rudolf Hanslian starb am 8. August 1954 in Berchtesgaden. Heinrich Paetsch führte die gemeinsame Arbeit fort. Ab Januar 1960 hieß die nach wie vor unter seiner Herausgeberschaft erscheinende Zeitung «Ziviler Liftschutz» dann «Zivilschutz».

Das «wildestes Pferd im Stalle»

1940, nach Prozess, Urteil, Haft und erneutem Aufenthalt in Ankara, hat Rudolf Hanslian mit der Niederschrift des Romans «Stephan» begonnen. Mit Stephan stellt er seinem Alter ego eine Figur gegenüber, die nicht nur sein in jeder Hinsicht überhöhter und idealisierter Schüler ist. Stephan ist kein Deutscher, sondern Belgier, der sich, auch wenn er in Deutschland studiert, einen Blick von außen bewahrt hat. Schon bei der ersten Begegnung in München fällt er durch kritische Fragen auf und entwickelt sich in politischer Hinsicht zu Rainers argumentativem Gegenüber.

In den zahlreichen Lehrer-Schüler-Gesprächen zeichnet der Doktor seine Idealbilder schwulen Lebens, bezieht er sich auf die Knabenliebe in der Antike, zitiert aus Platons «Gastmahl», doziert über Maskulinität und Feminismus, über Fortpflanzung und die herausragende Rolle männlicher Homosexueller – damit auch der eigenen

– für die Gesellschaft. Er war Kriegsteilnehmer des Ersten Weltkriegs, ein sportlich-soldatischer Typ, redet der «Wehrfähigkeit der Völker» (S. 266) das Wort, stellt den Wert des pädagogischen Eros und die Rolle der Homosexuellen in Staat und Militär heraus: «Die großen Feldherren der Geschichte waren nun einmal trotz aller versuchter Widerlegungen homosexuell: Epaminondas und Themistokles, Pausanias und Demetrius Phalereus, Alexander der Große und Gaius Julius Caesar, Prinz Eugen und Friedrich der Große, um nur die wichtigsten zu nennen, und Freundespaare waren in allen Kriegen – auch in den letzten – stets die besten und tapfersten Soldaten, würdig der ‹heiligen Schaar› der Thebaner, der Sieger von Leuktra und Mantinea» (S. 142). Wenn ein Staat aus Interesse daran, das Bevölkerungswachstum zu sichern und die Wehrhaftigkeit des Volks zu erhalten, Homosexuelle verfolge, so Rainers Schlussfolgerung aus seinen theoretischen Erläuterungen, dann irre er.

Als Anhänger seines Ideals homosexueller Beziehungen erzählt Dr. Rainer also gleichsam in ‹Echtzeit›, wie ihm das große Glück widerfährt, dass sich dieses Ideal nach all seinen desaströsen Erfahrungen mit seinem Erpresser doch noch verwirklicht. Der Autor wusste wohl, zu welchem Ende er die Begegnung Dr. Rainers und Stephans führen wollte, Dr. Rainer weiß nicht von Anfang an, wie die Geschichte ausgeht. Erst der im Fortgang des Romans erbrachte Beweis, dass er die ehrenwerte und für die Gesellschaft nützliche homosexuelle Beziehung doch noch erleben kann, erst ihr gegenseitiger Treueschwur eröffnet dem Doktor die Möglichkeit, mit Stephan über seine Erfahrungen mit der Erpressung, den Prozess und sein Wissen über Verfolgung der Homosexuellen zu sprechen.

Rainer tut dies in der ihm eigenen Überheblichkeit über das niedere Volk und seine politischen Vertreter, aber durchaus mit Verständnis für den Nationalsozialismus insgesamt. Er sieht in der historischen Situation keine Alternative, mit manchen Haltungen der Nazis (Ablehnung des Vertrags von Versailles, Wehrhaftmachung des Volkes, Politik der ‹harten Hand›, Antikommunismus) sympathisiert er sogar. Das geht so weit, dass er unter gewissen Voraussetzungen sogar Verständnis für die Homosexuellenverfolgung aufbringt (s. o., S. 294).

Er verurteilt zwar die «Brutalität und Sturheit Hitlers» (S. 269), räumt ein, dass mit seiner Verurteilung und der Haftstrafe «jede Verbindung zwischen mir und diesem Staate endgültig gelöst war» und zieht die Konsequenz: «Kein Gedanke, kein Wort, kein Buchstabe, keine Handlung, keine Tat mehr von deiner Seite zu Nutz und Frommen dieses Staatswesens, das harmlose Menschen zu Verbrechern erniedrigt und Verbrecher zu Amtsträgern erhöht!» (S. 263). Aber er tat auch nichts dagegen. Auf Stephans fassungslosen Einwurf, wie er, Rainer, «überhaupt noch Spuren von Sympathie für ein solches Staatswesen aufbringen» kann, reagiert er beinahe hilflos. «Man kann», so Rainer, «eben nicht über seinen eigenen Schatten springen» (S. 268). Auch nicht als Opfer der Homosexuellenverfolgung, weil es «um das Ganze geht, um das Schicksal des gesamten deutschen Volkes» (S. 269).

Seine indifferente Position hält er Stephan gegenüber ziemlich lange durch, erst fast am Ende des Romans fragt sich der Doktor, ob dieser «trotz aller gefühlsmäßigen Subjektivität mit den schärferen Augen der Jugend hier womöglich doch klarer und richtiger als er sehen» würde (S. 269). Aber er fragt sich das nur und hält sich die Antwort auf die Frage offen.

Ohne die Erfüllung seines Ideals, ohne seine Beziehung zu Stephan hätte Dr. Rainer, darauf läuft die literarische Konstruktion hinaus, nie über seine Erfahrungen gesprochen, ohne Stephans Widerspruch – aus der Position des nicht zum deutschen Volk gehörenden Belgiers – hätte er sich nicht einmal zu der zitierten Frage durchgerungen. Und Stephan lädt ihre Liebe gleichermaßen mit einem höheren Sinn auf, «denn ohne mich wäre ja die Geschichte unserer Freundschaft, damit aber auch die Schilderung deines Schicksals niemals geschrieben worden» (S. 265).

Warum Rudolf Hanslian die «Erzählung des Doktors» nicht unabhängig von der idealisierten Liebe zu Stephan erzählen und im Rückblick mit einem eindeutigen Urteil abschließen wollte, lässt sich heute nicht mehr klären. Vor dem Hintergrund seiner bis 1937 loyalen Haltung zum NS-Staat und seiner vor allem aus einem elitären Bewusstsein kommenden Kritik darf man aber vermuten, dass er sich nach seiner Haft bestenfalls in einer Art «Innerer Emigration» befand. Zwar wollte er den Roman, diese Mischung «aus Hellenismus, Alpinismus und Antifaschismus» (S. 282), erst nach dem «Ende des Nationalsozialismus» veröffentlichen, doch allzu radikal würde sich seinen Vorstellungen nach das gesellschaftliche System, das dann kommen würde, wohl doch nicht vom NS-Staat unterscheiden. Die «höhere Lebensführung» würde womöglich akzeptiert, Fachleute fänden Gehör. Aber festlegen auf ein grundsätzlich «anderes Deutschland» konnte Hanslian sich nicht.

«[...] und so will ich auch meine Lieblingsarbeit ‹Stephan›, die seit Jahren im Safe der Deutschen Bank ruhte und jetzt erst nach hier überführt wurde, noch einmal vornehmen» (DT 23. 5. 1944: S. 6). Drei bewegte Jahre waren vergangen, seit Rudolf Hanslian das Manuskript des Romans abgeschlossen hatte, als er sich im Sommer 1944 erneut damit beschäftigte. Zweimal war er in Berlin ausgebombt worden, als er nun, in Drossen angekommen, in seinem Tagebuch ankündigt, sich noch einmal mit dem Romanmanuskript beschäftigen zu wollen. Er geht im nahegelegenen Röthsee schwimmen, bewundert die männliche Dorfjugend, bekommt Post von «jungen Freunden, die im Felde stehen und bei denen ich immer nicht weiß, ob nicht gerade dieses Schreiben das letzte Lebenszeichen von ihnen sein wird» (DT 30. 5. 1944: S. 14 f.). Eine Woche später heißt es: «Sonntagabend habe ich das Manuskript ‹Stephan› nach langer Zeit geöffnet und mit der Lektüre begonnen. Die ersten beiden Kapitel, die ich las, sind doch sehr schön. Trotzdem werde ich noch verschiedene Lichter aufsetzen und Ergänzungen vornehmen, was mit sehr großer Vorsicht geschehen muss, denn man darf ein solches Werk nicht überladen. [...] Hier also gilt wieder einmal: ‹In der Beschränkung zeigt sich der Meister›» (DT 6. 7. 1944: S. 20).

Eine weitere Woche darauf hat er seine Bearbeitung – ein erstes Mal – bereits abgeschlossen: «Mit der Durchsicht des Manuskripts ‹Stephan› bin ich bereits zu Ende. Ich habe kaum darin geändert und mich vor allem gehütet, irgendetwas Neues hineinzupacken. Aber ebenso wenig konnte ich mich zu Streichungen entschließen, obwohl einige Stellen recht gewagt sind. Ich neige jedoch nicht zu der Angst vor der eigenen Courage, denn einmal sind meine Vorbilder, die

Schreiber der Antike, noch sehr viel kühner als ich, zum anderen – und das ist das Wesentlichere – ist jedes Wort, das ich geschrieben habe, wahr. So deckt sich die Erzählung des Doktors restlos mit wirklichem Geschehen, während die Rahmenhandlung die Summe reicher Erfahrungen bringt, und so haben mir auch für die innere und äußere Gestaltung des Haupthelden Stephan viele Jünglinge Modell gestanden. Denn alle Vorzüge und Schwächen, Gedanken und Handlungen Stephans sind weniger erdacht, als erlebt, wenn auch die äußeren Umstände des Geschehens jeweilig andere waren. [...] Wenn ich nun dieses Fragment ausdrücklich oder jedenfalls in erster Linie für einen griechischen Leserkreis geschrieben habe, so muss ich schon ungeschminkt die volle Wahrheit sagen, da man mir anderenfalls dort auf Grund eigener Erfahrungen ja doch nicht glauben würde» (DT 14. 7. 1944: S. 22 f.).

Auch die politischen Haltungen Dr. Rainers und Stephans macht Hanslian in diesem Tagebucheintrag zum Gegenstand seiner Überlegungen. Im Rückblick räumt er ein, dass «die diesbezügliche Entwicklung bis heute gezeigt [hat], dass Stephan richtiger als der Doktor vorausgesehen hat.» Er habe aber «kein Wort zu ändern», weil er in der Konstellation Dr. Rainer – Stephan «den inneren Zwiespalt vieler patriotisch gesinnter Männer in jener Zeit an zwei Menschen zeigen wollte. Meine persönliche Überzeugung über den voraussichtlichen Gang der militärischen und politischen Entwicklung war sich zur Zeit der Niederschrift auch nicht einen Augenblick darüber in Zweifel, dass die retardierende, schwach positive Einstellung des Doktors unrichtig, die Haltung des vorwärtsstürmenden, völlig negativen Stephans zutreffend war. Dafür spricht ja auch der bereits im Jahre 1940 geschilderte schließliche Sieg Stephans über den sonst in allen Lagen überlegenen Mentor» (ebd., S. 23 f.). Es spricht für die Ehrlichkeit des Autors, dass er hier nachträglich nichts geändert hat, dass sein Alter ego, das nicht über seinen Schatten springen konnte, den Sieg Stephans und damit als seine eigene Niederlage einräumen muss. Sein innerer Zwiespalt blieb aber ohne Folgen.

Neben seiner Arbeit für GuL fertigte Hanslian nun eine Reinschrift mit Durchschlag an, «so dass ich dann drei Exemplare besitze, die ich an verschiedenen Orten deponieren will» (DT 21. 7. 1944: S. 49).

Im Laufe der Reinschrift korrigiert und verbessert er den Text ein weiteres Mal, die Arbeit zieht sich in die Länge. Erst im Oktober nähert er sich der «Erzählung des Doktors»: «Es ist für mich geradezu unerträglich, diese Erinnerungen noch einmal abschreiben zu müssen, weil sie mir auf die Nerven gehen»(DT 9. 10. 1944: S. 97).

An eine Veröffentlichung des Romans war zu diesem Zeitpunkt nicht zu denken, doch aufgegeben hat der Autor den Gedanken daran nicht. Im Sommer 1945 drängte «Stephan» sich dann wieder ins Bewusstsein. Es war eine Zeit des Wartens, seine Pläne für eine neue Zeitschrift waren ins Stocken geraten, und so wollte der Autor «nun mein Heil mit meiner Novelle ‹Stephan› versuchen, mein bestes, aber auch wildestes Pferd im Stalle» (ZT 4. 8. 1945: S. 119). Zwei seiner jungen Freunde, «Schüler» wie Stephan, sind aus dem Krieg zurückgekommen, mit dem einen, Wolfgang, las er zusammen im Manuskript. Von den ersten Kapiteln heißt es noch, dass sie ihm «sehr gefielen» (ZT 11. 8. 1945: S. 122), 4 Tage später ist Wolfgang «stark gefesselt» (S. 124). Hanslian überarbeitete und korrigierte erneut und wollte ihn – selbstverständlich immer noch unter einem Pseudonym – publizieren. Auch mit diesem Manuskript wandte er sich an die sowjetischen Stellen und die für die «Volksbildung» zuständigen KPD-Genossen. Er kam nicht weiter, doch er behielt die Hoffnung: «So große Enttäuschungen und Nackenschläge ich auch noch mit ‹Stephan› erleben werde, schließlich wird sich das Werk doch noch durchsetzen, dessen bin ich gewiss» (ZT 26. 8. 1945: S. 130).

Heinrich Paetsch schlug vor, das Buch im Troja-Verlag herauszubringen, doch Hanslian erkundigte sich stattdessen bei eingeführten literarischen Verlagen wie Kiepenheuer oder Ullstein (ZT 6. 9. 1945: S. 136). Er sprach bei amerikanischen Stellen vor, die «Stephan» wegen «seiner Tendenz» (ZT 14. 9. 1945: S. 140) ablehnten, überarbeitete das Manuskript ein weiteres Mal zusammen mit einem ehemaligen Redakteur von GuL und wandte sich am 27. September an den «S. Fischer-Verlag (Inhaber Herr Suhrkamp)»: «Suhrkamp ist eine sehr geschlossene, durchaus kühle Persönlichkeit, mit der man nur schwer in Kontakt kommen kann», notiert Hanslian, Suhrkamp sei dennoch nicht abgeneigt gewesen, allerdings «sei er mit Arbeit und neuen Verlagswerken bereits überlastet» (ZT 27. 9. 1945, S. 150 f.), also auch daraus wurde nichts.

Warum Hanslian das Ziel dann bis zu seinem Tode nicht weiter verfolgt hat oder woran es gescheitert ist – darüber kann man heute nur spekulieren. Es liegt aber nahe, dass er den Plan aus Rücksicht auf die antihomosexuelle Stimmung und Gesetzgebung aufgegeben hat. Denn auch wenn er ihn unter Pseudonym veröffentlicht hätte – die vielen offenkundigen Hinweise auf die Identität des Autors hätten ihn schnell als solchen erkennbar gemacht und seinem fachlichen Wirken ein Ende bereitet.

Wenn wir den Roman heute, fast 80 Jahre nach seiner Niederschrift veröffentlichen, sind seine ursprünglichen, heute möglicherweise verquast wirkenden aufklärerischen Intentionen überholt und nicht mehr aktuell. Aber der Roman ist ein einzigartiges literarisches Dokument: Er erzählt auf kaum vergleichbare Weise eine Geschichte vom erfüllten pädagogischen Eros und zeigt ein besonderes homosexuelles Selbstverständnis und Selbstbewusstsein zwischen den 1920er und 1940er Jahren, das erst dadurch in Widerspruch zum Nationalsozialismus geriet, dass sein Träger die kaum für möglich gehaltene Verfolgung der eigenen Person dann doch erleben musste. Außerdem bringen seine Publikation und mit ihr die erst jetzt zutage geförderten Dokumente, die Gerichtsakten und die Tagebücher, bislang unbekannte Details aus der Biografie Rudolf Hanslians ans Licht, die einer historischen Bewertung seiner Person und seines Schaffens neue Facetten hinzufügen.

Literaturverzeichnis

Aichberger, Muriel (2017): Schwul. Männlich. Menschlich. In: Grumbach, Detlef (Hrsg.): Demo. Für. Alle. Homophobie als Herausforderung, S. 43-51. Hamburg

Anonym (1953): Rudolf Hanslian 70 Jahre. Chemiker Zeitung, Heft 5, S. 153

Bredt, Arthur (1949): Dr. Rudolf Hanslian. Herausgeber der «Apotheker-Zeitung». Apotheker-Zeitung, 61. Jahrgang, Einführungsprospekt.

Bruns, Caudia (2017): «Ihr Männer, seid Männer!» – Maskulinistische Positionen zwischen Revolution und Reaktion. In: Pretzel, Andreas / Weiß, Volker (Hrsg.): Politikern in Bewegung. Die Emanzipation Homosexueller im 20. Jahrhundert. Hamburg, S. 27-64.

Diebel, Martin (2017): Atomkrieg und andere Katastrophen. Zivil- und Katastrophenschutz in der Bundesrepublik und Großbritannien nach 1945. Paderborn.

Hampe, Erich (1954): In Memoriam Dr. phil. Rudolf Hanslian. In: Ziviler Luftschutz. Vormals Gasschutz und Luftschutz, 7/8 1954, S. 168. Online: http://download.gsb.bund.de/BBK/BBKNV195407.PDF

Hampe, Erich (1966): Heinrich Paetsch – Persönlichkeit und Lebenswerk. In Zivilschutz, 7/8 1966, S. 224 f. Online: http://download.gsb.bund.de/BBK/BBKNV196607.PDF

Hanslian, Rudolf (1921): Der Militärapotheker. In: Schwarte, Max (Hrsg.): Der Weltkampf um Ehre und Recht. Die Erforschung des Krieges in seiner wahren Begebenheit, auf amtlichen Urkunden und Akten beruhend, Bd. 7, S. 540-549. Leipzig.

Hanslian, Rudolf (1924): Excelsior. Novelle. In: Die Freundschaft Nr. 9, Dezember 1924, S. 194-201 (unter dem Pseudonym Ewt).

Hanslian, Rudolf (1926): Das chemische Kampfmittel im Zukunftskriege. Unter Zugrundelegung des derzeitigen Standes der gastechnischen Entwicklung fremder Staaten. In: Wissen und Wehr. Monatshefte, S. 129-144.

Hanslian, Rudolf (Hrsg.) (1927): Der Chemische Krieg. 2. Aufl.. Berlin.

Hanslian, Rudolf (1928a): Die Gaswaffe. In: Wissen und Wehr. Monatshefte, S. 277-295.

Hanslian, Rudolf (Hrsg.) (1928 b): Die internationale Gasschutzkonferenz in Brüssel. Deutsche autorisierte Ausgabe. Sonderdruck aus der Zeitschrift für das gesamte Schieß- u. Sprengstoffwesen. München.

Hanslian, Rudolf (1933): Die Entwicklung der chemischen Waffe in der Nachkriegszeit. In: Cochenhausen, Friedrich v. (Hrsg.): Wehrgedanken. Eine Sammlung wehrpolitischer Aufsätze. Hamburg, S. 54-65.

Hanslian, Rudolf (1934): Der deutsche Gasangriff bei Ypern am 22. April 1915. Eine kriegsgeschichtliche Studie. Berlin / Leipzig.

Hanslian, Rudolf (Hrsg.) (1937): Der Chemische Krieg. Bd 1. 3. Aufl. Berlin

Hanslian, Rudolf (1951): Vom Gaskrieg zum Atomkrieg. Die Entwicklung der wissenschaftlichen Waffen. Stuttgart / Berlin.

Hanslian (1954): Heinrich Paetsch – 65 Jahre alt. In: Ziviler Luftschutz. Vormals Gasschutz und Luftschutz, 3/1954, S. 54 f. Online: http://download.gsb.bund.de/BBK/BBKNV195403.PDF

Klein, Christian (2000): Schreiben im Schatten. Homoerotische Literatur im Nationalsozialismus. Hamburg.

Linhardt, Andreas (2011): Die Fachzeitschrift «Gasschutz und Luftschutz» unter dem Einfluss des Nationalsozialismus. Online: https://www.bbk.bund.de/DE/Service/Fachinformationsstelle/DigitalisierteMedien/FachzeitschriftNotfallvorsorge/01_Gasschutz%20und%20Luftschutz/Ausarbeitung_Dr_Linhardt.html

Maier, Helmut (2015): Chemiker im «Dritten Reich». Die Deutsche Chemische Gesellschaft und der Verein Deutscher Chemiker im NS-Herrschaftsapparat (im Auftrag der Gesellschaft Deutscher Chemiker). Weinheim.

Micheler, Stefan (2017): Anstand und Bewegung. Die Freundschaftsverbände Männer begehrender Männer der Weimarer Republik. In: Pretzel, Andreas / Weiß, Volker (Hrsg.): Politiken in Bewegung. Die Emanzipation Homosexueller im 20. Jahrhundert. Hamburg, S. 78-100.

Paetsch, Heinrich (1954): In Memoriam Dr. phil. Rudolf Hanslian.

In: Ziviler Luftschutz. Vormals Gasschutz und Luftschutz, 7/8 1954, S. 166-168. Online: http://download.gsb.bund.de/BBK/BBKNV195407.PDF

Paetsch, Heinrich (1937): Würdigung der Leistungen des Dr. Rudolf Hanslian auf fachtechnischem Gebiet. Anlage zum Gnadengesuch Rudolf Hanslians vom 20. Oktober 1937. BArch R 9361 V/ 21119.

Pretzel, Andreas / Roßbach, Gabriele (Hrsg.) (2000): Wegen der zu erwartenden hohen Strafe ... Homosexuellenverfolgung in Berlin 1933 - 1945. Berlin

Schrimpff, August (1933): Rudolf Hanslian – 50 Jahre. In: Gasschutz und Luftschutz, 3/1933, S. 2. Online: http://download.gsb.bund.de/BBK/BBKNV193303.PDF

Inhalt

Geleitwort	5
1. Denkwürdige Begegnung	11
2. Analysen und Vorsätze	31
3. Stephan trifft ein	46
4. Schönangerl	62
5. Richterspitze und Opernarien	78
6. Spaziergang nach Bräuern	97
7. Rinderkarsee	113
8. Tatsachenbericht und Formulierungskunst	128
9. Großvenediger	146
10. Habachtal	165
11. Zitterauerhütte	181
12. Erzählung des Doktors	202
13. Erzählung des Doktors, Fortsetzung	218
14. Erzählung des Doktors, Fortsetzung	231
15. Erzählung des Doktors, Schluss	248
16. Richterhütte und Ausklang	264
Ein Gespräch nach Aristophanes als Epilog	282
Nachwort	289

Zeitgeschichte bei Männerschwarm

Homosexuelle Männer im KZ Sachsenhausen

Hrsg. von Andreas Sternweiler und Joachim Müller

mit zahlreichen Abbildungen
400 Seiten
kartoniert

Nach der ersten offiziellen Erwähnung der homosexuellen Opfer des Nationalsozialismus durch Bundespräsident Richard v. Weizsäcker dauerte es noch fünfzehn Jahre, bis die Gedenkstätte des KZ Sachsenhausen und das Schwule Museum eine Ausstellung zur Lage der homosexuellen Häftlinge ausrichteten.

Der Katalog der Ausstellung aus dem Jahr 2000 ist neben zahlreichen verstreuten Aufsätzen und den Erinnerungen der Überlebenden nach wie vor die einzige Publikation, die umfassend über das Leben, Leiden und Sterben der Männer in einem Lager Auskunft gibt: ein Standardwerk über das mörderische KZ-System.

Die meisten Artikel stammen von den beiden Herausgebern; daneben enthält es Beiträge von Fred Brade, Rainer Hoffschildt, Kurt Krickler, Susanne zur Nieden, Andreas Pretzel, Ralf Jörg Raber, Manfred Ruppel, Karl-Heinz Steinle.

www.maennerschwarm.de

Zeitgeschichte bei Männerschwarm

Paul Russell

Das unwirkliche Leben des Sergej Nabokow

Romanbiografie
übersetzt aus dem Englischen von Matthias Frings

Edition Salzgeber

320 Seiten
gebunden mit Schutzumschlag

Auch als Ebook

Mit literarischer Fantasie rekonstruiert Paul Russell das Leben Sergej Nabokows, des jüngeren Bruders Vladimirs: Eine behütete Kindheit im zaristischen Russland, Flucht vor der Revolution, Ausschweifungen in Berlin und der Pariser Boheme, Tod im KZ Neuengamme.

In seiner aristokratischen Familie ist der unmännliche, stotternde Junge ein Außenseiter, nur ein «Schatten auf dem Hintergrund meiner reichsten Erinnerungen», wie sein berühmter Bruder Wladimir Nabokow ihn später beschreibt. Wegen politischer Äußerungen wird er 1943 verhaftet und ins KZ Neuengamme verbracht, wo er unmittelbar vor Kriegsende entkräftet stirbt.

Paul Russell (Jg. 1956) wuchs in Memphis, Tennessee auf. Seit 1987 hat er sieben Romane veröffentlicht. Im Männerschwarm Verlag erschienen «Brackwasser» (2017) und «Über den Wolken» (2018).

www.maennerschwarm.de